UTB 1697

W0298114

Eine Arbeitsgemeinschaft der Verlage

Beltz Verlag Weinheim · Basel
Böhlau Verlag Köln · Weimar · Wien
Wilhelm Fink Verlag München
A. Francke Verlag Tübingen und Basel
Haupt Verlag Bern · Stuttgart · Wien
Lucius & Lucius Verlagsgesellschaft Stuttgart
Mohr Siebeck Tübingen
C. F. Müller Verlag Heidelberg
Ernst Reinhardt Verlag München und Basel
Ferdinand Schöningh Verlag Paderborn · München · Wien · Zürich
Eugen Ulmer Verlag Stuttgart
UVK Verlagsgesellschaft Konstanz
Vandenhoeck & Ruprecht Göttingen
vdf Hochschulverlag AG an der ETH Zürich
Verlag Barbara Budrich Opladen · Farmington Hills
Verlag Recht und Wirtschaft Frankfurt am Main
WUV Facultas Wien

Willis J. Edmondson/Juliane House

Einführung in die Sprachlehrforschung

Dritte Auflage

A. Francke Verlag Tübingen und Basel

Willis J. Edmondson geb. 1940, ist em. Professor für Sprachlehrforschung an der Universität Hamburg. Studium der Anglistik, Romanistik, Fremdsprachendidaktik, allgemeinen Sprachwissenschaft, angewandten Linguistik und Sprachlehrforschung an den Universitäten Cambridge, London, Essex und Bochum.

Juliane House geb. 1942, ist Professorin für Sprachlehrforschung und Fremdsprachenunterricht Englisch an der Universität Hamburg. Studium der Anglistik, angewandten Linguistik, allgemeinen Sprachwissenschaft und Fremdsprachendidaktik an den Universitäten München, Heidelberg und Toronto.

Bibliografische Information der Deutschen Bibliothek

Die Deutsche Bibliothek verzeichnet diese Publikation in der Deutschen Nationalbibliografie; detaillierte bibliografische Daten sind im Internet über <http://dnb.ddb.de> abrufbar.

1. Auflage 1993
2., überarbeitete Auflage 2000
3., aktualisierte und erweiterte Auflage 2006

Dischingerweg 5 · D-72070 Tübingen
ISBN 13: 978-3-7720-8198-9
ISBN 10: 3-7720-8198-3

Gedruckt auf chlorfrei gebleichtem und säurefreiem Werkdruckpapier.

Internet: http://www.francke.de
E-Mail: info@francke.de

Einbandgestaltung: Atelier Reichert, Stuttgart
Satz: Informationsdesign D. Fratzke, Kirchentellinsfurt
Druck und Bindung: Ebner & Spiegel, Ulm
Printed in Germany

ISBN 13: 978-3-8252-1697-9 (UTB Bestellnummer)
ISBN 10: 3-8252-1697-7 (UTB Bestellnummer)

in Memoriam

Peter Hartmann
David Stern
Peter Strevens

VORWORT ZUR 2. AUFLAGE

Dieses Buch basiert auf langjährigen Lehrerfahrungen der beiden Autoren an den Universitäten Bochum und Hamburg und auf einem Manuskript, das für Einführungsseminare in das Fach Sprachlehrforschung an der Universität Hamburg als Seminarskript verwendet wurde. Dieses Skript ist das Produkt zahlreicher Revisionen durch Diskussionen mit StudentInnen der Sprachlehrforschung, die zu unserer Weiterbildung in der Sprachlehrforschung beigetragen haben.

Dennoch haben dieses Buch und das ursprüngliche Seminarskript letzten Endes nicht allzuviel gemeinsam. Erstens mußten wir in diesem Buch nicht unbedingt die Frage berücksichtigen, was innerhalb eines Semesters von StudentInnen zu bewältigen ist. Zweitens haben wir absichtlich einen Schwerpunkt auf die Erforschung des Fremdsprachenlernens gesetzt – zu Lasten eher praxisbezogener Aspekte der Fremdsprachendidaktik. Und drittens wollen wir mit diesem Buch nicht nur StudentInnen unserer eigenen Seminare ansprechen.

Das Buch richtet sich zum einen an alle StudentInnen der Sprachlehrforschung und an Studierende anderer Disziplinen, die sich mit der Fremdsprachenvermittlung, dem Sprachenlernen und dem Zweitsprachenerwerb beschäftigen. Zum anderen hoffen wir, daß das Buch, obwohl es keine praktische Einführung in die Sprachlehre ist und keine Patentrezepte für die erfolgreiche Fremdsprachenvermittlung bietet, für Fremdsprachenlehrer innerhalb und außerhalb der Schulen und Universitäten relevant ist. FachkollegInnen, Lehrwerkautoren und alle, die sich mit der Fremdsprachenvermittlung in ihrer beruflichen Tätigkeit beschäftigen, gehören zu unserem potentiellen Leserkreis. Wir hoffen außerdem, ein interessiertes Laienpublikum anzusprechen, da wir keine technischen Fachkenntnisse voraussetzen. Wir möchten betonen, daß das Buch eine systematische Einführung und kein Handbuch ist – d.h. es empfiehlt sich allgemein, die Kapitel systematisch durchzulesen, nicht zuletzt, weil die Leseschwierigkeit notwendigerweise in den späteren Kapiteln zunimmt.

Das Buch ist in sechs Hauptteile gegliedert, wobei kurze Einleitungen zu jedem der sechs Teile die Struktur des Buches transparent machen. Ferner wird am Ende jeden Kapitels in einem „Ausblick“ Bezug auf folgende und vorherige Kapitel genommen. Der gesamte Inhalt des Buches wird im letzten Kapitel aus dreierlei Perspektiven zusammengefaßt. Daher verzichten wir in dieser Einleitung auf einen zusätzlichen Versuch, die Struktur des Buches zu erhellen.

Abbildungen werden systematisch durchnumeriert – die erste Abbildung in Kapitel 3 wird z.B. als Abbildung 3.1 bezeichnet, die fünfte in Kapitel 5 als Abbildung 5.5. Wir haben notwendigerweise viele englische Quellen verwendet, aber fast immer (eigene) deutsche Übersetzungen im Text verwendet.

Zur Frage der Verwendung maskuliner/femininer Formen im generischen Sinne („Jeder, der/die eine Fremdsprache gelernt hat.") haben die Autoren – d.h. der Autor und die Autorin – unterschiedliche Meinungen: „er" war für eine Vermeidung der Maskulinformen, „sie" war dagegen. Da die Durchsetzung seiner eigenen Position inkonsistent mit dieser Position gewesen wäre, hat er nachgegeben. Wenn also in diesem Buch allgemein über „den Lerner", „die Lerner" oder „den Lehrer" gesprochen wird, dann sind dabei stets sowohl weibliche als auch männliche Repräsentant(inn)en gemeint.

Wir haben uns erlaubt, das Buch Peter Hartmann, David Stern und Peter Strevens zu widmen – drei Wissenschaftlern, die in ihren unterschiedlichen Stilen einen bedeutsamen Beitrag zur Etablierung und Entwicklung der Sprachlehrforschung in Deutschland, Kanada und Großbritannien geleistet haben – drei Personen überdies, die uns nicht nur durch ihre Lehre und ihr Vorbild, sondern auch durch ihren persönlichen Einsatz zu verschiedenen Zeitpunkten unseres beruflichen Werdegangs sehr geholfen haben.

Sieben Jahre nach Erscheinen der 1. Auflage dieser Einführung in die Sprachlehrforschung legen wir nunmehr eine 2., überarbeitete Auflage vor.

Die Rezeption der 1. Auflage unseres Buches in Deutschland und im Ausland war insgesamt sehr positiv, auch wenn in Deutschland die Unterrepräsentation deutscher Literatur kritisiert worden ist. Wir haben in dieser 2., überarbeiteten Auflage versucht, diese Kritik zu beherzigen, auch wenn wir uns nach wie vor oft auf englischsprachige Quellen stützen (müssen), weil viele Arbeiten, die zur Grundlagenforschung gehören, in englischer Sprache erschienen sind.

Neben einer Aktualisierung der angegebenen Literatur haben wir in dieser 2. Auflage auch einige inhaltliche Veränderungen vorgenommen. So entfällt die Einführung in die Generative Transformationsgrammatik, eine kurze Einführung in die Wortfeldtheorie kommt hinzu sowie eine Diskussion der Rolle des Englischen als Lingua Franca, der Kontrastiven und Interlanguage Pragmatik und der Sprachbewußtheit. Des weiteren fanden wir es wichtig, auf die Zusammenhänge bzw. Überlappungen zwischen der Sprachlehrforschung einerseits und der Fremdsprachendidaktik und dem Bereich Deutsch als Fremdsprache andererseits hinzuweisen, denn eine der wichtigsten Auswirkungen der Sprachlehrforschung in den vergangenen sieben Jahren ist u.E. ihr Einfluß auf die Fremdsprachendidaktik und auf den Bereich Deutsch als Fremdsprache, in der Tat die Verschmelzung dieser Bereiche mit der Sprachlehrforschung in einigen Facetten.

Willis J. Edmondson und
Juliane House

Hamburg, im Februar 2000

VORWORT ZUR 3. AUFLAGE

Sechs Jahre nach dem Erscheinen der 2. Auflage dieses Buchs legen wir nun eine 3. aktualisierte und revidierte Auflage vor. Wir haben in der Zwischenzeit besonders aus dem Ausland sehr ermutigende Rückmeldungen erhalten. Abgesehen von einer konsequenten Aktualisierung der diskutierten Literatur haben wir in dieser 3. Auflage versucht, wichtigen neueren Entwicklungen in der Sprachlehrforschung Rechnung zu tragen. Hier haben wir besonders folgende uns wichtig erscheinende Bereiche entweder ausgebaut oder neu aufgegriffen: das Minimalist Program innerhalb der generativen Linguistik, neuere Entwicklungen in der Korpuslinguistik und Neurolinguistik, Tertiärsprachenerwerb, Englisch als globale *lingua franca*, Mehrsprachigkeit, das EuroCom Projekt, der Gemeinsame Europäische Referenzrahmen für Sprachen, der Komplex „Interkulturelle Kommunikation und interkulturelles Lernen", die Debatten um Konstruktivismus und autonomes Lernen sowie „Task-Based Learning". Wir haben weiterhin wichtige neuere Erkenntnisse zur Rolle individueller Lernervariablen beim Fremdsprachenlernen und -lehren, also insbesondere Alter, Intelligenz und Motivation in unsere Darstellung integriert. Und schließlich haben wir auf unsere neue Website „Wie lernt man Sprachen – wie lehrt man Sprachen" – sozusagen als praktisches Pendant zu diesem Buch hingewiesen.

Wir möchten es uns – in aller Bescheidenheit – nicht nehmen, hier auf die besondere Bedeutung dieses Buches zu diesem Zeitpunkt hinzuweisen: in einer Zeit, in der die Geisteswissenschaften in Deutschland besonderen Einschnitten und besonderem Rechtfertigungsdruck ausgesetzt sind, kann ein Buch wie dieses mit seiner gelungenen Verbindung von Theorie und Praxis zeigen, wie wichtig es ist, rein praktische Bedürfnisse nach besseren Fremdsprachenkenntnissen durch empirische Forschungsergebnisse zu untermauern und somit zugleich bessere Wege zur Realisierung politischer Desiderate aufzuzeigen.

Bei der Vorbereitung dieser Auflage haben uns Camilla Grupen und Daniel Spielmann sehr geholfen. Ihnen beiden sei herzlich gedankt.

Willis J. Edmondson
und Juliane House

Hamburg, im April 2006

INHALT

TEIL 1

Die Erforschung des Fremdsprachenlernens im Unterricht

Im ersten Teil des Buches wird die Sprachlehrforschung als wissenschaftliches Fach eingeführt. Kapitel 1 legt seine Entstehung, seinen Ansatz und seinen Anspruch dar. Eine Betrachtung der Komplexität des Fremdsprachenunterrichts in Kapitel 2 führt dann in Kapitel 3 zu einer Diskussion über die in der Sprachlehrforschung angewendeten Forschungsmethoden.

Kapitel 1

Sprachlehrforschung – Anspruch und Entstehen einer Disziplin

In diesem einführenden Kapitel soll die Sprachlehrforschung sowohl als *wissenschaftliche Disziplin* als auch als *institutionalisierte Fachrichtung* dargestellt werden. Unter der ersten Perspektive wird diskutiert, welche Ansprüche die Disziplin erhebt, unter der zweiten, wann und wie das Fach in Deutschland etabliert wurde. Die Unterscheidung ist deshalb wichtig, weil die Disziplin nicht *nur* durch wissenschaftliche und andere Leistungen der Institute, in denen sie in Forschung und Lehre vertreten wird, charakterisiert werden kann. Andererseits haben wir es mit keiner absoluten Trennung zu tun, denn die Etablierung der Sprachlehrforschung als Fach beruht sowohl auf einer soziopolitischen als auch auf einer wissenschaftlichen Handlung.

Der Schwerpunkt dieses Kapitels liegt auf der Charakterisierung der Sprachlehrforschung als wissenschaftlicher Disziplin. Dies geschieht in den Abschnitten 1 und 2. In Abschnitt 3 wird vergleichend auf andere Disziplinen bzw. Fachrichtungen Bezug genommen, um das Spezifikum des wissenschaftlichen Anspruchs der Sprachlehrforschung klarzustellen und um auch (zumindest teilweise) zu erklären, weshalb das Fach in Deutschland etabliert wurde. Die Entwicklung des Faches Sprachlehrforschung in der Bundesrepublik Deutschland wird abschließend in Abschnitt 4 skizziert.

1 Sprachlehrforschung – Charakteristika einer wissenschaftlichen Disziplin

Zur Charakterisierung der Sprachlehrforschung wollen wir auf drei Aspekte eingehen: *womit* die Disziplin sich beschäftigt (Gegenstandsbereich), *warum* Vertreter des Faches sich damit beschäftigen (wissenschaftliche Ziele/Erkenntnisinteresse) und *wie* man versucht, diese Ziele zu erreichen (forschungsmethodische Ansätze). Drei einleitende Bemerkungen zur Verdeutlichung dieses Vorhabens:

(i) Bei dem Versuch, die Sprachlehrforschung zu definieren, gehen wir von unseren eigenen Vorstellungen über das Fach aus. Hierbei sollten wir jedoch durchaus einem Konsens entsprechen, der sich in den letzten Jahrzehnten durch wissenschaftliche Diskussionen etabliert hat.

(ii) Die drei genannten Identifikationskriterien sollen in ihrer Zusammenwirkung die Sprachlehrforschung charakterisieren, auch wenn andere Disziplinen sich mit demselben Gegenstandsbereich beschäftigen oder sogar ähnliche Zielsetzungen haben. Die Merkmale, die bei jedem Kriterium für die Sprachlehrforschung definierend mitwirken, müssen also nicht spezifisch für diese Disziplin sein – sie werden von mehreren Disziplinen getragen.

(iii) Es ist unseres Erachtens kaum sinnvoll zu versuchen, die Sprachlehrforschung so zu definieren, daß eine eindeutige Zuordnung verschiedener Forschungen (ist das Sprachlehrforschung – ja oder nein?) ermöglicht und eine transparente Abgrenzung der Sprachlehrforschung gegenüber anderen Disziplinen vorgelegt wird. Man kann eher über tendenzielle Merkmale und Schwerpunkte in verschiedenen Disziplinen sprechen. Wenn zum Beispiel behauptet wird, daß andere wissenschaftliche Disziplinen bzw. Teildisziplinen genauso vorgehen wie die Sprachlehrforschung, dann ist dies sehr zu begrüßen. So sind zum Beispiel die Unterschiede zwischen Sprachlehrforschung und Fremdsprachendidaktik in der letzten Zeit sehr unscharf geworden.

Mit anderen Worten, Zuordnungsfragen mögen aus hochschulpolitischer Perspektive wichtig sein, aus wissenschaftlicher Sicht sind sie es nicht.

1.1 Gegenstandsbereich

Sprachlehrforschung ist als Abkürzung von „Sprachlehr- und Sprachlernforschung“ zu verstehen, denn trotz des eigentlich irreführenden Namens geht es der Sprachlehrforschung um beides: das Lehren und das Lernen von Fremdsprachen. Beide Prozesse sind eng miteinander verknüpft, obwohl natürlich gilt, daß das, was im Fremdsprachenunterricht gelehrt wird, keinesfalls identisch ist mit dem, was darin gelernt wird. Wenn dies stimmt, dann setzt die „Sprachlehrforschung“ eine „Sprachlernforschung“ voraus und zwar in dem Sinne, daß ein begründetes Konzept des Fremdsprachenlehrens eine begründete Theorie des Fremdsprachenlernens voraussetzt. Eine absolute Trennung ist jedoch kaum sinnvoll – vielmehr interagieren diese beiden Vorgänge in komplexer Weise miteinander, und in der Tat liegt in der Interaktion von unterrichtlichem Lehren und Lernen der Forschungsgegenstand des Faches Sprachlehrforschung. Zusammenfassend gesagt: Sprachlehrforschung befaßt sich mit dem durch Unterricht gesteuerten Lehren und Lernen von Sprachen, die von dem jeweiligen Lernenden nicht als Muttersprache beherrscht werden, sondern als Fremd- oder Zweitsprache (siehe hierzu Abschnitt 3 unten) zu lernen sind.

1.2 Erkenntnisinteresse

Sprachlehrforschung hat sowohl theoretische als auch praktische Ziele. Theoretisches Ziel der Sprachlehrforschung ist es, diejenigen Faktoren und deren Bezug zueinander zu verstehen, die den fremdsprachenunterrichtlichen Lernprozeß beeinflussen; praktisches Ziel der Sprachlehrforschung ist es, hieran anknüpfend Vorschläge für verbessertes Lehren von Fremdsprachen im Fremdsprachenunterricht zu machen. Damit wird kein hierarchisches Verhältnis beider Komponenten postuliert – vielmehr stehen Theorie und Praxis in Interaktion zueinander.

Die Sprachlehrforschung versteht sich als sprachübergreifende Wissenschaft, in dem Sinne, daß allgemeine Theorien des Fremdsprachenlernens und des Fremdsprachenlehrens angestrebt werden, die selbstverständlich in der Praxis sprach- und situationspezifische Ausprägungen haben. Beim Erwerb des Deutschen oder des Englischen als Fremdsprache kommen z.B. allgemeine Prinzipien des Sprachlernens und Sprachlehrens zum Tragen, die spezifische Formen in konkreten Situationen zeigen. Wir fokussieren in diesem Buch eher auf solch allgemeine Aspekte des Lernens und Lehrens fremder Sprachen.

1.3 Forschungsansatz

Schlagwortartig kann der Forschungsansatz der Sprachlehrforschung als lernerbezogen, empirisch und interdisziplinär/integrativ bezeichnet werden. Alle drei Merkmale hängen miteinander zusammen.

Der Ansatz versteht sich als *lernerbezogen*, da – wie gerade betont – Prinzipien des Lehrverhaltens kaum festgelegt werden können, ohne daß gleichzeitig oder vorher deren Auswirkung auf Lerner erforscht wird. Eine effektive Fremdsprachenlehre, die nicht mit effektivem Fremdsprachenlernen verbunden ist, stellt einen logischen Widerspruch dar, d.h. es ist nicht sinnvoll, nach didaktischen Prinzipien zu suchen, ohne eine durchdachte Theorie des Fremdsprachenlernens erarbeitet zu haben. Der Ansatz ist *empirisch*, d.h. Einsichten und Hypothesen müssen sich aus dem Wirklichkeitsbereich selbst ergeben. Daher muß vermieden werden, Theorien aus anderen Disziplinen (z.B. aus der Linguistik – vgl. Kapitel 5 – oder der Psychologie – vgl. Kapitel 6) zu übernehmen und beim Fremdsprachenlernen und -lehren anzuwenden, ohne daß genau überprüft wird, ob solche Theorien für das Fremdsprachenlernen überhaupt relevant sind.

Der Forschungsansatz ist *interdisziplinär/integrativ* insofern, als die Zielsetzungen der Sprachlehrforschung die Berücksichtigung verschiedener Faktoren verlangt (s. Kapitel 2) und zum Beispiel linguistische, soziologische, psychologische und didaktische Perspektiven miteinschließt. Ein rein additives Verfahren wäre jedoch unangemessen, wie im folgenden ausgeführt werden soll.

Es wäre nicht unlogisch zu argumentieren, daß verschiedene etablierte wissenschaftliche Disziplinen für den Komplex Sprachlehr- und Sprachlernforschung zuständig sind. Abbildung 1.1 enthält z.B. einige mögliche Zuordnungen:

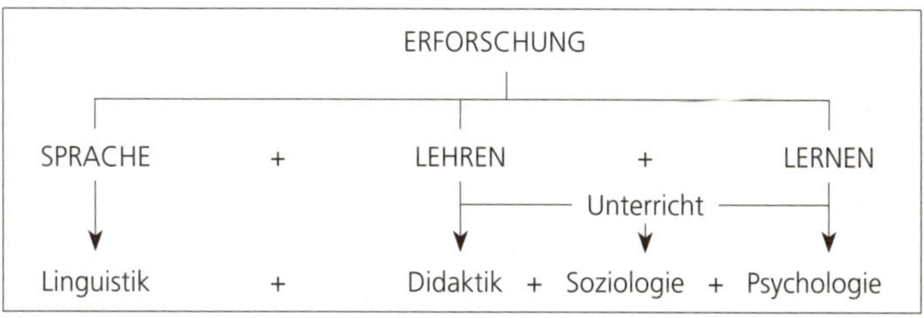

Abbildung 1.1 Einige Bezugsdisziplinen in der Sprachlehrforschung

Die Linguistik befaßt sich mit Sprache allgemein und mit verschiedenen Einzelsprachen; die Didaktik interessiert sich für die Lehre und ist in manchen Ländern und Institutionen für die Lehrerausbildung (auch in der Fremdsprachenlehre) zuständig; die Psychologie entwickelt u.a. Lerntheorien. Wenn wir berücksichtigen, daß Lehren und Lernen nicht unabhängig voneinander sind („Lernerzentriertheit“), können wir die Soziologie als relevantes Fach miteinbeziehen, denn Unterricht ist ein Sondertyp sozialer Interaktion. Dieses Zuordnungsspiel läßt sich leicht fortsetzen: in den Politischen Wissenschaften z.B. werden die Rahmenbedingungen behandelt, die für die Organisation und Durchführung von Fremdsprachenunterricht maßgebend sind;

in der Soziolinguistik wird der soziale Gebrauch von Sprache durch menschliche Wesen und in der Psycholinguistik die Bedingungen und Abläufe menschlichen Sprachenlernens erforscht. Damit haben wir die Breite der Sprachlehrforschung aufgezeigt und die Notwendigkeit eines interdisziplinären Zugriffs angedeutet.

Ein additives Verfahren nach dem Muster:

[Linguistik +
Didaktik +
Soziologie +
Psychologie +
...] = Sprachlehrforschung

wäre jedoch unangebracht; der Ansatz der Sprachlehrforschung muß eher ein ‚integrierender' sein. Zur Konkretisierung dieser Forderung zwei Beispiele:

(i) Der Begriff „Lernschwierigkeit" dürfte aus der Lehr- und Lernperspektive nicht unwichtig sein. Ein Zugriff auf diesen Komplex ist von verschiedenen Disziplinen aus möglich: aus linguistischer Sicht macht ein komplexer grammatischer Bereich Lernschwierigkeiten wahrscheinlicher; aus soziologischer Sicht verursacht eine gespannte Unterrichtssituation Lernschwierigkeiten; aus didaktischer Sicht beeinflußt die Art und Weise der Darstellung des Unterrichtsstoffs durch Lehrwerk und Lehrer die Lernschwierigkeit ganz entscheidend. Die aus allen diesen Betrachtungsweisen erfaßten Probleme haben ferner psychologische Auswirkungen bzgl. Spannung, Lernbereitschaft und Motivation bei den Lernenden. Das Beispiel macht deutlich, daß sich solche Betrachtungsweisen gegenseitig beeinflussen, da im Unterricht linguistische Elemente der Fremdsprache notwendigerweise im sozialen Kontext des Unterrichts durch didaktische Mittel dargestellt werden.

(ii) Grotjahn, Brammerts und Wülfrath (1983, 68–71) geben ein einfaches, aber einleuchtendes Beispiel dafür, wohin ein additives Verfahren führen kann. Aus lernpsychologischer Sicht kann man feststellen, daß einfach strukturierte Lerninhalte leichter und schneller gelernt werden als komplexer strukturierte. In der generativen Linguistik hat man in den sechziger Jahren angenommen, daß ein Satz dann strukturell „einfacher" ist, wenn zu seiner Generierung wenige Regeln gebraucht werden. Interrogative Sätze sind daher komplexer als ihre deklarativen Äquivalente. Wenn man diese beiden Thesen auf den Fremdsprachenunterricht überträgt, dann wäre der Satz „Sharks are dangerous" einfacher zu lernen als der Satz „Can you swim?". Selbstverständlich ist dies Unsinn, und das Argument ist, soweit uns bekannt, niemals vorgetragen worden. Nur warnt dieses Beispiel davor, isoliert voneinander entstandene Theorien zu addieren und die eine Theorie auf die andere zu übertragen.

Daher müssen alle aus verschiedenen Disziplinen abgeleiteten Perspektiven integriert werden. In der Sprachlehrforschung sollte stets von Problemen, die im Fremdsprachenunterricht selbst entstehen, ausgegangen werden, und Ergebnisse sollten wieder zurück in den Fremdsprachenunterricht geführt werden. Ob bzw. wie solche Forderungen realisiert werden können, bleibt eine Frage, die noch diskutiert wird (vgl. Kapitel 3). Es gibt zur Zeit kein allgemeines Forschungsparadigma, mit dem die Sprachlehrforschung charakterisiert werden kann – eher wird mit einer Vielfalt von methodischen Ansätzen gearbeitet.

2 Voraussetzungen für eine Definition der Sprachlehrforschung: die Begriffe Sprache und Lernen

Zentral für die Bezeichnung Sprachlehr- und -lernforschung sind die Begriffe „Sprache", „Lehre", „Lernen" und „Forschung". Der letzte Begriff wird in Kapitel 3 näher untersucht. Der Begriff „Lehre" bezieht sich auf Versuche, den Lernprozeß anderer zu beeinflussen. Während der Begriff „Lehre" bestimmt nicht unkompliziert ist (man könnte z.B. durchaus behaupten, daß man sein eigener Lehrer sein kann), werden wir im folgenden den Schwerpunkt auf die u.E. für die Sprachlehrforschung grundlegenden Begriffe der „Sprache" und des „Lernens" legen. Damit wird der Gegenstandsbereich der Sprachlehrforschung näher bestimmt. Ferner werden Verbindungen zu nahestehenden Untersuchungsfeldern verdeutlicht und einige begriffliche Konventionen, die wir in diesem Buch verwenden, eingeführt.

2.1 Sprache – Fremdsprache – Zweitsprache

Abbildung 1.2 dient dazu, zwischen Muttersprache, Fremdsprache und Zweitsprache zu differenzieren. Eine Sprache verstehen wir als

Zeichensystem, das zur Kommunikation verwendet wird. Weitere Differenzierungen sind natürlich nötig, bevor wir den Begriff „Sprache" so definieren, daß er unserem Alltagsverständnis von „Fremdsprachenunterricht" entspricht – so sind z.B. Körpersprache, Zeichensprachen und Computersprachen auszuschließen.

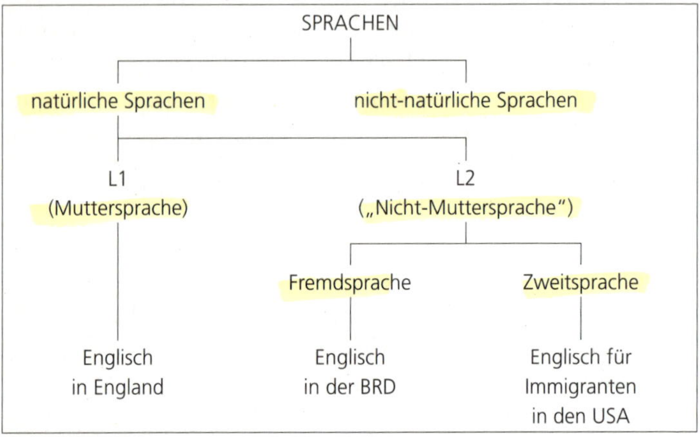

Abbildung 1.2 Zur Differenzierung des Begriffs Sprache

Zunächst wird jedoch in Abbildung 1.2 zwischen „natürlichen" und „künstlichen" Sprachen unterschieden. Diese Unterscheidung ist in sich nicht unproblematisch. Die kritische Frage bei dieser Unterscheidung ist wahrscheinlich, ob Menschen von Geburt an die jeweilige Sprache erlernen. Dies trifft zum Beispiel bislang nicht für Computersprachen wie BASIC oder PASCAL zu. Andererseits dürfte Esperanto an sich eine „künstliche" Sprache sein, in dem Sinne, daß sie von Menschen konzipiert und eingesetzt wurde. Es gibt jedoch sehr wohl „native-speakers" des Esperanto, nämlich Kinder, die von Geburt an diese Sprache erlernen. Insofern ist diese „künstliche" Sprache auch eine „natürliche" Sprache. Ferner gelten nach diesen Kriterien auch Kreolsprachen als „natürliche" Sprachen, Pidginsprachen dagegen nicht. (Pidginsprachen sind „Mischsprachen", die sich entwickeln, wenn Sprecher verschiedener Sprachen häufig miteinander in Kontakt kommen.) Pidgins werden dann zu Kreolsprachen, wenn Kinder der folgenden Generation die Sprache von Geburt an lernen.

Interessanterweise nehmen Pidginsprachen bei der Entwicklung zu Kreolsprachen weitere grammatische und funktionale Charakteristika an, damit sie sozusagen als adäquate Kommunikationsmittel fungieren können (s. z.B. Romaine 1988).

Weiterhin wird in Abbildung 1.2 mit „L1" und „L2" zwischen der ersten entwickelten natürlichen Sprache und weiteren entwickelten natürlichen Sprachen unterschieden. D.h. „2" bedeutet „nicht eins" und nicht „zwei" im Gegensatz zu „drei", „vier" usw. Wenn man in der Schule eine zweite oder dritte Fremdsprache erlernt, haben wir es in beiden Fällen mit einer „L2" zu tun. Aber auch diese Unterscheidung zwischen L1 und L2 ist nicht immer eindeutig. Bei bilingualer Erziehung in der Kindheit deutet auf der einen Seite der Begriff „bilinguale Erziehung" in sich auf den simultanen Erwerb von zwei Sprachen hin. Auf der anderen Seite führen in der Praxis zwei „gleichzeitig" entwickelte Sprachen in der Kindheit meistens zu unterschiedlichen Kompetenzen. Ferner wird eine bilinguale Erziehung auch oft sequentiell durchgeführt, d.h. eine Sprache wird zuerst (zumindest teilweise) erworben, bevor das Kind mit der zweiten „ersten" Sprache konfrontiert wird.

Auf der nächsten Ebene kommen wir zu einer begrifflichen Unterscheidung von zentraler Bedeutung für die Sprachlehrforschung – der Unterscheidung zwischen Fremdsprache und Zweitsprache. Grundsätzlich basiert diese Unterscheidung auf der Rolle oder Funktion der L2 in der Kultur der Lernenden. Wenn die L2 eine für das Leben (und Überleben) in einer bestimmten Gesellschaft unverzichtbare Rolle spielt, dann haben wir es mit einer Zweitsprache zu tun – dies ist offensichtlich der Fall, wenn in den USA Englisch als L2 gelernt wird oder wenn in der BRD Deutsch von türkischen Arbeitsmigranten gelernt wird. In Europa (außerhalb Englands) wird jedoch für gewöhnlich Englisch als *Fremd*sprache vermittelt. Wenn Englisch, Französisch, Russisch oder Spanisch in einer deutschen Universität angeboten werden, haben wir es mit *Fremd*sprachenunterricht zu tun.

Die Unterscheidung zwischen Fremd- und Zweitsprache ist jedoch wiederum keine absolute. In der Universität Hamburg werden „Deutsch als Fremdsprache"-Kurse für Studierende angeboten, deren Deutschkenntnisse verbessert werden sollen. Da Deutsch von diesen Studierenden für ein Studium in Deutschland gelernt werden soll, kann man durchaus der Auffassung sein, daß wir es hier mit Deutsch als Zweitsprache zu tun haben und nicht mit Deutsch als Fremdsprache. Andererseits könnte man wie folgt argumentieren: wenn die Adressaten solcher Kurse nach ihren Studien in ihr Heimatland zurückkehren, ist Deutsch wiederum eine Fremdsprache, die für einen bestimmten Zeitraum in einer „zweitsprachlichen" Umgebung gelernt wurde. In der Tat hat sich in der Zwischenzeit eine Unterscheidung zwischen „Deutsch als Fremdsprache" und „Deutsch als Zweitsprache" durchgesetzt – nur bleibt diese Unterscheidung unscharf.

Wenn zwischen Fremdsprache und Zweitsprache unterschieden wird, dann fehlt ein Oberbegriff – in Abbildung 1.2 wird „Nicht-Muttersprache" ad hoc eingesetzt. In der Fachliteratur werden sowohl „Zweitsprache" als auch „Fremdsprache" als Oberbegriffe benutzt. Daher sollte man beim Lesen aufpassen, ob einer dieser beiden Begriffe in einem spezifischen Sinne (etwa wie in Abbildung 1.2) oder in einem allgemeinen Sinne (= „Nicht-Muttersprache" in Abbildung 1.2) benutzt wird.

Die in Abbildung 1.2 eingeführten Unterscheidungen sind daher keine absoluten: auch die unterrichtliche Praxis ist in der Zwischenzeit sehr heterogen. In einer deutschen Universität kommt es vor, daß fremdsprachliche Kurse von einigen Studierenden besucht werden, die die Fremdsprache als L1 beherrschen. Ebenso gilt, daß die Grenzen zwischen Deutsch als Muttersprache, Deutsch als Fremdsprache und Deutsch als Zweitsprache fließend sind und daß das Fach Deutsch in deutschen Schulen und Universitäten von Personen studiert wird, die möglicherweise die Sprache aus allen drei Perspektiven angehen. Es ist zu erwarten, daß diese verwirrende, aber ebenso spannende Tendenz sich in der Zukunft auf der Grundlage politischer Entwicklungen innerhalb und außerhalb Europas noch verstärken wird. In diesem Zusammenhang sei auf den Begriff *lingua franca* hingewiesen. Eine Sprache wird dann als lingua franca bezeichnet, wenn Personen unterschiedlicher Herkunft zur Kommunikation eine weitere Sprache verwenden, die keine von ihnen als Muttersprache beherrscht. Englisch wird sehr häufig als lingua franca verwendet, eine Tatsache, die möglicherweise Konsequenzen für den Englischunterricht mit sich bringt (Edmondson/House 2003; Seidlhofer 2001). Der Status des Deutschen als Wissenschaftssprache und daher auch als lingua franca wird weiterhin heftig diskutiert (vgl. z.B. Ammon 1999). Solche politischen Perspektiven werden in Kapitel 4, Abschnitt 2.4. diskutiert.

In Bezug auf die Frage nach einem angemessenen Oberbegriff für „Nicht-Muttersprachen" möchten wir im Rahmen dieses Buches das Akronym L2 als Oberbegriff einführen – eine Abkürzung, die in der Fachliteratur besonders im angelsächsischen, aber auch zunehmend im deutschsprachigen Raum verwendet wird.

2.2 Sprachenlernen – Spracherwerb

Einige Wissenschaftler unterscheiden zwischen dem Erlernen und dem Erwerb von Sprachen. Weitere hiermit verbundene Unterscheidungen stehen sich in Abbildung 1.3 gegenüber:

Lernen („learning")	Erwerb („acquisition")
gesteuertes Lernen	natürliches Lernen
explizites Lernen	implizites Lernen
bewußtes Lernen	unbewußtes Lernen

Abbildung 1.3 Sprachentwicklung

Nach dieser Unterscheidung findet Spracherwerb bei der Erstsprachenentwicklung statt: die Sprache wird intuitiv, meistens unbewußt durch soziale Kontakte entwickelt. Sprachenlernen dagegen ist ein bewußter Prozeß, in dem Regeln gelernt und angewendet werden. Das Sprachenlernen findet z.B. im traditionellen Grammatikunterricht statt.

Bei dieser Gegenüberstellung soll zwischen Lern- bzw. Erwerbs*kontexten* (etwa Fremdsprachenunterricht gegenüber natürlicher Umgebung) auf der einen Seite und zwischen verschiedenen Lern- bzw. Erwerbs*prozessen* auf der anderen Seite unterschieden werden. Einige Forscher aber lassen diese Unterscheidung zwischen Kontexten und Prozessen außer acht, d.h. es wird davon ausgegangen, daß im Unterricht „gelernt" und auf der Straße „erworben" wird. Diese Annahme ist aber nicht nur sehr problematisch, sondern schlicht falsch. Ob unterschiedliche Prozesse in gesteuerter gegenüber natürlicher Sprachentwicklung aktiviert werden, bleibt solange eine offene Frage, bis empirische Studien eine differenzierte Beurteilung erlauben. Ferner kann man durchaus versuchen, „natürliche" Spracherwerbsprozesse im Unterricht zu fördern, und es ist nicht auszuschließen, daß Lerner in „natürlichen" (außerunterrichtlichen) Situationen über die Zielsprache bewußt nachdenken.

Dennoch kommen Ausdrücke wie „Zweitsprachenunterricht“, „Zweitsprachenlernen“ oder „Fremdsprachenerwerb“ in der Fachliteratur kaum vor: Lernprozesse werden eher mit einer Fremdsprache, Erwerbsprozesse mit einer Zweitsprache assoziiert.

Ähnlich wie bei Fremdsprache und Zweitsprache fehlt auch für Sprachenlernen und Spracherwerb ein Oberbegriff. Wir verwenden daher in Abbildung 1.3 „Sprachentwicklung“. In diesem Buch werden wir (wie in dem vorherigen Absatz) den Begriff „Lernen“ theorieneutral verwenden, d.h. als Oberbegriff, in dem sowohl natürlicher Spracherwerb als auch gesteuertes Sprachenlernen mitenthalten sind. Wann immer nötig, werden wir jedoch zwischen Spracherwerb und Sprachenlernen explizit unterscheiden.

3 Die Sprachlehrforschung und verwandte Disziplinen

Die Natur der Sprachlehrforschung und ihr Entstehen kann durch Vergleiche mit anderen Wissenschaften erhellt werden. In den siebziger und achtziger Jahren des letzten Jahrhunderts fand in Deutschland eine „Abgrenzungsdiskussion“ statt, die teilweise sehr emotional und persönlich geführt wurde, die aber letztendlich nützlich war, weil durch sie die Frage einer angemessenen Erforschung des Fremdsprachenlernens und -lehrens neu debattiert, der Ansatz der Sprachlehrforschung publik gemacht und eine fruchtbare Zusammenarbeit zwischen verschiedenen Disziplinen ermöglicht wurde. Im folgenden wollen wir versuchen, die Sprachlehrforschung gegenüber der Fremdsprachendidaktik, der Angewandten Linguistik und der Zweitsprachenerwerbsforschung abzugrenzen.

Die *Fremdsprachendidaktik* befaßt sich mit praxisbezogenen, also zumeist lehrbezogenen Problemen. Da die Fremdsprachendidaktik als institutionelles Fach eng mit der Lehrerausbildung verknüpft ist, besteht die Gefahr, daß innerhalb der Fremdsprachendidaktik der Fremdsprachenunterricht als Ort des Einsatzes bestimmter Arten von Lehrverhalten verstanden wird, zu Lasten der für die Sprachlehrforschung wichtigen Lernerperspektive. Historisch gesehen trifft dies auch zu, da das Fremdsprachenlernen in der Fremdsprachendidaktik zur Aufnahme ausgewählter Fremdsprachenlehrmethoden reduziert wurde (s. hierzu Kapitel 7). Die Fremdsprachendidaktik bezieht ihre didaktischen Handlungsanweisungen häufig aus von der Erziehungswissenschaft abgeleiteten theoretischen Modellen.

Das Fach *Angewandte Linguistik* (vgl. Knapp et al. 2004) hat in Deutschland eine etwas andere Richtung eingeschlagen als die im Prinzip äquivalente „Applied Linguistics“ in angelsächsischen Ländern. Beide Fächer sind sehr breit konzipiert – eine Beschäftigung mit Aspekten des Fremdsprachenlernens und -lehrens konstituiert nur einen (wenngleich den wichtigsten) Schwerpunkt innerhalb dieser beiden Disziplinen. In der Fachrichtung Angewandte Linguistik sind in der Tendenz – genau wie der Name andeutet – das Fremdsprachenlernen und die Fremdsprachenvermittlung als Bereiche erforscht worden, in denen hauptsächlich *linguistische* Untersuchungen durchgeführt und linguistische Theorien angewandt oder erprobt werden. Abbildung 1.4 enthält zwei abstrakte Modelle, die unterschiedliche Konzepte der Vermittlungsfunktion der angewandten Linguistik darstellen (vgl. Stern 1983, 36–39).

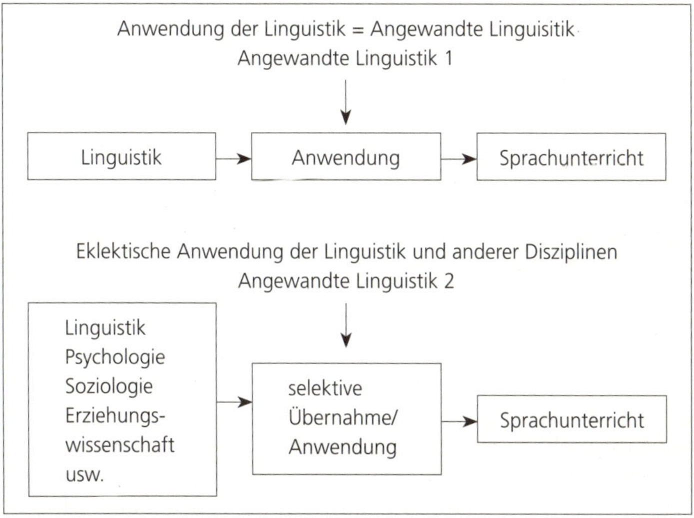

Abbildung 1.4 Angewandte Linguistik: zwei Modelle

Im Gegensatz zur Sprachlehrforschung geht die Angewandte Linguistik eher eindimensional vor: von einer Basisdisziplin (der Linguistik des 20. Jahrhunderts) oder mehreren eklektisch ausgewählten Basisdisziplinen ausgehend, bis hin zum Anwendungsbereich Fremdsprachenunterricht wird die Rezeption linguistischer und anderer Modelle und deren Einfluß auf Richtlinien, Lehrmethoden, Lehrwerke, Schulgrammatiken usw. verfolgt (vgl. hierzu Widdowson 2000). Dennoch ist in jüngster Zeit eine größere Unabhängigkeit der Angewandten Linguistik von den Forschungsgegenständen der Linguistik bemerkbar, so daß Knapp et al. z.B. in Annäherung an die Konzeption der Sprachlehrforschung bemerken: „Das Streben nach Problemlösungen bringt es mit sich, daß die angewandte Linguistik oft über den vorhandenen linguistischen Forschungsgegenstand hinausgehen und gegenstandsbezogene neue Methoden und theoretische Konzepte entwickeln muß und dabei auf andere Disziplinen Bezug nehmen muß." (Knapp et al. 2004: XVIII).

„Applied Linguistics" hat gegenüber der Angewandten Linguistik in Deutschland eine breitere Konzeption der Fremdsprachenforschung (vgl. Stern 1983; Kapitel 3; Strevens 1978) und ist durchaus mit der Sprachlehrforschung vergleichbar, da für beide Disziplinen ein breiter theoretischer Rahmen abgesteckt wird und da sowohl für „Applied Linguistics" als auch für die Sprachlehrforschung die Grundkonzepte der Interdisziplinarität, der Empirie und der Faktorenkomplexität gelten.

Eine weitere benachbarte Disziplin ist die *Zweitsprachenerwerbsforschung*, (Überblicke geben z.B. Ellis 1990, 1994; Larsen-Freeman und Long 1991; Henrici und Riemer 2003), in der es um das „Lernen" oder das „Erwerben" von Sprachen in vornehmlich „natürlicher", also außerschulischer Umgebung geht. Der Begriff „Zweitsprache" wird hier also im Sinne von Abbildung 1.1 verwendet, obwohl einige Vertreter der Zweitsprachenerwerbsforschung in der Zwischenzeit „Zweitsprache" als Oberbegriff benutzen, mit dem sowohl natürliches als auch gesteuertes Sprachenlernen abgedeckt wird. Die Zweitsprachenerwerbsforschung hat sich ursprünglich in den USA entwickelt und hat ihre Wurzeln in der Erstsprachenerwerbsforschung.

Die Konturen der Sprachlehrforschung sind in der Auseinandersetzung mit den ihr (besonders nahen) Disziplinen Fremdsprachendidaktik, Angewandte Linguistik und Zweitsprachenerwerbsforschung sicherlich schärfer geworden, auch wenn solche akademischen Zuständigkeiten und Revierstreitigkeiten in der Zwischenzeit – wie nicht anders zu erwarten – nur noch von historischem Interesse sind (vgl. den Überblick in Königs 2003).

Zwei neue Entwicklungen seit der Begründung des Faches Sprachlehrforschung sind ebenfalls von Interesse:

Erstens wurde der Begriff ‚Fremdsprachenforschung' eingeführt, und zwar in der Absicht, einen Forschungsbereich zu benennen, der nicht mit einer bestimmten institutionalisierten Fachrichtung verbunden ist. Sowohl Sprachlehrforscher, Zweitsprachenerwerbsforscher als auch Fremdsprachendidaktiker können also unter dem „organisatorischen Dach" der Fremdsprachenforschung zusammenarbeiten (Timm und Vollmer 1993).

Zweitens hat sich das Fach ‚Deutsch als Fremdsprache' in den achtziger Jahren in Deutschland zunehmend profiliert. Seine Konturen sind jedoch immer noch kontrovers (Edmondson 1998b). So wird ‚Deutsch als Fremdsprache' von vielen Fachvertretern nach wie vor der Germanistik zugeschrieben, von anderen dagegen als der Sprachlehrforschung zugehörig betrachtet. Dementsprechend umfassen die Berufsfelder, für die eine Qualifikation im Bereich ‚Deutsch als Fremdsprache' dienlich sein soll, z.B. eine Tätigkeit als Lektorin für Deutsche Sprache und Literatur in der Germanistik an einer Universität außerhalb Deutschlands (‚Ausländergermanistik') ebenso wie eine Sprachvermittlungstätigkeit innerhalb Deutschlands für Personen, die die deutsche Sprache für das Überleben und/oder für verschiedene berufliche Zwecke benötigen. Das Fach stellt sich zwar ‚einheitlich' dar, hat jedoch unterschiedliche Ausrichtungen ganz traditioneller Art, nämlich eine linguistische, eine literaturwissenschaftliche bzw. kulturbezogene und eine fachdidaktische Orientierung (Glück 1998). In diesem Sinne ist das ‚Handbuch Deutsch als Fremdsprache' (Anz et al. 2000, Überblick in Götze/Helbig/Henrici/Krumm 1995) so aufgebaut, daß der erste Band linguistischen, landeskundlichen, zweitsprachenerwerbsbezogenen und fachdidaktischen Inhalten und der zweite literarischen Themen gewidmet ist.

4 Sprachlehrforschung: historische Entwicklung

Die Ursprünge systematischer Erforschung des Fremdsprachenunterrichts gehen zurück ins ausgehende 19. Jahrhundert und sind mit der allgemeinen Entwicklung in den Sprachwissenschaften und der wissenschaftlichen Pädagogik verknüpft, aber erst in den vierziger Jahren wurde der Fremdsprachenunterricht Gegenstand systematischer Erforschung. In dieser Zeit wurden auch mehrere wissenschaftliche Institute und Zeitschriften gegründet, die der Erforschung des Fremdsprachenlernens und -lehrens gewidmet waren (z.B. *English Language Institute* und die Zeitschrift „Language Learning“ der University of Michigan in Ann Arbor). In den sechziger Jahren war das Interesse an der Erforschung des Fremdsprachenunterrichts stark genug, eine Reihe von Studien zu inspirieren, in denen versucht wurde, die Überlegenheit einer der beiden „großen Lehrmethoden“ (der Grammatik-Übersetzungsmethode und der audiolingualen Methode – vgl. Kapitel 7) zu beweisen und der mit der Methodendebatte verwandten Frage nach der Nützlichkeit des (neu entstandenen) Sprachlabors nachzugehen. Weitere frühe Richtungen der empirischen Erforschung des Fremdsprachenunterrichts sind die Untersuchungen zur Einführung des Fremdsprachenlehrens an der Grundschule und die kanadischen Forschungen im Bereich der zweisprachigen Schulausbildung (einen kurzen Überblick bietet Stern 1983, 54–57). Interessanterweise sind in der Zwischenzeit beide Themen („Frühbeginn“ bzw. „bilingualer Sachfachunterricht“) in Deutschland sehr aktuell geworden (Wode 1995; Wode et al. 1996; Bach und Niemeier 2002; Hermes und Klippel 2003).

Mit einigen Ausnahmen blieb der Fokus aber eindeutig auf der Lehre, und trotz intensiver Forschungstätigkeit im Bereich des Fremdsprachenunterrichts setzte aufgrund der wenig eindeutigen Ergebnisse (insbesondere bei den aufwendigen und mit hohen Erwartungen begonnenen Methodenvergleichen) eine zunehmende Desillusionierung gegenüber der Nützlichkeit solcher Studien ein. Dies war u.a. der Hintergrund für die Etablierung der Disziplin Sprachlehrforschung in Deutschland.

Als wissenschaftliche Disziplin ist die Sprachlehrforschung in der Bundesrepublik Deutschland erst knapp zwanzig Jahre alt. Ihre Entstehung ist eng verknüpft mit der Gründung des Seminars für Sprachlehrforschung an der Ruhr-Universität Bochum im Jahre 1976 (s. Bausch, Königs und Kogelheide 1986). Hier wurde Wesentliches zur Konzipierung des Faches Sprachlehrforschung geleistet, und hier wurde auch der erste Studiengang Sprachlehrforschung in der Bundesrepublik eingerichtet.

Besonders gefördert wurde das neue Fach Sprachlehrforschung durch vier Entwicklungen:

(i) Anfang der siebziger Jahre war der Fremdsprachenunterricht als Konsequenz der 68er Studentenbewegung und der darauffolgenden Reformen durch die Gründung einer Reihe von universitären Sprachlehrinstituten zunehmend ins wissenschaftliche Interesse gerückt worden. In diesen neuen „Sprachenzentren" sollte die Vermittlung sprachpraktischer Kenntnisse sowohl zentral organisiert als auch erforscht und wissenschaftlich begleitet werden. Die neue organisatorische Einheit „Sprachenzentrum" sollte somit auch dem Fremdsprachenunterricht in der universitären Ausbildung einen anderen Status geben, der über die bloße Sprachpraxis – wie sie traditionell als zwar notwendiger, aber nicht sonderlich geachteter Zusatz zu den philologischen Studiengängen angesehen wurde – hinausgehen sollte.

(ii) Im Jahre 1973 initiierte die Deutsche Forschungsgemeinschaft ein Schwerpunktförderungsprogramm „Sprachlehrforschung" für Projekte, die das Phänomen Fremdsprachenunterricht interdisziplinär-integrativ zu erforschen versuchten. Im Rahmen ihrer Arbeit versuchten die Mitglieder des sog. Koordinierungsgremiums die neue wissenschaftliche Disziplin Sprachlehrforschung genauer zu umreißen und zu definieren (vgl. Koordinierungsgremium 1979, 1983).

(iii) Mit der Einführung des Studienfaches Sprachlehrforschung am (1975 gegründeten) Zentralen Fremdspracheninstitut an der Universität Hamburg (21.6.1978) wurde in der BRD ein zweites Sprachlehrzentrum mit einem eigenen Studiengang „Sprachlehrforschung" geschaffen.

(iv) In der Zwischenzeit hat sich an deutschen Universitäten eine Re-Philologisierung durchgesetzt, die besonders die Sprachlehrforschung mit Stellenkürzungen getroffen hat und die Konsequenz einer in der Administration deutscher Universitäten gängigen Ignoranz der internationalen Bedeutung dieses Faches ist. Hier können wir nur für eine Umkehr dieser isolationistischen Universitätspolitik plädieren.

Interdisziplinäre Zusammenarbeit im Rahmen der Erforschung des Fremdsprachenlernens wird seit 1981 durch die Etablierung der sogenannten Frühjahrskonferenz zur Erforschung des Fremdsprachenunterrichts gefördert. Zu deren jährlichen Tagungen werden verschiedene Wissenschaftler aus Sprachlehrforschung, Linguistik, Literaturwissenschaft und Fremdsprachendidaktik eingeladen. Arbeitspapiere zu diesen Frühjahrskonferenzen erscheinen jährlich, bisher entweder in der Reihe „Manuskripte zur Sprachlehrforschung" (Universitätsverlag Brockmeyer, Bochum) oder in „Giessener Beiträge zur Fremdsprachendidaktik" (Gunter Narr Verlag, Tübingen) – s. z.B. Bausch, Christ, Hüllen und Krumm 1981.

Eine wichtige Gründung der letzten 15 Jahre ist die Gesellschaft für Fremdsprachenforschung mit ihrem Verbandsorgan „Zeitschrift für Fremdsprachenforschung".

5 Zusammenfassung/Ausblick

Die Sprachlehrforschung, die in ihrem Ansatz nach einer Integration verschiedener Forschungsrichtungen strebt, beschäftigt sich mit dem gesteuerten L2-Lernen in verschiedenen Lernkontexten. Dabei wird sowohl die Entwicklung einer Theorie des L2-Lernens angestrebt als auch die Formulierung empirisch begründeter didaktischer Empfehlungen für die Sprachenvermittlung.

Aus dem interdisziplinären Anspruch der Sprachlehrforschung ergibt sich, daß in dieser Einführung in die Sprachlehrforschung Nachbardisziplinen wie Linguistik und Psychologie, Erst- und Zweitsprachenerwerbsforschung, Angewandte Linguistik und Fremdsprachendidaktik miteinzubeziehen sind (vgl. Teil 2). Teil 3 ist verschiedenen Aspekten des Zweitsprachenerwerbs gewidmet, wobei u.a. Aspekte des Erstsprachenerwerbs mit eingeschlossen sind. Die unter 2.2 eingeführte Unterscheidung zwischen Spracherwerbs- und Sprachlernprozessen, die sich teilweise mit der Unterscheidung zwischen Zweitsprachenerwerb und Fremdsprachenlernen überschneidet, wird in Kapitel 14, 2.1 nochmals aufgegriffen.

Kapitel 2

Fremdsprachenunterricht als Untersuchungsgegenstand

In diesem Kapitel wird anhand verschiedener Modelle ein Überblick über den Gegenstandsbereich der Sprachlehrforschung gegeben. Dieser Überblick erfüllt innerhalb dieses Buches drei Aufgaben:

(i) Das in Kapitel 1 angedeutete Konzept des Fremdsprachenunterrichts als „Faktorenkomplex" wird näher bestimmt.

(ii) Ein Überblick über das Forschungsfeld der Sprachlehrforschung ist eine notwendige Vorbereitung für die Beantwortung der Frage nach angemessenen Forschungsstrategien, die in Kapitel 3 gestellt wird, insbesondere da wir davon ausgehen, daß die Suche nach adäquaten Forschungsmethoden nur unter Berücksichtigung konkreter Zielsetzungen und Untersuchungsgegenstände sinnvoll diskutiert werden kann.

(iii) In den Teilen 2 bis 5 dieses Buches werden verschiedene Teile des Unterrichtskomplexes im einzelnen behandelt. Die Zusammenhänge zwischen diesen Teilaspekten des Fremdsprachenunterrichts im voraus aufzuzeigen, scheint daher sinnvoll.

Es ist unvermeidlich, daß die im folgenden diskutierten Modelle nur skizzenhaft dargestellt und kommentiert werden können. So braucht z.B. Spolsky (1989) (vgl. Abbildung 2.2 unten) ungefähr 200 Seiten Text, um sein Modell zu erklären, während wir hier mit wenigen Seiten auskommen müssen.

1 Das Fremdsprachenlehren und -lernen – Fremdsprachenunterricht als Faktorenkomplex

Bei den folgenden Vergleichen zwischen verschiedenen Modellen lautet die zentrale Frage: welche Faktoren oder Variablen haben möglicherweise einen Einfluß darauf, ob, inwiefern, wie und warum fremdsprachliche Kenntnisse sich in einer konkreten Unterrichtsstunde bei einer Gruppe von Lernern herausbilden bzw. weiterentwickeln. Wir betrachten hier Modelle, in denen die verschiedenen Faktoren des unterrichtlichen Fremdsprachenlernens in Beziehung zueinander gebracht werden. Ferner interessieren wir uns für die Frage, welche Rolle die verschiedenen wissenschaftlichen Fächer, die den Fremdsprachenunterricht (zumindest teilweise) untersuchen, innerhalb dieses Komplexes spielen.

Die drei ausgewählten Modelle entsprechen diesen Fragen aus je verschiedenen Perspektiven, da die drei Autoren ihre Modelle respektive als ein Modell des Fremdsprachen*lehrens*, des Fremdsprachen*lernens* und des Fremdsprachen*unterrichts* bezeichnen.

1.1 Ein Modell des Fremdsprachenlehrens

Abbildung 2.1 ist von Stern (1983) übernommen und übersetzt worden (zum Vergleich s. auch Strevens 1976). Stern beschreibt sein Modell als „a model of classroom teaching" und benutzt den Begriff „Educational Linguistics", um das Fach zu benennen, das sich mit dem Fremdsprachenlernen und -lehren beschäftigt. Der Forschungsschwerpunkt liegt bei Stern auf der Ebene der tatsächlichen unterrichtlichen Praxis (d.h. Ebene 2 in Abbildung 2.1). Daß Ebene 3 als „unterrichtliche Praxis" bezeichnet wird, ist an sich verwirrend, läßt sich aber dadurch erklären, daß hier ein Fremdsprachen*lehr*modell dargestellt wird und der Autor der Meinung ist, daß die praktischen Auswirkungen der Erforschung des Fremdsprachenunterrichts sich auf Ebene 3 befinden sollen, wo grundsätzlich alle didaktischen Entscheidungen zu treffen sind, insbesondere bzgl. der Methodologie, Planung und Strukturierung des Unterrichts. Zwei Aspekte des Modells sind hier zu betonen:

(i) Stern macht in seinem Modell deutlich, daß Fremdsprachenunterricht als *Teil eines Ausbildungssystems* verstanden werden sollte. Damit wird an die institutionellen, politischen und historischen Dimensionen des Fremdsprachenlernens erinnert. Wenn wir an Fremdsprachenunterricht denken, dann denken wir vielleicht vor allem an den Englischunterricht in einem Gymnasium in einem bestimmten Bundesland innerhalb Deutschlands im neuen Jahrtausend. Dagegen ist nichts einzuwenden. Nur sollten wir uns darüber im klaren sein, daß unsere vorwissenschaftlichen Konzepte davon, wie Unterricht abläuft, wie das Lernen vor sich geht, welche Rolle Lehrer spielen und nicht zuletzt auch unsere Vorstellungen von einer Fremdsprache (vgl. Kapitel 1) *kulturgebundene* Konzepte sind. Aus wissenschaftlicher Perspektive müssen solche auf eigenen Lernerfahrungen basierende Normen und Erwartungen überprüft und relativiert werden.

(11) Stern entwirft ein integrierendes Anwendungsmodell. „Educational Linguistics“ besteht aus einer Auswahl, Kombination und Integration von Ansätzen verschiedener Bezugsdisziplinen, die sich mit einem bestimmten Wirklichkeitsbereich befassen (vgl. das in Abbildung 1.4 dargestellte Konzept einer naiven Angewandten Linguistik). Wenn das Modell dynamisch und nicht statisch interpretiert wird, dann ist anzunehmen, daß sich Informationen nicht nur von Ebene 3 bis zu Ebene 1, sondern auch von Ebene 1 bis Ebene 3 bewegen, wie Stern selbst betont (vgl. Stern 1992, 3–15).

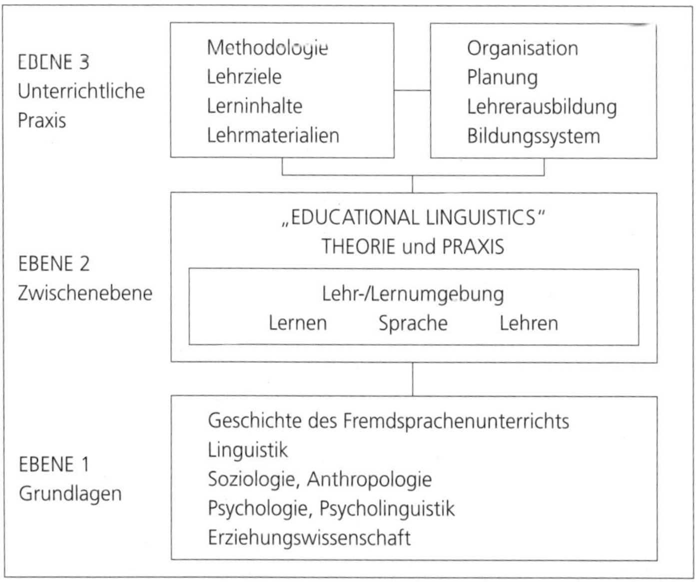

Abbildung 2.1 Ein Modell des Fremdsprachenlehrens (nach Stern 1983, 44)

Die Gliederung dieser „Einführung in die Sprachlehrforschung“ stimmt mit dem Modell Sterns in wichtigen Punkten überein. Drei der folgenden Hauptteile dieses Buches entsprechen thematisch den Ebenen 1 bis 3 des Stern'schen Modells. In Teil 2 behandeln wir mehrere Bezugsdisziplinen sowie die geschichtliche Dimension des Fremdsprachenunterrichts (vgl. Ebene 1); in Teil 5 liegt unser Hauptaugenmerk auf der zielgerichteten Erforschung des unterrichtlichen Lernens (vgl.

Ebene 2); unser Teil 6 (fremdsprachendidaktische Aspekte des Fremdsprachenunterrichts) entspricht Ebene 3 bei Stern. Teil 3 dieses Buches (Spracherwerbstheorien) wird in dem Stern'schen Modell nicht explizit erwähnt, obwohl alle Themen, die wir in Teil 3 aufgreifen, in Stern (1983) behandelt werden.

1.2 Ein Modell des L2-Lernens

Das Modell Spolskys (1989) (Abbildung 2.2) unterscheidet sich zumindest in zwei Punkten vom Modell Sterns: erstens ist es ein Lern- und kein Lehrmodell, und zweitens soll es sowohl natürliches als auch gesteuertes Sprachenlernen berücksichtigen. Grundsätzlich kann das Modell Spolskys jedoch als eine Ausführung des inneren Kästchens auf Ebene 2 der Abbildung 2.1 verstanden werden.

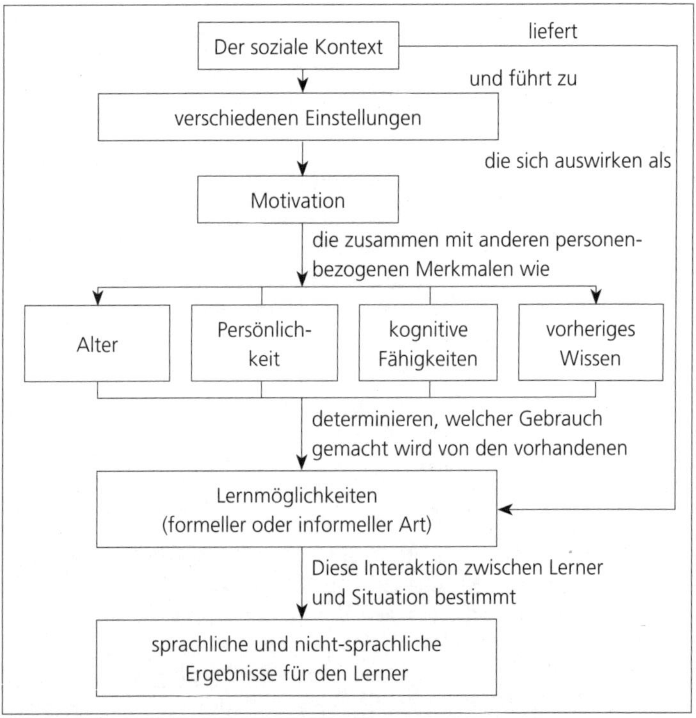

Abbildung 2.2 Ein Modell des L2-Lernens (nach Spolsky 1989, 28)

Das Modell liegt in Form eines Flußdiagramms vor, obwohl Spolsky betont, daß die Linearisierung keine strikte Zuordnung bzw. Kausalität impliziert – so könnte z.B. eine positive Einstellung bzw. Motivation zu den *Ergebnissen* dieses Lernprozesses gehören, was zur Folge hätte, daß eine Rückkoppelungsschleife (Feedback Loop) in die Grafik eingebaut werden müßte (Spolsky 1989, 11–30). Der indirekte Hinweis, daß möglicherweise nicht nur *sprachliche* Ergebnisse den Stellenwert des Fremdsprachenunterrichts beeinflussen, sollte nicht außer acht gelassen werden.

Da Spolsky sowohl den natürlichen Zweitsprachenerwerb als auch das gesteuerte Fremdsprachenlernen berücksichtigen will, hat der Begriff „sozialer Kontext" unterschiedliche Interpretationen für diese beiden Erwerbskontexte. So könnte der soziale Status von Mitgliedern der Lerngruppe in der zielsprachlichen Kultur ein relevantes Merkmal des „sozialen Kontextes" für den natürlichen *Zweitsprachenerwerb* sein, während beim gesteuerten *Fremdsprachenlernen* das Lehrer-Lerner-Verhältnis im Unterricht bedeutsam ist. In beiden Fällen trägt der soziale Kontext wesentlich zum Spracherwerb bei, da hierdurch die Qualität und Quantität der Kontakte mit der Fremdsprache und die Lernbereitschaft (Einstellung, Motivation, usw.) beeinflußt werden. Beide Faktorenbündel entscheiden über den Lernerfolg.

Beide genannten Interpretationen des Begriffs „sozialer Kontext" werden in diesem Buch berücksichtigt. In Kapitel 9 wird eine Zweitsprachenerwerbstheorie dargestellt, die den Einfluß sozialer Faktoren aus der Umwelt auf den natürlichen Spracherwerb aufzeigt: Aspekte des Fremdsprachenunterrichts als soziales bzw. interaktives Netzwerk werden in den Kapiteln 13 und 14 behandelt. Die personenenbezogenen Variablen (u.a. Alter, Persönlichkeit, kognitive Stile) sind das Thema der Kapitel 10 und 11.

Das Modell Spolskys ist nicht so breit angelegt wie das Modell Sterns (Abbildung 2.1) und ist recht allgemein in seiner Aussagekraft. Es läßt sich wie folgt formelhaft zusammenfassen.

Ob bestimmte fremdsprachliche Fertigkeiten und Kenntnisse/<u>W</u>issen (W) zu einer bestimmten <u>z</u>ukünftigen Zeit (z) entwickelt sein werden, ergibt sich aus vier Variablen:

- vorhandenem <u>W</u>issen, sprachlichen Kenntnissen und Fertigkeiten, inklusive Fähigkeiten in anderen Sprachen (W zu dem <u>j</u>etzigen Zeitpunkt j)

- daraus, wozu der Lerner allgemein fähig ist (intellektuelle, kognitive und biologische Faktoren, die wir als F (Fähigkeiten) bezeichnen)
- der emotionalen oder affektiven Einstellung des Lerners (E)
- der Qualität und Quantität des Kontaktes mit der Fremdspache innerhalb und außerhalb des Unterrichts (K).

Daraus ergibt sich die Formel:

$$Wz = Wj + F + E + K$$ (s. Spolsky 1989, 15).

1.3 Ein Modell des Fremdsprachenunterrichts als Faktorenkomplex

Abbildung 2.3 ist in Edmondson (1984) (in einer englischen Version) zu finden. Hier steht das unterrichtliche Geschehen im Zentrum des Modells, umgeben von vier interagierenden Faktorenkomplexen, die aus den Modellen in 2.1 und 2.2 in der Zwischenzeit bereits bekannt sind. Faktorenkomplex A wird in Kapitel 4 behandelt, C (was Lernerunterschiede betrifft) in den Kapiteln 10 und 11, E und D sind didaktische Variabeln, und insofern werden einige dieser Faktoren in Kapitel 15 behandelt. Block B, wissenschaftliche Faktoren, umfaßt den Beitrag der sogenannten „Bezugsdisziplinen" (vgl. Kapitel 5, 6 und 7).

Das Modell in Abbildung 2.3 ist nicht hierarchisch aufgebaut – alle Verbindungspfeile zielen in beide Richtungen und deuten nicht auf Kausalität hin, sondern auf gegenseitige Auswirkung. So können soziopolitische Entscheidungen (z.B. die politische Zustimmung zur Forderung „Fremdsprachenunterricht für alle!") die Größe von Lerngruppen in einer Institution (A→D) oder die Motivation von Lehrenden beeinflussen (A→C). Wenn eine Lerngruppe aus über 40 Personen besteht, so hat dies unter Umständen Auswirkungen auf den didaktischen oder methodischen Ansatz des Lehrenden (D→E). Andererseits könnte es sein, daß eine bestimmte Lehrmethode in einer Institution „offiziell" in einigen Klassen erprobt werden soll. Für diese Klassen wird die Lernergruppe reduziert (E→D), und es werden nur solche Schüler zugelassen, die sich freiwillig melden und Interesse an dieser Methode zeigen. Dies könnte bedeuten, daß die Motivation dieser Lerngruppe im voraus durch die Entscheidung für diese Methode positiv beeinflußt wird (E→C). Angesichts solcher Wechselwirkungen ist es als graphische Vereinfachung zu verstehen, daß die gegeneinanderstehenden Faktorenkomplexe in Abbildung 2.3 (A/B, C/D) keinen „direkten" gegenseitigen Kontakt haben. Im Prinzip könnte es auch

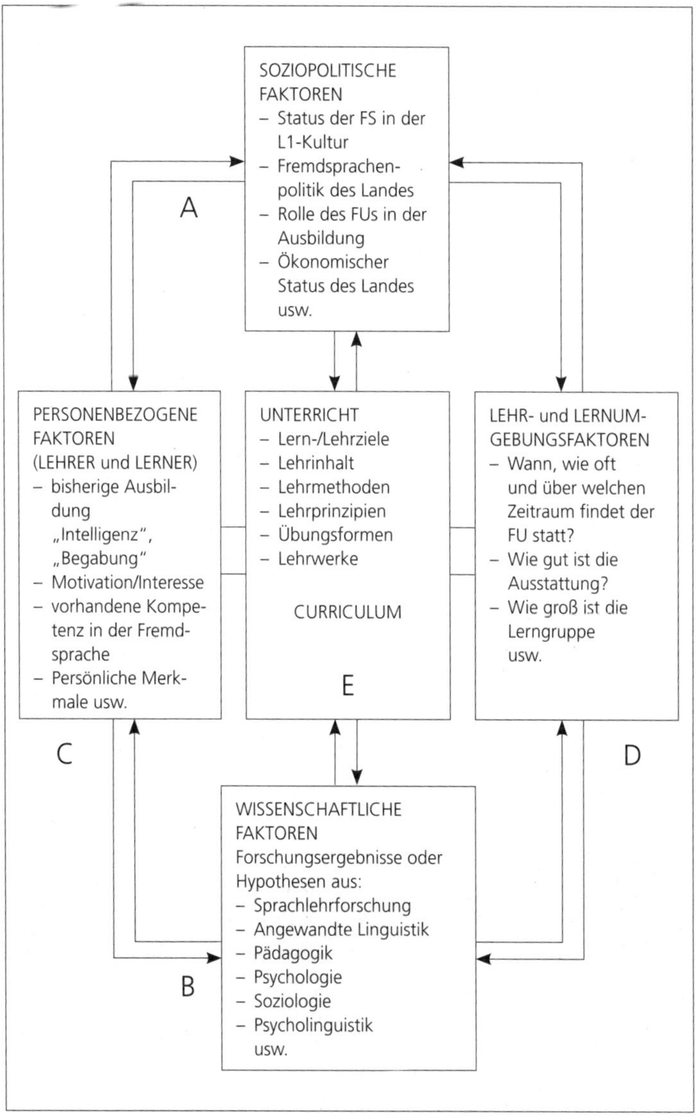

Abbildung 2.3 Fremdsprachenunterricht als Faktorenkomplex (vgl. Edmondson 1984, 57)

hier Auswirkungen in beide Richtungen geben. So können personenbezogene Faktoren die Merkmale der Lernumgebung determinieren – im trivialsten Fall könnte es z.B. geschehen, daß nach der zweiten Sitzung einer überfüllten Sprachlehrveranstaltung an der Universität das Interesse/die Motivation vieler Teilnehmer so gesunken ist, daß sie nicht mehr erscheinen; dadurch kommt eine kleinere Lerngruppe zustande (D→C→D). Es ist aber auch denkbar, daß Lehrende, die sehr große Gruppen unterrichten müssen, ihren Unterricht absichtlich so gestalten, daß weniger motivierte Studierende entmutigt werden und nicht mehr erscheinen (D→E→C→D). Ferner stehen Wissenschaft und Politik ebenfalls in mehr oder weniger „direkter" Verbindung. Auf der einen Seite können Wissenschaftler durchaus in wichtigen politischen Entscheidungsgremien vertreten sein (B→A), auf der anderen Seite findet die Erforschung des Fremdsprachenunterrichts auch innerhalb eines soziopolitischen Systems statt (A→B). Es ist absolut kein Zufall, welche Forschungen zu welchen Zeiten durchgeführt werden, und die Entscheidungen, welche Forschungsprojekte vom Staat finanziert werden, beruhen nicht nur auf wissenschaftlichen Kriterien.

Die Frage nach den praktischen Auswirkungen der in Abbildung 2.3 aufgezeigten Faktoren in einer konkreten Lernsituation ist grundsätzlich eine Umformulierung der Grundfrage der Sprachlehrforschung. Vor dem Hintergrund der obigen Beispiele dürfte klar sein, daß die isolierte Darstellung eines Faktors kaum sinnvoll wäre – da Fremdsprachenunterricht von allen Faktoren mitbestimmt wird, hätten die Ergebnisse einer solchen Untersuchung nur eine begrenzte Aussagekraft für die Praxis. Die Metapher des „Faktorenkomplexes" darf also nicht im Sinne eines Nebeneinanders von Einzelfaktoren verstanden werden.

Nicht nur das Zusammenwirken verschiedener Faktoren ist ein Problem für die Sprachlehrforschung. Bis entsprechende wissenschaftliche Befunde vorliegen, muß offen bleiben, ob in Abbildung 2.3 die zentralen Faktoren des Fremdsprachenunterrichts bereits erfaßt sind: Was benannt (und vielleicht erforscht) wird, könnte nur eine Konsequenz eines weiteren Faktors sein, den wir noch nicht entdeckt haben. Auch müßten diese verschiedenen Faktoren in bezug auf ihre Auswirkungen differenziert gewichtet werden. Es dürfte insgesamt jedoch schwierig sein, eine Art „Bedeutungshierarchie" für die verschiedenen mitwirkenden Faktoren zu erarbeiten.

Intuitiv einleuchtend ist lediglich, daß soziopolitische Faktoren eine Priorität haben müssen, da sie festlegen, ob Fremdsprachenunterricht überhaupt stattfindet (bzw. ob Sprachlehrforschung institutionell begründet ist). Eine weitere wichtige Variable besteht in dem Grad, zu dem das Ausbildungssystem individuelle Variationen bzw. Innovationen zuläßt und der individuelle Lerner die persönlichen Charakteristika und die Ausbildung besitzt, selbst „innovativ" zu sein. Dies wird nochmals hauptsächlich durch politische Entscheidungen festgelegt.

2 Zusammenfassung/Ausblick

Aus Kapitel 1 wissen wir, welche Ziele sich die Sprachlehrforschung setzt. In diesem Kapitel wurden einige Aspekte des fremdsprachenunterrichtlichen Geschehens erwähnt und exemplarisch in 3 Modellen in Verbindung zueinander und zu diesem Buch gebracht. Die nächste allgemeine Frage, die angesprochen werden muß, betrifft die Art und Weise, wie dieser Gegenstandsbereich (d.h. der „Faktorenkomplex") mit den genannten Erkenntnisinteressen zu erforschen ist. Dies ist das Thema von Kapitel 3.

Kapitel 3

Forschungsmethodik in der Sprachlehrforschung

Aus den beiden vorangegangenen Kapiteln sind drei Befunde für dieses Kapitel besonders relevant:

(i) Die Sprachlehrforschung hat sich zwei Ziele gesetzt: auf der einen Seite wird versucht zu *verstehen*, wie sich fremdsprachliche Kompetenz entwickelt, und auf der anderen Seite sollen begründete Vorschläge zur *Verbesserung* des Lehrens und Lernens im Fremdsprachenunterricht erarbeitet werden.

(ii) Innerhalb der Sprachlehrforschung wird davon ausgegangen, daß man sich diesen Zielen am besten annähert, wenn man innerhalb der unterrichtlichen Wirklichkeit forscht.

(iii) Der Untersuchungsgegenstand Fremdsprachenunterricht ist ein höchst komplexes Geschehen, das sich – zumindest metaphorisch – als Faktorenkomplex darstellen läßt.

Im folgenden beschäftigen wir uns mit der Frage, wie unter diesen Voraussetzungen der Komplex „Fremdsprachenunterricht" erforscht werden kann. Die Frage nach angemessenen Forschungsstrategien impliziert eine weitere Frage, nämlich die nach den Evaluationskriterien für Forschungsergebnisse. Beide Aspekte werden wir nun erörtern.

1 Hypothesen – Theorien – Modelle

Einleitend sollen die Begriffe Hypothese, Theorie und Modell definiert werden. Eine HYPOTHESE ist in der Alltagssprache so etwas wie eine Idee oder Vermutung, von der man annimmt, sie könne durchaus stimmen, obwohl es keine absoluten Beweise dafür gibt. Diese Interpretation gilt ebenso für Hypothesen innerhalb der Forschung. Forschungstechnisch ist eine Hypothese ferner eine bestimmte *Art* der Vermutung, nämlich eine Aussage über die Zusammenhänge zwischen zwei oder mehreren Variablen (wobei eine Variable einen Begriff umfaßt, für den es verschiedene individuelle Ausformungen oder Werte gibt). So ist z.B. die Vermutung, daß in einer bestimmten Englischstunde in einer Volkshochschule die heterogene Zusammensetzung der Gruppe negative Auswirkungen auf ihre Lernbereitschaft hat, eine Hypothese. Die zwei Variablen sind in diesem Fall die Zusammensetzung der Lerngruppe und die Lernbereitschaft. Die Hypothese besagt, daß zwischen den Werten für diese beiden Variablen eine inverse Korrelation besteht. Grundsätzlich kann man sagen, daß es Hauptziel der Forschung ist, Hypothesen aufzustellen und dann zu überprüfen, ob sie eine Erklärungskraft für einen bestimmten komplexeren Gegenstandsbereich haben.

Je größer der Geltungsbereich für eine Hypothese ist, desto nützlicher ist sie natürlich. Daher wäre die oben erwähnte Hypothese bzgl. der Konstellation der Lerngruppe und Lernbereitschaft relativ uninteressant, wenn sie nur für eine bestimmte Lerngruppe gilt; wenn die Hypothese jedoch bei allen Sprachkursen mit Erwachsenen zutrifft, dann wären organisatorische Konsequenzen sinnvoll.

Der Begriff THEORIE setzt demgegenüber eine größere Erklärungskraft voraus; eine Theorie besteht aus mehreren miteinander verbundenen Hypothesen, die einen komplexeren Gegenstandsbereich erhellen. Daher können die in Kapitel 1 erwähnten Ziele der Sprachlehrforschung wie folgt umformuliert werden: der Versuch, fremdsprachliche Lernprozesse zu erhellen, verlangt eine Theorie des Fremdsprachenlernens; der Versuch, fremdsprachliche Lehrprozesse zu verbessern, impliziert, daß man eine Theorie der Fremdsprachenvermittlung aufstellen will.

Ein MODELL dient dazu, eine Theorie (bzw. eine Hypothese) zu veranschaulichen. In einem Modell wird ein Komplex auseinandergenommen und graphisch so dargestellt, daß er besser zu verstehen ist (vgl. z.B. die Modelle des Fremdsprachenunterrichts in Kapitel 2 oder Abbildung 3.1 unten, die Poppers Forschungstheorie veranschaulichen soll)

Ein Hauptmerkmal der Sprachlehrforschung ist ihre *empirisch*e Vorgehensweise. Ihre Hypothesen und Theorien basieren auf aus der Praxis des Fremdsprachenlernens gewonnenen Daten, die zu erforschenden Probleme leiten sich aus dem Untersuchungsfeld selbst, dem Fremdsprachenunterricht, ab, entstehen also nicht aus einer vorgegebenen Theorie. Der Begriff Empirie hatte ursprünglich in der Forschungsdiskussion eine viel engere Bedeutung. Nach dieser engeren Interpretation ist eine Studie bzw. eine Wissenschaft nur dann als „empirisch" anzusehen, wenn Beobachtungsdaten gesammelt und Verallgemeinerungen aus dieser Datensammlung gewonnen werden können. In diesem engeren Sinne ist die Sprachlehrforschung nicht (oder nicht nur) „empirisch", da sich kaum interessante oder relevante Verallgemeinerungen aus reinen Beobachtungen ergeben. Neben empirischen Daten aus dem Fremdsprachenunterricht sind natürlich auch theoretische, historische und philosophische Argumente für die Sprachlehrforschung von Belang.

2 Logik der Forschung

Das „klassische" Forschungsparadigma von Karl Popper (s. z.B. Popper 1934) ist in den Abbildungen 3.1 und 3.2 dargestellt, die grundsätzlich den gleichen Sachverhalt beschreiben. Danach ist es die Aufgabe der Forschung, Hypothesen zu überprüfen, damit man zu „besseren" Theorien gelangen kann. Zuerst wird eine Hypothese bzw. eine Theorie aufgestellt, z.B. auf Grund früherer Forschungsergebnisse, aus Beobachtungen des relevanten Untersuchungsgegenstandes, aus Erfahrungen, aus Intuitionen, usw. Danach versucht man, durch Experimentieren (verallgemeinert: durch Untersuchungen) festzustellen, inwiefern die postulierte Hypothese tatsächlich stimmt. Die Ergebnisse solcher Untersuchungen (ob „positiver" oder „negativer" Art) dienen dazu, weitere Hypothesen bzw. Theorien zu generieren.

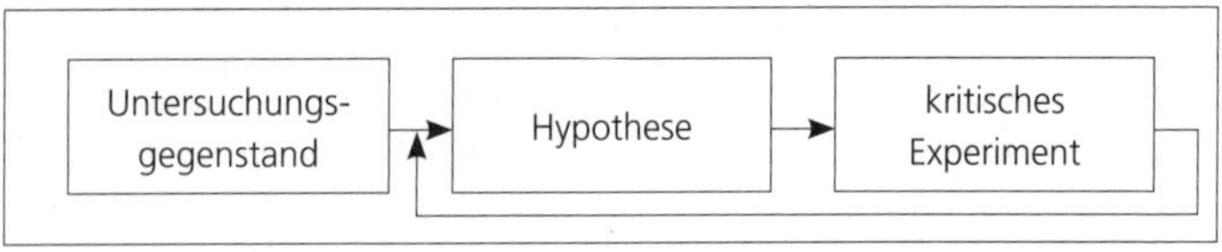

Abbildung 3.1 Forschungsmodell 1

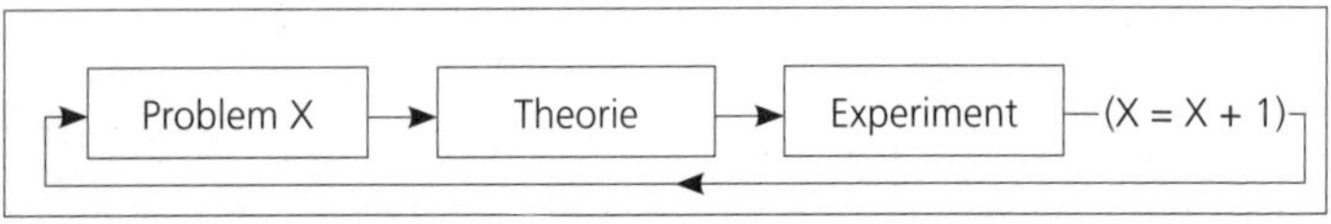

Abbildung 3.2 Forschungsmodell 2

Dies bedeutet erstens, daß eine Theorie bzw. Hypothese, die nicht überprüft werden kann, keine große Bedeutung hat (obwohl eine solche Theorie durchaus als Denkstimulus für bessere, überprüfbare Theorien dienen kann). Zweitens bedeutet es, daß eine Theorie um so mehr Aussagekraft hat, je mehr Möglichkeiten sie ausschließt. Mit anderen Worten, eine gute Theorie sagt genau, wie man beweisen kann, daß sie *falsch* ist. Daher wird in Abbildung 3.1 über „kritische" Experimente gesprochen: Forschungsexperimente sollten so konstruiert werden, daß sie auch unerwünschte Ergebnisse zulassen. Dabei muß unterschieden werden zwischen Forschungsergebnissen, die lediglich *konsistent* mit einer bestimmten Hypothese sind, aber auch durch andere Hypothesen erklärt werden könnten, und solchen, die nur mit *einer* Hypothese erklärt werden können.

Wichtig ist in diesem Zusammenhang die Feststellung, daß der Forschungsprozeß im Prinzip nie aufhört! Auch in den Naturwissenschaften bleibt eine Theorie nur so lange gültig, bis weitere Forschungsergebnisse die Theorie widerlegen, bzw. zu einer darauf basierenden Theorie führen, durch die auch weitere Phänomene erklärt werden können.

Das oben dargestellte Forschungsparadigma impliziert, daß eine Theorie logisch und empirisch *überprüfbar* sein muß. Die logische Überprüfbarkeit besteht darin, daß die Theorie widerspruchsfrei sein muß, die empirische, daß die Theorie verifiziert bzw. falsifiziert werden kann. Mit diesem zweiten Gütekriterium sind einige weitere Begriffe verbunden, die noch zu erläutern sind.

Zunächst müssen alle wichtigen Begriffe in der theoretischen Aussage *operationalisierbar* sein, d.h. eine empirische Überprüfung ist nur dann möglich, wenn festgestellt werden kann, wie man einen Begriff in der Praxis „umsetzen" kann. Nehmen wir die oben erwähnte Hypothese, die Konstellation einer Lerngruppe und die Lernbereitschaft betreffend. Um die Hypothese zu überprüfen, müßten zuerst beide Variabeln operationalisiert werden. Die Zahl der Herkunftsländer der Lernenden wäre ein erster Versuch, die erste Variable zu interpretieren, wie aber soll die zweite Variable operationalisiert werden? Man müßte in diesem Fall eine *operationale Definition* des Konzepts „Lernbereitschaft" vornehmen, d.h. man legt bestimmte *Indikatoren* fest, die innerhalb der Studie das Konzept „Lernbereitschaft" definieren (z.B. Zahl der Handhebungen bei Lehrerfragen, Sorgfalt bei den Hausarbeiten, o.ä.). Daß die Operationalisierbarkeit innerhalb der Sprachlehrforschung ein ernsthaftes Problem sein kann, zeigt eine erneute Betrachtung des Modells von Spolsky (Abbildung 2.2): *Alle* Begriffe in diesem Modell, mit Ausnahme des Alters, erfordern eine operationale Definition.

Des weiteren muß ein Experiment, durch das eine bestimmte Theorie überprüft werden soll, *objektiv* sein, d.h. die Ergebnisse dürfen nicht in Abhängigkeit von der jeweiligen Forschungsgruppe, die das Experiment durchführt, variieren; die Interpretation der Forschungsergebnisse sollte auf verschiedene Lesergruppen gleich überzeugend wirken. Das Kriterium der Objektivität verlangt ebenfalls, daß ein Experiment *wiederholbar* sein muß, nicht nur bzgl. des Forschungsverfahrens, sondern auch bzgl. der Resultate. Wenn ein Experiment unter identischen Bedingungen zweimal durchgeführt wird, und zwar mit nicht erklärbaren, unterschiedlichen Ergebnissen, dann haben die zuerst erzielten Ergebnisse keine deutliche Aussagekraft: nichts wird bewiesen, außer, daß das Experiment in seinem Design verbessert werden muß.

3 Betrachtungsebenen des Fremdsprachenlernens

Wir wollen nun versuchen, das gerade skizzierte Forschungsparadigma für die Sprachlehrforschung umzusetzen. Es ist zunächst jedoch sinnvoll, sich darüber klar zu werden, auf welcher „Ebene" Fremdsprachenunterricht erfaßt werden soll bzw. kann. Im Rahmen der Unterscheidung zwischen Produkten und Prozessen kann man zwischen verschiedenen Ebenen des fremdsprachenunterrichtlichen Geschehens differenzieren:

(i) Ein *beobachtbarer Prozeß* läuft innerhalb eines bestimmten Zeitraums ab, in dem z.B. in einer bestimmten Unterrichtseinheit Fragen gestellt und (manchmal) beantwortet werden, Texte gelesen und diskutiert werden, usw.

(ii) Verschiedene *beobachtbare Ereignisse (Produkte)* kommen innerhalb dieses unterrichtlichen Prozesses punktuell zustande. Man könnte z.B. feststellen, daß der Lehrer in dieser Stunde fünfzehn Fragen gestellt hat, daß sich sieben Lernende innerhalb der Stunde gemeldet haben, sechsundzwanzig nicht, daß die Klasse eine bestimmte Anzahl mündlicher „Fehler" gemacht hat usw.

(iii) Solche Ereignisse sind normalerweise die Ergebnisse von verschiedenen, *nicht beobachtbaren kognitiven/mentalen Prozessen,* die in den Köpfen der Beteiligten stattfinden. Die unter (ii) erwähnten Produkte steuern bzw. verursachen wiederum ihrerseits unterschiedliche kognitive Prozesse.

(iv) Einige Lerner erwerben im Rahmen der Unterrichtsstunde indirekt durch die beobachtbaren Phänomene, grundsätzlich aber durch die kognitive Verarbeitung neues Wissen bzw. neues Können. Dieses Lernen ist ein Prozeß, dessen Ergebnisse *(Produkte)* nicht unmittelbar beobachtet werden können. Beobachtbare Indizien für die Lernergebnisse bietet lediglich der angemessene Gebrauch der Zielsprache.

Daraus ergeben sich folgende theoretische Fragen:

- Wenn wir die fremdsprachlichen *Lernprozesse* erforschen wollen, meinen wir dabei Prozesse im Sinne von (i) oder Prozesse im von Sinne (iii)? Wenn (i) zutrifft, welcher Zusammenhang besteht dann zwischen dem Unterrichtsablauf und dem „Lernen" im Sinne von (iv)? Wenn (iii) zutrifft, woher sollen wir dann Indizien für solche mentalen Prozesse gewinnen?
- Welche Indizien zeigen uns an, ob irgendetwas „gelernt" wurde (im Sinne von (iv))? Wenn eine Überprüfung möglich wäre (z.B. anhand von verschiedenen Sprachtests), woher können wir wissen, wann, wo und wie sich diese Lernprodukte entwickelt haben?
- Allgemein gefragt, wie kommen wir dazu, auf der Grundlage empirischer Arbeiten didaktische Vorschläge zu entwickeln? Wie kann man zu einem Soll-Zustand durch die Untersuchung von Ist-Zuständen gelangen?

4 Probleme bei der Erforschung des Fremdsprachenlernens/-lehrens

Der Leser dürfte schon vermuten, daß das Forschungsparadigma Poppers sich nicht problemlos auf die Sprachlehrforschung übertragen läßt. Einige (durchaus bekannte) Forschungsprobleme sollen hier erwähnt werden, die übrigens nicht nur für die Sprachlehrforschung, sondern für viele Geisteswissenschaften gelten.

4.1 Das Kriterium der Wiederholbarkeit innerhalb der Sprachlehrforschung

Wir haben festgestellt, daß die Objektivität – zumindest in den Naturwissenschaften – als Hauptkriterium für die Einschätzung von Forschungsergebnissen gilt, und daß hierfür das Kriterium der Wiederholbarkeit unerläßlich ist. Dieses Kriterium besagt, daß eine Wiederholung des Experiments zu den gleichen Ergebnissen führen muß.

Bei der Erforschung menschlichen Verhaltens (z.B. Sprachentwicklung im Unterricht), ist es jedoch kaum sinnvoll zu fordern, daß ein Forschungsprojekt in diesem Sinne wiederholbar ist – kaum sinnvoll deswegen, weil Menschen sich voneinander unterscheiden und sich auch als Individuen in ihren Reaktionen schwerlich genau wiederholen. Es ist also unwahrscheinlich, daß zwei sorgfältig ausgewählte Lernende identisch reagieren, wenn sie mit ein und derselben lernrelevanten Aufgabe oder Situation konfrontiert werden. Ebenso kann man nie sicher sein, daß ein Individuum sich auf eine identische Art und Weise verhalten wird, wenn es zum zweiten Male mit identischen oder vergleichbaren Aufgaben konfrontiert wird. Es ist daher zu fragen, ob beim Fremdsprachenlernen und -lehren zwei Situationen jemals identisch sein können. Daher ist die Wiederholbarkeit von Experimenten, durch die identische Ergebnisse erzielt werden sollen, sehr problematisch.

4.2 Der „Beobachtereffekt"

In den Sozialwissenschaften (denen man auch die Sprachlehrforschung zuordnen könnte) ist allgemein bekannt, daß man durch Beobachtungen das Beobachtete verändert oder zumindest verändern kann. Der Soziolinguist William Labov hat dieses „Beobachterparadox" so formuliert: „Wir wollen beobachten, wie Menschen sich verhalten, wenn sie nicht beobachtet werden" (Labov 1970).

Im trivialsten Fall bedeutet dies, daß ein Lehrer etwas naiv vorgeht, wenn er zu seinen Schülern sagt „Wir bekommen heute Besuch von einem Forschungsteam der Universität – es will eine Videoaufnahme von uns machen, aber wir bleiben alle ganz natürlich und cool wie immer, okay?"

Wenn ein Beobachtereffekt zu vermuten ist, sucht man nach einem Weg, ihn auszuschließen. Es gibt natürlich technische Mittel, Personen unbemerkt zu beobachten. Aus forschungsethischen Gründen ist dies jedoch absolut unzulässig. Mit verschiedenen anderen Techniken hat man versucht, den Beobachtereffekt zu verringern oder vielleicht ganz zu überwinden (teilnehmende Beobachtung, vorherige Besprechung des Vorhabens, regelmäßige Besuche, um die zu untersuchenden Personen an die Kameras und an das Forschungsteam zu gewöhnen). Trotzdem kann man natürlich nie sicher sein, daß solche Versuche erfolgreich sind.

Der Beobachtereffekt kann verschiedene Auswirkungen haben: bekannt ist der sogenannte „Halo"-Effekt, („Halo" bedeutet auf Englisch etwa „Heiligenschein"); er besagt, daß Menschen unter bestimmten Bedingungen dazu tendieren, das zu tun, zu sagen oder zu glauben, von dem sie glauben, daß es von ihnen erwartet wird. Man denke nur daran, wie man sich während eines Interviews verhält. Ähnlich ist der sog. „Hawthorne"-Effekt, der beschreibt, daß Forschungsergebnisse durch das Phänomen, das erforscht wird, determiniert werden. In einem industriellen Forschungsprojekt in Hawthorne, Chicago, wurde der Einfluß von verbesserten Arbeitsbedingungen auf die Arbeitsleistungen von Fließbandarbeiterinnen in einer Fabrik untersucht. Nachdem bessere Arbeitsbedingungen eingeführt wurden, stieg die Produktion selbst bei Reduzierung der Arbeitszeit ständig an. Am Ende des Projektes wurden alle Verbesserungen aufgehoben und die alten Arbeitsbedingungen wiederhergestellt, dennoch stieg die Produktion nochmals! Das Forschungsteam kam zu dem Ergebnis, daß sein persönliches Interesse an dieser Gruppe von Arbeiterinnen entscheidend für deren Leistung war – die externen Bedingungen hatten nur eine sekundäre Rolle gespielt (vgl. Brown 1954).

4.3 Erwartungen der Forschungsgruppe

Wie oben gesagt, hat Popper großen Wert auf die *Falsifizierbarkeit* gelegt. In der Sprachlehrforschung ist es allerdings sehr schwierig, ein Experiment zu konzipieren, mit dem eine Hypothese deutlich als falsch bewiesen werden kann. Daher besteht die Gefahr, daß wir, wenn wir nur *positive* Ergebnisse zu erzielen versuchen, solche auch immer finden werden. Die Konsequenz ist, daß empirische Ergebnisse *immer* als Bestätigung einer Theorie interpretiert werden können, gleichgültig wie die Ergebnisse aussehen. Somit wird dann ein Forschungsexperiment zu einer Art sich-selbst-erfüllender Vorhersage.

Es scheint in der Tat der Fall zu sein, daß Menschen eher nach positiven Bestätigungen ihrer Hypothesen suchen, als daß sie sich von negativen Beweisen überzeugen lassen (s. z.B. Wason 1977). Dies schlägt sich in dem sinnlosen Alltagsspruch „Die Ausnahme bestätigt die Regel" nieder. Auf Englisch heißt es übrigens „The exception proves the rule" und *prove* bedeutete ursprünglich etwa *testen* (vgl. Deutsch *probieren*, Latein *probare*), d.h. der Spruch bedeutet, die Ausnahme hat die Regel widerlegt! In der Zwischenzeit bedeutet das Verb *prove* im Englischen auch etwa *bestätigen*, und die auf dieser Bedeutung beruhende (falsche) Interpretation des Spruches hat sich durchgesetzt – auch auf Deutsch, wo keine Zweideutigkeit vorliegt. Alltagslogik und Logik der Forschung sind in diesem Punkt also nicht deckungsgleich.

Auch in der Forschung können unsere Erwartungen unsere Wahrnehmungen determinieren: man findet das, wonach man sucht. In der Sprachlehre z.B. haben u.a. Brophy und Good (1974) diese These bestätigt. Die Autoren argumentieren, daß Vorurteile von Lehrern häufig „bestätigt" werden, da die Vorurteile selbst die „Bestätigung" verursachen (vgl. Rosenthal und Jacobson 1968, die eine ähnliche These für den Unterricht allgemein belegen).

5 Zwei verschiedene Forschungsrichtungen innerhalb der Sprachlehrforschung

Obwohl die strengen Forschungskriterien Poppers in den Sozialwissenschaften allgemein und auch in der Sprachlehrforschung durchaus Beachtung verdienen, ist es kaum sinnvoll, etwas Unerreichbares zu fordern. Wenn der Untersuchungsgegenstand sich als nicht geeignet für die klassische „experimentelle" Forschungsmethodik Poppers erweist, dann ist es legitim, andere Forschungsansätze zu verfolgen.

In diesem Zusammenhang kann man grob zwischen zwei Forschungsrichtungen unterscheiden, der analytischen und der holistischen, wobei die erste durchaus konsistent mit den in 2 oben skizzierten Forschungsparadigmen ist.

Diese Forschungstendenzen werden wir im folgenden anhand von Abbildung 3.3 erläutern. Auf der einen Seite wird dort der Gegenstandsbereich vorher analysiert, damit ein zuvor festgelegter *Teil* davon untersucht werden kann, auf der anderen Seite wird in einem eher holistischen Zugriff versucht, ein Gesamtbild des Geschehens zu gewinnen.

Die sich gegenüberstehenden Begriffe „Top-down" (absteigende Verarbeitung) und „Bottom-up" (aufsteigende Verarbeitung) stammen ursprünglich aus der Computerwissenschaft und bezeichnen grob gesprochen den Weg vom Allgemeinen zum Besonderen bzw. umgekehrt vom Besonderen zum Allgemeinen. Für Abbildung 3.3 heißt dies, daß man in einer analytischen Studie eher mit einer theoretischen Position beginnt und dann empirische Arbeiten vornimmt, um Hypothesen zu überprüfen, während bei dem Versuch, das Wirklichkeitsfeld holistisch zu betrachten, eher empirische Daten zur Gewinnung von Hypothesen genutzt werden.

Gegenstand wird ANALYTISCH betrachtet	Gegenstand wird HOLISTISCH betrachtet
„Top-down" Verfahren	„Bottom-up" Verfahren
Überprüfung von Hypothesen	Gewinnung von Hypothesen
kontrollierte Untersuchung	explorative Untersuchungen
Daten werden gemessen	Daten werden interpretiert
„quantitative" Forschung	„qualitative" Forschung
experimentelle Methoden	ethnographische Methoden

Abbildung 3.3 Zwei empirische Forschungsrichtungen

Aus der Opposition Top-down/Bottom-up folgen weitere Merkmale: kontrollierte Erfassung von statistischen Ergebnissen einerseits, explorativer/interpretativer Umgang mit den Daten andererseits. Der Begriff „Kontrolle" betrifft jene Faktoren eines Geschehens, die gerade nicht Gegenstand der Untersuchung sind und daher „auszuschließen" oder zu „kontrollieren" sind. Nur so können eventuelle Ergebnisse ausschließlich in Bezug auf den untersuchten Faktor erklärt werden.

Die nächste Opposition in der Abbildung 3.3 – quantitativ versus qualitativ – ist nicht absolut zu setzen, da experimentelle/analytische Forschungen durchaus einen Anspruch auf qualitative Erfassung der Wirklichkeit erheben dürfen, ebenso wie explorative/interpretative Untersuchungen von statistischen Messungen Gebrauch machen können (vgl. Grotjahn 1993).

Abschließend werden in Abbildung 3.3 „experimentelle" und „ethnographische" Forschungsmethoden einander gegenübergestellt. Experimentelle Methoden sind hauptsächlich durch die Merkmale in der linken Spalte zu charakterisieren. Sie können ferner durch sogenannte „psychometrische" Forschungen exemplifiziert werden, die häufig zur Erforschung des Sprachenlernens eingesetzt werden. Der Begriff deutet auf die „Messung" „psychologischer" Ereignisse hin. Da eine solche Messung jedoch kaum möglich ist, wird eher versucht, bestimmte Indizien für psychologische Ereignisse zu messen. Das Verfahren ist ziemlich einfach: zwei oder mehrere vergleichbare Gruppen von Lernern werden sorgfältig getestet, um z.B. ihre fremdsprachlichen Kenntnisse festzustellen. Über einen bestimmten Zeitraum bekommt die „experimentelle" Gruppe eine Sonderbehandlung: z.B. eine neue Methode, keine Hausarbeiten, Sprechen in der Fremdsprache wird nicht zugelassen usw.. Die andere(n) Gruppe(n) – die sog. Kontrollgruppe(n) – erhalten über diesen Zeitraum einen Unterricht, der nur bzgl. der relevanten Sonderbehandlung von der experimentellen Gruppe abweicht. Schließlich werden alle Gruppen nochmals getestet. Wenn die Ergebnisse der experimentellen Gruppe signifikant von denen der Kontrollgruppe(n) abweichen, dann wird angenommen, daß die kontrollierte „Sonderbehandlung" hierfür verantwortlich ist (psychometrische Methoden wurden häufig für Methodenvergleiche im Fremdsprachenunterricht eingesetzt – s. hierzu Kapitel 7, 4).

Unter *ethnographischen Studien* versteht man dagegen Versuche, das Wirklichkeitsfeld vorurteilslos zu betrachten, d.h. ohne vorher festgelegt zu haben, was man in diesem Wirklichkeitsfeld untersuchen will oder welche Meßinstrumente man zu diesem Zweck einsetzen will. Kurz gesagt, man verfährt ungefähr so, wie in der rechten Spalte von Abbildung 3.3 angedeutet. Befürworter eines ethnographischen Ansatzes behaupten z.B. mit Recht, daß die vorherige Festlegung von Forschungszielen und Forschungsinstrumenten – obwohl es streng genommen keine theoriefreie Beobachtung gibt – das zu untersuchende Wirklichkeitsfeld reduzieren bzw. falsifizieren kann.

Innerhalb eines ethnographischen Ansatzes werden besonders häufig sog. „introspektive" oder „subjektive" Forschungsmethoden eingesetzt. Die grundlegende Idee ist fast trivial: Wenn Forscher wissen wollen, was in den Köpfen der Lerner vorgeht, warum fragen sie sie nicht einfach? Auf dieser Grundidee aufbauend sind mindestens vier Methoden der Gewinnung von „selbstberichtenden Daten" (self-reporting data) entstanden:

(i) Tagebücher. Lerner führen ein Tagebuch, in dem über ihre Lernerfolge, Lernschwierigkeiten, Lernhemmungen usw. subjektiv berichtet wird. (Auch Lehrer können natürlich Tagebuch über ihre Lehre führen.)
(ii) Lautes Denken. Während eine Aufgabe durchgeführt wird (z.B. eine Übersetzung), sollen die Probanden (mit oder ohne Anwesenheit des Versuchsleiters, der zum „lauten Denken" ermuntert) über ihre Vorgehensweise und Probleme berichten.
(iii) Rekonstruktive Interpretation. Lernern wird durch Interview oder Gruppendiskussion die Möglichkeit gegeben, nach einer

Lernaufgabe/Unterrichtsstunde ihre Haltung/Lernprobleme usw. zu kommentieren oder zu interpretieren. Dies kann anhand des Vorspielens von Videoaufnahmen oder ohne technische Mittel durchgeführt werden.

(iv) Einholen sog. „subjektiver Theorien“ – d.h. Einstellungen und Meinungen der Probanden zum Fremdsprachenerwerb – durch verschiedene Befragungstechniken (Edmondson 1996, Grotjahn 1991).

Während (i) bis (iii) eher Lernprozesse oder Erfahrungen in Verbindung mit einer konkreten Aufgabe aufzudecken versuchen, sollen „subjektive Theorien“ (iv) eher das Lernverhalten des Individuums allgemein betreffen. „Subjektive Theorien“ sind u.a. innerhalb der Lernstrategieforschung elizitiert worden (vgl. Kapitel 12, 3.1) sowie bei der Erforschung der Lernermotivation (vgl. Kapitel 11, 4, und s. Kallenbach 1996). Solche introspektiven Forschungsmethoden sind in der Psychologie seit langem bekannt (und werden in der Zwischenzeit mit großer Skepsis betrachtet). Ein Hauptproblem ist die Validität solcher Daten, ein zweites, daß das Lernen selbst wahrscheinlich nicht durch Introspektion betrachtet werden kann, mit Ausnahme (vielleicht) der Lernstrategien (zu diesem Begriff s. Kapitel 12, 3.1). In der Sprachlehrforschung werden solche Daten als relevante ergänzende Daten betrachtet, die bei der Interpretation anderer Datentypen sehr nützlich sein können (einen Überblick zu dieser Thematik bieten Faerch und Kasper 1987; Aguado und Riemer 2001b; Grotjahn 2003a; Caspari et al. 2003; Brown 2004).

5.1 Gütekriterien

Das Kriterium der „Objektivität“ hat einen besonderen Stellenwert bei experimenteller/analytischer Forschung. Ein weiterer, diesem Kriterium nahestehender Begriff ist die *Zuverlässigkeit (Reliabilität)*. Wenn ein Experiment „objektiv“ sein soll, dann müssen die im Experiment verwendeten Begriffe/Variablen/Meßoperationen zuverlässig sein, also bei wiederholten Anwendungen unter gleichen Bedingungen die gleichen Ergebnisse erzielen, und zwar unabhängig von den Personen, die das Forschungsinstrument benutzen. Bei experimenteller Forschung ist Zuverlässigkeit von größerer Bedeutung als bei explorativen Studien.

Teilweise unabhängig von diesem Kriterium ist die Frage der *Gültigkeit (Validität)* eines Begriffs/einer Variable/einer Meßoperation. Forschungsinstrumente gelten allgemein als valide, wenn sie tatsächlich das anzeigen, erfassen oder messen, was mit ihnen angezeigt, erfaßt, gemessen werden soll. Alle empirischen Forschungen müssen selbstverständlich einen Anspruch auf Gültigkeit haben – inwiefern und wie sich dieser Anspruch verwirklichen läßt, variiert jedoch enorm. Es gibt verschiedene Arten von Gültigkeit, die sich dadurch unterscheiden, daß verschiedene Kriterien zu ihrer Messung benutzt werden. Hierauf soll jedoch nicht weiter eingegangen werden (s. zum Beispiel Seliger und Shohamy 1989, 188ff).

Wenn mehrere Lerner oder Lerngruppen erforscht werden, ist die *Repräsentativität* der ausgewählten *Population* (Stichprobe) zu beachten – von ihr wird vor allem die *Generalisierbarkeit* der Ergebnisse abhängig sein. Wenn z.B. die Hypothese: „Je intelligenter die Lerner, desto schneller und besser lernen sie" untersucht werden soll, dann müßte eine bestimmte Anzahl von Lernern zur Überprüfung dieser Hypothese ausgewählt werden. Bei diesem Vorhaben wäre es unklug, nur männliche Lerner eines bestimmten Alters mit ähnlichen sozialen Hintergründen als Probanden zu wählen, die alle ein und dieselbe Fremdsprache lernen, da diese Population nicht typisch (repräsentativ) für alle Lerner ist und die Untersuchungsergebnisse somit kaum verallgemeinert werden könnten. Solche statistischen Gütekriterien gelten eher für analytische/experimentelle Forschungen, beeinflussen aber die Aussagekraft jedes Forschungsergebnisses.

Als zusätzliche Gütekriterien bei Forschungen (insbesondere bei explorativen Ansätzen in den Sozialwissenschaften) werden Offenheit und Kommunikationsbereitschaft empfohlen. Beide Kriterien werden z.B. erfüllt, wenn die Probanden mit in das Forschungsprojekt einbezogen und nicht als Untersuchungsobjekte bzw. statistische Werte behandelt werden. Dadurch könnte die Anerkennung der sozialen Relevanz eines Forschungsprojektes auch als Validitätskriterium verstanden werden (Kirk und Miller 1985, Brumfit 1984a). Innerhalb der Unterrichtsforschung wird in letzter Zeit häufig empfohlen, Fremdsprachenlehrer als Mitforschende einzubeziehen (so z.B. van Lier 1988).

Van Lier (1988) plädiert u.a. für ethnographische Ansätze in der Unterrichtsforschung. Der Autor stellt in einer (auf den in Abbildung 3.3 oben entwickelten Unterscheidungen aufbauenden) Matrix mehrere Forschungsmethoden bzw. Datentypen dar, die in der Sprachlehrforschung verwendet werden können (vgl. Abbildung 3.4). Auf der horizontalen Achse werden verschiedene Forschungsarten nach dem Grad ihrer „Intervenierung" unterschieden, d.h. danach, inwiefern das Wirklichkeitsfeld zwecks seiner Erforschung verändert wird. Auf der vertikalen Achse werden die einzelnen Forschungsarten danach unterschieden, wie „selektiv" (d.h. etwa „analytisch" gegenüber „holistisch") das Fremdsprachenlernen im Unterricht erforscht wird. Beide Parameter der Matrix stellen keine absoluten, sondern nur relative Unterscheidungen dar.

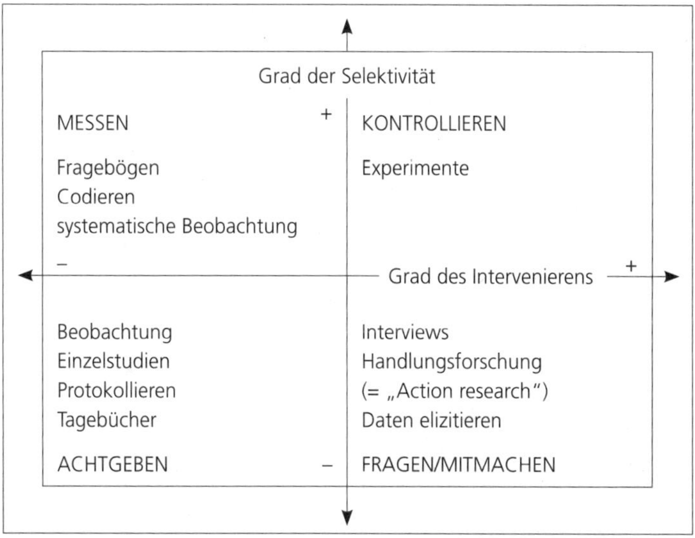

Abbildung 3.4 Zwei Forschungsparameter (nach van Lier 1988, 57)

Der Begriff „Handlungsforschung" (eine nicht allzu glückliche Übersetzung des englischen „Action Research") verdient eine kurze Erläuterung. Der Begriff impliziert, daß Forschung und Praxis nicht getrennt werden. Nach diesem Ansatz versuchen Wissenschaftler, persönlich die Wirklichkeit eines Forschungsfeldes (z.B. des Unterrichts) zu verändern. Ein Beispiel wäre eine Professorin der Sprachlehrforschung, die zur Erforschung des Unterrichts ohne irgendwelche Sonderbehandlung oder institutionelle Privilegien zu genießen, eine gewisse Zeit lang an einem Gymnasium unterrichtet. Obwohl solche „Handlungsforschung" sicherlich sehr sinnvoll für die Forschende sein kann, bleibt es unwahrscheinlich, daß gültige Generalisierungen aus solchen Erfahrungen abgeleitet werden können. Eng verwandt mit diesem Verfahren ist auch die „teilnehmende Beobachtung". Die anderen Datentypen in Abbildung 3.4 bedürfen keiner weiteren Erklärung.

Schließlich muß noch eine Forschungsmethode erwähnt werden, die in letzter Zeit in der Sprachlehrforschung und ihren benachbarten Disziplinen zu kontroversen Diskussionen geführt hat (vgl. Seidlhofer 2003, 77–125, und vgl. Widdowson 2000, 2001 und Stubbs 2001). Die Kontroverse dreht sich im Wesentlichen um das Verhältnis der mittels Korpora ermöglichten Deskriptionen einer Sprache und deren didaktischem Nutzen. Hier wird besonders die Frage der sprachlichen Norm berührt, denn viele der in Korpora aufbereiteten Daten sind „authentische" Daten, die die Kompetenz von native speakers widerspiegeln, somit den in der Fremdsprachenlehre weit verbreiteten Kult des „Authentischen" verstärken und zudem zur Perpetuierung der heute bereits vielfach problematisierten Native Speaker-Norm beitragen. Eine viel versprechende Entwicklung sind lernersprachliche Korpora (vgl. z.B. Granger 2003). Insgesamt läßt sich festhalten, daß die Verwendung von Korpora und die Methoden ihrer Verwertung nur *ein* methodologisches Instrument unter anderen darstellt, in sich also neutral ist und erst in den Händen seiner Anwender sich entweder als nutzbringend oder abträglich in Bezug auf die Weiterentwicklung der Lehr- und Lernforschung erweist.

6 Zusammenfassung/Ausblick

Abbildung 3.4 oben soll kein vollständiges Forschungsinventar für die Sprachlehrforschung sein, auch könnte man durchaus über die einzelnen Zuordnungen diskutieren. Dennoch werden hier wichtige Informationsquellen für die Sprachlehrforschung systematisch dargestellt, und es wird deutlich, daß die in Abbildung 3.3 dargestellten

Gegensätze keine absoluten sind: „gemischte" Ansätze sind möglich und auch empfehlenswert.

Es wäre daher sinnlos, entscheiden zu wollen, ob man in der Sprachlehrforschung eher analytisch/experimentell oder holistisch/explorativ vorgehen sollte. Zum einen wird die Forschungsmethode von den Untersuchungszielen und dem Forschungsgegenstand abhängig sein, zum anderen ist Forschung, wie in Abschnitt 2 oben ausgeführt, stets kumulativ. Im Prinzip sollten sich Forschungsergebnisse aus verschiedenen Forschungsansätzen ergänzen, so daß unseres Erachtens ihre Kombination oder sogar Integration in ein und demselben Forschungsprojekt erstrebenswert ist. So wird neuerdings z.B. eine Kombination von Unterrichtsbeobachtungen und sog. „subjektiven" oder „introspektiven" Kommentaren der Beteiligten empfohlen und praktiziert (s. z.B. Arbeitsgruppe Fremdsprachenerwerb Bielefeld 1987, Bahr et al. 1996, Riemer 1997).

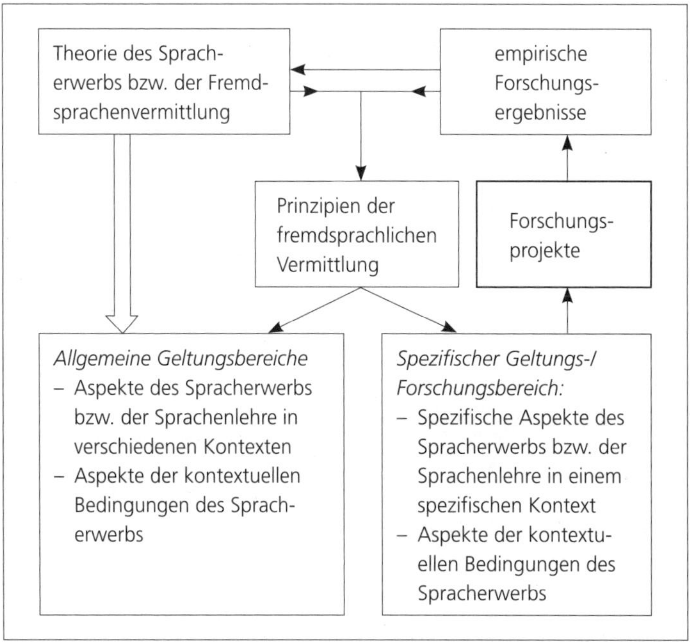

Abbildung 3.5 Theoriebildung, empirische Forschung und unterrichtliche Praxis (nach Edmondson 2002, 58; 2003)

Edmondson 2003b versucht anhand von folgendem Modell (Abbildung 3.5) die Verbindungen zwischen empirischer Forschung einerseits, der Theoriebildung anderseits und der fremdsprachliche Lehre darzustellen. Da eine angemessene unterrichtliche Praxis immer kontextgebunden sein muß und sich daher an spezifischen Individuen auszurichten hat, während eine Fremdsprachenlerntheorie nach allgemeinen, kontextunabhängigen Gesetzen sucht, wird eine Verbindung anhand ***didaktischer Prinzipien*** vorgeschlagen; Prinzipien, die eine empirische und theoretische Grundlage haben.

Ziel dieses Kapitels war es, einen allgemeinen Überblick über Forschungsansätze und Forschungsprobleme zu geben. Beim Studium der weiteren Kapitel sollten Fragen der Forschungsmethode stets mitbedacht werden. Im Rahmen dieses Buches bemühen selbstverständlich auch wir uns, dies bei der Bewertung verschiedener Forschungsergebnisse ebenfalls zu tun.

TEIL 2

Dimensionen der Sprachlehrforschung

Wir haben im ersten Teil dieses Buches Ziele, Ansätze und Ursprünge der Sprachlehrforschung beschrieben. Wir möchten in diesem Teil nun eine größere historische Perspektive einnehmen sowohl bezüglich der institutionalisierten Vermittlung von Fremdsprachen als auch bezüglich deren Erforschung.

Dazu werden wir in Kapitel 4 die historisch-politische Dimension des Fremdsprachenunterrichts betrachten und hierbei zunächst auf die Relevanz einer historischen Perspektive für die heutige Fremdsprachenmethodik eingehen, dann das Gebiet der Sprachenpolitik kurz umreißen und auf einige aktuelle politische Entwicklungen verweisen, die das organisierte Lehren und Lernen von Fremdsprachen beeinflussen.

Kapitel 5 befaßt sich mit den linguistischen Grundlagen der Sprachlehrforschung und gibt einen Überblick über Hauptströmungen der modernen Linguistik, soweit sie für die Entwicklung verschiedener Fremdsprachenlehrmethoden wichtig waren und sind. Kapitel 6 ist eine Darstellung psychologischer Perspektiven des Fremdsprachenlernens, wobei nach einem Abriß verschiedener psychologischer Theorien näher auf das Fremdsprachenlernen als spezifischem Lernvorgang eingegangen wird. In Kapitel 7 schließlich wird versucht, die in Kapitel 5 und 6 aufgefächerten linguistischen und psychologischen Strömungen auf die Entwicklung von Fremdsprachenlehrmethoden zu beziehen.

Kapitel 4

Historische und politische Dimensionen des Fremdsprachenunterrichts

In diesem Kapitel werden zunächst einige (exemplarische) Aspekte der Geschichte des Fremdsprachenunterrichts angesprochen. Dabei soll gezeigt werden, daß aktuelle Lern- und Lehrsituationen besser zu verstehen sind, wenn man eine historische Betrachtung nicht außer acht läßt. Dies bedeutet u.a., daß auch die Vergangenheit der Fremdsprachenmethodik für heutige didaktische Diskussionen relevant ist.

Eine historische Betrachtung ist auch sinnvoll bei der Behandlung des zweiten Themas dieses Kapitels: der Diskussion des Einflusses sprachenpolitischer Entscheidungen auf den Fremdsprachenunterricht. Erstens lassen sich solche Einflüsse am leichtesten durch eine Betrachtung der Vergangenheit verdeutlichen, zweitens existiert jedes Bildungssystem und jede Sprachenpolitik in einem bestimmten Kontext (z.B. in Deutschland in den neunziger Jahren des letzten Jahrhunderts), also nicht in vacuo, sondern als Produkt einer ganz bestimmten historischen Entwicklung.

In Abschnitt 1 werden einige zentrale Themen aus der Geschichte des Fremdsprachenunterrichts im Deutschland der letzten hundert Jahre herausgearbeitet und einige besonders interessante Lehrwerke aus der Vergangenheit kurz vorgestellt.

In Abschnitt 2 werden dann sprachenpolitische Entscheidungen der letzten hundert Jahre in Deutschland eher theoretisch analysiert und exemplifiziert, bevor wir kurz auf einige aktuelle sprachenpolitische Entwicklungen in Europa eingehen. Die Auswirkungen sprachenpolitischer Entscheidungen spiegeln sich insbesondere im schulischen Fremdsprachenunterricht – in Richtlinien, Lehrplänen, Lehrwerken und Prüfungen wider. Dies wird in Abschnitt 4 betont.

1 Zur Geschichte des Fremdsprachenlehrens und -lernens im Fremdsprachenunterricht

1.1 Fremdsprachenunterricht in Deutschland – ein Rückblick

Eine historische Betrachtung des Fremdsprachenunterrichts macht deutlich (wie u.a. Stern in vielen seiner Schriften betont hat – siehe z.B. Stern 1983), daß im Fremdsprachenunterricht viele heftig debattierte (zumeist methodische) Fragen lediglich Wiederbelebungen älterer Auseinandersetzungen sind. Ein Rückblick auf die Geschichte des Fremdsprachenunterrichts (siehe hierzu insbes. Hüllen 1981b) der letzten hundert Jahre ist diesbezüglich besonders lehrreich. Wir beschränken uns hier auf grundlegende konzeptuelle Spannungen, die sich u.E. noch heute auf viele praktische und theoretische Aspekte des schulischen Fremdsprachenunterrichts in Deutschland auswirken.

Eine erste Bestätigung dieser These liefert uns Wilhelm Viëtor, eine Leitfigur der Reformbewegung, die in den letzten Jahrzehnten des 19. Jahrhunderts in Gang gesetzt wurde und deren Auswirkungen noch heute spürbar sind.

Viëtor war zuerst Englischlehrer an verschiedenen Realschulen und verbrachte danach zwei Jahre in England, wo er Deutsch unterrichtete. Als Dozent an der Universität von Liverpool veröffentlichte er 1882 – zunächst unter dem Pseudonym Quousque Tandem – die Schrift „Der Fremdsprachenunterricht muß umkehren! Ein Beitrag zur Überbürdungsfrage". In dieser Streitschrift (eine zweite Ausgabe unter seinem Namen erfolgte 1886) kritisierte Viëtor höchst scharfsinnig die geltende Praxis der Fremdsprachenvermittlung, im folgenden Zitat etwa den Inhalt von Sätzen in Lehrwerken:

> „... Und nun der Inhalt der Sätze! „Fast hat es den Anschein", ruft Günther aus, „als hätte sich jemand den schlimmen Spaß gemacht, die verschiedenartigsten Notizen zu sammeln, möglichst viele schale und inhaltlose Bemerkungen darunterzumischen (überdies, schalte ich ein, oft in sprachlich völlig fehlerhafter Form) und das Ganze ohne Sinn und Verstand zusammenzuwerfen. Solche Sätze hat man zusammengeschrieben und gedruckt, nicht zum Narrenspiel und Faschingsscherz, sondern für die ernste Durcharbeitung im Unterricht ..."

Viëtors Absicht in dieser Schrift ist es jedoch nicht nur, die geltende Lehrmethodik zu kritisieren, sondern auf der Grundlage dieser Kritik Forderungen zur Reform des Fremdsprachenunterrichts zu stellen. Viëtors Hauptthesen für eine solche Reform sind die folgenden:

(i) Primat der gesprochenen vor der geschriebenen Sprache
(ii) Konzentration auf die fremdsprachlichen Sprechfertigkeiten
(iii) Induktives statt deduktives Lernen

(iv) Der Grammatik wird eine untergeordnete Rolle zugewiesen
(v) Eine Schulgrammatik soll deskriptiv und nicht präskriptiv sein
(vi) Der Lehrer soll die Fremdsprache als Unterrichtssprache benutzen („Prinzip der Einsprachigkeit")
(vii) Im Vordergrund steht der Lerner. Die im Untertitel der Schrift angesprochene „Überbürdungsfrage" zielt auf die unnötige Überforderung der Schüler. Viëtor geht davon aus, daß unmotivierte und uninteressierte Lerner auch erfolglose Lerner sind.
(viii) Fremdsprachenlehrer sollen Kenntnisse der Linguistik berücksichtigen, insbesondere phonetischer Art (Die „L'Association Phonétique Internationale" wurde 1886 begründet – Viëtor wurde 1888 ihr Präsident). Allgemein ist eine „Verwissenschaftlichung des Fremdsprachenunterrichts" zu fordern, der mit der Begründung der Phonetik als „neuer" Wissenschaft von der Sprache Vorschub geleistet wurde.

Die Periode seit der ersten Veröffentlichung von Viëtors Streitschrift ist u.a. durch folgende historische Entwicklungen zu charakterisieren:

- die Durchsetzung von Reformen in der Fremdsprachendidaktik
- die Etablierung moderner Fremdsprachen in den Schulcurricula (zuerst in Realschulen, später auch in Gymnasien)
- das Ersetzen von Französisch als erster Fremdsprache durch Englisch
- weitere Änderungen und Umwandlungen, die mit der Vorbereitung auf zwei Weltkriege, mit deren Ablauf und den sich aus diesen Kriegen ergebenden weltpolitischen Veränderungen zusammenhängen.

Auf die Relevanz dieser Entwicklungen für die Sprachenpolitik gehen wir in Abschnitt 2 ein, zunächst wollen wir einige fremdsprachenmethodische Ansätze ansprechen. Aus fremdsprachendidaktischer Sicht sind folgende Gegenüberstellungen – die wir stichwortartig in Verbindung mit sprachenpolitischen Entscheidungen bringen wollen – für die letzten hundert Jahre Fremdsprachenunterricht entscheidend:

Gegensatz 1: Wissen gegenüber Fertigkeiten als Lehrziele
Gegensatz 2: Kulturkunde gegenüber Sprachkunde
Gegensatz 3: Verwendung gegenüber Vermeidung der Muttersprache im Fremdsprachenunterricht

Gegensatz 4: Fremdsprachen nur für „befähigte" Schüler gegenüber Fremdsprachenunterricht für alle.

Der erste Gegensatz wurde deutlich, als man begann, die modernen Fremdsprachen in das Schulcurriculum aufzunehmen: auch dort wurden (ähnlich wie beim Lateinischen und Griechischen) bis ins 20. Jahrhundert hinein eher wissensorientierte statt fertigkeitsorientierte Lehrziele bevorzugt. Man wollte dadurch erreichen, daß die modernen Fremdsprachen genauso anspruchsvoll erschienen wie Latein und Griechisch und somit eine Daseinsberechtigung in den höheren Schulen erwerben würden. Aufgrund einer solchen Argumentation hat sich dann auch der noch heute spürbare Gegensatz zwischen einer eher fertigkeitsorientierten („praktischen"), fremdsprachlichen Ausbildung an der Realschule und einer eher wissens- und kulturorientierten (stärker „wissenschaftlichen") Ausbildung am Gymnasium entwickelt – ein Gegensatz, der dann indirekt zu obigem Gegensatz 4 geführt hat.

Alle vier Gegensätze sind aus nationalsozialistischer Sicht einseitig deutschbezogen interpretiert worden, wie aus dem folgenden Zitat deutlich wird:

> „Aus der Betonung des Rassengedankens (...) geht schon hervor, daß die Kenntnis fremden Volkstums nicht den Endzweck unseres neusprachlichen Unterrichts bildet: an der Gegensätzlichkeit soll unser Wissen um das eigene Volks-Ich gefördert werden. Nur durch die Rückbeziehung auf Deutschland erhalten gerade die fremden Volkswesen und Rassen ihre Berechtigung, in einer deutschen Schule behandelt zu werden."
>
> (Theodor Siebert 1935 „Bedeutung und Wert der neueren Fremdsprachen für die höhere Schule im nationalsozialistischen Staat"; abgedruckt in Hüllen 1979, 181–204.)

Unabhängig von solchen politisch bedingten Konzepten haben mehrere der „Gegensätze" ihre didaktische und theoretische Relevanz bis zum heutigen Tage behalten. Am Ende seiner „History of English Language Teaching" (Howatt 1984) schlägt Howatt etwa vor, daß der Gegensatz zwischen „rationalen" und „natürlichen" Einstellungen zur Fremdsprachenlehre die gesamte Geschichte des Fremdsprachenunterrichts erhellt (ein Gegensatz, der vergleichbar ist mit dem oben erwähnten Gegensatz (Sprachwissen gegenüber Sprachkönnen), und ferner auf die in Abbildung 1.3 eingeführte Unterscheidung zwischen Lernen und Erwerb hindeutet). Aus dieser Perspektive kann man eine „Pendeltheorie“ ableiten, die besagt, daß zu verschiedenen Zeiten in der Geschichte des Fremdsprachenunterrichts „das Pendel“ der Fremdsprachenlehrmethodik einmal stark in die eine Richtung ausschlägt, dann wieder in die andere, um sich allmählich in eine mittlere Kompromißposition einzupendeln – bevor es nochmals anfängt, sich zu bewegen. Im Sinne dieser Metapher erleben wir im Moment eine Zeit, in der sich das Pendel sehr stark hin und her bewegt. Dies ist z.B. an den ganz unterschiedlichen theoretischen Positionen zur Frage der Rolle expliziten grammatischen Wissens beim Fremdsprachenlernen ablesbar (vgl. Kapitel 14).

1.2 Fremdsprachenlehrmethodik – ein Rückblick

Diese „Pendeltheorie“ trifft jedoch nur teilweise zu: Howatt (1984) zeigt z.B., daß in der Geschichte des Fremdsprachenunterrichts immer wieder überraschende didaktische Innovationen durch Individuen vorgenommen wurden, die sich zu ihrer Zeit nicht durchsetzen konnten. Eine historische Perspektive kann uns daher davon abhalten, das „Neue“ immer für das Beste in der Fremdsprachenmethodik zu halten, nicht zuletzt durch die Entdeckung, daß das „Neue“ nicht so ganz innovativ ist, wie es uns auf den ersten Blick erscheint.

Die Dokumentation früherer fremdsprachenunterrichtsmethodischer Ansätze muß sich hauptsächlich auf veröffentlichte Lehrwerke stützen, und solche Lehrwerke wurden zuerst von den Autoren in ihren eigenen Schulen eingesetzt. Wir beschränken uns auf drei besonders originelle Lehrwerke älterer Herkunft:

(i) Claudius Holyband: „The French Schoolemaistr, wherein is most plainlie shewed the true and most perfect way of pronouncinge of the French tongue, without any helpe of Maister, or Teacher: set foorthe for the furtherance of all those whiche doo studie privately in their owne study or houses“ (1573) Claudius Holyband: „The French Littleton. A most easie, perfect and absolute way to learne the French tongue“ (1576?)

Holyband (sein angenommener englischer Name) war einer von vielen Franzosen, die ab ca. 1560 als Flüchtlinge nach England gingen, um der Verfolgung der Protestanten im Rahmen der Gegenreformation zu entkommen. Einige dieser Flüchtlinge gaben ihren Landsleuten Englischunterricht, andere (darunter Holyband) Französisch für

Engländer. Er war als privater Tutor bei einer Familie angestellt; er hat ferner mehrere Schulen gegründet, die sehr erfolgreich waren. „The French Schoolemaistr“ ist, wie aus dem Untertitel des Buches hervorgeht, dem ersten Lernkontext gewidmet, „The French Littleton“ dem zweiten (auf der Titelseite wird 1566 als Erscheinungsjahr angegeben – dies dürfte aber ein Druckfehler sein, da er erst 1566 nach England gekommen ist). Wir wollen hier einige Merkmale des zweiten Werkes diskutieren. Aus dem Inhalt des Buches kann man schließen, daß in Holybands Schulen eine „lernerfreundliche“ Atmosphäre herrschte und daß die Verwendung des Englischen im Französischunterricht nicht zulässig war. Die Verwendung von Sequenzen kürzerer Dialoge charakterisiert das Lehrwerk. Jeder Dialog enthält genug Material für eine Unterrichtsstunde, eine gewisse inhaltliche Kontinuität der einzelnen Dialoge ist jedoch vorhanden. Zwei Aspekte des Inhalts der Dialoge sind besonders interessant: erstens die Wiedergabe des Alltagslebens (Historiker benutzen Holybands Materialien als soziale Dokumente der Zeit) und zweitens der direkte Bezug (in einigen Sequenzen) zur Lernsituation selbst – d.h. die Schule und der Fremdsprachenunterricht werden als Themen dialogisch behandelt. Der Inhalt scheint dazu geeignet zu sein, die Lerner (die etwa acht Jahre alt waren) zu interessieren – so tauchen in den Dialogen bestimmte Schüler immer wieder auf, u.a. deshalb, weil sie dem Lehrer und den anderen Mitschülern immer Schwierigkeiten bereiten. Abbildung 4.1 (von Howatt 1984 übernommen) gibt zwei kurze Ausschnitte einer Seite dieses Themas (die Schriftformen sind modernisiert worden) wieder. Hinweise zur Aussprache sind im Text enthalten: die mit einem Sternchen versehenen Wörter in Abbildung 4.1 sind z.B. in einer von Holyband selbst erdachten halbphonetischen Schrift dargestellt – die schriftlichen Formen erscheinen in einer zusätzlichen Tabelle ganz rechts im Original. Buchstaben, die keinem phonetischen Laut entsprechen, werden im Original markiert (dit, et, usw.). Zu Beginn seiner Bücher macht Holyband klar, daß er großen Wert auf eine gute Aussprache legt, und er betont, daß Grammatik erst dann bewußt gelernt werden sollte, wenn die Dialoge bekannt und verstanden worden sind – er verwendet hier also ein Verfahren, das in der Zwischenzeit als induktives Lernen bekannt geworden ist.

Wir sehen in Abbildung 4.1, daß in die Dialoge Substitutionstabellen eingebaut sind – u.a. wird hierdurch gezeigt, daß im Englischen die im Französischen übliche Unterscheidung verschiedener Pronomina nicht gemacht wird, obwohl die semantische Unterscheidung im englischen Text erwähnt wird. Der englische Text dient in der Tat zur Verständigung.

If you either say or do me evill,	Si vous me dites out faites mal
I will cause you to be [whipped hidden beaten]	je vous feré [fesser tancer batre]
…	
Tell your maister and mistris that they come tomorrow to diner with me	Dites à votre maitre et maistresse kilz* viennent demain diner avec moi:
and recom-mend me [unto him unto her unto them unto them] meaning [men women]	et recommendez moè à [lui elle eux elles]

Abbildung 4.1 Dialog aus Holyband *The French Littleton* (c. 1576) (s. Howatt 1984, 23)

(ii) Joseph Webbe: „An Appeale to Truth, in the Controversie betweene Art, and Use; about the best, and most expedient Course in Languages. To be read Fasting" (1622) Joseph Webbe: „Pueriles Confabulatiunculae, or Children's Talk: claused and drawne into Lessons, for such as desire to breed an habit into themselves ... of the kind of Dialogicall, or common-speaking Latine" (1627)

Über Webbe als Person und über sein Leben ist nicht viel bekannt – wir wissen aber, daß auch er eine Schule in London eröffnete. Vor allem aber sind seine Ideen interessant (vgl. sein Buch von 1622) und auch die Art und Weise, wie sein Lehrwerk von 1627 strukturiert und dargestellt ist (Webbe hatte seine Vorstellungen hierzu patentiert).

In „Appeale to Truth" betont Webbe (wie wir das heute ausdrükken würden) kommunikative Fertigkeiten gegenüber grammatischen Kenntnissen. Bezüglich des von Howatt vorgeschlagenen Gegensatzes von rationalen und natürlichen Lehrmethoden gehört Webbe eindeutig zu der zweiten Gruppe – dies ist um so überraschender, wenn wir daran denken, daß Webbe sich über die Vermittlung des Lateinischen Gedanken machte, also nicht etwa moderne Fremdsprachen berücksichtigte, die z.B. für kommerzielle Zwecke gelernt werden sollten. Er vertritt die Meinung, daß die Grammatik durch Kontakt mit der Fremdsprache und durch ihre Verwendung problemlos gelernt wird:

> „By exercise of reading, writing and speaking after ancient Custom, we shall conceive three things which are of greatest moment in any languages: first, the true and certain declining and conjugating of words, and all things belonging to Grammar, will without labour, and whether we will or no, thrust themselves upon us ..." (Webbe 1622, 38)

In der Tat wird in Webbe 1627 ganz auf Grammatik verzichtet. Die anderen zwei Aspekte des erfolgreichen Fremdsprachenlernens, die Webbe betont, sind die Fähigkeit, unterschiedliche Stile zu erkennen und zu beherrschen (Registerdifferenzierung, würden wir heute vielleicht sagen) und ein auditives Gedächtnis („the judgement of the ear").

In „Pueriles Confabulatiunculae" werden zwar Übersetzungen zur Semantisierung benutzt – sein Verfahren ist hier jedoch ganz originell. Webbe betont zu Recht, daß eine Wort-für-Wort-Übersetzung unsinnig ist, er produziert seine Übersetzungen eher in syntaktischen Segmenten, die etwa Sätzen und Nebensätzen entsprechen (daher sind die Dialoge *„claused and drawne into Lessons"*, wie es im Titel steht). Sein Verfahren erläutert das folgende Beispiel, das für Deutschlerner mit Englisch als Muttersprache gedacht ist:

But	that is	not	true!		Das stimmt	aber	nicht!

Für die Gesprächseinheit „Das stimmt aber nicht!" wird eine Übersetzung angegeben, die durch graphische Mittel unterschiedliche Wortstellungskonventionen in beiden Sprachen erhellt.

(iii) Jan Amos Comenius: „Orbis Sensualium Pictus" (1658) Jan Amos Comenius: „Janua Linguarum" (1633)

Comenius (1592–1670), geboren in Böhmen, war Priester, Lehrer, Theologe, Philosoph. Seine Ideen zur Fremdsprachendidaktik sind in einem sehr breit angelegten christlichen, philosophisch begründeten

Konzept der Ausbildung dargestellt. Er schrieb mehrere interessante didaktische Werke (u.a. ein Lehrwerk für Latein 1631), sein Meisterwerk ist das (auf Deutsch und Lateinisch geschriebene) „Orbis Sensualium Pictus“ (Die Welt der Sinne in Bildern). Zwei Leitgedanken liegen seinem didaktischen Konzept zugrunde: zunächst einmal müssen die Schüler die Realität erleben, bevor fremdsprachliche Begriffe damit verbunden werden. Wir können dieses Prinzip vielleicht als Betonung des Inhalts gegenüber der Form interpretieren. Das zweite Prinzip ist eine sorgfältig durchdachte Progression, die inhaltlich bestimmt wird („Orbis Sensualium Pictus“ baut hier auf der Systematik von Comenius' „Janua Linguarum“ auf). Texte werden thematisch nach einem Ordnungsprinzip gruppiert, das von der natürlichen Welt bis zur Erlösung reicht, wobei „unterwegs“ alle Aspekte des Lebens berücksichtigt werden. Trotz dieses anspruchvollen Prinzips sind die Inhalte und Texte sehr realitätsnah und auch für jüngere Lerner geeignet.

Jede Unterrichtseinheit in „Orbis“ fängt mit einem Bild an – verschiedene Objekte im Bild sind numeriert, sie werden im begleitenden Text erwähnt (in der Muttersprache und in der Zielsprache). Die Bilder sind als Ersatz für die Realität gedacht – wenn möglich, sollten Lehrer die abgebildeten Objekte selbst im Unterricht verwenden und darüber reden (zuerst in der Muttersprache). Auch das eigene Malen solcher Bilder wird von Comenius empfohlen. Eine Verbindung mit einem fremdsprachlichen Ausdruck kommt erst nach solchen selbst ausgeführten Tätigkeiten. Am Anfang des Buches wird eine einfache Einführung in die Phonologie dadurch erreicht, daß die Laute der Fremdsprache mit Tierlauten in Verbindung gebracht werden.

Interessanterweise war Comenius – obwohl sein „Orbis“, ein Lehrwerk für Latein ist – der Meinung, daß moderne Fremdsprachen in der Erziehung und Ausbildung junger Menschen zur Kommunikation mit den Bewohnern der Nachbarländer unterrichtet werden sollten – eineinhalb Jahre Latein würden, so meinte er, für akademische und professionelle Zwecke durchaus reichen.

Die Ideen des Comenius sind so vielfältig, daß es unmöglich ist, sie innerhalb dieses Kapitels halbwegs adäquat wiederzugeben; seine Modernität sollte jedoch deutlich geworden sein.

2 Sprachenpolitik

Sprachenpolitik verstehen wir als die gezielte Förderung einer oder mehrerer Sprachen (vgl. Christ 1980). Aus fremdsprachenpolitischer Perspektive will man Antworten auf Fragen etwa folgender Art erhalten: wie wird von staatlicher oder anderer „offizieller" Seite Einfluß auf das Lehren und Lernen von Fremdsprachen genommen? Welche Funktionen, Möglichkeiten und Grenzen haben solche „Eingriffe"? Welche Veränderungen sind im Laufe historischer Abläufe in verschiedenen staatlichen, überstaatlichen und anderen Organisationsformen tatsächlich erzielt worden oder können in der Zukunft erzielt werden?

Einige Länder waren und sind möglicherweise hauptsächlich daran interessiert, „ihre" Sprache(n) zu „exportieren", während andere, aus verschiedenen Gründen, genauso viel Interesse daran haben, die Sprachen anderer Länder zu „importieren". Ferner kann eine Sprache indirekt dadurch gefördert werden, daß alternative Landessprachen subtil verdrängt, unterdrückt oder sogar verboten werden. Durch eine Abgrenzung der jeweiligen Sprache eines Landes von den Sprachen anderer Länder sowie durch die Unterscheidung von (landes)interner und (landes)externer Verwendung dieser Sprachen ergeben sich vier Haupttypen der Sprachförderung (vgl. Abbildung 4.2), die wir an Beispielen verdeutlichen wollen:

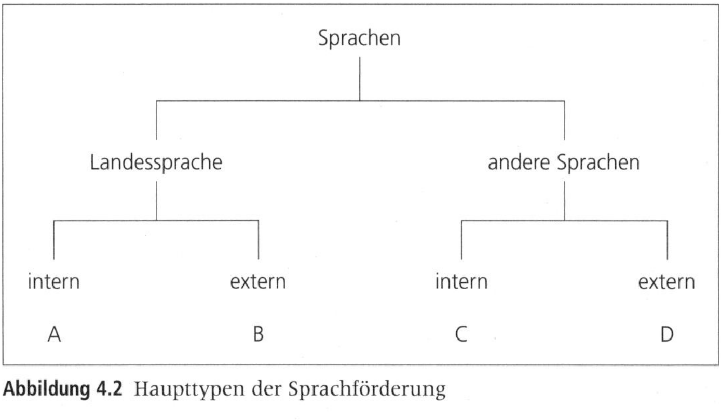

Abbildung 4.2 Haupttypen der Sprachförderung

A: Deutschunterricht für Arbeitsmigranten in der BRD.

B: Deutsch am Goethe-Institut in Amsterdam.

C: Türkischunterricht in der BRD.

D: Schulischer Fremdsprachenunterricht; Förderung japanischer Sprachkenntnisse innerhalb größerer Unternehmen in der BRD.

2.1 Gründe und Begründungen für sprachenpolitische Entscheidungen

Die Begründungen für Entscheidungen in der Sprachenpolitik (welche Sprachen von wem, für wen, wann, wo, wie lange, wozu und wie angeboten werden sollen) umfassen die folgenden Aspekte:

- das traditionelle humanistische Bildungsideal
- ökonomische Zwänge bzw. Ziele
- externe politische Gründe (so kann z.B. ein Krieg zu neuen sprachenpolitischen Entscheidungen führen, ebenso wie die Erzielung nationalstaatlicher Unabhängigkeit)
- interne soziopolitische Ziele (Integration von Mitgliedern anderer Sprachgemeinschaften, „multikulturelle Gesellschaft“ als politisches Ziel)
- konjunkturelle und funktionale gesellschaftliche Ziele (wenn sich z.B. Amerikaner in der Computer- bzw. Autoindustrie bemühen, Japanisch zu lernen).

Interessant ist die Tatsache, daß die Entscheidungskriterien auf dieser „Makro-Ebene“ häufig direkten Einfluß auf die Motivation einzelner Lerner haben (vgl. hierzu 11.4). Dies ist aber insofern kaum überraschend, als jedes Individuum einerseits von der Gesellschaft und Kultur, in der es aufgewachsen ist, geprägt wird, und andererseits eine Gesellschaft in gewissem Sinne nur ein kollektiver Begriff für die Individuen ist, aus denen sie sich zusammensetzt. Es wird also stets ein gewisser Ausgleich erreicht zwischen den Bedürfnissen einzelner Sprachteilhaber, dem gesamtgesellschaftlichen Bedarf, staatlich gelenkter und/oder geförderter Kultur und der Wirtschaftspolitik (vgl. Christ 1989).

2.2 Sprache ist Macht, Kultur, Identität

Sprache hat in einer Gesellschaft sowohl eine inklusive als auch eine exklusive Funktion: „Wer spricht wie ich, der ist wie ich“ gilt genauso wie das Gegenteil: „Wer nicht spricht wie ich, ist anders“. Sprachvarianten oder Varietäten, „Teilsprachen“, Register oder Dialekte haben beide Funktionen, die in der Sprachenpolitik gleichermaßen eine Rolle spielen. Dies ist sowohl auf internationaler als auch auf nationaler Ebene sichtbar, verdeutlichen läßt es sich stichwortartig anhand der Probleme bei der Festlegung einer „lingua franca" für die internationale Kommunikation:

- Esperanto und andere sogenannte Welthilfssprachen (warum hat sich bislang keine dieser „Sprachen" durchgesetzt?)
- Probleme bei der schulischen Ausbildung in Ländern, in denen keine allgemein verbreitete Nationalsprache existiert (wie z.B. auf den Philippinen)
- der Einfluß der NATO (bzw. des jeweiligen Militärbündnisses)
- Englisch als „Weltsprache"
- Sprachenpolitik in Europa (Schutz von Minderheitensprachen und „kleinen" Sprachen wie z.B. Dänisch; Sprachenregelung in Institutionen der Europäischen Gemeinschaft)

Die beiden letzten Punkte werden in 2.4 angesprochen.

2.3 Sprachenpolitische Entwicklungen: ein Beispiel aus der Vergangenheit

Wir haben bereits in Abschnitt 1.1 aus der nationalsozialistisch beeinflußten Fremdsprachendidaktik zitiert, um den Einfluß politischer Entwicklungen auf die Sprachenpolitik beispielhaft zu dokumentieren. Auf diese Art Einflußnahme soll hier zur Konkretisierung des eben Gesagten noch einmal eingegangen werden.

Christ resümiert die Sprachförderungspolitik in der Zeit des Nationalsozialismus wie folgt:

> „Das nationalsozialistische Deutschland gab aus weltpolitischen und rassenpolitischen Erwägungen dem Englischen den Vorrang, förderte das Italienische und das Spanische wegen der politischen Beziehungen zum faschistischen Italien und zum Spanien des Generals Franco und drängte gleichzeitig den Französischunterricht in eine Randposition."
> (Christ 1980, 15)

Der heutigen Sprachenfolge an den öffentlichen Schulen und der Vorzugsstellung des Englischen gegenüber dem Französischen hat also diese damalige politische Einstellung einer späteren wirtschaftlich bedingten Entwicklung Vorschub geleistet.

Nach dem ersten Weltkrieg wurde in Deutschland aus politischen Gründen sogar absichtlich versucht, die deutsche Sprache von französischen Einflüssen zu „reinigen“, so war z.B. von folgenden Begriffspaaren den jeweils rechts stehenden der Vorzug zu geben:

Coupé	:	Abteil
Fauteuil	:	Sessel
Adieu	:	Auf Wiedersehen
parlieren	:	sprechen
Billet	:	Fahrkarte
Étage	:	Stock
Pardon	:	Verzeihung
Serviette	:	Mundtuch
usw.		

Allgemein kann jedoch behauptet werden, daß politische Bestrebungen, die Verwendung einer Sprache präskriptiv festzulegen, nur dann erfolgreich sein können, wenn 1. die dahinterstehende politische Einstellung von großen Teilen des betroffenen Volkes geteilt wird oder wenn 2. aus politischen Gründen Kontakte mit der unerwünschten Sprache oder Sprachgemeinschaft geringer werden, wodurch der Einfluß der Sprache sowieso schwindet. Mit anderen Worten, die Dynamik der Sprachentwicklung läßt sich nicht absichtlich steuern (trotz teilweise verzweifelter Bemühungen von Institutionen wie z.B. der Académie Française).

2.4 Sprachenpolitische Entwicklungen: aktuelle Perspektiven

In den letzten 15 Jahren haben drei weltpolitisch wie innenpolitisch wirksame Entwicklungen besondere Bedeutung für sprachenpolitische Entscheidungen in Deutschland erlangt: einmal die europäische Integration, zum zweiten die Migrationsbewegung und schließlich die deutsche Vereinigung.

2.4.1 Die europäische Integration

Das wirtschaftliche, finanzielle und neuerdings auch staatspolitische Zusammenwachsen Europas hat in den meisten europäischen Staaten, u.a. auch in weiten Kreisen der Bundesrepublik Deutschland, paradoxerweise zu einem größeren Bewußtsein von Nationalstaatlichkeit geführt. Dieses sicher nicht intendierte Ergebnis ist kaum zu trennen von der Diskrepanz einer offiziellen sprachenpolitischen Betonung der Gleichberechtigung aller Mitgliedssprachen und der kontinuierlich wachsenden Dominanz des Englischen. Der unaufhaltsame Siegeszug des Englischen als sog. „Leitsprache“ oder *lingua franca* wird von manchen Kritikern aber auch als Folge der verfehlten Sprachenpolitik in Europa angesehen (siehe z.B. mehrere Beiträge in *Fremdsprachen und Hochschule* 29: 1990, sowie Vielau 1991; verschiedene Beiträge in Ahrens 2003; House 2003a; 2005). Die Forderung nach einem mehrsprachigen und multikulturellen Europa sei in vagen Konzeptualisierungen steckengeblieben, und die Tatsache, daß in der Europäischen Gemeinschaft die Sprachen aller Mitgliedsstaaten als offizielle Amtssprachen verwendet werden können, habe zu einem solchen Übertragungs- und Verwaltungsaufwand geführt, daß sich sozusagen notgedrungen eine Hauptsprache, das Englische (oder zwei, Englisch und Französisch) herausgebildet hätte(n). (Zur Kritik s. House 2003a und darin diskutierte Literatur).

Auch beim schulischen Fremdsprachenangebot klaffen Anspruch und Wirklichkeit auseinander. Seit Jahrzehnten wird die Gleichberechtigung und Gleichwertigkeit aller europäischen Nationalsprachen betont: zur Förderung der europäischen Mobilität wurden bereits in den 70er Jahren durch vom Europarat in Auftrag gegebene Arbeiten zum sog. „Threshold Level“ (siehe hierzu auch Kapitel 15, 1.2.2) wesentliche Schritte unternommen. In den 90er Jahren fördert die Europäische Gemeinschaft den Erwerb von Fremdspachenkenntnissen für eine „eurokompetente“ junge Generation mit einer Reihe hochdotierter Programme, und in den Publikationsorganen der Fremdsprachendidaktik, so insbesondere in den Zeitschriften *Neusprachliche Mitteilungen* und *Praxis des Fremdsprachlichen Unterrichts*, wird seit Jahren die Bedeutung des fortschreitenden europäischen Einigungsprozesses für den Fremdsprachenunterricht ausgiebig diskutiert. In der Praxis scheinen von der offiziellen Gleichstellung jedoch nur das Englische und (mit beträchtlichem Abstand) das Französische profitiert zu haben. Für die Schulen heißt das z.B., daß die theoretisch vielfältigen Möglichkeiten der Wahl anderer Sprachen und anderer Sprachenabfolgen in den Ländern der Bundesrepublik nicht systematisch angeboten und verfolgt worden sind (s. hierzu z.B. Brusch und Kahl 1991; vgl. aber Christ 1997).

Es wäre durchaus zu überlegen, ob man diesen langfristigen Trends entgegenwirken sollte – nicht um durch Änderungen in der schulischen Sprachenpolitik dem Status des Englischen als Weltsprache entgegenzuwirken, sondern um eine eher europabezogene Sprachenpolitik in der Bundesrepublik zu fördern.

Eine produktive neue Forschungsrichtung befaßt sich mit dem Erwerb sog. Dritt- oder Tertiärsprachen. Hier wird sowohl die dominante Rolle des Englischen in der Welt und in Europa anerkannt und nachdrücklich die Forderung nach der Erforschung der Besonderheit des Erwerbs anderer, oftmals „dritter" Sprachen erhoben. (vgl. hierzu Cenoz et al. 2001a,b; Hufeisen und Lutjeharms 2005). Es wird angenommen, daß der Erwerb dritter und weiterer Sprachen sich grundsätzlich vom Erwerb der Muttersprache und einer Zweitsprache unterscheidet, daß also der Erwerb nicht linear oder inkrementell verläuft, sondern in komplexer Weise mit dem durch in L1 und L2 erworbenen Wissen interagiert, daß qualitativ andere Lernstrategien verwendet werden und Transfer weniger aus der L1 als aus anderen Fremd- und Zweitsprachen erfolgt (vgl. Edmondson 2001).

Im Zusammenhang mit dem Tertiärsprachenerwerb ist auch der Begriff „Mehrsprachigkeit" als Bildungsziel immer mehr ins Zentrum des Interesses gerückt (vgl. Bausch et al. 2004) und hier insbesondere die sog. „Mehrsprachigkeitsdidaktik". Mehrsprachigkeit ist sowohl ein erstrebenswertes Ziel für den einzelnen, als auch für die Gesellschaft. Die durch den Erwerb von Mehrsprachigkeit angenommene erhöhte Kreativität, kognitive Flexibilität, Horizonterweiterung und die Fähigkeit zu divergentem Denken sind zwar in der Forschung nicht nachgewiesen, werden jedoch in vielen sprachenpolitischen und fremdsprachendidaktischen Dokumenten impliziert. Unterstützung für eine positive Perspektive auf Mehrsprachigkeit ergibt sich auch aus linguistisch orientierten Forschungen, wie sie z.B. innerhalb des seit 1999 an der Universität Hamburg institutionalisierten Sonderforschungsbereichs „Mehrsprachigkeit" entstanden sind. (s. deren website über die Universität Hamburg). Die hier erzielten Forschungsergebnisse weisen auf den Vorteil früher Mehrsprachigkeit (bis zum Alter von etwa 5 Jahren hin) und betonen die positive Auswirkung auf nachhaltige phonologische sowie morpho-syntaktische Kompetenz in mehreren Sprachen. Diese Ergebnisse werden auch in neuro-physiologischen Studien validiert.

Folgende didaktische Forschungs- und Lehrperspektiven im Bereich „Mehrsprachigkeit" erscheinen uns für die Zukunft besonders wichtig zu sein (vgl. House 2004): Betonung der Normalität von Mehrsprachigkeit (Einsprachigkeit ist weltweit die Ausnahme!); Ausweitung des Angebots an in den Schulen wählbaren Sprachen (Arabisch, Hindi, Japanisch und Chinesisch als Standardoptionen!), oder aber „Entschulung" des Sprachenlernens (vgl. Edmondson 1999b) und Bereitstellung flexibler, modularisierter, kompakter Lernangebote für autonomes Lernen wie Tandem, Angebote in Selbstlernzentren, sowie forschungsgestützte Sprachlernkurse mit der Bereitstellung einer Metasprache.

Eine weitere wichtige sprachenpolitische Entwicklung in Europa wurde durch den „Gemeinsamen europäischen Referenzrahmen für Sprachen" (Europarat 2001) angestoßen, in dem eine gemeinsame, transparente Zertifizierung von Fremdsprachenkenntnissen in den Ländern der europäischen Gemeinschaft vorgeschlagen wurde, die unmittelbare praktische Konsequenzen für Curricula und Lehrwerke hat. Der Kerngedanke dieses Referenzrahmens ist die Idee aufeinander aufbauender Niveaustufen, die von A1 bis C2 reichen und sich in sog. „Kann-Beschreibungen" (Der Lerner kann xyz tun ...) niederschlagen. Diese „Can-Do" statements sind durch die statistische Auswertung vieler Jahrgänge von Prüfungen in aller Welt validiert worden. Da die Kann-Beschreibungen, wie Quetz (2003) hervorhebt, an den curricular ausformulierten Dokumenten des Europarats (Threshold Level English, Kontaktschwelle Deutsch etc.) ausgerichtet sind, befinden sie sich gewissermaßen in einem geschlossenen System *oú tout se tient*. Dieses System einzelner, ineinandergreifender Bausteine ist inzwischen so erfolgreich, daß es in vielfältigen Zusammenhängen im Unterricht, in Lehrwerken und bei der Leistungskontrolle – von der Primärstufe im öffentlichen Sektor bis zu privaten Sprachschulkursen für Manager (auch zu Werbezwecken!) angewendet wird.

Eine Reihe kritischer Anmerkungen zum „Gemeinsamen Europäischen Referenzrahmen für Sprachen" ist in Bausch et al. (2003) enthalten. Einer der Hauptkritikpunkte ist, wie Edmondson (2003c) ausführt, daß die ausführliche Beschreibung verschiedener Handlungen und Kompetenzen genau das voraussetzt, was in institutionellen Kontexten NICHT möglich ist, daß nämlich persönlich und beruflich benötigte Fähigkeiten und kontextspezifische Handlungskompetenzen im voraus spezifiziert werden können! Weitere Kritikpunkte betreffen die generelle Vagheit des dem Referenzrahmen zugrundeliegenden Sprachbegriffs, die Tabuisierung der Rolle des Englischen als lingua franca in Europa, und die Vernachlässigung der wichtigen Rolle der Muttersprache, insbesondere der Migrantensprachen. (vgl. hierzu House 2003a)

2.4.2 Die Migrationsbewegung

Die zweite für den Fremdsprachenunterricht bedeutende politische Entwicklung der letzten Zeit ist die gewaltige Migrationsbewegung, die durch politische Verfolgungen und Veränderungen, durch Arbeitslosigkeit und Arbeitssuche, Armut und Not bedingt ist. Durch diese moderne Völkerwanderung werden (zwangsläufig) Sprachkontakte hervorgerufen, und das Lernen von Fremd- und Zweitsprachen wird zur elementaren Notwendigkeit für weite Bevölkerungskreise. In der Bundesrepublik Deutschland hat sich durch die gesellschaftliche Nachfrage und die individuellen Bedürfnisse langjährig ansässiger Migranten ein ausgedehntes und vielfältiges Angebot an Unterricht im Bereich Deutsch als Fremdsprache und Zweitsprache (DAF/DAZ) sowie insgesamt eine rege Tätigkeit in Forschung und Entwicklung von Kursen und Materialien entwickelt (s. z.B. BAGIV 1985). In letzter Zeit stehen hier Forderungen nach der Entwicklung und Förderung interkultureller Kommunikationsfähigkeit, interkulturellen Verstehens (oder Fremdverstehens) mit kultur-/landeskundlichem Schwerpunkt im Mittelpunkt des Interesses. Es bedarf jedoch dringend der Konkretisierung (Operationalisierung) vager Begriffe wie „Interkulturelle Kommunikation", damit diese nicht zu Leerformeln degenerieren (zu konkreten Ansätzen siehe hier ebenfalls bereits BAGIV 1985; House 1997; 1998; 2000). Die Migrationsbewegung hat ferner zu erneuten Diskussionen über das Angebot von Fremdsprachen in der Schule geführt. Schon 1980 stellte Krumm die provokative Frage „Türkisch als 1. Fremdsprache?".

2.4.3 Die Wiedervereinigung Deutschlands

Die dritte bedeutende historische, politische und soziale Veränderung in den letzten 15 Jahren ist die deutsche Vereinigung, eingebettet in und ermöglicht mit der Auflösung des gesamten früheren „Ostblocks" und dem hierdurch in Gang gesetzten Prozeß eines kontinuierlich stärkerem wirtschaftlichen und sozialen Zusammenwachsens der westeuropäischen mit den mittel- und osteuropäischen Staaten. Für den Fremdsprachenbedarf in den ehemaligen Ostblockstaaten, für die Bedürfnisse von Individuen und Gruppen verschiedener Herkunft und Zusammensetzung hat dies zur Konsequenz, daß ein Anschluß an das alte Westeuropa und in gewissem Sinne ein von der Marktwirtschaft in Gang gesetztes Überlebens-, Anpassungs- und Aufholbemühen auch hier die Dominanz des Englischen unterstützt. So ist in den neuen Bundesländern der Bedarf an Englischunterricht und an qualifizierten Englischlehrern in allen Schultypen und -stufen stark angestiegen und die Nachfrage nach Russischlehrern in gleichem Maße gesunken.

Ein weiteres Resultat der neuen Zugänglichkeit der Länder hinter dem ehemaligen „Eisernen Vorhang“ war – insbesondere direkt nach den Öffnungen der Grenzen – eine Aufwertung des Deutschen als Wirtschafts- und Kultursprache, nicht zuletzt deshalb, weil man sich zunächst auf die historisch bedingte Rolle des Deutschen in vielen osteuropäischen Ländern besann und weil durch die Wiedervereinigung mit achtzehn Millionen zusätzlichen deutschsprechenden in den internationalen Handel eingebundenen Individuen zu rechnen war. Doch bedeutete dies eher einen kurzfristigen „Boom“ des Deutschen. Zwar ist die Nachfrage nach Unterricht in Deutsch als Fremdsprache in den Staaten des ehemaligen Warschauer Paktes zu Beginn der neunziger Jahre zunächst gestiegen, die erwartete kontinuierliche Steigerung der Zahl der Deutschlernenden ist jedoch nicht eingetreten. Der wichtigste Grund für diese Entwicklung ist der unaufhaltsame Vormarsch des Englischen, der globalen lingua franca, die sich nunmehr auch in Osteuropa zunehmender Beliebtheit erfreut und als „primäres internationales Kommunikationsmittel“ angesehen wird. (Pfeiffer 1992: 371). Eine wichtige Ursache dieser starken Nachfrage nach dem Englischen in Mittel- und Osteuropa ist die sofortige strategische Ressourcenverlagerung z.B. des British Council aus Gebieten, die bereits mit der englischen Sprache „durchsättigt“ sind, in die neu zu erfassenden Gebiete jenseits des früheren eisernen Vorhangs.

2.4.4 Englisch als globale Lingua Franca

Zu Beginn des neuen Millenniums ist es unbestritten, daß Englisch die wichtigste internationale Verkehrssprache ist. Ein großer Teil der internationalen Kommunikation findet heutzutage in Englisch als globaler lingua franca statt. Diese Entwicklung wird natürlich wesentlich durch die galoppierenden Fortschritte in den Informationstechnologien vorangetrieben. Die englische Sprache hat heute eine derart dominante Stellung in der internationalen Politik, in Wirtschaft und Handel, in kulturellen und wissenschaftlichen Zusammenkünften erreicht, daß Sprecher kleiner „exotischer" Sprachen, wenn sie mit Sprechern anderer gößerer Sprachgemeinschaften interagieren, weltweit zumeist zum Englischen als konvenientem Verständigungsmittel greifen.

Trotz der Bedeutung des Englischen als lingua franca gibt es bisher wenige Untersuchungen tatsächlich ablaufender Interaktionen (s. jedoch z.B. Firth 1996; House 1999; 2002; Jenkins 2000) Die Verwendung des Englischen in der internationalen Kommunikation ist jedoch aus soziolinguistischer, soziokultureller und sprachenpolitischer Perspektive und aus der Sicht der kritischen Diskursanalyse auf einer Metaebene ausgiebig diskutiert worden. Neben den gemäßigten Stimmen derer, die sich mit der Rolle des Englischen in der Welt in eher deskriptiver und klassifikatorischer Weise auseinandersetzen (z.B. Hüllen 1992; Crystal 1997; Seidlhofer 2001; Widdowson 2003), gibt es eine Reihe von sehr kritischen Einlassungen, in denen die sprachlichen und kulturellen Einflüsse der „Killersprache Englisch" auf andere Sprachen hervorgehoben und die schädlichen Auswirkungen der Hegemonialmacht des Englischen auf die Sprachenvielfalt der Welt beklagt werden (s. z.B. Phillipson 2003).

Auf die Notwendigkeit, im Englischunterricht die Rolle des Englischen als lingua franca zu berücksichtigen, hat sehr früh Werner Hüllen (1982b) verwiesen. Doch fehlt es, wie Edmondson und House (2003) zeigen, an konkret ausgearbeiteten und plausiblen didaktischen Konsequenzen (vgl. aber einige neuere Vorschläge z.B. von Jenkins (2005) zur Aussprachelehre).

Gewissermaßen das Gegenteil zum Gebrauch des Englischen als lingua franca in Europa ist die sog. Eurocom (EuroComprehension) Bewegung, in der in bestimmten Sprachgruppen Europas, der romanischen, der germanischen und der slawischen, „Interkomprehension" durch die Verbesserung rezeptiver Sprachkompetenz und „rezeptiver Mehrsprachigkeit" gefördert werden soll. (vgl. Meißner 2002; Zybatow und Zybatow 2002; Klein 2004). Kritisch ist anzumerken, daß natürlich nur diejenigen, die zu den romanischen, germanischen und slawischen Sprachfamilien gehören oder die entsprechenden Sprachen gut können, an diesem Projekt teilhaben können, alle anderen sich aber eben doch oft der englischen lingua franca bedienen müssen. Ferner ist realistischerweise zu bezweifeln, daß die zu erreichende rezeptive Kompetenz für eine durchgängig erfolgreiche Kommunikation ausreicht.

2.4.5 Zukunftsperspektiven

Als wichtigste Desiderate für künftige Forschungen auf dem Gebiet der Sprachenpolitik nennt Christ (1995, 80):

(i) eine kohärente sprachenpolitische Theoriebildung für künftige Forschungen, in der die Sprachenpolitik nicht länger isoliert betrachtet würde, sondern sowohl in die Gesamtpolitik als auch in den Gesamtzusammenhang von Sprachlehrforschung, Fremdsprachendidaktik, Linguistik, Angewandte Linguistik, Soziolinguistik und Philologie eingebettet werden würde.

(ii) eine Integration von Sprachenbedarfsforschung und Sprachenpolitik in eine Schulsprachenbedarfsforschung sowie eine Integration letzterer in die Sprachlehrforschung und die Fremdsprachendidaktik.

Ob solche Desiderate in der Forschung realisiert werden, bleibt offen. Ebenso offen bleibt die Frage, ob die aus solchen Forschungen resultierenden Konzepte Auswirkungen auf sprachenpolitische Entscheidungen haben werden. Folgende aktuelle sprachenpolitische Tendenzen in Deutschland bzgl. der Fremdsprachenvermittlung und des Fremdsprachenbedarfs werden möglicherweise in der Zukunft tiefgreifende Auswirkungen haben:

- der Beginn des Fremdsprachenunterrichts in der Grundschule,
- die Verbreitung fremdsprachlicher Lernmöglichkeiten und Lernangebote außerhalb des schulischen Fremdsprachenunterrichts (neue Medien, Tandemprogramme, vielfältige Austauschprogramme für Schüler und Studierende),
- die Einrichtung bilingualer Bildungsgänge in Schulen,
- die Kommerzialisierung der fremdsprachlichen Ausbildung nach dem Schulabschluß, vor allem an Universitäten und anderen tertiären Ausbildungseinrichtungen,
- der verbreitete Bedarf an berufsorientierten fachspezifischen Fremdsprachenkursen,

- die Anerkennung des Bedarfs an künftigen Sprachlehrern, welche Experten für die Vermittlung unterschiedlicher Fremdsprachen für unterschiedliche Altersgruppen innerhalb und außerhalb staatlicher Einrichtungen sein müssen.

Unter Berücksichtigung solcher Tendenzen legt z.B. Edmondson 1999b einen radikalen Vorschlag zur Umstrukturierung der schulischen Fremdsprachenausbildung vor.

2.5 Die Institutionalisierung sprachenpolitischer Entscheidungen

In Abbildung 4.3 (die als Ergänzung zu Abbildung 2.3 verstanden werden soll) gilt eine Zwischenebene als „Vermittler" zwischen allgemeinen politischen/sozialen Strömungen und der unterrichtlichen Praxis. Auf dieser Zwischenebene werden soziopolitische Entscheidungen für den Fremdsprachenunterricht in Institutionen umgesetzt. So stellen Richtlinien einen Rahmen für didaktische Entscheidungen im schulischen Unterricht dar, einzelne Institutionen erstellen Lehrpläne, die eine unterschiedliche Verbindlichkeit haben können: auf der Grundlage ihrer Einschätzung des Bedarfs (und unter Berücksichtigung von Richtlinien sowie wissenschaflicher und didaktischer Trends) produzieren Lehrwerkautoren und Verlage Lehrwerke, die

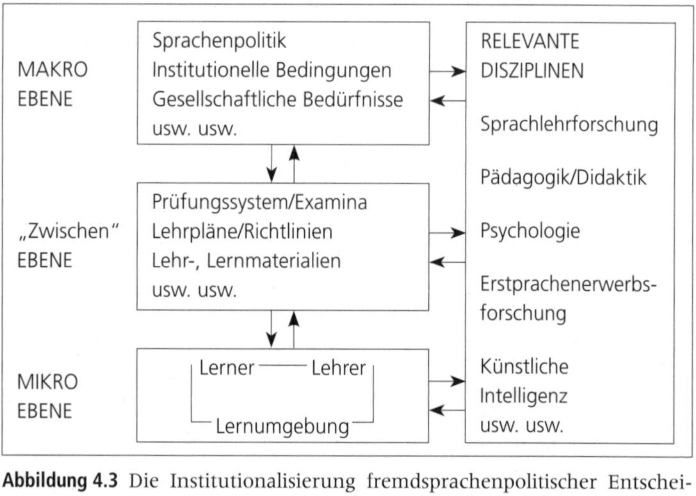

Abbildung 4.3 Die Institutionalisierung fremdsprachenpolitischer Entscheidungen

sie auf den Markt bringen und verkaufen möchten. Auch zentralisierte Prüfungen stellen ein sehr effektives Mittel dar, die unterrichtliche Praxis zu beeinflussen, da häufig Prüfungsformen Übungsformen determinieren. Wir möchten an dieser Stelle die verschiedenen Mittel, durch die sprachenpolitische Entscheidungen direkt oder indirekt weitergegeben werden, nicht ausführlich behandeln, sondern wollen uns auf vier sehr allgemeine Hinweise beschränken:

(i) Selbstverständlich variiert die Verbindlichkeit von Entscheidungen auf dieser Zwischenebene für die individuell Lehrenden von Land zu Land und Institution zu Institution. So existieren z.B. unter verschiedenen institutionellen Bedingungen für den Lehrer unterschiedliche Grade der Freiheit in Bezug auf Curriculumentscheidungen. Das eine Extrem wäre etwa die Situation eines Fremdsprachenlehrers an einer privaten Fremdsprachenschule, an der Fremdsprache, Adressatengruppe, Kurslänge, Kursinhalt, Abschlußtests, Konzept und Struktur extern genau festgelegt werden, so daß dem individuellen Lehrer wenig Spielraum zur Entwicklung eigener didaktischer Konzepte bleibt. Das andere Extrem wäre die Situation eines Lektors an einem Sprachlehrinstitut an einer bundesdeutschen Universität. Diesem Lektor wird außer dem vorgegebenen Zeitraum eines Semesters und dem im Studienplan der Fachrichtung vorgegebenen Kurstyp weder ein bestimmtes Lehrwerk vorgeschrieben, noch werden bestimmte Zeiträume angegeben, innerhalb derer bestimmte Stoffmengen im Unterricht behandelt werden müssen. Auch bleibt in vielen Fällen die Leistungskontrolle ganz dem Ermessen der individuellen Lehrperson überlassen.

(ii) Es ist notwendig, genau zu überlegen, welche Funktion Richtlinien bzw. Lehrpläne haben sollen. Wenn solche Dokumente sehr detailliert und präskriptiv sind, dann besteht die Gefahr, daß die Entscheidungsfreiheit des einzelnen Lehrers begrenzt wird. Wenn dagegen Richtlinien sehr abstrakte, vage Zielsetzungen enthalten, mit u.U. einer ganzen Palette möglicher didaktischer Anwendungen, dann könnten sich Lehrer dadurch eher verunsichert als unterstützt fühlen (für konkrete Kritikpunkte in Bezug auf die Vor- und Nachteile der spezifischen bzw. allgemeinen Formulierung von Richtlinien s. z.B. Hüllen 1981a; Zimmermann 1995).

(iii) Die Auswahl geeigneter Lehrwerke ist für verschiedene Fremdsprachen deutlich unterschiedlich: so sind z.B. viel mehr Materialien für Englisch als Fremdsprache auf dem internationalen Markt als für andere Fremdsprachen. Ferner ist z.B. das Angebot an Materialien für fachspezifische Kurse oft sehr gering – ganz einfach deshalb, weil die Zahl potentieller Käufer solcher Materialien viel geringer ist als für allgemeine, etablierte Sprachkurse, die in der Schule oder Volkshochschule oder in anderen Institutionen angeboten werden.

(iv) Die Wissenschaft kann bei der Erstellung von Unterrichtsempfehlungen, Richtlinien und Prüfungen direkt mitwirken, indem ausgewählte Personen in hierfür eingesetzte Gremien berufen werden. Ferner spielt die Wissenschaft eine wesentliche Rolle innerhalb der Curriculumforschung, bei Schulversuchen und der Entwicklung von standardisierten Tests.

3 Zusammenfassung/Ausblick

In diesem Kapitel haben wir mehrere Verbindungen zwischen historischen und soziopolitischen Perspektiven und Aspekten des Sprachenlehrens und Sprachenlernens angedeutet. Es wurde auf einige theoretische und methodisch-didaktische Gegensätze aus historischer Sicht hingewiesen, die in neueren theoretischen Auseinandersetzungen fortgesetzt werden (vgl. hierzu vor allem Kapitel 14). Daß der soziopolitische Kontext entscheidende Auswirkungen auf den Lernerfolg, insbesondere beim natürlichen Zweitsprachenerwerb, haben kann, wird in den Kapiteln 9, 10 und 11 postuliert und ist auch implizit in Spolskys Modell enthalten, das in Kapitel 2 abgebildet ist (Abbildung 2.2). In Kapitel 15 wird die Entwicklung von Lehrzielen und Curricula behandelt – wiederum unter Bezug auf den Einfluß von (z.B.) Richtlinien auf den Lehrinhalt und auf die Lehrziele.

Kapitel 5

Linguistische Grundlagen der Sprachlehrforschung

In diesem Kapitel sollen die wichtigsten Strömungen der Linguistik in diesem Jahrhundert (soweit wir sie als wichtig für das Geschehen im Fremdsprachenunterricht erachten) dargestellt werden. Zuvor werden wir einige grundsätzliche Überlegungen anstellen zu dem Phänomen Sprache und zu der Sprachwissenschaft.

1 Was ist Sprache?

Die menschliche Sprache hat immer die Neugier und Phantasie von Forschern und Philosophen angeregt, und erste Überlegungen zu grammatischen Kategorien und Analysen reichen mindestens zurück bis zu den griechischen Philosophen Platon und Aristoteles, deren grammatische Kategorien bis heute (insbesondere in Schulgrammatiken) ihre Gültigkeit bewahrt haben. Erst seit Anfang dieses Jahrhunderts existiert die modernen Linguistik, eine Wissenschaft, die zunächst bemüht war, sich deutlich von allen anderen Wissenschaften abzugrenzen, die sich direkt oder indirekt mit Sprache beschäftigten (z.B. Philosophie, Psychologie, Geschichte und fast alle Sozialwissenschaften). Ohne die Geschichte der Linguistik hier rekapitulieren zu wollen, werden wir in diesem Kapitel die Begriffe Linguistik und Sprachwissenschaft gleichsetzen.

Das Phänomen Sprache ist in der Tat so vielfältig, daß eine kurze Definition genauso wie eine allgemein gültige Definition der Linguistik kaum möglich ist. Für letztere wollen wir hier vorab unser Verständnis dieser Disziplin darlegen: Sprachwissenschaft untersucht die interne Systematik der Sprache und des Sprachenlernens, die kognitive Organisation von Sprache und deren Gebrauch in den von Menschen entworfenen sozialen Gebilden.

Die Vielfältigkeit des Phänomens Sprache kann aus der Perspektive des Fremdsprachenunterrichts verdeutlicht werden: für den Fremdsprachenlerner ist die Zielsprache zum einen Lerninhalt (die Sprache wird studiert bzw. „gelernt“), zum anderen Lernziel (man soll die Sprache beherrschen). Zumindest teilweise ist die Sprache aber auch Lehr- bzw. Lernmittel: auch wenn das Einsprachigkeitsprinzip, das ja schon bei Viëtor empfohlen wurde, nicht konsequent durchgesetzt wird, so ist es kaum möglich oder sinnvoll, eine Verwendung der Zielsprache als Unterrichtssprache ganz zu vermeiden. Als „Lerninhalt" stellt die Zielsprache u.a. ein kompliziertes Regelsystem dar. Als „Lernziel" ist die Zielsprache u.a. ein Komplex verschiedener Fähigkeiten, die auf kognitiven Leistungen basieren und die verschiedene soziale und andere Funktionen erfüllen – z.B. den Ausdruck von Gedanken, Gefühlen und Bedürfnissen. Als „Lernmittel" ist die Zielsprache auch ein Kommunikationsmittel (in dem eigen- und einzigartigen sozialen Kontext des Unterrichts), durch dessen Verwendung die durch Lernziele festgelegten Fähigkeiten gewonnen werden sollen.

Diese informelle und vielschichtige Betrachtung des Phänomens „Sprache" aus der Fremdsprachenlernperspektive soll im folgenden verglichen werden mit der Art und Weise, wie verschiedene linguistische Theorien das Phänomen Sprache (bzw. die verschiedenen Phänome, die wir als „Sprachen" erkennen) betrachten. Zunächst sollen zu diesem Zweck einige allgemein akzeptierte Unterscheidungen in der Sprachwissenschaft erwähnt werden.

1.1 Semiotische Ebenen

Die Semiotik ist die allgemeine Zeichenlehre und befaßt sich mit Malerei, Musik, Tanz, Tier„sprachen" und vielen anderen Systemen, darunter auch Sprachen. Sprache ist ein semiotisches System, in dem Laute bzw. schriftliche Zeichen in Zusammenhang stehen mit der außersprachlichen Wirklichkeit und mit den Menschen, die solche Zeichen produzieren. Einer der bedeutendsten Vertreter der Semiotik, Charles Morris, unterscheidet drei Ebenen der Semiotik (vgl. Morris 1964):

(i) die Ebene der Syntax
(Zusammenhänge zwischen den Zeichen)

(ii) die Ebene der Semantik
(Zusammenhänge zwischen Zeichen und Dingen)

(iii) die Ebene der Pragmatik
(Zusammenhänge zwischen Zeichen und Zeichenbenutzern)

Wir haben oben darauf hingewiesen, daß bei der Begründung der Linguistik als wissenschaftlicher Disziplin zuerst versucht wurde, linguistische Aufgaben von anderen, z.B. philosophischen oder soziologischen abzugrenzen. Dies bedeutete in der Praxis, daß man sich auf

Ebene (i) als Untersuchungsobjekt konzentrierte, da die Ebenen (ii) und (iii) sich deutlich mit philosophischen und sozialen Fragestellungen überlappen. Aus der Sicht des Sprachenlerners kann man jedoch behaupten, daß Menschen eine Sprache zunächst primär als „Mittel" erlernen und verwenden, mit dem sie soziale und andere Bedürfnisse äußern können (das Gleiche gilt beim Erstsprachenerwerb). Bei diesem Vorgang stellen sie eher einen Bezug zwischen Sprache und ihrer Umgebung her als zwischen bestimmten Sprachelementen. Wenn wir also fragen, welche linguistischen Theorien „relevant" für die Sprachlehrforschung sind, scheint es intuitiv sinnvoll zu fordern, daß alle drei Ebenen in einer relevanten Theorie enthalten sein sollten und ferner, daß eine solche Theorie „von unten nach oben" (also von der Pragmatik zur Syntax) aufgebaut werden sollte. In der Tat hat die Linguistik sich eher „von oben nach unten" entwickelt, und in vielen Theorien ist die dritte semiotische Ebene kaum erreicht worden.

1.2 Linguistische Ebenen

Wie eben ausgeführt, ist eine Sprache (u.a.) ein komplexes semiotisches System – komplex deshalb, weil sprachliche Zeichen als Kombinationen auf verschiedenen „Ebenen" vorkommen, zum Beispiel als Lautfolgen, Wörter, Sätze, Texte oder Gespräche. Deshalb unterscheidet man in der Linguistik folgende Untersuchungsobjekte:

Phonem, Morphem, Wort, Satz, Text (oder Diskurs).

Wir wollen hier diese Begriffe, die in vielen „Einführungen in die Linguistik" leicht nachzulesen sind, nicht im einzelnen definieren, sondern nur eine kurze Erläuterung zu den Begriffen Text und Diskurs geben:

Intuitiv würden wir Texte als schriftliche, Diskurse als mündliche Produkte verstehen wollen. Daher wird in Deutschland häufig zwischen den Forschungsgebieten „Textlinguistik" und „Konversations- oder Gesprächsanalyse" unterschieden, wobei „Diskursanalyse" als eine weitere Alternative zu „Konversationsanalyse" verwendet wird. Hier tauchen jedoch begriffliche Unklarheiten auf, da einige Wissenschaftler „Text", andere „Diskurs" als Oberbegriff benutzen. Wir verstehen „Diskurs" als eine sozial eingebettete, kohärente Abfolge von Äußerungen, die ein Beispiel von Sprache im Gebrauch darstellen (s. auch Abschnitt 2.4 unten). Der Begriff „Text" läßt dagegen für uns eher auf eine aus linguistischer Perspektive gesehene Einheit schließen, in der Sätze oder Äußerungen durch bestimmte linguistische Operationen (z.B. den Gebrauch von Pronomina) einen Zusammenhang (Kohäsion) erlangen.

Analog zu den oben aufgelisteten sprachlichen Untersuchungsobjekten ergibt sich folgende Hierarchie linguistischer (Teil-) Disziplinen:

Phonologie
Morphologie
Lexikologie
Syntax
Semantik
Pragmatik

Was man im Alltag unter „Grammatik" versteht (was z.B. häufig in einem in den Schulen verwendeten „Grammatikheft" zu finden ist), sind die Kombinationsmöglichkeiten wohlgeformter Sätze, d.h. syntaktische und morphologische Regelmäßigkeiten (Morphosyntax). Wenn wir diese Hierarchie aus der Perspektive der Sprachproduktion von unten nach oben informell interpretieren, ergibt sich folgendes implizite „Sprachproduktionsmodell":

PRA „Innerhalb eines bestimmten Kontextes, und unter Berücksichtigung sozialer Konventionen, hat der Sprecher
SEM vor, einen bestimmten Inhalt zum Ausdruck zu bringen.
Diese ‚Bedeutung' wird innerhalb einer ausgewählten
SYN sprachlichen Struktur und durch die Auswahl angemessener
LEX lexikalischer Begriffe, die unter Berücksichtigung ihrer
MOR syntaktischen Funktion u.U. inflektiert werden müssen,
PHO als Sequenz von Lauten (mit entsprechender Intonation)
von seinen Sprechorganen produziert."

Im Prinzip könnte man auch versuchen, ein Modell des Sprachverstehens „von oben nach unten" zu entwickeln, das durch diese linguistische Hierarchie impliziert wird. Da unser „Sprachproduktionsmodell" nicht allzu unrealistisch sein dürfte (mit der wichtigen Ergänzung, daß das Gehirn parallel und netzwerkartig simultan statt sequentiell arbeitet, weshalb die Linearität unseres Modells in Frage gestellt werden muß), soll betont werden, daß unser „Modell" lediglich ein

Versuch ist, die linguistische Hierarchie aus der Perspektive von Sprechern bzw. Lernern einer Sprache zu interpretieren.

Wie oben erwähnt, wäre es Aufgabe einer linguistischen Theorie, diese (Teil-) Disziplinen so miteinander zu verbinden, daß sie zusammenwirken und ein Konzept von Sprache insgesamt liefern könnten. Auch unser informelles „Sprachproduktionsmodell" ist ein Versuch in diese Richtung.

2 Hauptströmungen der modernen Linguistik

Im folgenden wollen wir kurz auf den Strukturalismus, die generative Grammatik, die Wortfeldtheorie, die Sprechakttheorie und auf soziolinguistische Strömungen in der Linguistik eingehen. Im großen und ganzen entspricht diese Reihenfolge sowohl zeitlich aufeinanderfolgenden Entwicklungen innerhalb dieses Jahrhunderts, als auch einer Progression von „oben nach unten", je nachdem, auf welcher linguistischen Ebene innerhalb dieser Strömungen am intensivsten gearbeitet wurde und wird.

2.1 Strukturalismus

Die zu Beginn dieses Jahrhunderts entwickelte deskriptive Linguistik legte ihren Schwerpunkt auf die Beschreibung synchroner Sprachzustände. Wesentlich für die Entwicklung dieser neuen systematischen Betrachtung der Gegenwartssprache war der Schweizer Linguist Ferdinand de Saussure, dessen „Cours de Linguistique Générale" (1916) allgemein als Auslöser des Strukturalismus gilt (obwohl viele der Ideen de Saussures schon hundert Jahre zuvor in der Sprachtheorie Wilhelm von Humboldts zu finden waren).

De Saussure unterschied zwischen zwei grundlegenden Dimensionen sprachwissenschaftlicher Untersuchung: einer diachronischen und einer synchronischen Betrachtung von Sprache. Aus der ersten Perspektive untersucht man die historische Entwicklung einer bestimmten Sprache bzw. der Sprache allgemein; aus der zweiten untersucht man den Sprachzustand zu einer bestimmten Zeit und versucht, die Regeln zu entdecken, nach denen die Sprache zu diesem Zeitpunkt funktioniert. Die moderne Linguistik nimmt, wie bereits angedeutet, eher eine synchronische Sprachperspektive ein – eine diachronische Perspektive ist immer noch stark mit philologischen Sprachstudien verbunden. Im folgenden wird eher eine synchronische Perspektive eingenommen. Es wäre jedoch falsch anzunehmen, daß eine historische Perspektive für die moderne Linguistik bzw. für die Fremdspachendidaktik grundsätzlich irrelevant sei.

Aus struktureller Sicht wird Sprache als ein System betrachtet, das aus mehreren Subsystemen besteht. Ein System ist ein Geflecht von Beziehungen, die zwischen den Elementen des Systems, hier also zwischen den sprachlichen Zeichen, bestehen. Dieses System der Sprache nennt Saussure „langue" im Unterschied zu „parole", der Aktivierung dieses Systems in der konkreten Sprachrealisation durch das sprechende Individuum. Die Unterscheidung zwischen „langue" als sozialem Systemgefüge und „parole" als der aktualisierten Äußerung eines individuellen Sprechers ist eine ganz wesentliche Unterscheidung, da sie das Soziale vom Individuellen und das Wesentliche vom Zufälligen trennt.

De Saussure unterschied ferner zwei fundamentale Typen von Beziehungen zwischen Sprachelementen: syntagmatische und paradigmatische. Zwischen linear angeordneten sprachlichen Zeichen bestehen syntagmatische Beziehungen (vgl. den Begriff ‚Syntax' bei Morris, s. oben 1.1). In einem Satz hat z.B. das Subjekt eine solche Beziehung zum Prädikat. Paradigmatische Relationen hingegen bestehen zwischen Zeichen, die innerhalb einer Struktur dieselbe Funktion wahrnehmen und folglich gegeneinander ausgetauscht werden können. Zum Beispiel könnten „Der Mann", „Die Frau" oder „Mein Sohn" als Subjekt in einer bestimmten Satzstruktur erscheinen.

Dies sei anhand des folgenden Beispiels illustriert:

<table>
<tr><td>My
John's
Our</td><td>father
teacher
friend</td><td rowspan="2">saw
found
stole</td><td>the
that
a</td><td>bird
computer
balloon</td><td>on
under
by</td><td>the
our
my</td><td>roof
tree
house</td></tr>
<tr><td colspan="2">Nobody
I</td><td colspan="2">it
something</td><td colspan="3">there
here</td></tr>
</table>

Die Elemente innerhalb jedes Kästchens stehen in einem paradigmatischen, die Kästchen von links nach rechts in einem syntagmatischen Zusammenhang. Das obige Diagramm kann natürlich als Substitutionstabelle interpretiert werden (vgl. z.B. Abbildung 4.1).

Die Grundideen de Saussures wurden in den verschiedenen nachfolgenden „Schulen" des linguistischen Strukturalismus verwirklicht, auf die hier nicht weiter eingegangen werden soll. Der Strukturalismus ist insofern begrenzt, als Sprache als ein in sich geschlossenes System betrachtet wird, d.h. die Ebene der Pragmatik wird in einer strukturalistischen Sprachtheorie nicht mitberücksichtigt. Es kann sogar bezweifelt werden, ob (einige) Varianten des Strukturalismus die Semantik mitberücksichtigen. Eine naive Übernahme strukturalistischer Konzepte kann für die Sprachlehre zu falschen Strukturübungen führen, da ähnliche Strukturen unterschiedliche Bedeutungen zusammenbringen können, wie das folgende Beispiel zeigt:

I	wanted went liked used	to see him regularly

Daß eine solche Tabelle falsch ist, ist streng genommen auch aus struktureller Sicht klar, da die aufgelisteten Verben in bestimmten Kombinationen innerhalb dieser Struktur auftreten können (Elemente, die tatsächlich in paradigmatischer Beziehung zueinander stehen, schließen sich in einer Struktur gegenseitig aus). Zum Beispiel:

I liked to go to see him regularly
I used to like to go to see him regularly
I used to want to go to see him regularly

sind mögliche englische Sätze, während jedoch andere Kombinationen in der englischen Grammatik nicht zulässig sind:

*I liked to use to see him regularly
*I went to want to see him regularly
usw. (das Sternchen bedeutet „Was folgt ist ungrammatisch").

Eine wesentliche Auswirkung des Strukturalismus auf den Fremdsprachenunterricht war die Einsicht, daß für das Erlernen einer fremden Sprache als einem in sich geschlossenen System ein Verständnis struktureller Zusammenhänge und Regelmäßigkeiten fördernd und ökonomisch sein kann. Ein solches Verständnis sollte durch systematische Manipulation bestimmter Strukturmuster demonstriert und geübt werden. Weitere Erkenntnisse des Strukturalismus, die Auswirkungen auf den Fremdsprachenunterricht gehabt haben, bezogen sich auf die Rolle der gesprochenen Sprache als dem primären Kommunikationsmittel, sowie – und dies ist vielleicht die wichtigste „Botschaft" – auf die Notwendigkeit, die Sprache weniger als inhaltliches, sondern vielmehr als formales System zu erfassen, zu beschreiben und das Sprachenlernen durch die Erkenntnis inhärenter Beziehungen und Zusammenhänge zu strukturieren und systematisieren (siehe hierzu auch Kapitel 7, 3, in dem die Auswirkungen des Strukturalismus auf die Fremdspachenlehrmethodik näher dargestellt werden).

2.2 Die Generative Grammatik

Wichtigster Vertreter der generativen Grammatik ist Noam Chomsky, der seine Theorie inzwischen mehrfach überarbeitet und neu formuliert hat. Der Begriff ‚generative Grammatik' basiert auf der Einsicht, daß Sprecher einer Sprache mit endlichen Mitteln eine unendliche Menge von Sätzen produzieren können (wäre die Menge der sprachlichen Mittel nicht begrenzt, könnte ein Kind nie eine Sprache lernen). Chomsky schließt daraus, daß die grammatischen Regeln einer Sprache voll beschreibbar sein müßten – ihre Kombinationsmöglichkeiten müßten jedoch unendlich viele Sätze produzieren können. Hierzu ist die de Saussuresche Unterscheidung zwischen paradigmatischen und syntagmatischen Zusammenhängen allein nicht ausreichend. Die Grammatik muß ‚generativ' sein.

Für die Sprachlehrforschung ist die Arbeit Chomskys hauptsächlich deshalb wichtig, weil Chomsky eine Sprachtheorie entwickelt hat, die zugleich als Grundlage für eine Theorie des Erstsprachenerwerbs fungiert und die in verschiedenen Formen als Zweitsprachenerwerbstheorie übernommen bzw. adaptiert worden ist. Die generative Grammatik hat ferner wesentliche Einsichten in die Grammatik vieler Sprachen ermöglicht, welche sich zumindest indirekt auch in Lehrwerken und Grammatiken für das Sprachenlernen widerspiegeln. Die verschiedenen Entwicklungen innerhalb der generativen Grammatik als *linguistischer* Theorie sind aber komplex und erfordern linguistische Fachkenntnisse, die im Rahmen dieser Einführung in die Sprachlehrforschung nicht vermittelt werden können (vgl. Linke, Nussbaumer und Portmann 1996, Kapitel 3).

Eine Betrachtung der Ansichten Chomskys zum Spracherwerb erfolgt in Kapitel 8 (insbesondere Abschnitt 1), wo die Übertragbarkeit der Theorie auf das Fremdsprachenlernen bzw. den Zweitsprachenerwerb diskutiert wird. In diesem Kapitel sollen nur einführend einige Hauptthesen der Theorie vorgestellt werden:

Alle Kinder sind fähig, ihre (wie auch immer geartete) Muttersprache zu lernen. Chomsky schließt daraus, daß der Mensch biologisch zum Sprachenlernen ‚vorprogrammiert' sein muß und daß andererseits alle Sprachen etwas Gemeinsames haben müssen, damit der Mensch sie lernen kann. Wenn diese grundlegenden menschlichen „Lernprinzipien" entdeckt werden könn(t)en, wäre man in der Lage, Merkmale zu erkennen, die für alle Sprachen gelten und allgemeingültige Einsichten in menschliche Denkprozesse geben könnten. In diesem Sinne zielt die generative Grammatik auch darauf hin, eine *Universalgrammatik* zu entdecken (vgl. Kapitel 8, 1). Durch die Beschreibung einzelner Sprachen sollen die dahinter stehenden allgemeinen Prinzipien aufgedeckt werden, durch die der Mensch in der Lage ist, eine Sprache zu erlernen. Somit ist eine linguistische ‚generative' Grammatik gleichzeitig eine universale *Befähigungstheorie.* Die Sprachlehrforschung interessiert besonders die Frage, inwiefern die biologisch vorgegebenen Lernprinzipien, die für den Muttersprachenerwerb entscheidend sind, auch das Fremdsprachenlernen steuern.

Die grundlegenden Fähigkeiten, die Menschen das Sprachenlernen ermöglichen, liegen nach Chomskys Auffassung darin, daß Menschen ein angeborenes „Sprachlernmodul" besitzen. Die Annahme einer derartigen genetischen Ausstattung veranlaßt Chomsky, den menschlichen Geist als das Produkt verschiedener miteinander interagierender Komponenten (oder Module) zu betrachten. So ist das Sprachlernmodul zu trennen von einem sich im Laufe der Zeit herausbildenden pragmatischen Modul. Durch eine Interaktion dieser beiden (und zusätzlicher) Module wird der Mensch befähigt, seine Sprachkenntnisse im Sprachgebrauch umzusetzen.

Chomsky unterscheidet also zwischen sprachlicher Kompetenz und sprachlicher Performanz – zwei Begriffe, die in etwa vergleichbar sind mit de Saussures Unterscheidung zwischen ‚langue', dem sprachlichen System, und ‚parole', dessen Realisierung in der Rede. Jeder Sprecher macht manchmal „Fehler" – aus Müdigkeit, Zerstreutheit, wegen Alkoholgenusses oder aus anderen Gründen. Dies sind jedoch keine systematischen, d.h. regelmäßig auftretenden Fehler, die Schlüsse auf die Beherrschung des sprachlichen Systems zulassen würden (vgl. hierzu auch die Unterscheidung Corders von Fehlern beim Spracherwerb zwischen „errors", „mistakes" und „lapses", s.

Kapitel 12, 1). Die Performanz kann also variieren, trotz invarianter, intakter Kompetenz. Die generative Grammatik beschäftigt sich ausschließlich mit Fragen der Kompetenz, mit der „Grammatik" einer Sprache, die auf der Grundlage angeborener Sprachlernfähigkeiten internalisiert wird.

Chomskys Theorie hat in der Linguistik eine Revolution ausgelöst. Mit seiner Erkenntnis, daß Syntax ein Regelsystem ist, das Laute und Bedeutungen miteinander verbindet und seiner Betonung, daß das Sprachwissen oder die Kompetenz eines Muttersprachlers eben darin besteht, dieses System zu beherrschen, hatte er Wesentliches geleistet für die exakte, an der Präzision der Naturwissenschaften orientierte Beschreibung und Erklärung grammatischer Zusammenhänge. Der Preis dieser Exaktheit war die ausschließliche Betrachtung der Sprache als in sich geschlossenes System, ihre Herauslösung aus dem gesellschaftlichen und historischen Kontext, ihre Reduzierung auf formale Aspekte. Ähnlich wie de Saussure, der sich ausschließlich der Erfassung der *langue* zugewendet und den realen Äußerungen in der Parole keine Beachtung geschenkt hatte, hatte Chomsky in der Performanz lediglich eine fehlerhafte Realisierung der Kompetenz gesehen, was ihm zugleich als Rechtfertigung seiner durchgängigen Abstraktion vom Sprachgebrauch diente.

Eine neuere Entwicklungsstufe der generativen Grammatik ist Noam Chomskys *Minimalist Program.* Es geht von folgenden Grundannahmen aus: alle Sprachen basieren auf demselben System grammatischer Prinzipien. Unterschiede zwischen einzelnen Sprachen resultieren dabei aus unterschiedlich gesetzten Parametern. Menschliche Sprache wird als bestmögliches System betrachtet, sprachlichen Inhalt mit Lauten zu verbinden. Diese Annahme wirft die Frage auf, wer wie zu entscheiden vermag, wann ein System als „perfekt" eingestuft werden kann, verlangt ein solches Urteil doch vollständigen Einblick in alle ablaufenden Vorgänge. Davon jedoch ist die Linguistik auch heute noch weit entfernt. Empirische Befunde, die darauf hinweisen, daß Sprache nicht immer rein funktional und ökonomisch strukturiert ist, wie man von einem „perfekten" System erwarten würde, vermag das *Minimalist Program* nicht zu erklären.

Chomskys Bild von Sprache als „random generator" setzen seine Kritiker eine „vermittelnde" Sichtweise („mediational view") entgegen: während für Chomsky die Syntax unmotiviert Sätze produziert, indem sie per Zufall Elemente aus dem Lexikon entnimmt und in adäquate syntaktische Form bringt, versucht die vermittelnde Sicht zu ergründen, wie und auf Grund welcher Mechanismen Sprache zum Ausdrücken von Gedanken verwendet werden kann. Letztere geht dabei kontextsensitiv vor, statt sich auf rein syntaktische Aspekte zu beschränken.

Auch die Mehrdeutigkeit in Chomskys Aussagen bietet Ansatzpunkte für Kritik. Sie resultiert oft aus Unklarheiten, die durch nicht exakt definierte Formulierungen und Termini entstehen, so etwa in Fragen der Modularität: auf die Frage, in wie fern sprachliche Module auch biologisch isoliert sein müssten, gibt Chomsky keine eindeutigen Antworten. Auch wenn er der Ansicht ist, daß sich biologische Module (z.B. Gehör, Sprechwerkzeuge) nicht durch Sprache ändern oder sich ihr anpassen, weisen Forschungsergebnissen aus der Anthropologie auf ebensolche Veränderungen hin (vgl. Seuren 2004, S. 18).

Außer acht gelassen wurde in Chomskys Ansatz insgesamt auch der eigentliche Zweck der Sprache: das Ermöglichen von Kommunikation und Interaktion in bestimmten Situationen. Genau hier setzte Ende der sechziger Jahre die Kritik an der sog. „Systemlinguistik" an, und all jene Richtungen in der Linguistik gewannen zunehmend Beachtung, die Sprache als eingebettet in ein Netz sozialer Beziehungen betrachteten. Eine dieser Richtungen, die wesentlichen Einfluß auf das Lehren und Lernen von Fremdsprachen gehabt hat, ist die linguistische Pragmatik, deren Anfänge in der Sprechakttheorie wir in Abschnitt 2.4 skizzieren.

2.3 Wortfeldtheorie

Der Begriff ‚Wortfeldtheorie' wird hier benutzt, um Theorien zu charakterisieren, die die Gesamtheit der Wörter einer Sprache in paradigmatische, syntagmatische und morphologische Beziehungen zueinander bringen. Linguisten und Psycholinguisten verschiedener Prägungen haben in diesem Sinne Wordfeldtheorien entwickelt. Im folgenden werden nur einige Kernbegriffe eingeführt, die für Aspekte des fremdsprachlichen Wortschatzes und dessen Erwerb relevant sind. Zunächst ist zwischen Wortform und Wortinhalt zu unterscheiden sowie zwischen Lexemen und Morphemen. Eine Wortform kann mit verschiedenen Bedeutungen verbunden sein: ‚Glas‘ bezeichnet z.B. sowohl einen Gegenstand als auch das Material, aus dem dieser Gegenstand besteht. Ein Lexem kann unterschiedliche Wortformen annehmen: Das Lexem „Mann“ besteht z.B. im Nominativ [‚Mann‘] aus einem Morphem, im Genitiv [(des) Mann+es] aus zwei Morphemen. Die Organisation eines Lexikons umfaßt daher sowohl die Zuordnung von Lexemen zu verschiedenen Wortformen, als auch die Zuordnung zu verschiedenen ‚Bedeutungen‘. Wörter mit ähnlichen Bedeutungen bilden Wortfelder. Ursprünglich basierte der Begriff ‚Wortfeld‘ auf der Idee, daß die ‚Bedeutung‘ eines Lexems sich durch die Abgrenzung dieses Lexems von anderen Lexemen ergibt. So läßt sich zum Beispiel im Wortfeld ‚Farben‘ die Bedeutung von ‚rot‘ durch die Abgrenzung dieser Farbe zu anderen im Wortfeld enthaltenen Farben ableiten. Ferner wurden innerhalb der Linguistik in einem Wortfeld verschiedene Arten von Beziehungen zwischen Lexemen systematisiert, wie zum Beispiel:

Synonymie (sorgsam/vorsichtig):	Unterordnung (Essen–Spaghetti)
Überordnung (Spaghetti–Essen):	Gleichordnung (Spaghetti–Ravioli).

Auch andere Parameter können Beziehungen zwischen Wörtern definieren:

Klang (heiß–Gleis; Dampf–Krampf):	Teil-Ganzes (Haus–Tür)
Kollokation (Blitz+schnell):	Ableitung (Blick–Blickfeld)
Prädikation (Hund–bellen):	Subjektiv (Mutter–Liebe).

Letzteres Beispiel gehört eher in das Gebiet der Psycholinguistik. Hier wird die Frage, wie Wörter in Verbindung zueinander stehen als Frage nach der Organisation des *mentalen Lexikons* umgesetzt, also als Frage nach der Organisation lexikalischen Wissens in unseren Köpfen, das uns in die Lage versetzt, eine Sprache zu benutzen. Ein Lexem im Kopf des Sprechers muß über konzeptuelle bzw. semantische Merkmale einerseits und über phonologische bzw. graphische Merkmale andererseits verfügen, damit es in einem Gespräch oder in einem Text produziert bzw. identifiziert werden kann. Dazu muß man entsprechende Elemente in seinem mentalen Lexikon blitzschnell finden können. Psycholinguistisch wird davon ausgegangen, daß die Organisation des mentalen Lexikons entscheidend für dessen Effizienz ist. Einsichten in das mentale Lexikon können also im Prinzip Einsichten in den Aufbau des mentalen Lexikons in einer fremden Sprache liefern. Die Art der Vernetzung einzelner Lexeme (oder vielleicht einzelner Wörter) ist also entscheidend für ihre Verfügbarkeit und die Angemessenheit ihrer Verwendung. In der Psycholinguistik bzw. der kognitiven Linguistik sind verschiedene semantische bzw. kognitive Vernetzungskonzepte entwickelt worden, die als ‚Schemata', ‚Skripts' oder ‚Frames' bezeichnet werden. Die Hauptidee ist, daß wir auf der Grundlage unserer kulturellen, sozialen und sprachlichen Erlebnisse ‚Rezepte' oder Erwartungsmuster für verschiedene Handlungen oder soziale Situationen entwickelt haben. Ein Restaurant-Schema zum Beispiel enthält bestimmte Konventionen, nach denen zuerst bestellt, danach gegessen und dann bezahlt wird. Solche Schemata sind ferner mit verschiedenen konventionalisierten sprachlichen Mitteln verknüpft, die bei Aktivierung des Schemas schnell abgerufen werden können (zum Beispiel „Ich möchte bitte zahlen!").

Forschungen zum mentalen Lexikon sind für die Sprachlehrforschung von besonderer Relevanz, denn hier wird versucht, Antworten auf wichtige Fragen, wie die folgenden zu formulieren: Wie ist das Verhältnis zwischen dem mentalen Lexikon der L1 und dem sich entwickelnden L2-Lexikon? Wieviel Grammatik ist durch lexikalisches Lernen erlernbar? Unter welchen Umständen und mit welchen Konsequenzen werden Wortformen, Lexeme, Kollokationen oder ganze Redewendungen im mentalen Lexikon gespeichert? Solche Fragen zum fremdsprachlichen Wortschatzerwerb und dessen unterrichtlicher Vermittlung werden in diesem Buch nicht weiter behandelt. (Eine Einführung in die Wortfeldtheorie aus psycholinguistischer Sicht bietet Dijkstra und Kempen 1993. Zum mentalen Lexikon s. Aitchison 1994. Börner und Vogel 1994 enthält eine Sammlung von Aufsätzen zu verschiedenen Aspekten des fremdsprachlichen mentalen Lexikons.)

2.4 Sprechakttheorie

Als Begründer der Sprechakttheorie gilt der Sprachphilosoph John Austin (Austin 1962, 1976), dessen Theorie von seinem Schüler John Searle (Searle 1969, 1976) weiterentwickelt wurde. Austin gilt als Vertreter der „Ordinary Language Philosophy". Mit seiner These, daß sich die Bedeutung eines Begriffs (wie z.B. WOLLEN – einem philosophisch eminent wichtigen Konzept) aus dem alltäglichen Gebrauch dieses Wortes ergibt, erreichte er eine Verbindung von Sprache und Philosophie.

Ein erster Schritt in Austins Theorieentwicklung war die Feststellung, daß bestimmte Äußerungen (wie z.B. „Ich verspreche dir, daß ich morgen nicht so spät komme“, „Ich befehle euch zu gehen“) nicht als richtig oder falsch in Bezug auf irgendeine externe Realität bestimmt werden können; vielmehr schaffen die Äußerungen selbst eine neue Realität. Ein Versprechen bzw. einen Befehl führt man dadurch aus, daß man die Äußerung produziert. Solche Äußerungen hat Austin „performative“ genannt.

In einem zweiten Schritt argumentierte Austin, daß diese Handlungsbezogenheit nicht auf performative Äußerungen beschränkt ist – wenn man etwas sagt, tut man dadurch immer etwas. Sprechen heißt also Handeln. Bei der Analyse der Sprechakte unterschied Austin zwischen folgenden drei komplementären Akten oder Teilhandlungen:

(i) den lokutionären Akt (das Aussprechen einer Äußerung)
(ii) den illokutionären Akt (das gleichzeitige Realisieren von Intentionen, Wünschen und Gefühlen, z.B. befehlen, versprechen, behaupten, sich bedanken)
(iii) den perlokutionären Akt (die dadurch erreichte psychologische Wirkung der Äußerung auf den Hörer, z.B. überzeugen, beleidigen, zu etwas zwingen).

Zwar umfaßt jeder Sprechakt diese drei Aspekte, in der Literatur sind jedoch häufig nur illokutionäre Akte gemeint, wenn von Sprechakten die Rede ist.

Searle baut auf Austins Theorie auf. Er versucht u.a. die Frage zu beantworten, wieviele Typen von Sprechakten (im Sinne von illokutionären Akten) es gibt. (Austin hatte bereits einen Sprechaktkatalog vorgelegt, der als Grundlage für Searles Überlegungen gilt). Searle identifiziert folgende fünf Haupttypen von Sprechakten:

(i) Repräsentativa (durch die man „die Wahrheit“ oder das Zutreffen eines Zustands darstellt)
Beispiele: behaupten, vermuten
(ii) Direktiva (durch die man jemanden dazu bringen will, etwas zu tun)
Beispiele: bitten, auffordern
(iii) Kommissiva (durch die man sich verpflichtet, selbst etwas zu tun)
Beispiele: versprechen, ankündigen

(iv) Expressiva (durch die man Gefühle zum Ausdruck bringt).
Beispiele: sich bedanken, sich entschuldigen, bedauern

(v) Deklarativa (durch die Tatsachen geschaffen werden, wie z.B. durch die Äußerung „Sie sind entlassen").
Beispiele: taufen (vom Pfarrer), Sitzung eröffnen (vom Vorsitzenden), Krieg erklären, Schach-Matt erklären (im Schachspiel).

Die Sprechakttheorie hat entscheidend zur Etablierung der Pragmalinguistik in Deutschland beigetragen, die versucht, eine vollständige linguistische Theorie auf pragmatischer Basis zu formulieren. Beide Ansätze waren von großer Bedeutung für die „kommunikative Wende" in der Fremdsprachendidaktik (s. Kapitel 7, 3). Die für die Sprachlehrforschung wichtigsten Fragen der Lehr- und Lernbarkeit sprachlichen Handelns und der Verbindung zwischen grammatischen Fähigkeiten und Handlungsfähigkeiten werden jedoch in der Sprechakttheorie nicht angesprochen. Es fragt sich auch, inwieweit eine Verbindung zwischen Äußerungen und Sprechakten gelernt werden muß – so ist z.B. die Tatsache, daß auf Englisch „Can you pass the salt?" höchstwahrscheinlich als Bitte und nicht als Frage zu verstehen ist, bestimmt kein allzugroßes Problem für deutsche Muttersprachler, die Englisch lernen.

Die Frage der tatsächlichen pragmatischen Kontraste und Lernschwierigkeiten ist natürlich eine empirische Frage, die u.a. in den achtziger Jahren in einem internationalen Projekt (Blum-Kulka, House, Kasper 1989; House 1989a,b) erforscht worden sind. In diesem auf das Bochumer Projekt zur Kommunikativen Kompetenz (Edmondson et al. 1982) aufbauenden Projekt sind die Sprechakte ‚Bitten/Aufforderungen' und ‚Entschuldigungen' eingebettet in bestimmte, nach soziolinguistischen Parametern gegliederte Alltagssituationen in acht verschiedenen Sprachen und Sprachvarianten (Deutsch, Dänisch, Hebräisch, Kanadisches Französisch, Amerikanisches, Britisches und Australisches Englisch, Argentinisches Spanisch) in ihrer Realisierung durch Muttersprachler und Lerner miteinander verglichen worden. Hierzu wurde ein neues Datenelizitationsinstrument, der sog. Discourse Completion Test (DCT), entwickelt, mit Hilfe dessen große Datenmengen in verschiedenen Sprachen erhoben werden können. Der DCT, der sich für die Folgeforschung als sehr einflußreich erwiesen hat, besteht aus einer kurzen Situationsbeschreibung gefolgt von einer Leerzeile, in die der zu elizitierende Sprechakt einzusetzen ist. Beispiel: (vgl. House und Vollmer 1988)

In einer Studentenwohnung

Lutz, der mit Helmut eine Wohnung teilt, hatte gestern abend eine Party und hat die Küche in einem chaotischen Zustand hinterlassen.

Helmut:	Lutz! Ellen und Walter kommen heute abend zum Essen, und ich muß bald mit dem Kochen anfangen ....
Lutz:	Okay, ich mach's gleich.

Dieses Instrument ist nicht nur für die pragmatische Kontrastierung vieler weiterer Sprachen verwendet worden, sondern es wird auch bis heute diskutiert und kritisiert (vgl. z.B. Rose und Ono 1995; Golato 2003; Schauer und Adolphs 2006) sowie in vielfacher Weise mit vielen verschiedenen Sprachen weiterentwickelt. Der Discourse Completion Test hat überdies im Bereich „Interlanguage Pragmatik" (Kasper und Blum-Kulka 1993) großen Einfluß auf die Vermittlung pragmatischer Kompetenz in der Fremdsprache gehabt (vgl. House 1997; Rose und Kasper 2001).

2.5 Diskursanalyse/Konversationsanalyse

Die Sprechakttheorie beschränkt sich grundsätzlich auf die Analyse der Verwendung einer Äußerung durch einen Sprecher. In der Tat produziert man aber eine Bitte oder eine Entschuldigung nicht in vacuo, sondern stets in einem Kontext, in dem eine solche Handlung einen Sinn hat, d.h. als Beitrag zu einer Konversation bzw. einem Diskurs. In der Diskursanalyse (bzw. Konversationsanalyse – für unsere Zwecke können beide Begriffe gleichgesetzt werden) werden daher die Zusammenhänge zwischen aufeinanderfolgenden Beiträgen in einem Gespräch untersucht (die Diskursanalyse ist nicht beschränkt auf die Analyse von Dialogen oder Monologen, sondern kann auch auf schriftliche Texte angewendet werden – dies soll jedoch hier nicht weiter ausgeführt werden).

Eine einflußreiche Variante der Konversations/Diskursanalyse, in der die Alltagsgesprächen zugrundeliegende rationale Ordnung detailliert herausgearbeitet wird, ist die in den späten Sechziger Jahren in Kalifornien entstandene soziologisch-linguistische Forschungsrichtung, die als „Ethnomethodologie" bekannt geworden ist (vgl. Garfinkel 2001, Heritage 2005 und vgl. die kurze deutsche Einführung in Schulze 1985: 45ff.). Den Ethnomethodologen geht es im wesentlichen um die Aufdeckung selbstverständlich gewordenen Wissens seitens der Sprach- und Kulturteilhaber. Ethnomethodologisch arbeitende Forscher versuchen, aus der Sicht der Beteiligten und ohne vorher die Kategorien zur Analyse der Gespräche festzulegen, automatisch ablaufende Interpretations- und Produktionsprozesse genau zu rekonstruieren und die auf diesen Prozessen basierenden Interaktionsvorgänge zu erfassen, zu beschreiben und zu erklären. Beispiele sind der regelgesteuerte Sprecherwechsel (Turntaking), konventionalisierte Muster des Beginns und Abschlusses von Alltagsgesprächen oder die Organisation bestimmter sprachlicher Einheiten in Nachbarpaare, bei denen jeweils der erste Teil den zweiten zwingend nach sich zieht (Beispiele: Gruß – Grußerwiderung).

Ethnomethodologische Ansätze sind in der Zwischenzeit weitgehend in die Diskursanalyse inkorporiert worden (s. z.B. Edmondson 1981a). Die Diskursanalyse ist aus zweierlei Hinsicht für die Sprachlehrforschung wichtig – erstens, weil durch diskursanalytische Ansätze die Spezifizierung von Lehrzielen und Lernzielen ganz wesentlich beeinflußt worden ist und zweitens, weil diskursanalytische Betrachtungen des Fremdsprachenunterrichts in der Zwischenzeit als wichtige Forschungsstrategien eingesetzt worden sind (s. Kapitel 13, 2).

2.6 Sprache als soziales Phänomen

Soziale Aspekte der Sprache-im-Gebrauch sind notwendigerweise in der Diskursanalyse enthalten, da man natürlich nur dann in der Lage ist, Gespräche und andere Diskurse zu interpretieren, wenn man soziale Konventionen und soziale Ziele der Beteiligten berücksichtigt. Der Schwerpunkt liegt hier aber auf der Organisation der Gespräche. In verschiedenen soziologischen bzw. soziolinguistischen Forschungsrichtungen wird demgegenüber versucht, Sprache in ihrem Gebrauch durch bestimmte Personen und Gruppen von Personen zu charakterisieren und insgesamt die Einbettung von Sprache in soziale Kontexte zu untersuchen. So lautet z.B. in der „Soziologie der Sprache" (Sociology of Language), einem sehr weit gefaßten Forschungszweig, die vielen Untersuchungen zugrundeliegende Hauptfrage: „Wer benutzt welche Sprache mit wem, wann und wo?" (Fishman 1965). Das Phänomen Sprache wird in diesen Forschungsrichtungen als ein vielfältiges Repertoire von sprachlichen Varietäten angesehen. Sprachliche Varietäten werden danach unterschieden, ob sie in bestimmten sozialen oder regionalen Sprechergruppen (Dialekte) oder in bestimmten Situationen gebraucht werden (Register). Die sprachlichen Unterschiede in den sogenannten Registern bestimmen sich aus den wesentlichen Elementen jeder sozialen Situation: dem Setting (Zeit und Ort), dem Interaktionsziel, dem Thema und den beteiligten Personen mit ihren unterschiedlichen Status- und Positionsrollen. Diese Sicht von Sprache als variabel je nach ihrem Gebrauch in verschiedenen sozialen Situationen ist für die Erforschung und begründete Veränderung des Fremdsprachenunterrichts seit den siebziger Jahren von großer Bedeutung. Auch bei der Verwendung der erlernten Fremdsprache in realen Situationen in der Zielkultur ist es wichtig, sprachliche Äußerungen situationsangemessen zu verstehen und zu produzieren. Es kann zu Mißverständnissen und Lernschwierigkeiten auf der pragmatischen Ebene kommen, wenn die Sprache nicht auf sozial angemessene Art verwendet wird, da sich die Lerner bestimmter interkultureller Unterschiede nicht bewußt sind (s. z.B. Gumperz 1982, House 1993a, House 1993b, House 1996a; House et al. 2003).

Das für die Entwicklung des Fremdsprachenunterrichts in den siebziger Jahren sicherlich einflußreichste soziolinguistische Konzept ist daher das der „Kommunikativen Kompetenz", das auf Hymes zurückgeht (s. Hymes 1972). Der Anthropologe und Soziolinguist untersuchte u.a., welche sozialen und anderen Faktoren einen Einfluß auf die Sprachperformanz (im Sinne Chomskys) haben. Den Begriff „Kommunikative Kompetenz" hat er als wesentliche Ergänzung zu Chomskys Konzept der sprachlichen Kompetenz eingeführt. Jeder Mensch verfügt über eine kommunikative Kompetenz, wenn er eine Sprache in sozial angemessener Form verwenden kann. Für den Fremdsprachenlerner reicht die Fähigkeit, grammatisch korrekte Sätze zu produzieren, ohne Faktoren wie Hörer, Kontext, Register, Diskursthema u.ä. zu berücksichtigen, nicht aus – ähnlich wie auch ein Computerprogramm, das in der Lage ist, unendlich viele grammatische englische Sätze zu produzieren, dennoch die englische Sprache in keiner Weise beherrscht.

Seit über fünfunzwanzig Jahren gilt „Kommunikative Kompetenz" (in vielfältig variierten Formulierungen) als übergeordnetes Lernziel in den Richtlinien aller Länder in der Bundesrepublik Deutschland. Kommunikative Kompetenz wird in vielen Lehrwerken und anderen Unterrichtsmaterialien als das anzustrebende „Endverhalten" genannt, und in der Praxis vieler Kurse an bundesrepublikanischen Schulen und Universitäten wird „Kommunikative Kompetenz" als erstrebenswerte Fähigkeit angegeben. Um die Vagheit dieses globalen Begriffs zu überwinden und ihn für eine begründete Veränderung des Fremdsprachenunterrichts nutzbar zu machen, wurde in einem im Schwerpunkt Sprachlehrforschung der Deutschen Forschungsgemeinschaft geförderten Projekt „Kommunikative Kompetenz als realisierbares Lernziel" versucht, die einzelnen Teilfähigkeiten und -fertigkeiten zu benennen und zu beschreiben (s. z.B. Edmondson et al. 1984).

Zu beachten ist, daß der Begriff „Kommunikative Kompetenz" in der Zwischenzeit auf zwei verschiedene Arten interpretiert worden ist. Wenn der Begriff parallel zu Chomskys Unterscheidung zwischen sprachlicher Kompetenz und sprachlicher Performanz zu verstehen ist (und dies meinte Hymes u.E.), dann ist Kommunikative Kompetenz nicht gleichzusetzen mit „Kommunikativer Performanz" – in der Literatur jedoch wird Kommunikative Kompetenz oft gleichgesetzt mit kommunikativ*en* Fähigkeiten und Fertigkeiten. Was kommunikative Fähigkeiten betrifft, so sind alle Menschen verschieden. Man sollte daher unterscheiden zwischen einer allgemeinen kommunikativen Kompetenz und bestimmten kommunikativen Fähigkeiten oder Strategien, durch die man diese Kompetenz auf unterschiedliche Art und Weise umsetzt (z.B. beim Verfassen einer „Einführung in die Sprachlehrforschung"). Ferner wird Kommunikative Kompetenz manchmal getrennt von sprachlicher Kompetenz betrachtet, obwohl für Hymes sprachliche Kompetenz ein Teil der Kommunikativen Kompetenz ist.

3 Zusammenfassung/Ausblick

Wie wir gesehen haben, hat sich eine Spannung entwickelt zwischen linguistischen Betrachtungen einer Sprache als einem in sich geschlossenen System (Strukturalismus, generative Grammatik) und (sozio-) linguistischen Betrachtungen von Sprache-im-Gebrauch (Sprechakttheorie, Diskursanalyse, Soziolinguistik, Soziologie der Sprache). Diese Spannung konkretisiert sich in den Begriffen „Sprachliche Kompetenz" und „Kommunikative Kompetenz." Man darf zu Recht über eine „Spannung" sprechen, da die Regularitäten der Sprache als System nicht übereinstimmen mit den Regularitäten der Sprache-im-Gebrauch. So gibt es z.B. keine sozialen Konventionen für die Verwendung von Adjektiven oder Substantiven, und eine Tasse Tee kann im Englischen angeboten werden durch die Verwendung deklarativer, interrogativer oder imperativischer „Sätze" mit verschiedenen semantischen Inhalten:

Have a cup of tea!
I'll get you a cup of tea.
Would you like a cup of tea?
A drop of tea would go down nicely, don't you think? usw.

Wenn wir davon ausgehen, daß Fremdsprachenlerner sowohl die Regeln der Zielsprache als System als auch deren Gebrauch beherrschen müssen (also sowohl eine sprachliche als auch eine kommunikative „Kompetenz" anzustreben ist), dann ist für die Sprachlehrforschung die Frage nach den „besten" oder relevantesten linguistischen Theorien offensichtlich zu undifferenziert. Es dürfte auch klar geworden sein, daß eine linguistische Beschreibung einer Sprache nicht gleichzusetzen ist mit einer didaktischen Beschreibung der Sprache (vgl. Dirven 1990).

Verschiedene linguistische und soziolinguistische Positionen liefern Einsichten in die Funktionsweisen der Sprache; ob bzw. in welcher Weise solche Einsichten für die Sprachlehrforschung „relevant" sind (und was man hier unter „Relevanz" verstehen soll) ist eine Frage, die jeweils von Fall zu Fall beantwortet werden muß. Auch wenn vor der raschen Übernahme und Anwendung linguistischer Theorien schon in Kapitel 1 gewarnt wurde, gibt es eine ganze Reihe von Berührungspunkten zwischen dem Inhalt dieses („linguistischen") Kapitels und den Inhalten, die in weiteren Kapiteln dieses Buches noch behandelt werden: eine Diskussion verschiedener Fremdsprachenlehrmethoden (u.a. solche, die stark auf linguistischen Theorien basieren) folgt in Kapitel 7. Wie oben angedeutet, ist Kapitel 8 der Frage gewidmet, ob Chomskys Theorie des Erstsprachenerwerbs sich auf den Zweitsprachenerwerb/das Fremdsprachenlernen übertragen läßt. Probleme der (linguistischen) kontrastiven Analyse werden in Kapitel 12 behandelt, und einige diskursanalytische Analysen des Fremdsprachenunterrichts werden in Kapitel 13 beschrieben. Schließlich wird in Kapitel 15 auf die soeben erwähnte „Spannung" zwischen „sprachlicher" und „pragmatischer" Kompetenz innerhalb der Curriculumplanung eingegangen.

Kapitel 6

Lernen/Fremdsprachenlernen: Psychologische und neurologische Perspektiven

In diesem Kapitel sollen einige psychologische bzw. neurolinguistische Grundlagen der Sprachlehrforschung dargestellt werden. Zunächst wird das Fremdsprachenlernen im Lichte zweier bedeutender psychologischer Richtungen, des Behaviorismus und der kognitiven Psychologie, betrachtet. Beide Richtungen waren und sind in der neueren Geschichte der Fremdsprachenmethodik sehr einflußreich, wie in Kapitel 7 verdeutlicht wird.

Eine direkte Verbindung zwischen psychologischen und neurologischen bzw. neurolinguistischen Befunden ist beim derzeitigen Forschungsstand unserer Meinung nach nicht herstellbar. Die potentielle Relevanz neurolinguistischer Befunde liegt dennoch auf der Hand: das Fremdsprachenlernen ist letztendlich ein neurologischer Prozeß. Wir möchten im zweiten Hauptteil dieses Kapitels daher die Interpretation bzw. Übernahme neurologischer Befunde problematisieren, bevor wir unsere Position darlegen, daß eine Fremdsprachenlerntheorie (bzw. Fremdsprachenlehrtheorie) mit dem, was wir über das menschliche Gehirn wissen, konsistent sein müßte.

1 Nature versus Nurture

In diesem ersten Teil sollen behavioristische und kognitive Ansätze und Theorien der Lernpsychologie verglichen werden. Die Kernfrage bei diesem Vergleich lautet: inwiefern sind die Ursachen für das, was eine bestimmte Person lernt, in ihr selbst zu finden (also in ihrer „Natur"), und inwiefern sind externe Bedingungen dafür verantwortlich? Ist z.B. Kriminalität auf einen „schlechten Charakter" zurückzuführen, oder liegt die Erklärung dafür eher in den sozialen Umständen, die zu unsozialem Verhalten führen? In diesem Zusammenhang unterstreicht der Behaviorismus die Wichtigkeit der Umgebung (also „Nurture"), der Kognitivismus berücksichtigt dagegen auch die angeborenen Lernfähigkeiten des Menschen (also „Nature"). So betont die in Kapitel 5, 2.2 erwähnte linguistische Theorie Chomskys z.B. die angeborenen, „naturgegebenen" Anlagen des Menschen. In der Tat ist die Opposition keine absolute – Behavioristen setzen in ihren Theorien natürlich auch bestimmte Lernmechanismen voraus, und ein Kognitivist würde niemals leugnen, daß die Umgebung mindestens die Reize für das Lernen liefert. Die Opposition betrifft also die Frage, wo wir am besten nach *Erklärungen* des menschlichen Verhaltens suchen können: in seiner Natur als Mensch mit bestimmten Denkfähigkeiten, bestimmten emotionalen Einstellungen, einer bestimmten Intelligenz, mit bestimmten Zielen, Träumen usw. oder in äußeren Ereignissen und Erlebnissen, die dem Menschen widerfahren sind?

1.1 Behaviorismus

Die Anfänge dieser psychologischen Schule liegen bei John Watson, der den Begriff „Behaviorismus" 1913 prägte. Im folgenden soll jedoch auf nur einen, für das Fremdsprachenlehren und -lernen besonders einflußreichen Vertreter des Behaviorismus, B.F. Skinner, etwas näher eingegangen werden (vor allem Skinner 1957).

Die Grundidee des Behaviorismus lautet: Wissenschaftler, die den Menschen verstehen wollen, sollten sich auf das Beobachtbare beschränken, d.h. auf das menschliche Verhalten und die Umgebung, in der dieses Verhalten auftritt. Daher ist für Skinner das Sprechen lediglich eine menschliche Verhaltensweise unter anderen, und das Fremdsprachenlernen wäre z.B. das Produkt vieler Manipulationen im Fremdsprachenunterricht. Motive, mit denen wir im Alltag unser Verhalten erklären (unsere Gedanken, Interessen, Wünsche, Ziele, Erfahrungen u.a.), sind nicht sichtbar und gehören deshalb so lange nicht zum Untersuchungsfeld, wie sie nicht beobachtet werden können.

Schematisch läßt sich die behavioristische Auffassung menschlichen Verhaltens wie folgt darstellen.

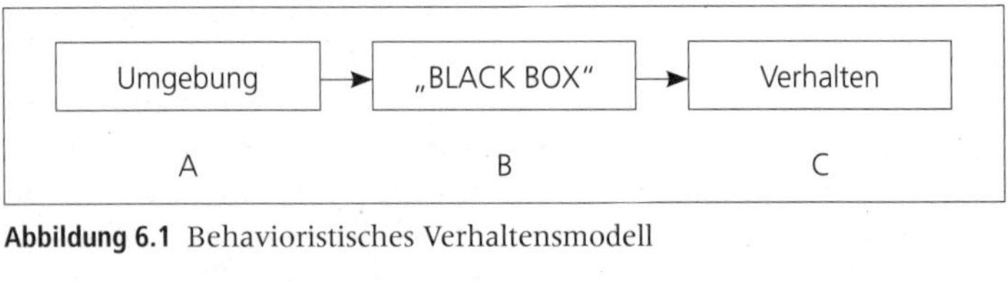

Abbildung 6.1 Behavioristisches Verhaltensmodell

Was in der *„black box"* vorgeht, d.h. was im menschlichen Gehirn passiert, wird im Behaviorismus nicht untersucht – das wissenschaftliche Ziel liegt vielmehr darin, Regelmäßigkeiten zwischen A und C zu entdecken, d.h. mit Hilfe einer psychologischen Theorie soll A eine Erklärung für C liefern. An dieser Stelle muß betont werden, daß die Anhänger des Behaviorismus sich diese Beschränkung aus wissenschaftstheoretischen Gründen auferlegten – auch Skinner hat natürlich nicht geleugnet, daß der Mensch Gedanken, Wünsche, Ziele, Motive usw. hat. In der Psychologie seien solche Begriffe als *Erklärungen* jedoch untauglich, da sie selbst einer Erklärung bedürfen. (Man spricht hier vom sog. „Homunculus"-Argument – einem Argument, das menschliches Verhalten damit erklärt, daß ein Menschlein im Kopf das Verhalten kontrolliert). In diesem Punkt hatten die Behavioristen natürlich recht, und insofern war (und ist) ihr Vorhaben wissenschaftstheoretisch sehr sinnvoll. Nur sind im Zusammenhang mit dieser Position zwei wichtige Fragen zu stellen: erstens, ob es der Fall sein *muß*, daß ein Interesse an den internen Wirkungen der „Black Box" zu zirkulären Erklärungen führt und zweitens, ob es überhaupt möglich ist, menschliches Verhalten als Funktion externer Bedingungen zu erklären.

Bei dem Versuch, Verbindungen zwischen A und C festzustellen, sind in der behavioristischen Psychologie verschiedene Lernmuster entwickelt worden. Das Lernen wird operationalisiert als die Entwicklung von regelmäßigen Verbindungen zwischen Aspekten der Umgebung und Aspekten des Verhaltens. Beispiele sind Gewohnheiten, wie die Bezeichnung bestimmter kleiner Tiere als Katzen oder die Begrüßung von Nachbarn auf dem Weg zur Arbeit. Entscheidend bei diesem Lernprozeß sind die Auswirkungen des Verhaltens auf die Umgebung. Daher werden in verschiedenen behavioristischen Lernmodellen „Reiz-Reaktions"-Sequenzen angenommen. Um das Lernen näher zu erforschen, wurde – hauptsächlich in Tieruntersuchungen mit Ratten oder Tauben – die Umgebung kontrolliert und systematisch manipuliert. Das resultierende Verhalten wurde systematisch aufgezeichnet bzw. dadurch trainiert, daß die Umgebung erneut manipuliert wurde, je nachdem, wie das Tier sich verhielt. Dieser Prozeß heißt „Konditionierung". Wenn etwa eine Ratte den Weg durch ein Labyrinth zufällig findet, erhält sie etwas zu fressen, übertragen auf den Menschen: wenn ein Schüler die richtige Antwort gibt, wird er gelobt. Das behavioristische Grundmuster des „operativen" Lernens ist in Abbildung 6.2. schematisch dargestellt:

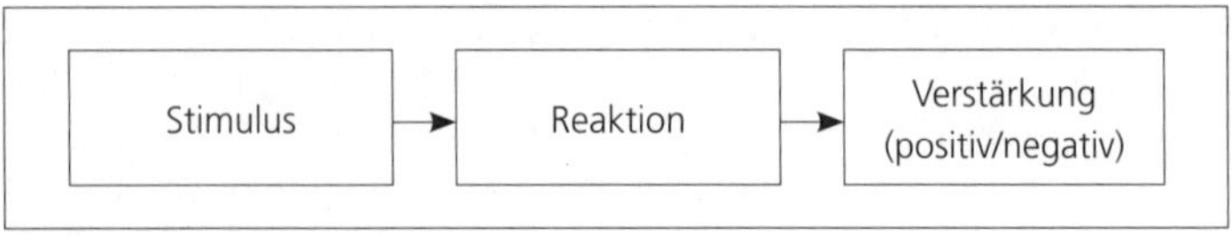

Abbildung 6.2 Operatives Lernen

Negative Verstärkung bedeutet, daß auf ein bestimmtes Verhalten negative Konsequenzen folgen können – wenn die Ratte den richtigen Weg nicht findet, dann erhält sie einen kleinen Elektroschock.

Die angedeutete Parallele zwischen behavioristischen Experimenten und unterrichtlichen Verfahren ist nicht ganz sinnlos. Das in Abbildung 6.2 gezeigte Muster läßt sich direkt mit dem in 6.3 abgebildeten Muster vergleichen, welches im Unterricht häufig vorkommt:

Abbildung 6.3 Operatives Lernen im Fremdsprachenunterricht

Skinner hat versucht herauszufinden, durch welche Verstärkungssequenzen am besten gelernt wird. Dabei hat er z.B. untersucht, wie ein schon gelerntes Verhalten durch ein neues Verhalten am schnellsten ersetzt werden kann. Ein sehr bedeutsames Ergebnis in bezug auf mögliche Konsequenzen für das Erlernen einer Fremdsprache war, daß die Korrektur ungünstiger oder unerwünschter Gewohnheiten (das „Umlernen") sehr viel Mühe kostet. Daher wird bei Skinner Wert darauf gelegt, daß bei der Konditionierung solche unerwünschten Gewohnheiten soweit wie möglich auszuschließen sind. Wie in Kapitel 7 gezeigt wird, ist dieses Prinzip für den Fremdsprachenunterricht so interpretiert worden, daß Lernerfehler um jeden Preis zu vermeiden sind.

Skinner hat aufgrund sorgfältig durchgeführter empirischer Untersuchungen folgende Lernprinzipien aufgestellt:

(i) Das Gewohnheitsprinzip („Law of frequency"):
Je häufiger ein Stimulus und eine bestimmte Reaktion miteinander verbunden werden, desto wahrscheinlicher ist es, daß dieser Stimulus zu dieser bestimmten (gleichen) Reaktion führen

wird. Für den Fremdsprachenuntericht läßt sich dieses Prinzip leicht umsetzen: Lernen heißt üben, üben, üben!

(ii) Das Verstärkungsprinzip („Law of effect"):
Unser Verhalten ist sehr adaptiv, d.h. wir tendieren dazu, das zu wiederholen, worauf wir positive Konsequenzen erlebt haben.

(iii) Vereinfachungsprinzip („Law of shaping"):
Eine komplexe Verhaltensweise wird am besten dadurch gelernt, daß die einzelnen Lernschritte sehr klein sind und aufeinander aufbauen. So werden negative Lernerlebnisse vermieden.

In „Verbal Behavior" (1957) – einem bezeichnenden Titel, mit dem Skinner schon klarmachte, daß sich auch sein Interesse an der Sprache auf das von außen Beobachtbare beschränkte – versucht Skinner, diese Prinzipien bei der Erklärung des Erwerbs und der Verwendung einer Sprache als „verbale Verhaltenskonditionierung" anzuwenden. Der Versuch, die Sprache oder den Spracherwerb dadurch zu erklären, daß die Ergebnisse vieler mit Tieren (Ratten und Tauben) durchgeführter Experimente einfach auf den Menschen übertragen wurden, ist jedoch problematisch. Hier setzte Chomskys berühmte Kritik in seiner Skinner-Rezension (1959) an: Während Skinner bei seinen Tierexperimenten Reiz und Reaktion durch einen systematischen, empirisch verifizierten Zusammenhang hat definieren können, verwendet er dieselben Begriffe bei seiner Erklärung menschlichen Verhaltens eher metaphorisch. Wenn sich z.B. eine Flasche Bier in der Umgebung befindet, und eine Person sagt „Bier!", dann wird Skinner erklären, daß diese Äußerung unter der Kontrolle des Stimulus war. Aber natürlich könnte die Flasche zu unendlich vielen anderen Äußerungen führen, und in jedem Fall müßte Skinner einen neuen Aspekt der Umgebung als Stimulus interpretieren. Wir können also verbales Verhalten als Konsequenz der aus der Umgebung gewonnenen Stimuli nicht voraussagen. Mit ähnlichen, tiefgreifenden Kritikpunkten zeigt Chomsky, daß die Übertragung behavioristischer Lernprinzipien auf Spracherwerb und Sprachverwendung unzulässig ist und keine Erklärungskraft besitzt. Allerdings möchten wir betonen, daß die Tatsache, daß der Behaviorismus keine adäquate Sprachlerntheorie bietet, nicht ausschließt, daß einzelne Aspekte des Sprachenlernens (und des menschlichen Verhaltens allgemein) nach behavioristischen Lernprinzipien ablaufen.

1.2 Kognitive Psychologie

Die kognitiven Ansätze in der Psychologie entstanden nicht erst mit Chomsky in den fünfziger Jahren, sondern können zurückgeführt werden auf die Gestaltpsychologie, die in den dreißiger Jahren (von Koffka, Wertheimer und Lewin) begründet wurde. Kernstück der Gestaltpsychologie ist die Einsicht, daß Menschen dazu neigen, Beziehungen zwischen den verschiedenen Elementen der Situation wahrzunehmen, die sie dann in Zusammenhang mit schon vorhandenen Kenntnissen bringen. Daraus ergibt sich ein Gesamtbild, eine „Gestalt", die sowohl „alte" als auch „neue" Elemente integriert, und für die gilt: „Das Ganze ist mehr als die Summe seiner Teile". Das Interesse der Gestaltpsychologen konzentrierte sich auf Untersuchungen der Bewußtheit, der Wahrnehmung, und der Bildung einer „guten Gestalt". Demnach tendiert die Wahrnehmung zur Herstellung bestmöglicher Gestalten, wobei verschiedene Grundsätze, wie z.B. der Grundsatz der Geschlossenheit, diesen Prozeß steuern. Lernen ist aus der Sicht der Gestaltpsychologen das Neuaufnehmen von Informationen. Hier spielt das Konzept der Strukturierung von Einzelteilen im Gesamtsystem des Gedächtnisses eine große Rolle: beim Auftauchen neuer Informationen werden die bereits im Gedächtnis vorhandenen Informationen wieder aktiviert, und das Unbekannte, neu Wahrgenommene, wird in Beziehung zu dem schon vorhandenen Wissen gesetzt. Wahrgenommenes wird also nicht so aufgenommen, „wie es wirklich ist", sondern in Verbindung mit schon vorhandenen Informationen, Erfahrungen und den sich hieraus ergebenden Erwartungen. Diese Konzeption von Lernen als kreativem Prozeß der Einpassung neuer Information in vorhandene kognitive Strukturen findet sich in vielen späteren kognitiven Ansätzen wieder.

Der Schweizer Biologe und Psychologe Jean Piaget (s. z.B. Piaget 1975 und einführend Pulaski 1975) entwickelte eine Theorie der kognitiven Entwicklung des Kindes, welche auf dem Gleichgewicht zwischen zwei Prozessen basiert: dem der Assimilation und dem der Akkommodation. Neue Information wird dann assimiliert, wenn sie in vorhandenes Wissen (besser gesagt, in schon vorhandene kognitive Strukturen) aufgenommen wird: die Umwelt wird bis zu einem gewissen Grad so interpretiert, daß sie in vorhandene Strukturen „hineinpaßt". Assimilation ist daher ein von außen nach innen gerichteter Prozeß, durch den die Aufnahme neuer Informationen in die bestehenden Strukturen des Organismus ermöglicht wird. Akkommodation ist ein von innen nach außen gerichteter Prozeß, durch den bereits in der kognitiven Struktur vorhandene Verhaltensmuster verändert werden, damit das Individuum neue Informationen und Situationen meistern kann.

Die kognitive Entwicklung des Kindes wird durch die Balance bzw. Synthese beider Verarbeitungsprozesse gefördert. Da für Piaget kognitive Entwicklung und Sprachentwicklung eng miteinander verbunden sind, setzt er in seiner Theorie bestimmte angeborene kognitive Fähigkeiten voraus. Diese sind jedoch – im Gegensatz zu der Annahme Chomskys – keine sprachentwicklungsspezifischen Fähigkeiten: Piaget nimmt an, daß sich durch Assimilation und insbesondere durch Akkommodation, „höhere" kognitive Fähigkeiten auf der Grundlage von Erfahrungen entwickeln. Chomsky dagegen behauptet, daß dies aus theoretischer und biologischer Sicht kaum möglich sein kann (eine manchmal sehr technisch aber immerhin sehr unterhaltsame Lektüre in diesem Zusammenhang ist Piatelli-Palmarini 1980, ein Buch, in dem über eine Konfrontation zwischen Piaget und Chomsky, Anhängern beider Schulen und vielen anderen berühmten Wissenschaftlern berichtet wird).

Am bekanntesten ist Piaget wahrscheinlich wegen seiner Charakterisierung verschiedener kognitiver Entwicklungsstufen, die Kleinkinder bei der kognitiven Reifung durchlaufen. Die für diese Stadien vorgeschlagenen Zeitperioden können zwar durchaus variieren, die Reihenfolge der Stadien ist jedoch festgelegt. Diese Stadien kognitiver Entwicklung sind:

(i) die sensomotorische Periode (0–2 Jahre), in der das Kind zwischen dem Selbst und der Welt unterscheidet und sensomotorische Handlungen in seiner unmittelbaren Umgebung durchführen kann,
(ii) die prä-operationale Periode (2–7 Jahre), welche sich in eine frühe vorbegriffliche und eine perzeptuelle, intuitive Phase (4–7 Jahre) gliedert,
(iii) die konkret-operationale Periode (7–11 Jahre), die dadurch gekennzeichnet ist, daß das Kind zunehmend frei wird vom Druck der unmittelbaren Wahrnehmung, d.h. es kann sich Objekte vorstellen, kann räumlich, zeitlich, vor- und rückwärts denken.

Vom siebten Lebensjahr an kann es dann differenziert denken, kombinieren, assoziieren und reversibel denken,

(iv) die formal-operationale Phase, (11–15 Jahre), in der sämtliche abstrakten, geistigen Vorgänge und Aktivitäten des Erwachsenen gemeistert werden.

Das Kind wird allmählich dazu befähigt, räumlich und zeitlich immer weiter entfernte Stimuli zu verarbeiten und in wachsendem Maße komplexere und indirektere Methoden zur Lösung von Problemen anzuwenden.

Fragen der kognitiven Entwicklung des Kindes sind auch für die Sprachlehrforschung relevant, wenn z.B. gefragt wird, ob das Erlernen einer weiteren Sprache ähnlich abläuft wie der Erstspracherwerb, ob das Alter eine entscheidende Rolle beim Fremdsprachenlernen spielt und ob es ein besonders günstiges Alter für den Beginn des Fremdsprachenlernens gibt (s. Kapitel 10 und 11).

Besonders einflußreich in der pädagogischen kognitiven Psychologie Nordamerikas war Ausubel (1968; 1978), der seinen Forschungsschwerpunkt auf das „bedeutungsvolle sprachliche Lernen“ gelegt hat. Er erforschte, wie Kinder mit und durch Sprache lernen, ihr Wissen erweitern und organisieren. Ausubel hat den Hauptgedanken weiterentwickelt, der schon in der Gestaltpsychologie und in Piagets Dualismus Assimilation/Akkommodation implizit war und demzufolge der Erfolg bedeutungsvollen verbalen Lernens stark dadurch gefördert wird, daß relevante Grundvorstellungen und Begriffe in der kognitiven Struktur eines Individuums bereits vorhanden sind. Ausubel verdanken wir den Begriff der „Advance Organizers“ – vorausgeschickte Lernorganisatoren, die als „Ankerideen“ fungieren und bei der Wahrnehmung neuer Informationen entscheidend mitwirken. Die Hauptaufgabe solcher „Advance Organizers“ ist es, die Lücke zu schließen zwischen dem, was der Lerner schon weiß und dem, was er noch bewältigen muß, bevor er eine gegebene Aufgabe erfolgreich meistert. Dementsprechend betont Ausubel die Wichtigkeit deduktiven Lernens und die Nutzbarmachung der Muttersprache beim Fremdsprachenlernen. Er resümiert seinen Ansatz wie folgt: „Wenn ich die pädagogische Psychologie auf ein einziges Prinzip reduzieren müßte, dann würde ich sagen: das Wichtigste beim Lernen ist das, was der Lerner schon weiß. Stellen Sie dies fest, und bauen Sie Ihren Unterricht darauf auf.“ (Ausubel 1968, Vorwort).

Mehrere Ansätze in der Fremdsprachenmethodik haben die Aktivierung relevanten vorhandenen Wissens betont: in neueren Vorschlägen zum fremdsprachlichen Lesen hat sich der Begriff „Advance Organizers" auch in der deutschen Literatur durchgesetzt (s. z.B. Westhoff 1987).

Eine weitere wichtige psychologische Theorie, die in gewisser Weise als „kognitiv" bezeichnet werden kann, ist die sowjetische Sprechtätigkeitstheorie, deren bekannteste Vertreter Wygotski, Gal'perin und Leont'ev sind. Grundlegend für diese psychologische Richtung ist die von allen kognitiven Psychologen vertretene These, daß psychische und geistige Prozesse sich durch eine Auseinandersetzung des Individuums mit seiner Umgebung entwickeln. Danach laufen psychische Prozesse und auch der Erwerb von Sprache stets von außen nach innen ab. Innerhalb der Sprechtätigkeitstheorie wird zusätzlich behauptet, daß die meisten Sprachhandlungen, soweit sie nicht an standardisierte Situationen geknüpft sind, interner bewußtseinsmäßiger Steuerung unterliegen und somit auch expliziten bewußten Lernens bedürfen. Gal'perin (1980) behauptet z.B., daß Bewußtheit auch unbewußten Operationen vorangehen muß. Erst durch die bewußte Beherrschung der Sprache kann ein Lerner zu ihrer unbewußten, automatisierten Beherrschung gelangen (s. Baur 1979).

Ein zweites für unsere Zwecke relevantes Merkmal der Sprechtätigkeitstheorie ist die Forderung, daß Handeln, Denken und Sprechen nicht voneinander getrennt werden dürfen. Wygotski (1974) hat versucht nachzuweisen, daß physische, geistige und sprachliche Handlungen sich stets gegenseitig bedingen (vgl. auch Leont'ev 1979). Bei Gal'perins „Interiorisationstheorie" geht der Erwerbsprozeß als „Interiorisation" etappenweise von außen nach innen, wobei die materialisierte Handlung zuerst in die gesprochene und äußere Sprache, dann in die innere Sprache übertragen wird.

Wie in Kapitel 7 gezeigt wird, ist die Betonung der Bewußtheit innerhalb der sowjetischen Sprechtätigkeitstheorie so interpretiert worden, daß der expliziten Vermittlung von Sprachregeln bei der Sprachvermittlung eine wichtige Rolle zugewiesen wird. Relevant für die Sprachlehrforschung ist insbesondere die Betonung der Zusammenhänge zwischen Sprechen und Denken (z.B. bei Wygotski), da gefragt werden muß, inwiefern beim Lernen einer weiteren Sprache u.U. ein neues Weltbild miterworben werden muß oder ob universal gültige Wahrnehmungskategorien im menschlichen Geist verankert sind, aus denen sich unterschiedliche Kategorisierungen in verschiedenen Sprachen ergeben. Anders ausgedrückt: impliziert das „Denken in der Fremdsprache" in der Tat eine andere Art des Denkens oder bedeutet der Begriff „Denken in der Fremdsprache", daß einmal beherrschte Konzepte einfach mit neuen Ausdrucksmitteln versehen werden? Im interkulturellen Vergleich von Denkgewohnheiten kann man in der Tat feststellen, daß verschiedene Sprachen verschiedene konzeptuelle Rahmen für das Denken und die allgemeine Wahrnehmung der sog. „Wirklichkeit" bereitstellen. Die Position, daß die Sprache unser Weltbild determiniert, ist von verschiedenen Sprachwissenschaftlern (die bekanntesten sind von Humboldt, Sapir und Whorf) vertreten worden und als die sog. „Sapir-Whorf-Hypothese" bekannt (s. hierzu Whorf 1956; List 1981, 174ff.). Die „starke Version" dieser Hypothese (die Muttersprache wirkt wie eine Fessel, aus deren Denkkategorien es kein Entrinnen gibt) ist heute zugunsten einer „schwachen Version" (mit der Muttersprache wird lediglich ein flexibler, konzeptueller Rahmen zur Verfügung gestellt) aufgegeben worden.

Zusammenfassend läßt sich sagen, daß menschliches Verhalten nach dem Verständnis der kognitiven Psychologie sowohl von der Umgebung als auch von den inneren Anlagen des Menschen bestimmt wird. Die Existenz biologischer (genetischer) Determinanten wird also nicht bestritten; nur ist die Entwicklung dieser vorgegebenen Ausstattung eng verbunden mit Wahrnehmungen, Handlungen und der Sozialisation.

Bezogen auf den Fremdsprachenunterricht können folgende Prinzipien aus einem kognitiven Ansatz abgeleitet werden (bei dieser Auflistung werden hauptsächlich Gegensätze zu einer behavioristischen Perspektive hervorgehoben):

- Vorhandene Erfahrungen und Wissen (u.a. Sprachwissen) können bei den Fremdsprachenlernern sinnvoll aktiviert werden.
- Der Unterricht soll Erfahrungen bieten, die für den Lerner von Bedeutung sind.
- Der Lerner kann und soll mit „Problemen" konfrontiert werden.
- Über das Lernen und über die Fremdsprache kann im Unterricht durchaus gesprochen werden.
- Fehler können nützlich sein, weil das Ausschließen falscher Hypothesen für die Entwicklung richtiger Hypothesen sehr wichtig ist.

1.3 Vergleich behavioristischer und kognitiver Ansätze

Wir werden in Kapitel 7 sehen, daß es sowohl fremdsprachenmethodische Ansätze gibt, die auf behavioristischen als auch solche, die auf kognitiven Lernprinzipien basieren. Die Frage stellt sich, ob es zwingend notwendig ist, zwischen beiden Ansätzen zu wählen, wenn wir fremdsprachliche Lernprozesse erhellen wollen, da Einzelprinzipien beider Theorien auf die Sprachlehrpraxis anwendbar scheinen. Eine unreflektierte Kombination beider Positionen wäre jedoch unwissenschaftlich: Wenn eine Verbindung von behavioristischen und kognitiven Ansätzen angestrebt wird, dann muß eine neue Lerntheorie entwickelt werden, die speziell auf das Fremdsprachenlernen zugeschnitten ist, die also die Umstände und Besonderheiten der Fremdsprachenentwicklung berücksichtigt. Bei diesem Vorgehen ist es sinnvoll, Einsichten und Befunde aus verschiedenen psychologischen Lerntheorien mitzuberücksichtigen. (s. 3 unten).

1.4 Neuere lernpsychologische Impulse für das Fremdsprachenlernen

Zwei in Deutschland vieldiskutierte neuere Entwicklungen lassen sich unter den Rubriken „Soziokulturelle Theorien des Fremdsprachenlernens" und dem sog. „Konstruktivismus" zusammenfassen. Im soziokulturellen Ansatz des Fremdsprachenlernens (vgl. Lantolf 2006; Lantolf und Thorne 2005), der sich an Vygotskys (1978) Lerntheorie anlehnt, werden zwei für den Spracherwerb als wichtig erachtete Prozesse in den Vordergrund gestellt: Mediation und Internalisierung. Mediation bezieht sich auf die Art und Weise, wie kulturelle Faktoren zwischen Menschen, ihrer physisch-materiellen Umgebung und ihrer mentalen Welt „vermitteln". Hier wird also die isolierte Betrachtung der „black box" und die Cartesianische Geist-Körper Dualität aufgebrochen und die Interaktion mit sozio-kulturellen Faktoren als unabdingbar erachtet. So plausibel diese Einsichten erscheinen, so unbefriedigend sind die auf das Sprachenlernen bezogenen Konzepte, wie z.B. innere private Sprache, Gestik, Metaphern als Indizien des Lernstadiums. Dies gilt u.E. weniger für den Prozeß der Internalisierung, durch den Mitglieder einer sog. „community of practice" mittels ihrer interaktiven Tätigkeiten die in dieser Gemeinschaft gültigen symbolischen Artefakte in mental-kognitive Artefakte verwandeln und sich zu eigen machen. Wesentliches Hilfsmittel hierbei soll die Imitation sein, die seit der Disqualifizierung des Behaviorismus durch

Chomsky und die Dominanz der kognitiven Psychologie als Grundlagendisziplin für Sprachlernstrategien in Vergessenheit geriet und hier zu neuer Bedeutung gelangt.

Der sog. Konstruktivismus (vgl. Wendt 2002 und s. Königs 2003) geht auf die Entwicklungspsychologie Piagets zurück und auf die in pädagogischen Zirkeln seit langem diskutierten Vorzüge der Autonomie des Lerners (Wolff 1994). Im Gegensatz zu der oben erwähnten Soziokulturellen Theorie des Fremdsprachenerwerbs wird von Vertretern des radikalen (hier auf Sprache bezogenen) Konstruktivismus die These vertreten, daß der Prozeß des Spracherwerbs ein hermetisch abgeschlossener ist, der jenseits jeder äußerer (auch didaktischer) Einflußnahme liegt und somit eine extreme Autonomie des Lernens unterstellt und fordert. Die Kritiker dieses Ansatzes (z.B. Wolff 2002; Edmondson 2002c) betonen zu Recht, daß eine derartige „kognitive Isolation“ völlig realitätsblind ist und eine Überbetonung kognitiver Lerneraktivität didaktische Bemühungen und Verantwortlichkeiten effektiv desavouiert.

2 Sprache und Gehirn

Einsichten in das Funktionieren der Sprache und des Sprechens bzw. des fremdsprachlichen Lernprozesses verspricht auch die Neurolinguistik – eine Disziplin, die noch nicht weit genug fortgeschritten ist, um psychologische oder fremdsprachendidaktische Thesen eindeutig zu bestätigen bzw. zu widerlegen, die jedoch in den letzten Jahren durch immer weiter verbesserte technische Möglichkeiten durch bildgebende Verfahren enorme Fortschritte erzielt hat. Mehrere für die Erforschung des Fremdsprachenlernens interessante und vielversprechende Hypothesen bzw. empirische Befunde liegen allerdings bereits vor (vgl. z.B. Friederici 1996; 2003; Pulvermueller 1998; Stemmer und Whitaker 1998). Dennoch sind wir der Meinung, daß bei der Interpretation neurolinguistischer Befunde für Fragestellungen der Sprachlehrforschung (wie auch bei der Übernahme von Ergebnissen der Linguistik und der Psychologie) äußerste Vorsicht angebracht ist. Ziel dieses zweiten Abschnitts ist es, diese Einstellung dadurch zu begründen, daß wir einige exemplarische Ergebnisse der Neurolinguistik und die damit verbundenen Interpretationsprobleme beschreiben. Zuerst aber sollen einige Grundlagen der Neurolinguistik dargestellt werden.

2.1 Grundlegendes zu neurolinguistischen Untersuchungen

Wir werden im folgenden den Begriff „Neurolinguistik" als Bezeichnung für sprachbezogene neurologische Forschungen benutzen, ohne zwischen verschiedenen Schwerpunkten innerhalb der sprachbezogenen Neurologie zu differenzieren. In diesem kurzen Abriß setzen wir einige Grundkenntnisse der Anatomie des Gehirns voraus,und wir wollen einleitend daran erinnern, daß die beiden Hemisphären des Gehirns funktional nicht identisch sind. (vgl. zur grundsätzlichen Orientierung die Überblicksdarstellungen von Obler und Gjerlow 1999; Gazzaniga et al. 2002) Die „dominante" Hemisphäre ist bei Rechtshändern die linke Hälfte, bei etwa 66% der Linkshänder die rechte. In der Literatur wird unfairerweise davon ausgegangen, daß alle Menschen Rechtshänder sind (d.h. die linke Hemisphäre wird als die dominante verstanden). Die „dominante" linke Hemisphäre ist der Sitz unserer „logischen" Denkfähigkeit (hier drängt sich natürlich die Frage auf, weshalb unbedingt die „logische" Hälfte des Gehirns als „dominant" bezeichnet werden sollte). Dort ist auch der Hauptsitz unserer sprachlichen Fähigkeiten. Die andere Hälfte ist u.a. auf räumliches Vorstellungsvermögen und nichtverbale Kognition spezialisiert. Der folgende Vergleich der beiden Hemisphären (Abbildung 6.4) ist Danesi (1988a) entnommen.

Linke Hemisphäre	Rechte Hemisphäre
analytisches Denken	synthetisches Denken
viele Sprachfunktionen	Interpretation von Metaphern
verbales Gedächtnis	visuelles Gedächtnis
intellektuelles Denken	intuitives Denken
logische Zusammenhänge	affektive Zusammenhänge
abstraktes Denken	konkretes Denken

Abbildung 6.4 Funktionale Spezialisierung der Hemisphären (nach Danesi 1988a)

Die Erforschung des menschlichen Gehirns ist eine komplizierte Aufgabe, nicht zuletzt, weil meistens nur indirekte Indizien für neurologische Verarbeitungsprozesse zugänglich sind. Es gibt drei Hauptquellen für empirische Befunde: die Behandlung klinischer Fälle und zwei eher experimentelle Forschungsstrategien.

Klinische Ergebnisse basieren auf Fällen, in denen eine Gehirnverletzung zu verschiedenen Schwierigkeiten beim Sprachgebrauch geführt hat – solche Fälle werden in der Aphasieforschung behandelt. Untersucht wird zuerst, welche Sprachfähigkeiten intakt geblieben und welche gestört worden sind. So kann versucht werden, unterschiedliche Typen der Aphasie zu charakterisieren und Verbindungen herzustellen zwischen der Art der Verletzung und der Art der Sprachstörung. Verschiedene Typologien von Aphasien sind vorgeschlagen worden, auch wenn in der Vergangenheit bei solchen Typologien vielfach klinische Merkmale (d.h. wo eine Läsion loziert ist), informelle Charakterisierungen der Sprachleistung und linguistische Sprachkompetenz vermischt worden sind. In der Zwischenzeit liegen jedoch standardisierte Tests für Aphasiker in verschiedenen Sprachen vor (z.B. Huber et al. 1983; Paradis 2001). Ein Hauptziel bei der Entwicklung solcher Tests war es, die Untersuchungen von Einzelfällen vergleichbar zu machen.

Ein relevantes Untersuchungsfeld ist auch die Wiederherstellung von Sprachfähigkeiten nach einer Sprachstörung, insbesondere bei Patienten, die zwei oder mehrere Sprachen sprechen. So wird z.B. untersucht, in welcher Reihenfolge die beiden (oder mehrere) Sprachen wieder aktiviert werden, ob beide bzw. alle Sprachen in gleichem Maße reaktiviert werden können usw. Paradis (1977) gibt einen Überblick über die verschiedenen Hypothesen zu solchen Fragen. Beim Versuch, aus solchen Fallstudien Einsichten in die Sprachverwendung bzw. Sprachverarbeitung (oder sogar in das Fremdsprachenlernen) zu gewinnen, wird von folgender Annahme ausgegangen: wenn in einem konkreten Fall Sprachfunktion A gestört wird, Funktion B jedoch nicht, dann bedeutet dies, daß verschiedene Gehirnteile bzw. neurologische Systeme für die Sprachfunktionen A und B verantwortlich sind. Die Palette möglicher sprachverbundener Störungen ist aber mindestens so groß wie die Kreativität der Mediziner und Wissenschaftler, die sich bemühen, entsprechende Tests zu erstellen.

Experimentelle Untersuchungen basieren auf zwei verschiedenen Verfahren:

(i) Die Spracherkennungs- und Sprachverarbeitungsleistung des linken Ohrs gegenüber dem rechten Ohr, bzw. des linken Auges gegenüber dem rechten Auge werden durch dichotische Hörtests bzw. lateralisierte tachistoskopische Tests untersucht. Es wird angenommen, daß eine bessere Leistung bei einem Ohr bzw. Auge zeigt, daß die kontralaterale Hemisphäre das visuelle bzw. das gesprochene Material „besser“ verarbeitet. Wenn z.B. zwei Wörter gleichzeitig über Kopfhörer jeweils in einem Ohr leise vorgespielt werden und der Proband berichten soll, was er hört, dann ist nach zahlreichen Wiederholungen ein „rechter-Ohr-Effekt“ bzw. ein „linker-Ohr-Effekt“ statistisch feststellbar. Da man bilingualen Probanden sprachliche Stimuli aus beiden Sprachen vorgeben kann, können im Prinzip potentiell interessante Hypothesen getestet werden. Natürlich sind in der Zwischenzeit viel raffiniertere Forschungsdesigns entworfen worden – u.a. ist z.B. das Zeitintervall zwischen Stimulus und Reaktion auch ein potentielles Indiz für Verarbeitungsprozesse.

(ii) Das zweite experimentelle Verfahren ist die Messung elektronischer Aktivitäten oder Durchblutungen des Gehirns. Das ist z.B. möglich durch ein E.E.G. (Elektro-Enzephalogramm), das in der Zwischenzeit mit bis zu 128 Elektroden Datentransfer dokumentieren kann oder durch einen PET-Scan (Positron Emission Tomographie), das eher eine „Photographie“ des Gehirns liefert. Beide „funktionalen“ Verfahren können durch eine anatomische MRI-Analyse („Magnetic Resonance Imaging“, auf Deutsch Kernspin-Tomographie) ergänzt werden, mit der ziemlich genau festgestellt werden kann, wo die entdeckten Aktivitäten stattfinden. Solche Messungen werden während der Erledigung unterschiedlicher sprachlicher Aufgaben durchgeführt (z.B. Schreiben gegenüber Sprechen, einer Geschichte in L1 zuhören bzw. eine Geschiche in L1 erzählen gegenüber der Erledigung der gleichen Aufgabe in L2). So wurde z.B. festgestellt, daß beim Hören, Sprechen, Lesen und Schreiben ganz unterschiedliche Hirnteile aktiv werden, und daß sich die kortikale Repäsentation von L1 und L2 insofern unterscheidet, als z.B. beim Hören einer Geschichte in L1 die gleichen Hirnarale in der linken Hemisphäre aktiviert werden, daß aber beim Zuhören in L2 ein stark variables Netzwerk in der linken und der rechten Hemispäre aktiviert wurde (Dehaene et al. 1997). Dies wird damit erklärt, daß der L1 Erwerb auf klar determinierbare linkshemisphärische Areale angewiesen ist, der L2 Erwerb dagegen nicht auf ein solches biologisches Substrat bezogen werden kann. Es konnte ferner gezeigt werden, daß beim Code Switching und Übersetzen unterschiedliche

Arten kognitiver Kontrolle über sprachliche Prozesse vorzuliegen scheinen (vgl. Price et al. 1999) Interessanterweise ist in der Zwischenzeit eine relativ spezifizierte funktionelle „Karte" der linken Hemisphäre zusammengestellt worden, während dies bei der rechten Hemisphäre noch nicht gelungen ist (vgl. aber Danesi 2003). Es soll betont werden, daß die Interpretation solcher Messungen und Bilder selbstverständlich eine höchst spezialisierte Aufgabe bleibt, trotz der bemerkenswerten „Vor"leistung moderner Techniken.

2.2 Einige exemplarische neuropsychologische Befunde/Hypothesen

2.2.1 Das Kritische Alter für den Spracherwerb

Da das Gehirn sehr flexibel und adaptiv ist, können auch bei völliger Zerstörung eines „Sprachzentrums" durch Hirnverletzungen Sprachfähigkeiten bis zu einem bestimmten Alter neu erworben werden. Daß dies nach der Pubertät viel seltener vorkommt als vorher, hat zur Formulierung der Hypothese des „Kritischen Alters", der „Critical Period Hypothesis" (z.B. durch Lenneberg 1967), entscheidend beigetragen. Diese Hypothese besagt, daß eine Fremdsprache viel „leichter" gelernt werden kann, wenn der Prozeß der Lateralisierung noch nicht beendet ist, denn eine bestimmte funktionale Plastizität im Gehirn geht mit dem Abschluß des Lateralisierungsprozesses in der Pubertät verloren. Der Fall des Mädchens Genie (s. Fromkin, Krashen, Curtiss, Rigler und Rigler 1974; Curtiss 1977), das durch Vernachlässigung bis zum dreizehnten Lebensjahr kaum in Kontakt mit Sprache kam, wurde als der kritische Fall für Lennebergs Theorie interpretiert. Als Genie entdeckt wurde, konnte sie nicht sprechen. Nach intensiver Betreuung beherrschte sie die englische Sprache bis zu einem gewissen Grad. Einige Forscher sind der Meinung, daß dieser Fall die Theorie unterstützt, während andere meinen, daß die Theorie dadurch widerlegt wird! Auch heute noch ist der Zeitpunkt des Beginns und der Vollendung der Lateralisierung sehr umstritten (vgl. hierzu u.a. Shtyrov et al. 2005). Argumente für und gegen die Annahme eines kritischen Alters für den erfolgreichen Spracherwerb werden in Kapitel 10 behandelt: hierzu sind neurolinguistische Argumente durchaus relevant, nicht jedoch entscheidend.

2.2.2 *Routinen: Rechts und Links*

Einige Studien deuten darauf hin, daß beim Erstsprachenerwerb die rechte Hemisphäre zuerst sehr aktiv „mitspielt", daß diese bilaterale Verarbeitung sich jedoch reduziert (d.h. die linke Hemisphäre „dominiert"), wenn das Kind eine „volle" Beherrschung der Sprache erreicht. Es gibt ferner einige indirekte Hinweise, daß sprachliche Routinen (d.h. fertig verfügbare sprachliche Versatzstücke) anders gespeichert und verarbeitet werden als „neu" formulierte Äußerungen. Bei einigen Aphasikern z.B. bleibt nur die Produktion einiger dieser Routinen intakt, und bei verschiedenen Aphasien kann die gesamte Sprachproduktion als Verkettung von Routinen und anderen fixierten Redewendungen interpretiert werden. Beide Tendenzen sind mit der sog. „Routinen werden zu Grammatik"-Hypothese konsistent, die in Kapitel 14, 1.4 vorgestellt wird. Daß einige Tendenzen in neueren neurologischen Befunden *konsistent* mit einer Sprachlernhypothese sind, kann natürlich nicht als Bestätigung der Hypothese interpretiert werden.

2.2.3 *Das bilinguale Gehirn*

Das Postulat des bilingualen Gehirns (Albert und Obler 1978) basiert auf einer Vielfalt von Studien und hat intensive weitere Forschungen nach sich gezogen. Die Grundidee lautet, daß das Erlernen einer neuen Sprache zu anderen neurologischen Strukturen führt als die beim Erstsprachenerwerb errichteten. Weiter wurde postuliert, daß bei der Verwendung der einen Sprache durch bilinguale Personen ihre andere Sprache sozusagen „im Standby Modus" stets mit vorhanden ist (Grosjean 2001). Und Kim et al. (1997) haben mit funktionalen Kernspintomographiestudien herausgefunden, daß bei Probanden, die in frühem Alter zwei Sprachen erworben haben, diese in der gleichen kortikalen Umgebung lokalisiert sind, daß dies aber wenn eine L2 später erworben wird, nicht der Fall ist. Mit der PET Methode hatten aber Klein et al. (1995) herausgefunden, daß bei zweisprachigen Probanden, die verschiedene Aufgaben (Synonym-Reimsuche, Übersetzungen) in den beiden Sprachen erledigten, die gleichen neuronalen Substrate involviert waren.

Neurologisch betrachtet kann die Beherrschung einer neuen Sprache auf keinen Fall als Verdoppelung vorhandener neurologischer Strukturen betrachtet werden. Zwei oder mehrere Sprachen können durch Hirnverletzungen sehr selektiv und unterschiedlich beschädigt werden, und auch sehr heterogene Wiederherstellungssequenzen sind dokumentiert. Die Interpretation solcher Fälle ist unserer Meinung nach äußerst schwierig, denn es muß insbesondere unterschieden werden zwischen Sprachverlust und Verlust des Zugangs zur Sprache (was natürlich in der Literatur getan wird). Der fehlende Nachweis für eine oder mehrere Sprachen oder einen Aspekt der Sprachbeherrschung ist nicht unbedingt gleichzusetzen mit dem Verlust der entsprechenden Kompetenz oder des entsprechenden Wissens. Es gibt vielmehr sehr viele alternative Erklärungen wie z.B. Zugangsprobleme, Koordinationsprobleme, Speicherprobleme, Gedächtnisschwäche usw. Unseres Wissens ist immer noch umstritten, ob bilinguale Gehirne zusätzliche und andere Strukturen besitzen als monolinguale Gehirne (vgl. hierzu u.a. Baker 2006, Paradis 2004).

2.2.4 Fremdsprachendidaktik: Links, Rechts und Mitte

Aus seiner Beschreibung der in Abbildung 6.4 gezeigten unterschiedlichen Funktionen der beiden Gehirnhälften versucht Danesi (1988; 2003) fremdsprachenunterrichtsmethodische Konsequenzen zu ziehen. Zuerst werden verschiedene, bekannte Lehrmethoden als eher „linksbezogen" oder „rechtsbezogen" interpretiert. Sodann betont Danesi, daß das Gehirn ein höchst kompliziertes System ist und daß beide Hemisphären im Fremdsprachenunterricht angesprochen werden sollten. Ähnliche Überlegungen sind bereits in Walsh und Diller (1978) sowie List (1982; 1995) mit unterschiedlichen Akzenten zu finden. Eine wichtige neuere Entwicklung in diesem Bereich stellt die Untersuchung der neurologischen Basis (und der Schädigung) pragmatischer und diskursiver Kompetenzen dar (vgl. hier Paradis 1998 und die Beiträge zum Themenheft der Zeitschrift *Brain and Language* 1999) sowie insgesamt eine intensivere Erforschung des Einflusses der rechten Hemisphäre auf kommunikative Fähigkeiten (s. z.B. Stemmer 2000).

Zeitgleich mit einer verstärkten Beschäftigung mit der rechten Hemisphäre ist auch die Rolle der Emotionen im menschlichen Gehirn und beim Sprachenlernen intensiver erforscht worden, und in den neunziger Jahren ist die Verquickung von „Kognition und Emotion" insbesondere durch den neu eingeführten Begriff der „emotionalen Intelligenz" zu einem forschungsintensiven Bereich geworden (vgl.

Damasio 1994; 2005; Ledoux 1996). Insbesondere die durch die technische Revolution in den neuro-radiologischen und bildgebenden Verfahren ermöglichten Untersuchungen haben gezeigt, daß emotionale Reaktionen untrennbar mit kognitiven Funktionen verknüpft sind und sich stets wechselseitig beeinflussen, und daß Emotionen – die nun nicht mehr als diffuse sich über weite Hirnareale erstreckende Reizzustände gelten können – stets schneller (und oft „unauslöschbarer“) ablaufen als das Denken, daß sie sogar das Denken dominieren und kontrollieren, d.h., die Pfade vom „Emotionszentrum“ Amygdala zur Kortex überschatten die Pfade von der Kortex zur Amygdala. Diese Bedeutung der Emotionen erklärt auch, warum man sie nicht bewußt und willentlich „abschalten“ kann. Für das Erlernen einer Fremd- und Zweitsprache ist die Arbeit von Schumann (1998) bedeutsam, der auf der Grundlage neurobiologischer Forschungen darlegt, welche bedeutende Rolle affektive und emotionale Faktoren beim Erwerb pragmatischer Kompetenz in der L1 und beim nachhaltigen Lernen (‚deep learning‘) der L2 spielen.

2.2.5 Variablen bei der Lateralisierung

Neuere Studien zum Thema Lateralisierung (insbesondere experimentelle Studien) berücksichtigen verschiedene Variablen beim Testen von Gruppen von bilingualen bzw. multilingualen Personen. Besonders interessant sind hierbei die Variablen Lernkontext (d.h. u.a. ob L2 in einem „natürlichen“ oder in einem „gesteuerten“ Kontext gelernt wurde), Geschlecht und Alter. Mit Bezug auf die Variable „Geschlecht“ ist durch den Einsatz neuer Technologien gezeigt worden (vgl. Kimura 1994; Pritzel und Markowitsch 1997; Baron-Cohen 2004; Butler et al. 2005), daß es Unterschiede zwischen den Geschlechtern in Gehirnaufbau und Gehirnfunktion gibt, wobei hier natürlich zu betonen ist, daß diese anatomischen Gegebenheiten stets erst durch Interaktion mit Umweltfaktoren ihre letztendliche Ausformung erfahren. Nach Zatorre (1989) liegen Studien vor, die die Relevanz dieser drei Variablen statistisch nachweisen. Der Grad der Beteiligung der verschiedenen Gehirnhälften für verschiedene Aufgaben scheint also von den drei genannten Variablen beeinflußt zu werden. Wenn daraus geschlossen werden kann, daß entsprechende laterale Unterschiede beim Sprachenlernen wirksam sind, dann ist dieser Befund durchaus relevant für die Untersuchung individueller

Unterschiede beim Sprachenlernen, dem Thema des 4. Teils dieses Buches.

2.2.6 Konzepte – Sprache – Kontrolle

Nach einer viel diskutierten Theorie (Damasio und Damasio 1989) sind verschiedene neurologische Zentren für Konzepte, Wörter und deren Verbindung verantwortlich. Eine sehr große Anzahl neuraler Strukturen in beiden Hemisphären dient dazu, konzeptuelle (nichtsprachliche) Repräsentationen von Wahrnehmungen, Erfahrungen, Gedanken usw. zu bilden. Eine kleinere Menge neuraler Systeme, hauptsächlich in der linken Hemisphäre, bildet Repräsentationen von sprachlichen Formen – hier wird u.a. phonologisches und syntaktisches Wissen gespeichert. Eine dritte Menge von Strukturen, die auch in der linken Hemisphäre lokalisiert ist, vermittelt zwischen den ersten beiden – daher wird hierfür der Begriff „Kontrolle“ benutzt. So können Konzepte von dem „Kontrollzentrum“ übernommen werden und dadurch sprachliche Formen stimuliert werden; andererseits können diese kontrollierenden Strukturen Wörter aufnehmen und die dazu passenden Konzepte „abrufen“. Diese Theorie basiert hauptsächlich auf klinischen Befunden. Wir haben sie hier wegen ihres theoretischen Interesses erwähnt: bestimmte Ähnlichkeiten zu Informationsverarbeitungsmodellen der Sprachverwendung und des Sprachenlernens sind durchaus vorhanden (vgl. Kapitel 14, 2.2).

2.3 Die Relevanz neurolinguistischer Befunde

Allgemein ist zu betonen, daß es zahlreiche Belege dafür gibt, daß unterschiedliche neurologische Strukturen und Organisationen zu ähnlichen Funktionen führen können. Dies soll natürlich nicht heißen, daß die funktionale Zuordnung verschiedener Gehirnteile fast arbiträr ist. Vielmehr möchten wir allgemein darauf hinweisen, daß ein Befund bzgl. einer Gruppe von Patienten oder anderer Probanden nicht unbedingt auf alle Menschen übertragen werden kann. Bei neurolinguistischen Hypothesen, die auf klinischen Fällen basieren, besteht z.B. die Gefahr, daß einige Einzelfälle hervorgehoben werden und zahlreiche, gegenüber der daraus gewonnenen These widersprüchliche Fälle unberücksichtigt bleiben. Bei Hör- und Sehtests sind die festgestellten Unterschiede zwar statistisch signifikant, doch häufig nicht sehr groß. Dies ist kaum überraschend, da unsere Wahrnehmungssysteme so konstruiert sind, daß asymetrische Effekte ausgeglichen werden. Insbesondere ist zu betonen, daß die Hypothese, daß bilinguale Personen in größerem Maße ihre Sprachen bilateral verarbeiten, daß also die rechte Hemisphäre stärker als bei Monolingualen bei der Sprachverabeitung beteiligt ist, keineswegs bewiesen ist (vgl. hierzu Bialystok 2001; Nicol 2001; Paradis 2004), d.h. es liegen in der Tat zahlreiche widersprüchliche Ergebnisse vor.

Viele neurologische Befunde basieren auf folgender Annahme: wenn in klinischen Fällen zwischen Sprachfunktion A und Sprachfunktion B unterschieden werden kann (d.h. Funktion A bleibt z.B. intakt, Funktion B nicht), dann werden A und B auf unterschiedliche Art und Weise gespeichert bzw. verarbeitet. Dies ist eine Arbeitshypothese. Weitere lernbezogene Annahmen – daß z.B. A und B getrennt oder auf unterschiedliche Arten und Weisen gelernt werden – sind kaum berechtigt, da sie Prozeß und Produkt pauschal gleichsetzen würden. Allgemein gibt es keinen Grund für die Annahme, daß Lernstrategien und die Art der neurologischen Repräsentation bzw. Speicherung voneinander abhängig sind.

Damit wollen wir nicht behaupten, daß neurolinguistische Befunde und Hypothesen absolut unzuverlässig sind, vielmehr wollen wir auf Interpretationsprobleme hinweisen, die bei der Betrachtung neurologischer Befunde berücksichtigt werden müssen. Unsere Grundposition bleibt jedoch, daß eine gültige Theorie des Sprachenlernens zumindest konsistent mit neurolinguistischen Erkenntnissen sein müßte (für eine neuere Überblicksstudie zur Bedeutung neurowissenschaftlicher Forschung für das Lehren und Lernen fremder Sprachen vgl. Teepe 2005).

3 Zusammenfassung/Ausblick

In Abschnitt 2 sind bereits Verbindungen zwischen der Neurolinguistik und anderen in diesem Buch behandelten Themen erwähnt und in 2.3 zusammengefaßt worden. Ferner wurde in Abschnitt 1.3. versucht, eine Bilanz aus behavioristischen und kognitiven psychologischen Ansätzen zu ziehen.

In diesem abschließenden Abschnitt des Kapitels wollen wir daher nur kurz auf einige im weitesten Sinne psychologische Elemente hinweisen, die zu berücksichtigen sind, wenn eine fremdsprachenunterrichtspezifische „Lerntheorie" angestrebt werden soll. Was folgt, ist grundsätzlich eine neu strukturierte Darstellung von Teilen des in Kapitel 2 dargestellten Lernmodells Spolskys (Abbildung 2.2).

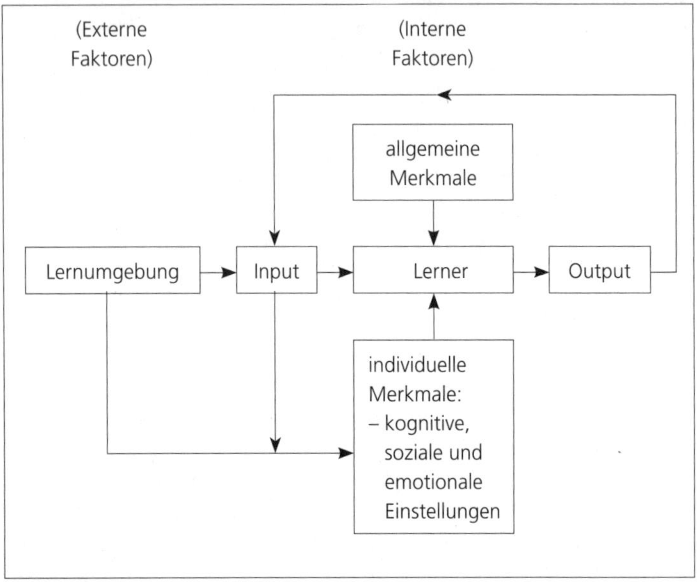

Abbildung 6.5 Schema des Fremdsprachenlernens

In Abbildung 6.5 (vgl. Ellis 1985, 276) wird zunächst zwischen „externen" und „internen" Lernfaktoren unterschieden – eine Unterscheidung, die (wie oben erwähnt) die Opposition zwischen einer behavioristischen und einer kognitiven Betrachtung widerspiegelt.

Der Begriff „Input" wird unter externen Faktoren aufgeführt – als Bezeichnung für alle fremdsprachlichen Erfahrungen, die von einem Lerner gemacht werden. „Output" bezeichnet Lernerperformanz in der Zielsprache. Bei den internen Faktoren wird zwischen Fähigkeiten unterschieden, die bei ***allen*** Lernenden vorhanden sind und solchen, die von Individuum zu Individuum variieren. Erstere sind in Kapitel 5 mit Bezug auf Chomskys Theorie des Erstsprachenerwerbs aufgeführt und werden mit Bezug auf den L2-Lerner in den Kapiteln 8 und 9 ausführlich diskutiert. Letztere bilden das Thema des vierten Teils dieses Buches (Kapitel 10 und 11). In Abbildung 6.5 ist die Möglichkeit eingebaut, daß Merkmale der Lernumgebung und des Inputs einen

Einfluß auf individuelle Unterschiede haben können. Der Fremdsprachenunterricht als „Lernumgebung“ wird ausführlich in Kapitel 13 untersucht.

Kapitel 7

Fremdsprachenlehrmethoden

Nach einer kurzen Erklärung des Begriffs „Methode“ werden in diesem Kapitel einige Lehrmethoden, deren Einfluß auch heute noch deutlich spürbar ist, in ihrer historischen Reihenfolge kurz charakterisiert. Danach sollen die direkten oder indirekten Verbindungen aufgezeigt werden, die zwischen den in den Kapiteln 5 und 6 dargestellten Richtungen in Linguistik und Psychologie einerseits und den Fremdsprachenlehrmethoden andererseits bestehen. Hiermit soll beispielhaft gezeigt werden, welchen Einfluß die genannten Wissenschaften in der Vergangenheit auf den Fremdsprachenunterricht ausgeübt haben und noch heute ausüben (vgl. Abbildung 1.4). Zuletzt werden wir auf die kritische Frage der Beziehung zwischen Lehrmethoden und Lernerfolg eingehen und die Relevanz der Kategorie „Lehrmethode“ in Frage stellen.

1 Was ist eine „Methode“?

Um den Begriff „Fremdsprachenlehrmethode“ erklären zu können, ist es sinnvoll, zunächst zu fragen, welche Aufgaben mit der Tätigkeit „Fremdsprachenlehren“ verbunden sind und welche Entscheidungen bei der Unterrichtsplanung bzw. -durchführung zu treffen sind. Didaktische Entscheidungen im Fremdsprachenunterricht, die zu einem konkreten Unterrichtsverfahren führen können, umfassen die in Abbildung 7.1 aufgelisteten Entscheidungsfelder.

Diese Palette didaktischer Entscheidungen umfaßt die *Lehrmethodik.* Selbstverständlich haben Entscheidungen in einem Feld Konsequenzen für Entscheidungen in anderen Feldern. Die gegebene Reihenfolge entspricht einer intuitiven Entscheidungssequenz: Lehrziele führen zu einem Lehrkonzept usw., auch wenn ein streng lineares Vorgehen kaum sinnvoll oder sogar möglich sein dürfte. Eine Fremdsprachenlehrmethode ist unserem Verständnis nach ein Paket für Lehrer, in der insbesondere auf der Ebene der Didaktischen Handlungen mehrere dieser Entscheidungen bereits getroffen sind. Informell ausgedrückt heißt dies: eine Methode gibt eine Antwort auf die Lehrerfrage „Was soll ich tun?“. Eine Lehrmethode (im Gegensatz zu einem Lehrkonzept oder einem Lehransatz – auf Englisch „Teaching

Approach") ist daher ein zumindest teilweise konkretes didaktisches ‚Paket', durch das Lehrziele, Lehrkonzept, Lehrprinzipien, Übungsformen und möglicherweise exemplarische Materialien vorgegeben sind. Nach dieser Interpretation des Begriffs „Methode" müssen also konkrete Handlungsanweisungen für den Lehrer vorliegen. Eine Methode ist eine festgelegte und systematische Vorgehensweise, ein planmäßiges Verfahren bei der Fremdsprachenvermittlung (vgl. Edmondson 1984). Manchmal wird jedoch in der Literatur der Begriff „Methode" benutzt, wenn ein Vorschlag zu irgendeinem dieser in Abbildung 7.1 aufgelisteten methodologischen Entscheidungsfelder vorgelegt wird.

Lehrziel(e)
Lehrkonzept
Lehrprinzipien
Lehrstrategien
Übungstypologie
Lehrmaterialien
Medienauswahl/-einsatz
Prüfungsformen
usw.

Abbildung 7.1 Didaktische Entscheidungsfelder

Während heutzutage viele Zeitschriften Anzeigen enthalten, die phantastische Erfolge beim Fremdsprachenlernen durch neue, technisch hochgerüstete (und zumeist ziemlich teure) „Methoden" versprechen, muß betont werden, daß in der Vergangenheit eine „Methode" stets aus der gängigen Lehrpraxis post eventu rekonstruiert worden ist. Mit anderen Worten: es findet eine Interaktion zwischen unterrichtlicher Praxis und angeblicher Lehrmethode statt. Der Begriff „Methode" ist also schon in sich ein undifferenzierter Begriff zur Beschreibung der unterrichtlichen Praxis.

2 Einige Fremdsprachenlehrmethoden bzw. -ansätze

In diesem Abschnitt werden zuerst ausgewählte Methoden aus didaktischer Perspektive kurz beschrieben; die Ursprünge und Begründungen der Handlungen innerhalb dieser Methoden werden dann ausführlicher in Abschnitt 3 behandelt (Überblicke in Bufe 1992; Ortner 1998, Adamson 2004).

2.1 Die Grammatik-Übersetzungsmethode

Elemente dieser „Methode“ ziehen sich wahrscheinlich durch die ganze Geschichte des Fremdsprachenunterrichts, aber erst ab Ende des 18. Jahrhunderts ist die Methode in Lehrwerken und anderen Quellen deutlich zu erkennen (s. Stern 1983, 452–456). Bis zur Reformbewegung (vgl. Kapitel 4, 1.1) war die Grammatik-Übersetzungsmethode sehr verbreitet, und auch heute noch werden Aspekte dieser Methode in verschiedenen institutionellen Kontexten verwendet. Die Grundgedanken dieser Methode lassen sich direkt aus ihrer Bezeichnung ablesen: eine Sprache wird dadurch gelernt, daß die Wörter und Regeln der Grammatik gelehrt und (wann immer möglich) auswendig gelernt werden. Mit welchem Erfolg dies geschieht, wird durch grammatische Übungen und Hin- oder Herübersetzungen festgestellt. Die „klassische“ Grammatik-Übersetzungsmethode kann man aus Wilhelm Viëtors Aufsatz „Der Sprachunterricht muß umkehren!“ rekonstruieren (vgl. Kapitel 4, 1.1), da Viëtor Aspekte der Methode heftig kritisiert. Zuerst wird die Aussprache (nach deutschen, also muttersprachlichen Ausspracheregeln) gelernt. Im Mittelpunkt stehen die Lautlehre und die Flexionslehre. Die Tatsache, daß z.B. Englisch fast keine Flexionsendungen hat, wird dabei nicht berücksichtigt; Vorbild sind die klassischen, vollflektierenden Sprachen, besonders das Lateinische. Nach der Aussprache wird die Syntax behandelt, und zwar in folgenden Unterrichtsschritten:

- Wörter memorieren
- Durchnahme der grammatischen Regeln
- Übungen zur Grammatik (Sätze bilden + Übersetzen)

In der Praxis der Grammatik-Übersetzungsmethode geht man davon aus, daß Sprache aus einem Regelsystem besteht, welches Gemeinsamkeiten in vielen Sprachen hat. Das Lernen einer Fremdsprache, das im wesentlichen aus der Bewältigung dieser Regeln besteht, wird somit als eine primär intellektuelle Tätigkeit angesehen. Die Muttersprache fungiert dabei als eine Art Bezugs- und Nachschlagesystem für die Fremdsprache, und der Fremdsprachenunterricht ist dementsprechend zweisprachig, wobei vorzugsweise in der Muttersprache gefragt und erklärt wird. Die schriftsprachlichen Fähigkeiten des Lesens und Schreibens werden als ungleich wichtiger als die mündlichsprachigen Fähigkeiten des Hörverstehens und Sprechens angesehen, und dementsprechend spielt das Lehrwerk eine ganz wesentliche Rolle. Ein Lehrwerk schreibt dem Lehrer genau vor, was, wieviel und wie er zu unterrichten hat. Der Lehrer ist die absolute Autorität im Unterricht, da er allein über das Wissen um die Fremdsprache verfügt, dieses an die Lerner weitervermittelt und die Fehler der Lernenden korrigiert.

Aus heutiger Sicht ist es einfach, die Grammatik-Übersetzungsmethode zu kritisieren. Man sollte sich jedoch fragen, weshalb Elemente dieser Methode sich bis heute durchgesetzt haben, trotz heftiger Kritik, u.a. (wie wir in Kapitel 4, 1.2 gesehen haben) schon im 16. Jahrhundert. Insbesondere zwei Lernprinzipien haben immer noch eine gewisse Gültigkeit: daß das Sprachenlernen ein kognitiver Lernprozeß ist und daß eine Fremdsprache durch die Muttersprache gelernt wird. Ferner ist die Frage nach der Rolle der Übersetzung beim Fremdsprachenlernen immer noch aktuell (vgl. z.B. Stern 1992, 293–299; Henrici und Zöfgen 1988; House 2000c).

2.2 Die direkte Methode

Diese Methode entwickelte sich im ausgehenden neunzehnten Jahrhundert als Reaktion auf die Grammatik-Übersetzungsmethode, und sie wurde von den Verfechtern der Reformbewegung, z.B. Viëtor, aus Protest gegen die Grammatik-Übersetzungsmethode ins Leben gerufen. Sie ist aufgrund dieses Protests gekennzeichnet durch Gegensätze zu der herrschenden Grammatik-Übersetzungsmethode:

- Die mündlichsprachigen Fähigkeiten stehen im Vordergrund, Lesen in der Fremdsprache wird jedoch von Anfang an gefördert.
- Dialoge und Anekdoten im Konversationsstil werden auch anhand von Bildern und stets unter Ausschluß der Muttersprache präsentiert.
- Texte werden von Lernern vorgelesen und Frage/Antwort-Sequenzen in der Zielsprache, mit denen das Textverständnis überprüft werden soll, werden häufig verwendet.
- Grammatik wird nur induktiv gelehrt, d.h. aus den Texten abgeleitet.

In den Vereinigten Staaten wurde 1878 von dem deutschstämmigen Pionier der Reformbewegung, Maximilian Delphinus Berlitz, die erste Berlitz School eröffnet, in der die Direkte Methode praktiziert wurde. In der Tat werden Fremdsprachen bis zum heutigen Tage in den Berlitz Schulen weltweit nach (teilweise stark von der „klassischen Form" abweichenden) Varianten dieser Methode unterrichtet.

2.3 Die audiolinguale Methode

Diese Methode war (besonders in den USA) zwischen 1960 und 1970 sehr verbreitet. Sie ist aus dem in den USA während des zweiten Weltkriegs entwickelten „Army Specialised Training Program" (auch „G.I. Method") entstanden. Innerhalb dieses Programms wurden 1943 ca. 15.000 Soldaten 27 verschiedene Sprachen systematisch vermittelt. Die Rolle, die Linguisten bei der Sprachbeschreibung spielten, und die Priorität der gesprochenen Sprache waren Hauptmerkmale des Verfahrens. Die Weiterentwicklung des „Army Specialized Training Programs" zu einer „audiolingualen Methode" bestand hauptsächlich darin, daß behavioristische Lernprinzipien bei der Sprachvermittlung übernommen wurden (Brooks' Darstellung der audiolingualen Methode wurde besonders einflußreich – Brooks 1960).

Rivers (1964) schrieb der audiolingualen Methode folgende Lernprinzipien zu:

(i) Das Lernen einer Fremdsprache ist grundsätzlich ein Prozeß, durch den „richtige" Gewohnheiten durch „Überlernen" („Overlearning") eingeprägt werden, d.h. intensive Übung ist nötig.
(ii) Durch einen sorgfältig strukturierten Lehrplan bzw. ein Curriculum sind Fehler zu vermeiden. Wenn jedoch Fehler vorkommen, müssen sie sofort korrigiert werden.
(iii) Die vier sprachlichen Fertigkeiten werden in der „natürlichen" Reihenfolge gelernt: die mündlichen vor den schriftlichen, die rezeptiven vor den produktiven.
(iv) Man lernt besser durch Analogiebildung als durch kognitive Analyse.

„Pattern Drills" (Substitutionstabellen) sind Kennzeichen dieser Methode in der Praxis des Unterrichts; ferner werden Dialoge auswendig gelernt, und es gilt das Einsprachigkeitsprinzip. Grammatik wird durch Beispiele und Übungen vermittelt. Der Lehrer hat eine ähnliche Funktion wie der Dirigent eines Orchesters.

Die audiolinguale Methode war mit dem Einsatz des Sprachlabors im Fremdsprachenunterricht verbunden. Man kann sogar behaupten, daß sich der Einsatz dieser Technologie seit jener Zeit kaum entwickelt hat. Dies ist u.a. ein Grund dafür, daß das Sprachlabor zur Zeit nur in geringem Maß für den Fremdsprachenunterricht eingesetzt wird.

Kaum war die Methode entwickelt, als auch schon heftige Kritik an ihr geübt wurde. Vor allem der Ausschluß aktiver kognitiver Teilnahme der Lernenden führte in der Praxis zu Langeweile beim Lernen.

2.4 Die audiovisuelle Methode

Bei dieser Methode und der vorherigen sind Überschneidungen feststellbar (s. Abbildung 7.2). Während aber die audiolinguale Methode ihre Wurzeln in den USA hatte, entwickelte sich die audiovisuelle Methode in Frankreich, insbesondere im „Centre de Recherche et d'Étude pour la Diffusion du Français" (CREDIF). Das Lehrwerk „Voix et Images de France" (1961) exemplifiziert die Methode in ihrem ursprünglichen Konzept. Der Name der Methode und der Titel dieses Buches (etwa „Stimme und Bilder Frankreichs") weisen deutlich auf das Grundkonzept hin: eine direkte Verbindung zwischen Lauten und Bildern ist anzustreben. Beim Erlernen der fremden Sprache werden also Bedeutungen und Situationen mit fremdsprachlichen Ausdrükken in Verbindung gebracht.

Zusätzlich sind folgende Merkmale wichtig:

(i) Verbunden mit der Methode war die Herstellung eines begrenzten und sorgfältig ausgewählten „Grundwortschatzes" für Französisch („Le français fondamental", ein wichtiges Projekt, das 1951 begonnen wurde – s. Stern 1983, 161–163). Hiermit soll sich der Lerner eine Grundlage für das weitere Lernen schaffen.

(ii) Wie bei der audiolingualen Methode wird nach der „natürlichen" Reihenfolge der sprachlichen Fertigkeiten vorgegangen. Besonders das Hörverständnis wird als notwendige Vorbereitung für das Sprechen verstanden. Die gesprochene Sprache hat Priorität vor der Schriftsprache und muß zuerst beherrscht werden, wobei eine „echte" und lebendige Aussprache wichtig ist (u.U.

präsentiert ein nicht-muttersprachlicher Lehrer das gesamte fremdsprachliche Material auf Video- oder Audiokassetten).

(iii) Grundsätzlich wird das Prinzip der Einsprachigkeit verfolgt: Das Verstehen der Fremdsprache wird hauptsächlich durch Filme oder Sequenzen von Bildern erreicht bzw. unterstützt.

(iv) Explizite grammatische Regeln werden nicht vermittelt.

Das ursprünglich in Frankreich entwickelte Konzept war mit einer streng festgelegten Sequenz von didaktischen Schritten verbunden; später wurden flexiblere Varianten der Methode entwickelt. Ein Vergleich zwischen dieser Methode und der audiolingualen Methode wird in Abbildung 7.2 dargestellt.

UNTERSCHIEDE	AUDIOLINGUALE METHODE	AUDIOVISUELLE METHODE
Zentrales Unterrichtsprinzip:	Vorrang hat die automatische Beherrschung von Strukturen	Vorrang hat das Verständnis für Grammatik in Verbindung mit Semantik und situativer Angemessenheit
Lernpsychologische Ausrichtung:	Schwerpunkt liegt auf der Konditionierung automatischer Beherrschung von Strukturen	Schwerpunkt liegt auf der Konditionierung der Verbindung zwischen Konzept und Zeichen
Übungsart:	Strukturübungen (Pattern practice) bevorzugt	Dialogübungen/ Frage/Antwort-Spiele bevorzugt
Medien:	Sprachlabor als Ort des Übens und Manipulierens von Strukturen	Bildträger und Tonband, um kontextualisierte Bedeutung zu vermitteln

Abbildung 7.2 Die audiolinguale und die audiovisuelle Methode im Vergleich

Die Methode wurde zunächst für Erwachsene konzipiert, wobei kleine Lerngruppen von 6 bis 20 Lernern in Intensivkursen von 6 × 6 Wochenstunden vorgesehen waren. Problematisch blieb jedoch bei dieser Methode die Semantisierung: viele Konzepte lassen sich nicht durch visuelle Medien einprägen! Elemente der audiovisuellen Methode sind jedoch noch heute in vielen Ländern stark zu spüren.

2.5 Der kognitive („Cognitive Code") Ansatz

Diese „Methode" ist gar keine! Es handelt sich hier vielmehr um eine Lehrorientierung, die sich grundsätzlich als Reaktion auf einige Merkmale der audiolingualen bzw. audiovisuellen Methode entwickelt hat. Das gilt besonders hinsichtlich der Rolle expliziten grammatischen Wissens und der Rolle der Muttersprache (wir sehen hier wiederum eine informelle Bestätigung der in Kapitel 4, 1.1 erwähnten „Pendeltheorie"). Der Schwerpunkt liegt daher nicht mehr in mechanischem Training, sondern in kognitivem methodischen Vorgehen. Deduktive Grammatikerklärungen sind vorgesehen, da Spracherwerb als Bewußtwerdung und Anwendung einer neuen, aber teilweise auf der Muttersprache aufbauenden Systematik verstanden wird. Da kreatives und problemlösendes Lernen im Mittelpunkt steht, werden Gruppenprozesse betont. Der Lehrer fungiert als „Hilfesteller", der den Lernern beim „Entdecken" der Regelmäßigkeiten der Fremdsprache und der systematischen Unterschiede zwischen Muttersprache und Fremdsprache hilft und ihnen das Erlernen der Fremdsprache als einen Prozeß des „Problemlösens" ermöglicht. Wann immer es im Unterricht effizienter und ökonomischer ist, wird die Muttersprache verwendet, z.B. für grammatische oder semantische Erklärungen.

„Cognitive Code" bezeichnet in der Tat eher eine Lerntheorie (oder Teile davon) als eine Lehrmethode (vgl. Diller 1978 für eine Ausführung der Theorie und s. Stern 1983, 470ff. für einen Überblick). Kognitive Strömungen in den sechziger und siebziger Jahren wurden dann von kommunikativen Orientierungen in der Fremdsprachenvermittlung überlagert.

2.6 Kommunikative Ansätze

Heute herrscht ein „kommunikativer Zeitgeist", u.a. wegen des Einflusses der Pragmalinguistik (vgl. Kapitel 5). In Lehrwerken, Lehrplänen, Richtlinien und Lehrerhandreichungen sind „kommunikative" Lernziele zu finden. Wie aber solche Ziele erreicht werden können, ist durchaus umstritten. Eine kommunikative „Methode" im Sinne von Abbildung 7.1 oben gibt es nicht. Die folgenden exemplarischen,

Littlewood (1981) entnommenen, didaktischen Vorschläge sind lediglich einzelne Elemente einer kommunikativen Methodik. Sie enthalten jedoch unserer Meinung nach durchaus didaktische Prinzipien und Verfahren, die für viele Lehrende und Wissenschaftler mit dem Begriff „kommunikativer Fremdsprachenunterricht" assoziiert werden. Das Hauptmerkmal dürfte sein, daß beim Lernen kommuniziert werden sollte, d.h. eine „natürliche", zweckgebundene Verwendung der Zielsprache sollte auch im Unterricht erfolgen.

Littlewood schlägt vier Lernschritte vor, durch die kommunikatives Verhalten in der Fremdsprache erreicht werden soll:

- rezeptive Übungen: kommunikative Fertigkeiten werden in kleinen Schritten geübt
- reproduktive Übungen: Wiedergabe bestimmter sprachlicher Einheiten wird erwartet
- produktive Übungen: die Lerner versuchen, das Gelernte selbständig anzuwenden
- kreative Übungen: freie Sprachanwendung.

Die Gruppenatmosphäre im Unterrichtsraum und die Anregungen zu Rollenspielen und Dialogen sind bei einer kommunikativen Methodik besonders wichtig. Der Lehrer wird bei der Vor- und Nachbereitung solcher kommunikativen Übungen aktiver sein als während der Übungen selbst – er ist eher Lernhelfer als Lehrautorität.

Littlewood gibt zahlreiche Beispiele für die beiden folgenden kommunikativen Übungstypen:

(i) „Funktional-kommunikative Aktivitäten"
Hier werden häufig „information gap"-Situationen hergestellt, die durchaus spielerischer oder künstlerischer Natur sein können (Ratespiele, Detektivspiele, Nachbildung von LEGO Figuren).

(ii) „Sozial-interaktive Aktivitäten"
Rollenspiele, Debatten, Diskussionen, Simulationen, Szenarios usw. Im Unterricht soll auch der Lehrstoff anderer Schulfächer im Medium der Fremdsprache vermittelt werden und vor allem die Organisation des Fremdsprachenunterrichts selbst soll in der Fremdsprache thematisiert werden. Der Unterschied zu „funktional-kommunikativen" Übungen liegt darin, daß die Kommunikation nicht nur innerhalb eines Spielkontextes stattfindet, sondern die „sozial-interaktive" Dimension der Sprache auch real ausgeübt wird.

Zur Rolle der Grammatik in einem kommunikativen Ansatz liegen unterschiedliche Meinungen vor – explizite Grammatikvermittlung ist nicht auszuschließen, spielt aber keine zentrale Rolle. Ebenso gilt, daß die Fremdsprache gegenüber der Muttersprache generell zu bevorzugen ist; für einige didaktische Zwecke ist die Muttersprache jedoch besser geeignet. In der Tendenz werden Lernerfehler toleriert, wenn die Kommunikation gelingt: Lehrer versuchen, laufende Kommunikation nicht durch Fehlerkorrekturen zu unterbrechen.

Im Zusammenhang mit dem kommunikativen Ansatz wird jetzt häufig ein sog. „interkultureller Ansatz" erwähnt (vgl. Bausch et al. 1994) Oft wird ein Gegensatz konstruiert zwischen kommunikativen und interkulturellen Methoden. Letztere sollen nicht nur auf die L2 Kultur Bezug nehmen, sondern auch das Verhältnis zwischen der L1 und der L2 Kultur, ihre Gegensätze und Gemeinsamkeiten berücksichtigen. Eine wichtige Rolle in interkulturellen Ansätzen spielt auch die Literatur und das sog. „Fremdverstehen" (vgl. Bredella 1999; 2002). Das Wort „interkulturell" ist derzeit sehr produktiv: Kollokationen wie „Interkulturelle Kompetenz", „Interkulturelle Kommunikation" und „Interkulturelles Lernen" haben Hochkonjunktur, ja sie sind bereits zu einer Art Schlagwort verkommen. Die Autoren dieser Einführung haben ihre dezidierte, in mancher Augen ketzerisch-provozierende Meinung zu dieser Entwicklung und die hierbei verwendeten Begriffe in einer Kontroverse mit Adelheid Hu kundgetan (Edmondson und House 1998; 2000; Hu 1999; vgl. auch Schüle 1998 und Kramsch 2005 und s. Kapitel 15, 2.1). Uns ging es dabei um folgendes: erstens eine Begriffsklärung vorzunehmen, zweitens für die Beibehaltung des u.E. genügend weit gefaßten (also „Interkulturelles" einschließenden) Begriffs der Kommunikativen Kompetenz im Fremdsprachenunterrricht zu plädieren, drittens die Kollokation „Interkulturelles Lernen" als unsinnig zu entlarven und schließlich viertens die Vermittlung der Fremdsprache als SPRACHE gegenüber vagen, affektiv besetzten interkulturellen Konzepten in den Mittelpunkt unterrichtlicher Bemühungen zu stellen.

2.7 „Bewußte" Methoden

Methoden, die wir zusammenfassend als „bewußte" Methoden bezeichnen können, sind (zusammen mit einer generell kommunikativen Ausrichtung) vor allem für die ehemalige DDR, die ehemalige Sowjetunion und die übrigen osteuropäischen Länder kennzeichnend. Besonders bekannt ist die „bewußt-praktische“ Methode, wobei der Begriff „bewußt-praktisch“ (eine Übersetzung aus dem Russischen) aus dem sich zuerst an der Direkten Methode orientierenden Ansatz Beljajevs stammt. Wie Apelt (1991) ausführt, wurde die bewußtpraktische Methode jedoch in der ehemaligen DDR eine Zeit lang abgelehnt und der sowjetischen sogenannten „bewußt-vergleichenden“ Methode der Vorzug gegeben. Diese Methode hatte sich in den vierziger und fünfziger Jahren herausgebildet. Sie beruhte, wie der Name verrät, auf „einem betont intellektualisierten, analytisch-deskriptiven, regulativ akzentuierten Fremdsprachenunterricht mit stark muttersprachlichen Phasen (besonders durch direkte Sprachvergleiche und Übersetzungen) – also eine Art Neuauflage der bekannten grammatisierenden fremdsprachenmethodischen Grundorientierung der Vergangenheit“ (Apelt 1991, 258). Der Lehrer hat bei diesen Methoden offensichtlich eine zentrale, autoritäre Rolle.

Wie verbreitet solche Methoden waren und wie einheitlich bestimmte didaktische Schritte, läßt sich schwer sagen. Seit den siebziger Jahren waren in der ehemaligen DDR auch mehrere „kommunikative“ Impulse in die Lehrmethodik eingebracht worden. Inwiefern Elemente dieser „bewußten“ Methoden sich in der allgemeinen deutschen Fremdsprachendidaktik durchsetzen werden, ist zur Zeit noch offen.

2.8 „Neue“ oder „alternative“ Methoden

Obwohl der Begriff der „Methode“ in den siebziger und achtziger Jahren stark kritisiert wurde (vgl. 4 unten), gewannen damals vor allem in den Vereinigten Staaten eine ganze Reihe neuer oder alternativer Methoden an Bedeutung. In der Zwischenzeit haben sich solche neueren Methoden auch in Europa etabliert. Besonders bekannt sind die Suggestopädie („Suggestive-Accelerative Learning and Teaching“ basiert darauf), „The Silent Way“, „Community Language Learning“ und „Total Physical Response“. Eine unbekannte Anzahl anderer, weniger populärer Methoden kommt noch hinzu. Eine Charakterisierung und Bewertung aller „neuen“ Methoden können wir an dieser Stelle nicht vornehmen. (Ausführlicheres wird z.B. in Stevick 1976, Blair 1982; Larsen-Freeman 1986; Henrici und Zöfgen 1996 geboten.)

Gemeinsam haben die genannten Methoden eine Reihe von innovativen didaktischen Handlungen, die oft stark abweichen von traditionellen Lehrstrategien und Übungstypen. So nehmen die Lerner in der Suggestopädie eine „neue" Identität an, und zur Förderung von Entspannung und unbewußtem Lernen erklingt Barockmusik. In „The Silent Way" verzichtet der Lehrer bewußt auf explizite Korrekturen und schweigt. In der Methode des „Total Physical Response" schweigen die Schüler in bestimmten Phasen des Unterrichts. Beim „Community Language Learning" liegt die Verantwortung für Gesprächsthemen und Inhalte bei den Lernern.

Dennoch gibt es wesentliche Unterschiede, insbesondere in der Rolle, die dem Lehrer in vielen dieser alternativen Methoden zuteil wird. In diesen auch oft „innovativ" genannten Methoden können zwei Strömungen entdeckt werden:

Zum einen lassen sich in manchen dieser Methoden sog. „humanistische" Prinzipien erkennen. Hier liegt der Fokus auf den Lernern als Individuen, die auf verschiedene Art und Weise eine Mitverantwortung für ihr Lernen übernehmen. Der Lehrer dagegen ist Partner, Betreuer, ja fast Psychotherapeut, der Streß vermeiden soll, teilnahmsvoll und verständnisvoll ist und individuelle Schwierigkeiten einzelner Lerner aufspüren und überwinden hilft. Elemente dieser humanistischen Orientierung sind in „The Silent Way", „Community Language Learning" und „Total Physical Response" erkennbar.

Zum anderen wird in einigen „alternativen" Methoden auf verschiedene Art und Weise „natürliches" Lernen angestrebt: das Lernen wird „entintellektualisiert", kann (soll) unbewußt ablaufen, soll Spaß machen. Vertrauen in die Lehrerpersönlichkeit wird vorausgesetzt oder muß aufgebaut werden. Daher ist es ganz wesentlich, im Unterricht eine entspannte, harmonische, aber auch stimulierende Atmosphäre zu schaffen – gelangweilte, aggressive, müde oder gestreßte Personen werden von der Lehrmethode weniger profitieren.

Eine Bewertung dieser Methoden verlangt natürlich eine differenziertere Betrachtung als wir sie hier vorgenommen haben. Obwohl einige seriöse Fallstudien durchaus die Effektivität alternativer Methoden bestätigen konnten (z.B. Wildner-Bassett 1984), werden oft unbegründete Behauptungen zur Effektivität neuerer Methoden verbreitet (zur Kritik s. z.B. Krumm 1983). Vor allem die am meisten ausgearbeitete Suggestopädie konnte in bestimmten, zumeist außerschulischen, betrieblichen und anderen tertiären Fremdsprachenunterrichtssituationen Erfolge erzielen (vgl. Baur 1996). Allerdings sind die besonders im Umkreis alternativer Methoden häufigen Kommerzialisierungstendenzen und unreflektierten Versuche, einzelne Erfolgsergebnisse zu generalisieren und z.B. auf den schulischen Fremdsprachenunterricht zu übertragen, mit äußerster Vorsicht zu betrachten.

Die kritische Frage ist nicht, ob Methode A, B oder C eine „gute" oder sogar die „beste" Lehrmethode ist. Vielmehr ist wichtig, ob implizite oder explizite didaktische Prinzipien, die hinter solchen Lehrmethoden stehen, und innovative didaktische Handlungen, die in verschiedenen Methoden verwendet werden, in eine Lehrstrategie für einen bestimmten unterrichtlichen Zweck sinnvoll integriert werden können. Aus dieser Perspektive sind z.B. der Appell, die „Gefühle" und die Befindlichkeit der Lerner ernst zu nehmen, und die Berücksichtigung nichtverbaler Kommunikation durchaus relevant.

3 Zum Einfluß linguistischer und psychologischer Schulen auf Fremdsprachenlehrmethoden: ein historischer Überblick

Die Art der Einflußnahme der für den Fremdsprachenunterricht wichtigsten beiden Disziplinen, der Linguistik und der Psychologie, kann in mehrere Phasen eingeteilt werden. Sie unterscheiden sich in dem Grad, in dem Konzepte und Methoden dieser beiden „Basisdisziplinen" hinterfragt und kritisch abgewogen wurden (vgl. Stern 1983, 152–169). Abbildung 7.3 stellt einige dieser Zusammenhänge dar.

In dem Zeitraum, in dem die sog. traditionelle oder Grammatik-Übersetzungsmethode im deutschen Sprachraum führend war, also im neunzehnten Jahrhundert bis ca. 1880, ist diese Verbindung nicht transparent, sondern lediglich indirekt spürbar: ein gewisser Zusammenhang zwischen der historisch-vergleichenden Sprachwissenschaft und der Grammatik-Übersetzungsmethode, der sich darin äußerte, daß griechisch-lateinische Grammatikkategorien auf moderne Sprachen übertragen wurden und daß Wissen über die Sprache und eine fast ausschließliche Beschäftigung mit schriftlichen Texten charakteristisch für diese Methode waren, bestand zwar; eine direkte Übernahme linguistischer oder psychologischer Theorien fand jedoch nicht statt (nicht zuletzt weil es solche Theorien nicht gab!).

Die Entwicklung der neuen Wissenschaft „Phonetik" und die Erarbeitung des Internationalen Phonetischen Alphabets Ende des

19. Jahrhunderts beeinflußte die sog. Reformbewegung, wie in Kapitel 4 erwähnt.

Methodik	Linguistik	Psychologie
Grammatik -Übersetzung	philologisch-historisch-vergleichende Ansätze	?
Audiolinguale Methode	Strukturalismus	Behaviorismus
Audiovisuelle Methode	Strukturalismus	?
„Cognitive Code" Ansätze	Generative Grammatik	Kognitive Psychologie
Kommunikative Orientierungen	Pragmalinguistik	?? (gemischt)
„neuere" Methoden	?	Humanistische/ therapeutische Ansätze

Abbildung 7.3 Lehrmethoden, linguistische und psychologische Beziehungen

Engere Beziehungen zwischen linguistischen und psychologischen Theorien einerseits und bestimmten Lehrmethoden im Fremdsprachenunterricht andererseits ergeben sich aber erst mit der starken und direkten Einflußnahme der strukturellen Linguistik und der behavioristischen Psychologie auf die audiolinguale und audiovisuelle Methode in den vierziger Jahren. Diese erste Phase des Einflusses der Linguistik auf den Fremdsprachenunterricht ist durch die folgenden Merkmale gekennzeichnet:

- absoluter Vorrang der gesprochenen Sprache
- Betonung der formalen Aspekte der Fremdsprache
- bewußte Manipulation formal-struktureller Aspekte der Fremdsprache durch systematisches Variieren ihrer syntagmatischen und paradigmatischen Beziehungen
- sprachliche Muster (Patterns), die wiederum systematisch und kontrolliert variiert werden, dienen als Einheiten der Lehre zum Üben und zur Lernerfolgskontrolle

- die linguistische Beschreibung der Fremdsprache ist die Grundlage für alle Curriculumentscheidungen, und in Lehrern und Lernern wird ein Bewußtsein der Wichtigkeit und der Systematizität sprachlich-formaler Aspekte erzeugt.

Neben der strukturalistischen Linguistik hatte die behavioristische Psychologie insbesondere B.F. Skinners einen starken und direkten Einfluß auf die Methodik des Fremdsprachenunterrichts, wie in Kapitel 6 ausgeführt.

Die Phase des optimistischen Glaubens an die Wirksamkeit und Nützlichkeit linguistischer (strukturalistischer) und psychologischer (behavioristischer) Theorien wurde in den sechziger Jahren abgelöst von der zunächst „desorientierend" wirkenden kognitiven Strömung, in der die neue Theorie des Sprachenlernens/lehrens als „Cognitive-Code Learning Theory" in die Methodendiskussion eingeführt wurde. Mit dem Aufkommen neuer rationalistischer, kognitiver Theorien – der generativen Transformationsgrammatik und der kognitiven Psychologie – setzte keine neue Phase einseitiger Anwendung dieser Theorien auf den Fremdsprachenunterricht ein, sondern eine längerfristige Verunsicherung. Das war vermutlich eine Reaktion auf die Naivität, mit der man zuvor an die Effektivität strukturalistisch-behavioristischer Theorienanwendung geglaubt hatte.

Nach der Phase der Kognitivierung und „Desorientierung" ist seit den siebziger Jahren die Fremdsprachenunterrichtsmethodik gekennzeichnet durch eine Vielzahl unterschiedlicher Strömungen, von denen die funktionale bzw. kommunikative Orientierung als wichtigste angesehen werden muß. Ferner wurde ungefähr in diesem Zeitraum immer deutlicher, daß die Variable „Lehrmethode" selbst keine zentrale Bedeutung für den Erfolg der Fremdsprachenvermittlung und für deren Erforschung hat (s. 4 unten). Es ist bestimmt kein Zufall, daß sich in diesem Zeitraum in Deutschland auch die Sprachlehrforschung etablierte und in den USA die Zweitsprachenerwerbsforschung ihren Anfang nahm.

Solche Entwicklungen haben im allgemeinen auch zu einer Ablehnung einer direkten Übertragung oder Anwendung von Theorien aus den „Bezugswissenschaften" geführt. Die „Übernahme" von Einsichten der Pragmalinguistik hat zwar noch einmal zu neuen Zielsetzungen in der Fremdsprachenvermittlung geführt, wie solche Ziele aber didaktisch umgesetzt werden sollten, war und bleibt eine Frage, die keine einheitliche Antwort bekommen hat. Auch gibt es in der (westlichen) Psychologie keinen mit der „pragmalinguistischen Wende" einhergehenden, einflußreichen „neuen" Ansatz. So blieb der Einfluß kognitiver psychologischer Richtungen auf das Lehren von Fremdsprachen bis heute wirksam, was unmittelbar plausibel ist, da natürlich kein Gegensatz zwischen „Kognition" und „Kommunikation" besteht (s. z.B. House und Kasper 1981).

Eine Beziehung besteht aber vermutlich zwischen einigen kommunikativen methodischen Ansätzen und der sogenannten „Humanistischen Psychologie", die von Psychologen wie Rogers, Maslow, Allport begründet wurde (s. für einen Überblick Schulz von Thun 1985). Die in dieser sowohl persönlichkeitsorientierten als auch sozialpsychologisch ausgerichteten Richtung betonte Berücksichtigung und Befriedigung individueller Bedürfnisse hat ein Pendant in der kommunikativen Fremdsprachenlehrmethodik gefunden. Auch hier wird die Fähigkeit, eigene Intentionen und Bedürfnisse rollen-, situations- und adressatengerecht ausdrücken zu können, als besonders wichtig erachtet. Besonders in der kommunikativen Fremdsprachenlehrmethodik in der Bundesrepublik rückte das Konzept der „Emanzipation des Individuums" in den Vordergrund (siehe hier Piephos 1979 Übertragung des Habermasschen Gedankenguts – s. Habermas 1971 – zur Diskursfähigkeit und zur kommunikativen Kompetenz auf die Fremdsprachendidaktik). Diese Strömung hat jedoch in der Zwischenzeit an Gewicht verloren (zur Kritik s. z.B. Edmondson und House 1991).

Auch liegen Einflüsse psychologischer Richtungen auf die sogenannten „alternativen" Fremdsprachenlehrmethoden nahe. Beispiele wären die humanistische Persönlichkeitspsychologie, die Psychotherapie Freuds, die Verhaltens- und Gruppentherapie sowie die Gesprächstherapie. Die „alternativen" Fremdsprachenlehrmethoden sind psychologisch orientiert und erheben den Anspruch, „ganzheitlich" vorzugehen. Darunter ist die bewußte Vermeidung einer einseitigen Überbetonung kognitiver Fähigkeiten zu verstehen (wie sie dem „konventionellen" Fremdsprachenunterricht nachgesagt wird) die Berücksichtigung der „ganzen Persönlichkeit" des Lerners und dessen affektiver und emotionaler Bedürfnisse beim Fremdsprachenlernen.

Eine enge Beziehung besteht auch zwischen der sowjetischen Psycholinguistik und der in der ehemaligen Sowjetunion und den osteuropäischen Ländern verbreiteten funktionalen Sprachtheorie auf der einen Seite und der sogenannten „bewußt-praktischen" Methode (Beljaev 1963) des Fremdsprachenlehrens auf der anderen Seite.

Es liegen mehrere Versuche vor, Fremdsprachenlehrmethoden zu systematisieren (z.B. Neuner 1995). Statt hier eine Klassifizierung vorzunehmen, soll nur auf die in Kapitel 4 erwähnte und von Howatt (1984) übernommene Unterscheidung zwischen „natürlichen" und „rationalen" Einstellungen zur Fremdsprachenlehre und auf die in Kapitel 4 erwähnte „Pendeltheorie" hingewiesen werden. Die in Abbildung 7.3 zusammengefaßten fremdsprachenmethodischen Entwicklungen werden hierdurch (zumindest teilweise) erhellt.

4 Lehrmethoden und Lernerfolg

In den fünfziger und sechziger Jahren wurde intensiv versucht, verschiedene Methoden (insbesondere die Grammatik-Übersetzungsmethode und die audiolinguale Methode) miteinander zu vergleichen, in der Erwartung, daß sich eine davon als „besser" oder sogar als „die beste" erweisen würde (die hierzu benutzte „psychometrische" Forschungsmethode wurde in Kapitel 3 kurz erläutert). In den USA versuchten Scherer und Wertheimer (1964) und das Pennsylvania Project (Smith 1970) genau wie in Schweden das GUME Projekt (Levin 1972), in langjährigen und aufwendigen Untersuchungen empirisch zu überprüfen, ob und in welcher Hinsicht die audiolinguale Methode der Grammatik-Übersetzungsmethode überlegen ist. In diesem Zeitraum wurden auch zahlreiche kleinere experimentelle Studien durchgeführt, in denen der gleiche Lernstoff vergleichbaren Lerngruppen mit unterschiedlichen Lehrmethoden vermittelt wurde, um festzustellen, welche Gruppe besser gelernt hatte. Die Ergebnisse all dieser Methodenvergleiche waren recht unterschiedlich – einige Studien stellten Methode X als besser als Methode Y dar, andere behaupteten das Gegenteil, und viele weitere Studien konnten keinen bedeutsamen Unterschied beim Lernerfolg nachweisen. Daraus kann man schließen, daß die Lehrmethode allein nicht entscheidend für den Lernerfolg ist (vgl. Krumm 1983, Edmondson 1984).

Es ist schlicht falsch zu erwarten, daß irgendwann die „optimale" Lehrmethode als Allheilmittel für Lernprobleme jeder Art entdeckt werden wird. Statt weiter danach zu suchen, sollten wir eher versuchen zu verstehen, wie Fremdsprachenunterricht eigentlich abläuft und wie Fremdsprachen von verschiedenen Lernern unter verschiedenen Bedingungen gelernt werden. Der Begriff einer Methode als „fertiges Paket“, das bestimmte Aspekte des Unterrichts zum alleinigen Strukturierungs- und Organisationsprinzip erhebt, scheint in ganz entscheidender Weise gegenüber der realen Komplexität fremdsprachlicher Lehr- und Lernprozesse zu kurz zu greifen und ist für Überlegungen zu begründeten Verbesserungen des Fremdsprachenunterrichts grundsätzlich irrelevant. Vor allem setzt sich heute zunehmend die Einsicht durch, daß das, was im Fremdsprachenunterricht geschieht, sinnvollerweise durch außerunterrichtliche Kontaktmöglichkeiten mit der fremden Kultur und deren Sprache ergänzt werden muß, wie z.B. durch Reisen, das Internet, ‚autonomes Lernen‘, Tandem-Lernen, bilingualen Sachfachunterricht u.ä. mehr (vgl. Brammerts und Hedderich 1998, Raabe 1998, Vogel 1998).

Eine neuere Einlassung zu den sog. Fremdsprachenlehrmethoden ist Adamson (2004), der von einem sog. „Postmethod context“ spricht. Doch bringt dieser Artikel, der in der renommierten Reihe der Blackwell Handbücher erschienen ist, keine wirklich neuen Einsichten. Dies ist auch ein Beweis dafür, daß Fremdspachenlehrmethoden wirklich eine nachgeordnete Größe sind. Adamson bestätigt nur noch einmal die hier propagierte Einsicht, daß die Berücksichtigung der individuellen Personenvariablen Lerner und Lehrer ungleich wichtiger ist als alle Überlegungen fremdsprachenlehrmethodischer Art. Einflußreicher und ernstzunehmender als vorfabrizierte methodische Lösungs„Pakete“ ist also letztlich die Art und Weise, wie Lehrer und Lerner in ihrem je spezifischen Kontext interagieren.

5 Zusammenfassung/Ausblick

In diesem Kapitel haben wir einen großen Bogen geschlagen: zunächst wurde der Begriff einer „Fremdsprachenlehrmethode“ näher bestimmt. Nach der Charakterisierung verschiedener etablierter Methoden haben wir dann in groben Zügen den Einfluß nachgezeichnet, den die beiden in den vorangegangenen Kapiteln charakterisierten Disziplinen Linguistik und Psychologie auf die „Pendelschwünge“ innerhalb der Fremdsprachenlehrmethodik gehabt haben. Zum Schluß haben wir den Kreis geschlossen, indem wir die Relevanz des Konzepts „Fremdsprachenlehrmethode“ an sich in Frage gestellt haben.

Nach unserer Darstellung der in verschiedene Richtungen zielenden Forschungen, die sich seit den methodenvergleichenden Studien der sechziger Jahre entwickelt haben (s. Kapitel 8–14), werden wir in Kapitel 15 die in Abschnitt 1 oben erwähnten didaktischen Entscheidungsfelder erneut betrachten.

TEIL 3

Fremdsprachenlernen im Vergleich zu anderen Sprachlernprozessen

Während die Sprachlehrforschung sich schwerpunktmäßig mit dem gesteuerten Fremdsprachenlernen beschäftigt, muß der Erstsprachenerwerb und der natürliche Zweitsprachenerwerb stets auch mitberücksichtigt werden – nicht zuletzt, weil die Abgrenzungen zwischen L1 und L2 und die Unterschiede zwischen Fremdsprache und Zweitsprache fließend sind und weil vermutlich alle Sprachlernvorgänge etwas Gemeinsames haben. Daher sollen in diesem dritten Teil des Buches die wichtigsten Aussagen und empirischen Befunde aus Forschungen des nicht-gesteuerten Sprachenlernens betrachtet und deren Relevanz für die Sprachlehrforschung diskutiert werden. Unsere Hauptfrage dabei lautet: inwiefern und in welchem Sinne laufen Sprachlernprozesse unabhängig vom Lernkontext ab. Kapitel 8 ist eher theoriebezogen und behandelt die Universalgrammatik und darauf basierende Hypothesen. In Kapitel 9 werden mehrere empirische Arbeiten diskutiert, die den Erstsprachenerwerb, den Zweitsprachenerwerb und das Fremdsprachenlernen vergleichen.

Kapitel 8

Universalgrammatik als Theorie des Erstsprachenerwerbs und des Zweitsprachenerwerbs: Theoretische Perspektiven

Die externen Bedingungen, unter denen Kleinkinder ihre Muttersprache erwerben, Erwachsene im natürlichen Lernkontext eine Zweitsprache und Schüler eine Fremdsprache erlernen, sind offensichtlich unterschiedlich. Deshalb basiert die Annahme, daß das Sprachenlernen in allen drei Lernkontexten ähnlich abläuft, auf einer *psycholinguistischen* Hypothese – nämlich, daß alle Menschen Sprachfähigkeiten auf ähnliche Weise besitzen und entwickeln. Mit anderen Worten, wenn wir hier Ähnlichkeiten entdecken, dann sind sie offensichtlich durch interne und nicht durch externe Bedingungen zu erklären. Es ist zunächst wichtig zu fragen, was unter ‚Spracherwerb' innerhalb der Universalgrammatik verstanden wird und in welchem Sinne dieses Phänomen durch linguistische Forschung besser verstanden werden kann. In Bezug auf die erste Frage ist zu betonen, daß u.a. Wortschatz, Stil, Schriftsprache, Aussprache, Pragmatik und soziale Aspekte der Sprachbeherrschung innerhalb der Universalgrammatik und auch innerhalb der Zweitsprachenerwerbsforschung, die auf der Universalgrammatik basiert, nicht von Interesse sind. Das Hauptinteresse liegt auf der Untersuchung bestimmter Aspekte des menschlichen Geistes. D.h., mit Hilfe welcher kognitiven Ausstattung sind Menschen in der Lage, Sprachen zu erwerben bzw. zu entwikkeln? Die Universalgrammatik ist also eine Befähigungstheorie und sagt nichts darüber aus, wie und unter welchen Bedingungen diese kognitive Befähigung mit welchem Erfolg den Spracherwerb ermöglicht (Edmondson 1999a, 260–265).

Die Hypothese, daß vergleichbare psycholinguistische Prozesse sowohl das L1 als auch das L2-Lernen steuern, wird in einer gängigen Kurzform als die sog. *L1=L2-Hypothese* bezeichnet (Dulay und Burt 1974). Da diese Hypothese aber verschiedene Formen annehmen kann, sollte man eher über *L1=L2-Hypothesen* sprechen. Die stärkste Form der L1=L2-Hypothese wäre die Behauptung, daß L1 und L2 *identisch* ablaufen (die sog. „Identitäts-Hypothese" nach Bausch und Kasper 1979). Eine mittlere Position dagegen würde lauten, daß beide Erwerbsprozesse grundsätzlich ähnlich sind, auch wenn sich Unterschiede beobachten lassen. Eine noch schwächere Version der Identitäts-Hypothese wäre die Behauptung, daß die Lernmechanismen, die beim Erstsprachenerwerb aktiviert werden, auch bei erwachsenen L2-Lernern vorhanden sind. Diese schwächste Version deutet an, daß der Grad, in dem die für den L1-Erwerb entscheidenden Lernprozesse beim L2-Erwerb tatsächlich mitwirken, von verschiedenen Faktoren abhängt. Alle drei Versionen der Identitäts-Hypothese sind in der Literatur diskutiert worden.

Die verschiedenen L1=L2-Hypothesen basieren zunächst auf einem Vergleich zwischen dem Erstsprachenerwerb und dem *natürlichen* Zweitsprachenerwerb. In einem weiteren Schritt wird untersucht, inwiefern Unterricht einen Einfluß auf den natürlichen Spracherwerbsprozeß hat bzw. haben kann. Ferner wird dann in einigen Studien das Fremdsprachenlernen miteinbezogen. Auf diese indirekte Art und Weise ergibt sich die Schlußfolgerung, daß Fremdsprachenlernen und Erstsprachenerwerb vergleichbar sind.

Die theoretischen Grundlagen der L1=L2-Hypothesen werden in diesem Kapitel erläutert und diskutiert; im nächsten Kapitel werden dann mehrere empirische Studien aufgeführt, die direkt oder indirekt eine Form der L1=L2-Hypothese zu überprüfen versucht haben.

Abschnitt 1 stellt Chomskys Theorie des Erstsprachenerwerbs vor, während Abschnitt 2 Probleme bei einer direkten Übertragung dieser Theorie auf den L2-Lerner aufzeigt. Ferner werden Ergänzungen zur Theorie diskutiert, die zum Ziel haben, das L2-Lernen adäquater zu erklären. Mit einem allgemeinen Vergleich zwischen L1- und L2-Lernen schließt dieses Kapitel.

1 Theoretische Grundlage der L1=L2-Hypothese: Universalgrammatik als Theorie des Erstsprachenerwerbs

In Kapitel 5,2 wurde Chomskys linguistischer Ansatz kurz skizziert. Die Theorie Chomskys vereint psycholinguistische und linguistische Überlegungen. Ersterer liegen verschiedenen Versionen der L1=L2-Hypothese zugrunde.

Chomsky zufolge muß eine linguistische Theorie die Tatsache berücksichtigen, daß alle Sprachen ohne Probleme erworben werden können – das Kriterium der *Lernbarkeit* ist wichtig für linguistische Beschreibungsmodelle. Mit anderen Worten, eine linguistische Theorie ist implizit oder explizit gleichzeitig eine psycholinguistische Hypothese. Nach Chomsky – und eine ganze Reihe anderer Wissenschaftler sind derselben Überzeugung – verdienen drei Probleme des Erstsprachenerwerbs besondere Beachtung.

Problem 1:
Kleinkinder erwerben Sprachregeln, für die es nur wenige oder gar keine Evidenz in den Äußerungen gibt, die sie hören. Das Sprachsystem ist im Input „unterrepräsentiert".

Problem 2:
Kleinkinder gehen auf ähnliche Art und Weise beim Spracherwerb vor, d.h. aus der Vielfalt möglicher Regeln, die zu einem bestimmten Zeitpunkt dem Input entsprächen, wird nur eine begrenzte Anzahl von den Kindern wahrgenommen und ausprobiert. So bekommt ein Kind z.B. viele Bestätigungen der Annahme, daß ein Fragesatz aus einem Aussagesatz gebildet wird, indem die Wörter innerhalb des Satzes in der umgekehrten Reihenfolge produziert werden:

Kind: ich gehen	*Mutter*: gehst Du?
Kind: Patti kann	*Mutter*: Kannst du?
Kind: ich möchte Milmi	*Mutter*: Milch möchtest Du?

Nur wird diese „Umkippregel" von Kleinkindern nie systematisch ausprobiert. Äußerungen wie „Nicht kannst Du?", „Hause nach kommt Papi?" kommen überhaupt nicht vor. Selbstverständlich produzieren Kleinkinder Äußerungen, die von der Grammatik der Zielsprache abweichen, nur sind diese Abweichungen *systematisch* (vgl. Kapitel 9, 1.2).

Problem 3:
Es wird behauptet, daß das Kleinkind keine ausreichenden Hinweise bekommt, ob seine sprachlichen Versuche richtig sind oder nicht. Während Fremdsprachenlehrer manchmal bemüht sind, jede Lerneräußerung zu korrigieren, tun Mütter und Väter dies nicht.

Daß Sprache unter solchen Bedingungen dennoch relativ problemlos erworben wird, wird oft als „das logische Problem des Spracherwerbs" („The logical problem of language acquisition" – s. z.B. Hornstein und Lightfoot 1981) angesehen.

Interessanterweise betreffen diese drei von Chomsky ausgewählten Probleme des Erstsprachenerwerbs die Qualität des Inputs, des Outputs und des Feedbacks – d.h. die Hauptschritte des behavioristischen

Lernens bzw. des Lockstepverfahrens im Unterricht (vgl. Abbildungen 6.2 und 6.3). Dies ist kein Zufall, da Chomsky bei der Darstellung seines Konzepts des Spracherwerbs u.a. nachweisen wollte, daß eine behavioristische Theorie hierzu nicht ausreicht (vgl. Chomsky 1959).

Die Antwort Chomskys auf die Frage, wie unter diesen Input-, Output- und Feedback-Bedingungen der Erstsprachenerwerb überhaupt möglich ist, liegt nahe: da die Umgebung allein „das logische Problem des Spracherwerbs" nicht lösen kann, müssen es interne Merkmale des Sprachlerners sein, die den Spracherwerb ermöglichen. Kleinkinder sind demnach biologisch so ausgestattet, daß Spracherwerb auch unter den genannten widrigen Lernbedingungen möglich ist. Dies ist eine *nativistische* Position, nach der es in der Natur des Menschen liegt, Sprache lernen/erwerben zu können. Die obige Argumentation ist kaum anzuzweifeln, denn – soweit uns bekannt ist – sind nur Menschen in der Lage, komplexere Kommunikationsmittel wie natürliche Sprachen zu verwenden. Nach Chomsky ist die biologische Ausstattung, durch die Spracherwerb möglich ist, besonders dazu (und nur dazu) geeignet. Mit anderen Worten, Menschen erwerben ihre Muttersprache nicht auf der Grundlage allgemeiner kognitiver Fähigkeiten (durch die sie etwa auch Mathematik und Philosophie studieren können), sondern nur auf der Grundlage eines sprachspezifischen kognitiven Moduls. Dieses Modul nennt Chomsky Spracherwerbsmechanismus („Language Acquisition Device" – LAD), und es enthält eine „Universalgrammatik".

Die Universalgrammatik ist universal in dem Sinne, daß diese Anlage den Erwerb jeder beliebigen natürlichen Sprache zuläßt. Offensichtlich sind Kleinkinder nicht genetisch vorprogrammiert, nur bestimmte Sprachen – z.B. die Sprache(n) ihrer Eltern – zu erwerben. Die vorhandenen kognitiven Fähigkeiten müssen so breit angelegt sein, daß sie den Erwerb irgendeiner natürlichen Sprache zulassen, d.h. also:

Spracherwerbs-mechanismus (LAD)	+	Input einer natürlichen Sprache X	→	Erwerb der Grammatik von X

Somit ist die im Spracherwerbsmechanismus enthaltene Universalgrammatik keine „Grammatik" im üblichen Sinne, sondern sie besteht (nach Chomsky 1981) aus *Prinzipien* und *Parametern*. Prinzipien und Parameter sind zwar keine Sprachregeln, lassen jedoch bestimmte Arten von Sprachregeln zu. Beide dienen u.a. dazu, Grenzen zu setzen bzgl. der Art und Weise, wie eine natürliche Sprache überhaupt aufgebaut sein kann.

Die Prinzipien sind allgemeingültig: die Grammatik aller Sprachen ist mit ihnen vereinbar. Die Parameter sind Variabeln, deren Wert je nach Einzelsprache bestimmt wird. „Offene" Parameter werden also durch Erfahrungen festgelegt. Die linguistische Argumentation innerhalb der Universalgrammatik ist sehr technisch, deshalb geben wir ein informelles Beispiel solcher Prinzipien und Parameter. Nehmen wir an, daß ein Prinzip der Universalgrammatik besagt, daß bestimmte Elemente irgendeiner Sprache aus einem Hauptelement und seiner Ergänzung bestehen. Nehmen wir weiter an, daß ein Parameter existiert, der zuläßt, daß die Ergänzung entweder vor oder nach dem Hauptelement steht. So stehen im Englischen Substantive, Verben und Präpositionen *vor* ihren Ergänzungen, im Japanischen dahinter. Nehmen wir als zweites Beispiel die Tatsache, daß in manchen Sprachen, wie z.B. im Spanischen, Subjekt-Pronomina normalerweise weggelassen werden, während dies z.B. im Deutschen oder im Englischen (normalerweise) nicht zulässig ist:

Ich mag Carlos.	Er ist sehr attraktiv.
	*Ist sehr attraktiv.
I like Fred.	He's very handsome.
	*Is very handsome.
*Yo amo a Carla.	*Ella es muy hermosa.
Amo a Carla.	Es muy hermosa.

Unterschiede wie dieser werden durch einen sog. „PRO-DROP"-Parameter fixiert.

Für den Erstsprachenerwerb ist wichtig, daß in der Theorie Chomskys bestimmte Parameter und Prinzipien *weitere* Parameter und Prinzipien implizieren. Die Festlegung eines Parameters auf Wert A statt Wert B hat Konsequenzen bzgl. anderer Parameter bzw. Prinzipien, die durch diesen Vorgang „aktiviert" werden. Damit ist die Lernaufgabe reduziert. Wenn wir logische Implikationen mit zeitlicher Abfolge gleichsetzen (was Chomsky und andere Linguisten nicht tun), dann könnte dies so interpretiert werden, daß das Kind erst wenn es Regel X erworben hat, weitere Regeln erwerben kann. Der Spracherwerb entwickelt sich also nach diesem Konzept als Entfaltung eines genetischen Programms. Diese Hypothese einer natürlichen Erwerbssequenz ist, wie wir in Kapitel 9 sehen werden, in der Zweitsprachenerwerbsforschung aufgestellt worden.

Eine weitere relevante Perspektive der Universalgrammatik für den Spracherwerb, insbesondere für eine Theorie des Zweitsprachenerwerbs, ist die Hypothese Chomskys, daß nicht alle sprachlichen Einheiten innerhalb einer bestimmten natürlichen Sprache den gleichen Status haben. Chomsky unterscheidet in diesem Zusammenhang zwischen dem *Kern* und der *Peripherie* einer Sprache, also zwischen sprachlichen Elementen, die von zentraler Bedeutung für die Systematik der Sprache sind, und Randerscheinungen, die möglicherweise durch historische Entwicklungen wie Sprachkontakte, politische/kulturelle Unterdrückung usw., aber auch durch reine historische Zufälle in die Sprache hineingelangt sind. So ist es z.B. ein Zufall, daß auf Englisch „inflammable" das Gleiche und nicht das Gegenteil von „flammable" bedeutet und letzteres sogar im Alltagsgebrauch ersetzt hat. Was an der Peripherie der Sprache liegt, ist MARKIERT gegenüber unmarkierten Merkmalen der Sprache, die zu deren Kern gehören. Die Bedeutung von „inflammable" (gegenüber „flammable") ist daher markiert im Vergleich zu der Bedeutung von „inedible" gegenüber „edible", „indiscrete" gegenüber „discrete" usw. Diese Position führt zu der Annahme, daß „markierte" Elemente der Zielsprache möglicherweise anders erworben werden als unmarkierte Elemente (auch wenn dies nicht bedeutet, daß markierte Elemente mit den Prinzipien der Universalgrammatik inkonsistent sind). Das Konzept der Markiertheit (für das es in der Linguistik mehrere Interpretationen gibt) ist ein relativer und kein absoluter Wertbegriff. Sprachliche Regeln oder Strukturen sind demnach nicht entweder markiert oder unmarkiert, sondern markierter oder weniger markiert als andere Regeln bzw. Strukturen. In 2.3 wird das Konzept der Markiertheit in Bezug auf das L2-Lernen interpretiert.

In der oben ausgeführten Prinzipien-und-Parameter Theorie nimmt Grammatik (d.h. Morphosyntax) eine zentrale Rolle ein – zu Fragen der sprachlichen ‚Substanz', das heißt z.B. zum Wortschatz einer Sprache, wird nicht viel gesagt. In Chomsky (1995) wird jedoch ein so geanntens ‚minimalistisches' Programm vorgelegt (s. einführend Cook und Newson 1996). Grundsätzlich bleiben die Prinzipien bestehen. Die Parameter sind aber nun unabhängig von den universalen Prinzipien und sind mit dem Lexikon einer konkreten Sprache verbunden. Wortarten wie Substantive und Verben, die einen referentiellen Inhalt haben, sind mit entsprechenden ‚Nominalphrasen' oder ‚Verbphrasen' verbunden, die festlegen, welche strukturellen bzw. kombinatorischen Möglichkeiten für bestimmte Wörter in der Sprache zulässig sind. Ferner sind *grammatische* Wörter (als „funktionale Kategorien" gekennzeichnet) oder sogar grammatische Flexionen nun auch mit entsprechenden ‚Strukturphrasen' verbunden, die nach den gleichen Strukturen aufgebaut sind wie die Phrasenstrukturen, welche für Substantive, Verben, Adjektive usw. gelten. Daher ist die Lernaufgabe bzw. die Beschreibungsaufgabe ‚minimalistisch'.

Nach diesem Modell lernt ein Kind die Grammatik der L1 hauptsächlich durch die Aneignung neuer Lexeme und deren Verwendung. Dies ist eine höchst plausible Annahme. Im Prinzip erklärt dieser neue Ansatz auch, weshalb das Kind beim Erstsprachenerwerb verschiedene Entwicklungsphasen bei der Aneignung grammatischer Kenntnisse durchläuft – eine Teilerklärung könnte auch darin liegen, daß sich das Kind selbstverständlich über einen bestimmten Zeitraum lexikalisch ‚ausbildet', wobei die Entwicklung grammatischer Kenntnisse mit dieser konzeptuellen/semantischen Entwicklung verknüpft ist (Clahsen 1992). Ob bzw. inwiefern das ‚minimale Programm' wichtige Einsichten oder Forschungsergebnisse für die Sprachlehrforschung mit sich bringt, bleibt zur Zeit offen. Die zentrale Frage, ob Universalgrammatik (in einer ‚minimalen' oder anderen Ausprägung) auch als Theorie des Fremdsprachenlernens gelten kann, bleibt bestehen.

2 Universalgrammatik als Theorie des Zweitsprachenlernens?

Zunächst wird in diesem Abschnitt eine direkte Übertragung der Theorie der Universalgrammatik insgesamt auf das Zweitsprachenlernen problematisiert; danach wird die Übertragbarkeit der Parametertheorie bzw. Markiertheitstheorie diskutiert. Abschließend werden wir auf einige grundlegende Forschungsprobleme hinweisen, die die Überprüfbarkeit der Hypothese des Mitwirkens der Universalgrammatik beim L2-Lernen komplizieren.

2.1 Argumente gegen die Identitäts-Hypothese

Zwei Argumente, die der Theorie der Universalgrammatik zugrunde liegen, treffen beim Zweitsprachenerwerb nicht zu:

(i) Während alle Kleinkinder relativ problemlos irgendeine natürliche Sprache erwerben können, gibt es für Sprecher bestimmter Muttersprachen beim Erlernen verschiedener Fremdsprachen unterschiedliche Lernschwierigkeiten. So werden z.B. Russisch oder Japanisch für Deutschsprechende als „schwierigere" Fremdsprachen als Spanisch eingeschätzt. Es liegen unseres Wissens nach keine Studien vor, die diese Behauptung stützen, möglicherweise deshalb, weil die Fakten evident sind: was man bereits beherrscht, beeinflußt das neu zu Erlernende. Wenn die Universalgrammatik den Erwerb irgendeiner Sprache ermöglichen soll, Fremdsprachenlerner aber erheblich mehr Schwierigkeiten beim Erlernen der einen als der anderen Sprache haben, müßte man zu dem Schluß kommen, daß Erwachsene eine Fremdsprache nicht auf dieselbe Art und Weise lernen wie Kleinkinder ihre Muttersprache.

(ii) Alle gesunden Kleinkinder werden in ihrer Muttersprache kompetent – freilich beherrschen einige Kinder sie bereits mit zwei Jahren, während andere noch weitere zwei Jahre dazu brauchen. Es wird jedoch stets eine volle Beherrschung der Grammatik der Sprache erreicht (stilistische Variationen, Breite des Wortschatzes, Lesefähigkeiten usw. werden hier nicht berücksichtigt). Beim Fremdsprachenlernen ist eine begrenzte Kompetenz aber eher normal. Verschiedene Personen erreichen verschiedene Kompetenzen über verschiedene Zeiträume. Es werden sogar Zweifel geäußert, ob Erwachsene überhaupt eine Fremdsprache völlig beherrschen können (s. z.B. Schachter 1988, 223–224). Manche Erwachsene, die 20 Jahre oder länger in einer „fremden" Kultur leben, beherrschen Kernbereiche der Zielsprache auch nach einem solchen Zeitraum nicht, z.B. Aspekte der Wortstellung im Deutschen. Solche allgemein bekannten Tatsachen sind schwer kompatibel mit einer stärkeren Version der L1=L2-Hypothese. Einige Theorien, die auf einer schwächeren L1=L2-Hypothese basieren, bieten hierzu aber eine Erklärung (s. z.B. Kapitel 9, 3.1).

Die beiden o.g. Argumente treffen sowohl beim natürlichen Zweitsprachenerwerb als auch beim Fremdsprachenlernen zu; sie beweisen jedoch nicht, daß die Universalgrammatik keine Theorie des L2-Lernens darstellt, sondern deuten auf grundlegende Unterschiede zwischen dem L1- und dem L2-Erwerb hin. Auch Wissenschaftler, die die

Übertragbarkeit der Theorie der Universalgrammatik akzeptieren, berücksichtigen daher die Tatsache mit, daß beim L2-Lernen bereits eine Sprachkompetenz vorliegt – die kognitiven Voraussetzungen sind beim L2-Lernen andere. Dies trifft z.B. bei Überlegungen zum Thema Parameterfixierung und Markiertheitstheorie zu, wie wir in 2.2 und 2.3 feststellen werden. Eine starke Form der L1=L2-Hypothese kann somit nicht zutreffen.

2.2 Parameterfixierung beim L2-Lernen

Nehmen wir an, daß eine Form der L1=L2-Hypothese akzeptiert und die Theorie Chomskys als überzeugend erachtet wird, dann stellt sich folgende Frage: Was passiert beim L2-Lernen, wenn ein bestimmter Parameter der Universalgrammatik bereits beim L1-Erwerb auf einen Wert fixiert wurde, die L2 jedoch eine andere Festlegung verlangt? Informell ausgedrückt: Haben nicht deutsche Lerner des Japanischen bei der Satzstellung und spanische Lerner des Deutschen bei den Subjektpronomina automatisch Sonderprobleme? Hierzu bieten sich mindestens drei Lösungen an:

(i) Die in der Universalgrammatik enthaltenen offenen Parameter können problemlos für die neue Sprache neu fixiert werden.
(ii) Parameter können überhaupt nicht „umfixiert" werden.
(iii) Eine neue Parameterfixierung ist möglich, erschwert jedoch den L2-Erwerb.

Insbesondere Position (iii) wird in der Fachliteratur vertreten, z.B. von Flynn und Espinal (1985). Studien, die die Auswirkungen einer anderen Parameterfixierung bei der L2 im Vergleich zur L1 empirisch nachzuprüfen versuchten, haben jedoch zu sehr inkonsistenten Ergebnissen geführt. White (1989) diskutiert und resümiert mehrere solcher Untersuchungen. Wir wollen im folgenden exemplarisch White (1985) diskutieren, bevor wir auf Position (iii) zurückkommen.

Der linguistische Hintergrund der Studie ist folgender: das Prinzip der „Zuordnung" („Subjacency") besagt grundsätzlich, daß ein Satzelement nur unter bestimmten Bedingungen an eine andere Stelle verschoben werden kann. In (a) wird z.B. X aus dem untergeordneten Satz entnommen und als Fragewort im Hauptsatz ersetzt. Wenn man jedoch eine ähnliche Bewegung in (b) vornehmen würde, dann wäre das Ergebnis ungrammatisch.

(a) Mary believes that [John saw *X*]
→ *What* does Mary believe that John saw?
(b) Mary accepts the claim [that John saw *X*]
→ **What* does Mary accept the claim that John saw?

Das Zuordnungsprinzip besagt, daß ein Satzelement nur *einen* „Sprung“ machen kann. Verschiedene Sprachen lassen jedoch unterschiedliche „Sprünge“ zu, die durch Parameter gelernt werden müssen. Bei White (1985) geht es um Unterschiede zwischen französischen und spanischen Lernern des Englischen, wobei Spanisch und Englisch sich bei Zuordnungsbewegungen ähnlich verhalten, während der betroffene Parameter bei Französisch anders festgelegt wird (vgl. z.B. die Sätze in (c)).

(c) He saw *X* people
→ *Combien* a-t-il vu de personnes?
→ **How many* did he see (of) people?
→ **Cuantas* ha visto de personas?

In der genannten Studie wurden 54 spanischen und 19 französischen Englischlernern sowie einer Kontrollgruppe von 11 Muttersprachlern des Englischen verschiedene englische Sätze vorgelegt. Die Probanden mußten einschätzen, ob die Sätze grammatisch korrekt sind. Einige (ungrammatische) Beispielsätze sind unter (d) aufgelistet.

(d) I read a book of which my professor had recommended the style
This is a book of which I hate the title
How many did you buy of the books

Die Ergebnisse können hier nicht vollständig wiedergegeben werden. Eine deutliche Bestätigung der Hypothese, daß die französischen Lerner eher ungrammatische englische Sätze akzeptieren als spanische Lerner, liegt jedoch nicht vor. Bei allen Gruppen konnten sehr viele Variationen nachgewiesen werden, sowohl bzgl. individueller Unterschiede als auch bzgl. individueller Urteile über grammatisch identisch strukturierte Sätze. Von sieben kritischen Sätzen wurden sogar zwei ungrammatische von mehreren englischen Muttersprachlern akzeptiert!

Für unsere theoretischen Überlegungen zur L1=L2-Hypothese ist aber die These von Position (iii) interessant, daß der Erwerb von L1 und L2 *nicht* identisch abläuft, wenn L1 und L2 verschiedene Werte auf einem Parameter aufweisen. Die Übertragung der Universalgrammatik auf das L2-Lernen ist in dieser Beziehung nur unter Berücksichtigung der Rolle der Muttersprache möglich.

Es ist verfrüht, ein endgültiges Urteil über die Relevanz der Parametertheorie für das Fremdsprachenlernen abzugeben. Bei der Bildung eines solchen Urteils sind aber u.E. mindestens drei Probleme zu berücksichtigen:

- Die unter 2.4 unten erwähnten Forschungsprobleme treffen insbesondere beim Versuch zu, das „Parameterfixierungsmodell" zu testen. Die unklaren Ergebnisse bei z.B. White (1985) sind hierfür ein Hinweis.
- Nach wie vor können Ergebnisse, die mit der Lösung (iii) oben konsistent sind, genauso gut durch das auf einer rein behavioristischen Betrachtung des L2-Lernens basierende Konzept der Interferenz erklärt werden (s. Kapitel 12, 2.1).
- Das Problem der Parameterumfixierung beim L2-Lernen existiert im Prinzip nur, wenn Linguisten Chomskyscher Prägung festlegen, welche Werte welche Parameter besetzen. Mit anderen Worten, eine psycholinguistische Theorie ist von einer linguistischen Theorie abhängig. Dieser Punkt ist nicht trivial, wenn man bedenkt, wie umstritten Vorschläge zum Thema Parameter sind. Daher bleibt unklar, ob L2-Lernerdaten dazu dienen, eine linguistische (Teil-) Theorie zu überprüfen, oder ob in der Tat linguistische Beschreibungen Erklärungskraft für Aspekte des L2-Lernens haben.

2.3 Markiertheit beim L2-Lernen

Zweitsprachenerwerbsforscher, die grundsätzlich von der Relevanz der Universalgrammatik für das L2-Lernen überzeugt sind, haben auch für das Konzept der Markiertheit verschiedene Auswirkungen beim L2-Lernen postuliert. Die theoretische Frage lautet: wenn die Realisierungen eines bestimmten Merkmals oder grammatischen Subsystems in L1 und L2 im Vergleich zueinander unterschiedlich „markiert" sind, hat dies dann Auswirkungen beim L2-Lernen?

Nach gründlicher Überlegung dürfte klar sein, daß das Konzept der Markiertheit bei Chomsky für diese Frage nicht allzu relevant ist. Chomsky hat ein intra-sprachliches Konzept von Markiertheit entwickelt – wenn aber Elemente aus Grundsprache und Zielsprache verglichen werden sollen, brauchen wir offensichtlich ein intersprachliches Konzept von Markiertheit. Wir werden uns auf eine Hypothese von Eckman (1981) beschränken, die in Abbildung 8.1 zusammengefaßt dargestellt ist.

Markiertheit wird Eckman zufolge durch einen Vergleich möglichst vieler Sprachen entdeckt. Das Konzept wird am besten anhand eines Beispiels erklärt. Keenan und Comrie (1977) haben festgestellt, daß bei Relativsätzen unterschiedliche grammatische Elemente in verschiedenen Sprachen relativiert werden können. Die Autoren schlagen folgende Markiertheitshierarchie vor:

1. Subjekte		Die Frau, *die* mich schlägt.
2. direkte Objekte		Die Frau, *die* ich liebe.
3. indirekte Objekte		Die Frau, *der* ich zwei Euro gab.
4. Objekte von Präpositionen		Der Mann, neben *dem* ich wohne.
5. Genitive		Der Mann, *dessen* Name ich trage.
6. Objekte von Komparativen	*	Der Mann als *wem* ich größer bin.

MARKIERTHEIT

Ein Merkmal X in einer bestimmten Sprache ist relativ markiert gegenüber einem anderen Merkmal Y in dieser Sprache, wenn ein Vergleich vieler Sprachen folgendes ergibt: wenn Merkmal X in einer Sprache vorkommt, dann kommt auch immer Merkmal Y vor. Daß Merkmal Y vorkommt, impliziert nicht, daß Merkmal X vorhanden sein muß.

DIE HYPOTHESE

1. Merkmale der L2, die markierter sind als bei L1, sind schwierig zu erlernen.
2. Der Grad der Schwierigkeit ist eine Funktion des relativen Grades der Markiertheit.
3. Merkmale der L2, die weniger markiert sind als bei L1, sind nicht schwierig zu erlernen.

Abbildung 8.1 Die Markiertheitunterschieds-Hypothese (vgl. z.B. Eckman 1981)

In allen Sprachen, in denen Relativsätze möglich sind, können also Subjekte relativiert werden – in relativ wenigen Sprachen dagegen können auch Objekte von Komparativen relativiert werden (im Deutschen ist dies nicht zulässig). Ferner ist uns keine Sprache bekannt, die Möglichkeit 6 erlaubt, ohne daß auch Möglichkeiten 1 bis 5 in dieser Sprache grammatisch korrekt sind. Das gleiche gilt für alle Stufen der Hierarchie. Was „unten" in der Hierarchie liegt, ist markiert gegenüber dem, was „höher" liegt.

Uns sind keine Studien bekannt, die das Erlernen bzw. den Erwerb von Relativsätzen in der Muttersprache untersucht haben (dies zu untersuchen, dürfte auch schwierig sein, da besonders bei Kleinkindern Relativsätze in informellen Gesprächen kaum vorkommen). Einige Studien deuten jedoch darauf hin, daß im Englischen diese Hierarchie der Erwerbssequenz sowohl für natürliche Zweitsprachenerwerber als auch Fremdsprachenlerner gilt. So hat z.B. Pavesi (1986) die Englischkenntnisse von Schülern in Italien mit denen italienischer Arbeiter in Schottland verglichen und festgestellt, daß – trotz interessanter Unterschiede – beide Gruppen Relativsätze nach der Implikationshierarchie beherrschten. Die Hypothese lautet also, daß markierte Elemente später erlernt werden als unmarkierte.

Eine erste und wichtige Frage ist, welche Erklärung man für eine solche Übereinstimmung zwischen Markiertheitshierarchien und Erwerbssequenzen hat. Wie gesagt liegt ein Problem darin, daß Markiertheit bei Chomsky nicht gleichzusetzen ist mit dem Konzept von Markiertheit, das durch Sprachvergleiche entwickelt wurde. Immerhin könnte man argumentieren, daß Markiertheit „Entfernung" vom Kern der Universalgrammatik bedeutet. Dies würde heißen, daß man den „Kern" durchlaufen muß, bevor man zum „Rand" kommt. Die Hypothese Eckmans ist mit dieser Erklärung konsistent, auch wenn sie nicht viel mehr als eine metaphorische Erklärung ist.

Ein Hauptproblem dieser Hypothese liegt darin, daß das linguistisch festgelegte Konzept der Markiertheit gleichgesetzt wird mit dem psycholinguistischen Konzept der Lernschwierigkeit. Ferner dürfte die Hypothese auf relativ wenige Merkmale irgendeiner Zielsprache zutreffen (uns sind nur Studien zu Relativsätzen bekannt). Schließlich kann man auch andere Erklärungen für solche Lernschwierigkeiten finden – bei Relativsätzen sind z.B. die markierteren Phänomene linguistisch komplizierter, verlangen daher intensivere kognitive Verarbeitung und kommen weniger häufig vor.

2.4 Forschungsprobleme

Der Versuch, Aspekte der linguistischen Theorie Chomskys für empirische Erst-/Zweitsprachenerwerbsstudien nutzbar zu machen, bringt einige forschungsmethodologische Probleme mit sich, die hier erwähnt werden sollen.

Wir weisen nochmals darauf hin, daß die Universalgrammatik auf einem modularen Konzept des Gehirns basiert – der Spracherwerbsmechanismus ist nur *ein* kognitives Modul unter anderen. Bei der Erforschung des Spracherwerbs kann man also nie sicher sein, welches kognitive „Modul" zur Zeit die Sprachproduktion mitsteuert. Wenn z.B. Kleinkinder Laute von sich geben oder Lerner im Fremdsprachenunterricht verschiedene „Fehler" produzieren, kann man nie genau wissen, ob diese Sprachproduktion die Wirkungsweise des Spracherwerbsmechanismus nachweist oder ob nicht andere kognitive Fähigkeiten („Module") mitwirken oder sogar ausschließlich dafür verantwortlich sind. So lernen z.B. Kleinkinder sehr früh, sprachliche Routinen (also mehr oder weniger feststehende, vorfabrizierte Redewendungen) ohne die dahinterstehende Grammatik zu beherrschen (s. z.B. Peters 1983). Auch beim natürlichen und beim gesteuerten L2-Lernen werden Routinen gespeichert und produziert. Daher bleibt bei angemessenen Äußerungen in der Kindheit oder im Unterricht zu überprüfen, ob nicht Routinen produziert werden, die unabhängig von einem Sprachlernmechanismus und ohne Bezug zu Parameter- oder Markiertheitstheorien erworben oder gelernt worden sind.

Grundsätzlich ist die Universalgrammatik eine Kompetenztheorie: die „Performanz" kann keine direkt relevanten theoretischen Beweise liefern. Daher werden bei Spracherwerbsforschungen, die sich auf die Universalgrammatik und insbesondere auf Parameterfixierung beziehen, häufig Grammatikalitätstests oder Wiederholungsaufgaben vorgenommen, die Aspekte der Universalgrammatik beim L2-Lernen überprüfen sollen (vgl. das Verfahren bei White 1985 oben). White betont weiterhin, daß nicht gezeigt werden muß, daß Interimsprachen ähnliche Merkmale aufweisen wie die Sprache von Native-speakers, um nachzuweisen, daß Universalgrammatik beim Zweitsprachenerwerb aktiviert wird; man muß nur zeigen, daß Interimsprachen Merkmale aufweisen, die konsistent mit Prinzipien der Universalgrammatik sind (White 2003, 37).

3 Unterschiede zwischen dem L1- und L2-Erwerb

Abbildung 8.2 listet einige Unterschiede zwischen dem L1-Erwerb und dem Fremdsprachenlernen auf. Die externen Faktoren sind wahrscheinlich spezifisch für Fremdsprachenlerner, während die internen Faktoren in diesem Fall auch auf das natürliche Zweitsprachenlernen zutreffen. Solche Unterschiede sind kein Beweis dafür, daß sich die Lernprozesse beim L1- und L2-Erwerb grundsätzlich unterscheiden. Sie zeigen jedoch Perspektiven auf, die bei der Betrachtung einer L1=L2-Hypothese zu berücksichtigen sind und geben ferner Grund zum Zweifel, daß ein so komplexes und lernfähiges Wesen wie der Mensch den Zweitsprachenerwerb bzw. das Fremdsprachenlernen genauso vollzieht wie den Erwerb der Muttersprache.

INTERNE UNTERSCHIEDE	
ALTER	Fremdsprachenlerner sind älter und normalerweise kognitiv reif: beim L1-Erwerb ist kognitive Reife noch nicht vollzogen.
SPRACHE	Fremdsprachenlerner beherrschen schon eine Sprache und stellen (möglicherweise) Vergleiche zwischen L1 und L2 an, L1-Lerner nicht.
MOTIVE	Der L1-Erwerb ist stark mit der Sozialisation verbunden: Fremdsprachenlerner besitzen schon soziale Kompetenz.
WISSEN	Kulturelles und allgemeines Weltwissen wird durch den L1-Erwerb ermöglicht bzw. miterworben, beim Fremdsprachenlerner liegt es schon vor.
EXTERNE UNTERSCHIEDE	
ZEIT	L1-Lerner hat mehr Zeit: beim Fremdsprachenlernen bleibt Zugang zu Lernmöglichkeiten zeitlich begrenzt.
INPUT	Im Fremdsprachenunterricht wird der Input meistens stark kontrolliert/strukturiert – beim L1-Lernen nicht.
GRUPPE	Fremdsprachenlernen findet innerhalb einer *Lern*gruppe statt, L1-Erwerb findet grundsätzlich innerhalb einer schon vorhandenen sozialen Gruppe stattt.
FEED-BACK	Mütter und Lehrer gehen auf unterschiedliche Art mit Fehlern um.

Abbildung 8.2 L1-Erwerb und FS-Lernen im Vergleich (vgl. Ellis 1990, 42)

4 Zusammenfassung/Ausblick

In diesem eher theoretischen Kapitel wurde die Universalgrammatik als Theorie des Spracherwerbs erläutert. Es wurde aufgezeigt, daß eine direkte Übertragung der Theorie auf den L2-Spracherwerb problematisch sein dürfte. Die Formulierung „L1=L2" ist undifferenziert. Ob diese Behauptung zutrifft und wie eine differenziertere Hypothese zu formulieren wäre, muß allerdings empirisch diskutiert werden – dies ist die Aufgabe des nächsten Kapitels. Dabei ist nochmals zu bedenken, daß es die Grundidee der „L1=L2-Hypothese" ist, daß Sprachen, die sich auf der Basis grundlegender Merkmale menschlichen Denkens entwickelt und strukturiert haben, anhand der Aktivierung genau dieser Merkmale erworben werden können. Wie Cook 1991 zu Recht betont, ist die Wahrscheinlichkeit, daß wir irgendwann einmal einen Lerner entdecken, der *nicht* davon ausgeht, daß eine Sprache strukturiert ist, äußerst gering (vgl. Cook 1991, 23)!

Kapitel 9

Erstsprachenerwerb – Zweitsprachenerwerb – Fremdsprachenlernen: Empirische Vergleiche

In diesem Kapitel werden weitere Aspekte des Vergleichs zwischen verschiedenen Spracherwerbstypen in unterschiedlichen Spracherwerbskontexten fortgesetzt. Der Schwerpunkt liegt nun auf empirischen Studien.

Zunächst werden zwei linguistische Bereiche diskutiert, in denen ein Vergleich zwischen Lernsequenzen beim Erst- und Zweitsprachenerwerb vorgenommen worden ist. Im zweiten Abschnitt des Kapitels wird das Fremdsprachenlernen im Vergleich zum natürlichen Zweitsprachenerwerb (mit oder ohne unterrichtliche Unterstützung) behandelt. Nach einem dritten, eher theoretisch interpretativen Abschnitt folgen schließlich einige didaktische Überlegungen, die auf den angesprochenen Studien basieren.

1 L1-Erwerb und L2-Erwerb im Vergleich – empirische Studien

In den sechziger und siebziger Jahren, als die Theorien Chomskys besonders einflußreich waren, sind (vor allem in den Vereinigten Staaten) mehrere empirische Ergebnisse erzielt worden, die eine Form der L1=L2-Hypothese zu unterstützen schienen. Die Suche nach Ähnlichkeiten zwischen L1- und L2-Lernen wurde durch Ergebnisse aus der Erstsprachenerwerbsforschung stimuliert. Erst in diesem Zeitraum gab es nämlich Befunde, daß beim Erstsprachenerwerb vergleichbare Erwerbssequenzen für eine bestimmte Sprache auftreten. Ähnlichkeiten in der Sprachproduktion beim L1- und L2-Lernen wurden sowohl bei der Beherrschung bestimmter morphologischer Merkmale der Zielsprache als auch in der Entwicklung bestimmter syntaktischer Phänomene festgestellt. Bei letzteren wurden ähnliche Übergangsstrukturen oder Entwicklungsfehler beim L1- und L2-Erwerb entdeckt.

1.1 Gibt es eine natürliche Lernsequenz? – Die Morphemstudien

Brown (1973) hat über einen längeren Zeitraum drei Kinder beobachtet und ihre wachsende Kompetenz in der Beherrschung verschiedener englischer „Funktionswörter“ dokumentiert. Dazu hat er das Konzept eines „obligatorischen Kontextes“ verwendet und eine bestimmte Erfolgsquote festgelegt. Wenn die untersuchten Kinder ein bestimmtes grammatisches Phänomen (z.B. Pluralbildung) in ca. 90% der Äußerungen benutzt hatten, in denen der Gebrauch dieses Morphems zwingend war, dann galt es als erworben. Das wichtigste Ergebnis war, daß bei allen drei Kindern eine ähnliche Progression vorlag. Abbildung 9.1 resümiert die Reihenfolge, die sich aus der Studie ergeben hat.

Morphem	Form(en)	Beispiel
Progressivform	-ing	Daddy eating
Präposition ON	on	Dollie on house
Präposition IN	in	Miri in chair
Reguläre Pluralformen	-s	Dogs bite
Unreg. Vergangenheit	went etc.	I already ate it
Possessiver Genitiv	-s	Ecki's house
Kopula BE (ohne Kürzel)	is, am etc.	Yes, he is
Artikel	the, a	Kati am the boss
Reg. Vergangenheit	-ed	We played that
Reg. 3. Pers. Sing.	-s	She plays with me
Unreg. 3. Pers. Sing.	has etc.	Ecki has it
BE als Hilfsverb	BE forms	I was doing that
Kopula + Kürzel	BE forms	I'm tired
Hilfsverb + Kürzel	BE forms	I'm going now

Abbildung 9.1 Erwerbssequenz (L1 Englisch) (basiert auf Brown 1973, Littlewood 1984, 10)

Dulay und Burt (1974) haben die Englischkenntnisse von 60 spanischsprechenden und 55 chinesischsprechenden Kindern in den USA (5 bis 8-Jährige) untersucht und die in Abbildung 9.2 dargestellte Liste als Erwerbssequenz vorgeschlagen. Die Methodik dieser Untersuchung wurde in der Folge häufig eingesetzt und ist in der Zwischenzeit heftig kritisiert worden: statt Langzeitstudien vorzunehmen, führten Dulay und Burt lediglich Querschnittsstudien durch, für die sie einen Test entwickelten, der den Zugriff auf das syntaktische Wissen der Lerner ermöglichen sollte („Bilingual Syntax Measure“). Der Test bestand aus Bildern und auf ihnen basierenden Fragen, bei deren Beantwortung zwangsläufig bestimmte grammatische

Formen benutzt werden mußten. Dann wurden Browns Kriterien für die grammatische Beherrschung eingesetzt, damit ein Profil für jeden Lerner erstellt werden konnte. Diese Profile wurden zwecks Aufstellung einer Erwerbssequenz miteinander verglichen. Wenn also jeder innerhalb der Gruppe die Pluralbildung beherrscht, dann gilt dieses Phänomen als früher erworben als andere grammatische Merkmale, die zur Zeit der Studie nur von einigen beherrscht wurden. Methodologisch problematisch ist die Annahme, daß man eine Erwerbssequenz für eine Gruppe durch Vergleiche mit den Erwerbsstadien der einzelnen Mitglieder dieser Gruppe aufstellen kann.

Die Abbildungen 9.1 und 9.2 weisen sowohl Ähnlichkeiten als auch Unterschiede auf. Dies ist ganz typisch für Ergebnisse der sog. „Morphemstudien". Mehrere weitere Studien haben statt L1- und L2-Lerner zu vergleichen verschiedene Gruppen von L2-Lernern verglichen. In diesen Studien stand nicht mehr die L1=L2-Hypothese im Zentrum der Debatte, sondern die Hypothese einer natürlichen zweitsprachlichen Erwerbssequenz, die unabhängig von L1 und dem Alter der L2-Lerner ist. Bei den Erwerbssequenzen wurden Unterschiede bei den verschiedenen L2-Lernern festgestellt, je nachdem, welche Muttersprache sie beherrschten. Unklar bleibt, inwieweit der bilinguale Syntaxtest selbst verantwortlich für die erzielten Ergebnisse war, da andere Dateneinholungsverfahren teilweise zu anderen Ergebnissen kamen (s. z.B. Larsen-Freeman 1975; Hakuta 1976; Porter 1977; Gass und Selinker 1994, 79–87).

Die Übertragbarkeit von Morphemsequenzen auf das gesteuerte Sprachenlernen wurde ebenfalls untersucht. Man wollte überprüfen, ob die Erwerbs- bzw. Produktionssequenz verschiedener Morpheme bei schulischen Lernern eher der didaktischen Progression im Unterricht entspricht oder der Reihenfolge, die sich aus Studien des Erstsprachenerwerbs bzw. natürlichen Zweitsprachenerwerbs ergibt. Wenn die unterrichtete Sprache eine Zweitsprache ist, in der es Kontakte mit der Sprache außerhalb des Unterrichts gibt, deuten fast alle Studien darauf hin, daß Erwerbssequenzen *nicht* durch Lehrplansequenzen determiniert werden. Wenn jedoch das *Fremdsprachenlernen* mit dem natürlichen Spracherwerb verglichen wird, dann sind die Ergebnisse unterschiedlich (vgl. hier die Zusammenfassung in Ellis 1990, 138–141). Pica und Doughty (1985) sind der Auffassung, daß eine Differenzierung notwendig ist: Unterricht kann je nach grammatischem Bereich zu einer frühen, schnellen oder zu überhaupt keiner Beherrschung dieses Bereichs führen.

Morphem	Form(en)	Beispiel
PRO Flexion	he, him	He not like her
Artikel	a, the	The man's eating
Kopula	be, is, are	That's a black one
Progressivform	-ing	Blackie's eating
Plural	-s	His hands dirty
Hilfsverb	be + V-ing	Froggie is drinking
Reg. Vergang.	-ed	I wanted that
Unreg. Verg.	came, went	He came back
Langer Plural	-es	I have lots of houses
Pos. Genitiv	-s	Mary's bag
3. Pers. Sing.	-s	He runs fast!

Abbildung 9.2 Erwerbssequenz (L2 Englisch) (basiert auf Dulay und Burt 1974, McLaughlin 1987, 31)

Krashen (1982) hat die Ergebnisse verschiedener Studien zusammengestellt und eine „Durchschnittshierarchie" vorgelegt (Abbildung 9.3). Die Elemente in einem Block in dieser Abbildung werden in unterschiedlicher Sequenz erworben bzw. produziert. Krashen und andere haben daraus gefolgert, daß eine „natürliche" Erwerbssequenz nachgewiesen ist, auch wenn Abweichungen von dieser Sequenz bei verschiedenen Lernern auftreten. Der Schwachpunkt dieser Position ist, daß die Hypothese hiermit unwiderlegbar wird. Wenn abweichende Ergebnisse vorgelegt werden, dann braucht man diese lediglich mitzuberücksichtigen, um damit eine neue Hierarchie erstellen zu können.

Zusammenfassend gesagt: die Ergebnisse der Morphemstudien sind von begrenzter Reliabilität und zweifelhafter Validität – daher sind diese Studien schwer interpretierbar. Daß einige Ähnlichkeiten beim Erstsprachenerwerb und Zweitsprachenerwerb auftauchen, ist kaum überraschend, wie dies theoretisch zu interpretieren ist, bleibt jedoch unklar. Verschiedene Studien zum Erwerb bestimmter syntaktischer Merkmale haben unserer Meinung nach größere Aussagekraft als die Morphemstudien.

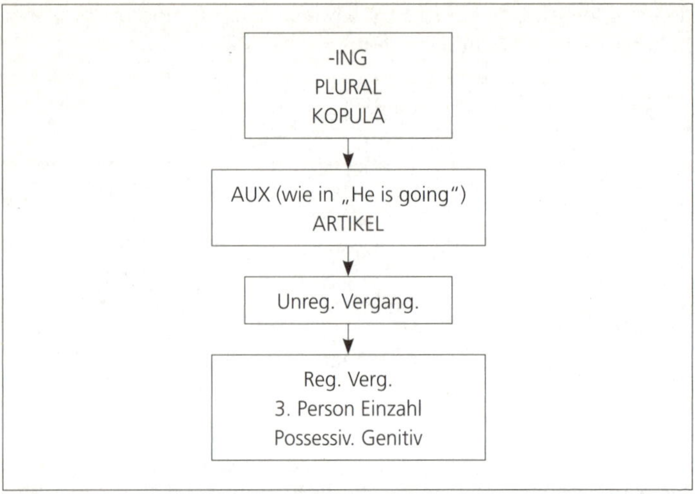

Abbildung 9.3 „Durchschnittliche" Erwerbssequenz (L2 Englisch) Kinder und Erwachsene (Krashen 1982, 13)

1.2 Gibt es allgemeine Entwicklungsstufen beim Erlernen syntaktischer Phänomene?

Das Hauptergebnis dieser zweiten Gruppe von Studien ist, daß Lernende eine festgelegte Sequenz von sich überlappenden Phasen beim Erlernen syntaktischer Subsysteme wie Negation, Fragesätzen oder Hilfsverben durchlaufen. Die deutsche Wortstellung ist ein weiterer Bereich, der in diesem Zusammenhang intensiv erforscht worden ist. Beim Erwerb bestimmter grammatischer Bereiche erscheinen regelmäßig sogenannte „Zwischenstrukturen". Das sind syntaktische Strukturen, die zwar von der Zielsprache abweichen, jedoch als vorübergehende Erscheinungen beim Sprachenlernen auftreten. Die Ergebnisse solcher Studien gelten als empirische Bestätigung der Behauptung Chomskys, daß Kleinkinder auf ähnliche Weise ihre L1 erwerben (vgl. Kapitel 8, 1, „Problem 2").

Viele der durchgeführten Untersuchungen sind Langzeit- oder Longitudinalstudien. So zeigen insbesondere Wode (1980) und Clahsen, Meisel und Pienemann (1983), daß durch sorgfältige Analysen von systematisch eingeholten Daten Übergangsstrukturen entdeckt werden können, die vergleichbar sind mit Erscheinungen beim Erstsprachenerwerb, auch wenn die Performanz bei L2-Lernern selbstverständlich durch andere Faktoren beeinflußt wird. Solche Langzeitstudien sind forschungsmethodisch ein deutlicher Fortschritt im Vergleich zu den Morphemstudien.

Die Abbildungen 9.4 und 9.5 zeigen Ergebnisse für den Erwerb der Negation im Englischen und der Wortstellung im Deutschen. Abbildung 9.4 basiert auf Ellis (1985, 59–60) und ursprünglich auf Schumann (1979) (vgl. ferner Littlewood 1984, 41–44). Genau wie bei Abbildung 9.3 ergeben sich die Phasen in Abbildung 9.4 aus der Zusammenstellung mehrerer empirischer Studien. Einige davon zeigen, daß die Muttersprache beim L2-Erwerb der Negation eine Rolle spielen kann. Abbildung 9.5 basiert auf u.a. Clahsen, Meisel und Pienemann (1983), Ellis (1989). Die Stufen in Abbildung 9.5 werden akkumulativ beherrscht.

Regel	Beispiele	Erläuterung
1. Neg+Nukleus	No very good Not go Not you play No want it	NO oder NOT oder beide kommen außerhalb des Nukleus vor.
2. Sub NEG VP	I not coming I no can swim He don't eat that He not can eat none	NEG erscheint nach dem Subjekt. DON'T wird als nicht-analysierter „Chunk" verwendet.
3. Aux/Mod Neg emerges	I can't swim No I won't stop I amn't going He is not there	Stage 2 + post-Aux und Post-Modal-Negation, „Chunking" kann vorangehen.
4. Sub Tn DO VP	I didn't do it That doesn't matter He didn't found it	NOT ist als Negationsmittel erworben. Zeitformen werden markiert, aber nicht immer richtig.

Abbildung 9.4 Vier Stufen beim Erwerb der Negation im Englischen als L2 (vgl. Ellis 1985, 59–60)

	Regel	Beispiele
1.	Adverb nach vorne	Jetzt gehen wir spielen Da Kinder spielen
2.	Verbphrase Teilung	Alle Kinder muß die Pause machen Ich habe den Brief geschrieben
3.	Subjekt/ Verb-Inversion	Habe ich auch gemachen Jetzt kommen wir
4.	Verb in Neben-sätzen am Ende	Da du doof bist Ich kann nicht, weil ich nicht will

Abbildung 9.5 Vier Stufen beim Erwerb der deutschen Wortstellung

Es gibt unseres Erachtens gar keinen Zweifel daran, daß mindestens für bestimmte Aspekte einer Zielsprache verschiedene Lerngruppen, die unter verschiedenen Bedingungen diese Sprache zu beherrschen versuchen, ähnliche Erwerbsstufen aufweisen. Die interessante Frage dabei lautet: „Woran liegt das?". Hierzu hat Pienemann in mehreren Studien eine detaillierte Antwort gegeben. Ausgehend von der Tatsache, daß bei der aktiven Begegnung mit einer noch nicht beherrschten Sprache nur eine begrenzte kognitive Kapazität zur Verfügung steht, hat Pienemann eine sog. ‚Verarbeitungsfähigkeitstheorie' („processability theory") entwickelt, die besagt, daß relativ einfache kognitive Operationen – wie zum Beispiel die Zusammensetzung schon gelernter linguistischer Elemente – zuerst erworben und automatisiert werden müssen, bevor darauf aufbauende Operationen – etwa die Bewegung der neu zusammen gesetzten Elemente – gelernt werden können. Dies ist möglich, weil die Automatisierung kognitive Kapazität frei setzt (vgl. z.B. Pienemann 1998). Die Generalisierbarkeit der Theorie Pienemanns wird jedoch von vielen Studien in Frage gestellt (vgl. z.B. Meerholz-Härle und Tschirner (2001).

2 „Does Instruction make a Difference?"

Viele Studien innerhalb der Zweitsprachenerwerbsforschung beschäftigen sich mit einem Vergleich zwischen gesteuerter und natürlicher L2-Entwicklung (eine Übersicht gibt Ellis 1990, S. 146–149, 162–164; Ellis 1994, 611–663). Es geht dabei um die für die Zweitsprachenerwerbsforschung zentrale Frage „Does instruction make a difference?". Die Logik hinter dieser Fragestellung ist die folgende: bevor man nach geeigneten Lehrprinzipien und Materialien für das gesteuerte Sprachlernen sucht, sollte man zunächst feststellen, ob Unterricht überhaupt einen Gewinn bringt für Adressaten, die in ihrer Lebensumgebung ohnehin Zugang zu der Zielsprache haben.

Die Frage „Does instruction make a difference" wird sehr unterschiedlich interpretiert (aus diesem Grund haben wir bisher auf eine deutsche Übersetzung verzichtet). Bei den unterschiedlichen Interpretationen sind zwei Variabeln besonders wichtig. Zum einen bleibt es manchmal unklar, ob man unter „instruction" Unterricht allgemein oder eine bestimmte Art von Unterricht versteht. Der englische Begriff „instruction" wird z.T. als Sprachlehre unter formalen, institutionalisierten Bedingungen verstanden (vgl. Chaudron 1988, 4); manchmal jedoch wird unterschieden zwischen „instruction" allgemein und „formal instruction" (vgl. Ellis 1985, 217; 1990, 130–173). Die Forschungsfrage lautet nach dieser Differenzierung: „Does *formal* instruction make a difference?" Ellis schlägt zwei Merkmale für Unterricht vor, der sich auf die sprachliche Form bezieht („formal instruction"). Erstens werden spezifische Aspekte der Zielsprache vom Lehrer vorher ausgewählt und dann im Unterricht erläutert; zweitens wird in einem solchen „formbezogenen" Unterricht über die Systematik der Zielsprache gesprochen, d.h. ein strukturiertes Curriculum wird zugrunde gelegt und grammatisches Wissen explizit vermittelt. Wenn dagegen „natürliche Kommunikation" im Unterricht gefördert wird, haben wir es nicht mit „formal instruction" zu tun (Ellis 1985, 217).

Auch Ellis wechselt zwischen der allgemeinen und der spezifischen Interpretation des Begriffs „instruction". Die vorgeschlagenen Merkmale, durch die der formale Unterricht charakterisiert werden soll, lassen sich außerdem nicht leicht operationalisieren. Es ist z.B. unklar, was „natürliche Kommunikation" bedeuten soll, wenn sich zwei deutsche Lerner in Deutschland im Unterricht auf Russisch unterhalten. Auch wenn wir „formal instruction" theoretisch charakterisieren können, bleibt die Tatsache unberücksichtigt, daß in der unterrichtlichen Praxis sowohl „formaler" als auch „natürlicher" Unterricht ständig gemischt werden, wenn nicht sogar gleichzeitig ablaufen.

Die zweite Variable bei der Leitfrage betrifft genau das, wozu „instruction" einen Unterschied machen soll. Man kann zuerst fragen, ob Unterricht (d.h. „instruction") den Lernerfolg in einem bestimmten Zeitraum positiv oder negativ beeinflußt, d.h. ob Unterricht einen Unterschied macht bzgl. der *Schnelligkeit* des Lernens. Im allgemeinen wird bei dieser Frage die breitere Interpretation des Begriffs „instruction" verwendet. Für die Fremdsprachenvermittlung in Kontexten, in denen keine oder sehr geringe fremdsprachliche Kontaktmöglichkeiten außerhalb der Schule vorhanden sind, ist diese Frage nur von theoretischem Interesse. Statt nach dem Einfluß von „instruction" auf den Lernerfolg zu fragen, kann man aber fragen, ob der Unterricht einen Unterschied macht bzgl. der *Sequenzen*, nach denen gelernt wird. Bei der Untersuchung dieser Frage wird in der Forschung eher die engere Interpretation des Begriffs „instruction" angenommen.

Diese Unterscheidung zwischen Lernerfolg und Lernprogression läßt sich im Englischen leicht einprägen, da man die Begriffe RATE (Schnelligkeit) und ROUTE (Weg) dafür benutzt.

Wir werden jetzt nach Antworten auf beide Interpretationen der Frage „Does instruction make a difference?" suchen. Studien, die die Frage nach dem Lernerfolg zu beantworten suchen, werden in 2.1 folgend behandelt; die Frage, ob Unterricht einen Einfluß auf die Lernprogression ausübt, wird u.a. mit Bezug auf das Fremdsprachenlernen in 2.2 diskutiert.

2.1 Sprachunterricht und Lernerfolg

Long (1983a) berichtet über elf Studien, in denen der Lernfortschritt unter natürlichen und unter gesteuerten Bedingungen verglichen wurde. Die Ergebnisse sind sehr gemischt – insgesamt zieht Long den Schluß, daß Unterricht doch nützlich ist, nur ist dies aus den angesprochenen Studien schwer nachvollziehbar. Das Forschungsverfahren variiert in den verschiedenen Studien, basiert jedoch auf der Suche nach Korrelationen zwischen der Sprachleistung, der Dauer des natürlichen Kontakts mit der Fremdsprache und (wenn relevant) der Dauer des von den Probanden in diesem Zeitraum genossenen Unterrichts. Die letzte Variable wurde in einigen Studien manipuliert – d.h. einige Probanden besuchten während der Untersuchung einen Sprachkurs, andere nicht.

Mit solchen Studien sind u.E. folgende Probleme verbunden:

- Die Art und Qualität des Unterrichts wurde zumeist nicht berücksichtigt.

- Ebensowenig berücksichtigt wurde in manchen Studien die Qualität des natürlichen Sprachkontakts.
- Faktoren wie Motivation spielten u.U. eine Rolle. Es besteht z.B. die Möglichkeit, daß nur motivierte Studenten sich für zusätzliche Kurse einschreiben lassen. Wenn diese dann deutlichere Fortschritte machen als Lerner, die an solchen Kursen nicht teilgenommen haben, könnte es an ihrer höheren Motivation und nicht an der zusätzlichen „Instruction" liegen. Ebenso könnte es der Fall sein, daß in einem natürlichen Erwerbskontext nur die Personen den Unterricht aufsuchen, die mangelhafte Sprachkenntnisse besitzen.
- Wenn eine bestimmte Gruppe innerhalb der Studien zusätzlichen Unterricht erhält, dann müßte man in irgendeiner Weise für entsprechenden „natürlichen" Sprachkontakt für die Kontrollgruppe sorgen.

Insgesamt haben solche Studien unserer Meinung nach eine sehr begrenzte Validität und sind von dubioser Relevanz für die Sprachlehrforschung. Zwei Ergebnisse dieser Arbeiten halten wir jedoch für erwähnenswert:

(i) Long (1983a) berichtet über eine Studie (Hale und Budar 1970), in der Schüler mit geringen Englischkenntnissen in Amerika sechs Wochen lang zusätzlichen Englischunterricht erhielten. Nach diesem Unterricht waren diese Schüler deutlich schlechter als andere, die diese „Sonderbehandlung" nicht bekommen hatten. Mit anderen Worten, der zusätzliche Sprachunterricht hat den Lernern in diesem Fall geschadet. Da diesem Ergebnis aber durch andere, ähnlich strukturierte Studien widersprochen wird, wird deutlich, daß die Qualität des Unterrichts (neben anderen Variablen) bei solchen Studien mitzuberücksichtigen ist. Der Begriff „Instruction" bleibt hoffnungslos undifferenziert.

(ii) Die Studie von Spada (1986) ist zwar sorgfältiger strukturiert als viele frühere von Long (1983a) berücksichtigte Untersuchungen, die Ergebnisse sind aber entsprechend vielfältig und unklar. Spada hat sowohl die bisherigen Sprachkontakte als auch die Sprachkompetenz ihrer Probanden untersucht, bevor diese an einem Intensivkurs teilgenommen haben; danach wurde die Steigerung in ihrer Sprachleistung gemessen. Sie kommt zu dem Schluß, daß für einen erfolgreichen Spracherwerb sowohl vielfältige Kontakte als auch formaler Unterricht wichtig sind. Sie kommt weiterhin zu dem Ergebnis, daß intensivere Sprachkontake *vor* dem Kurs negativ mit schriftlichen Leistungen korrelierten, während intensivere Sprachkontakte *nach* dem Kurs dann positiv mit ähnlichen Tests korrelierten, wenn der Kursinhalt sehr formal war. Eine negative Korrelation ergab sich, wenn der Kursinhalt nicht formal war. Dieses Ergebnis ist aus zwei Gründen interessant: erstens bzgl. der Frage der Funktion expliziten grammatischen Wissens beim Sprachlernen, und zweitens bzgl. des Verhältnisses von „Flüssigkeit"(fluency) zu „Genauigkeit" (accuracy) bei der Sprachproduktion (zu dieser Unterscheidung s. Brumfit 1984a).

Insgesamt erscheint uns aber die Frage nach dem Nutzen von Unterricht für Adressaten, die vielfältigen Kontakt mit der Zielsprache in ihrer Umgebung haben (können), zu unpräzise und empirisch schwer überprüfbar.

2.2 Sprachunterricht und natürliches Lernen: der gleiche Weg?

Beim Vergleich zwischen natürlicher und gesteuerter Sprachentwicklung haben Felix und Hahn (1985) nachweisen wollen, daß im Unterricht auch semantische Merkmale systematisch erworben werden und nicht nur grammatische bzw. morphologische Formen. Die Studie behandelt den Bereich der englischen Personal- und Possessiv-Pronomina. Zwei Gymnasialklassen wurden über einen längeren Zeitraum beobachtet, und es wurden 127 „Fehler" in der mündlichen Produktion der Lerner festgestellt, die hauptsächlich (83%) innerhalb der ersten neun Wochen des Englischunterrichts auftraten. Die gewonnenen Daten wurden dann nach den Genus-Merkmalen klassifiziert („he" vs. „she" vs. „it"), Person („I" vs. „you" vs. „he/she/it"), Singular/Plural (z.B. „they" vs. „it"), Possessiv- vs Personal-Pronomina (z.B. „his" vs. „he") und Kasus (z.B. „he" vs. „him"). Abbildung 9.6 läßt sich entnehmen, wie häufig solche Merkmale nicht korrekt verwendet wurden.

Die Autoren argumentieren, daß beim L1-Erwerb die Beherrschung grammatischer Merkmale nach einem Prinzip des „Auseinandernehmens" (der sog. Dekomposition) erfolgt und daß die Reihenfolge 4, 3, 2, 1 der natürlichen Erwerbssequenz für englische Pronomina entspricht (Kategorie 5 – Kasusinflektion – wird außer acht gelassen). Daraus schließen die Autoren, daß auch im Unterricht beim Fremdsprachenlernen dieser Weg eingeschlagen wird, unabhängig von der Reihenfolge, in der die morphologischen Formen präsentiert werden.

1.	(48,32%)	GENUS	Is Mrs Dent a girl? No it isn't.
2.	(30,00%)	PERSON	Have you a coat? No, she hasn't.
3.	(10,00%)	SING/PLUR	What about the plums? He picks it up.
4.	(07,50%)	POSS/PERS	Are your at home?
5.	(04,16%)	KASUS	I can't remember he.

Abbildung 9.6 Fehlerfrequenzen beim Englischlernen (Personal-/Possessivpronomen) (Felix und Hahn 1985)

Das Postulieren einer Erwerbssequenz auf der Grundlage von Fehlerfrequenzen ist jedoch problematisch – insbesondere, wenn keine Angaben darüber vorhanden sind, wie oft die betroffenen Merkmale richtig verwendet worden sind. Man kann ferner vermuten, daß einige „Fehler" im Unterricht eine Sondererklärung verlangen. Es fällt z.B. auf, daß bei dem ersten Beispiel „Is Mrs Dent a girl? No it isn't", Interferenz aus dem Deutschen eine Erklärung sein könnte und daß sich bei den Beispielen 2 und 3 die unrichtigen Antworten auf andere Substantive beziehen könnten (z.B. eine im Lehrwerk gerade erwähnte Frau, die keinen Mantel hat, den im Lehrwerk abgebildeten Korb, in dem sich die Pflaumen befinden).

Ob Lehre (formbezogener oder anderer Art, auf jeden Fall aber mit erkennbaren grammatischen Inhalten) zu einer anderen Lernsequenz als der „natürlichen" führt, wurde in Kapitel 8 bereits angesprochen, da eine negative Antwort die L1=L2-Hypothese zu stützen scheint. Es liegen aber zu dieser Frage nur wenige Studien vor, die *Fremdsprachenlerner* untersuchen. Während L2-Lerner in der Tendenz die in 1.2 erwähnten Phasen in ihrer sprachlichen Entwicklung durchlaufen, liegen einige Studien über Fremdsprachenlerner mit teilweise anderen Entwicklungssequenzen vor (z.B. Weinert 1987, Eubank 1989). Beide Autoren halten ihre Ergebnisse trotzdem für konsistent mit einer „natürlichen" Sprachentwicklung. Um ihre „unnatürlichen" Ergebnisse zu erklären, argumentiert Weinert, daß im Unterricht standardisierte Äußerungen (Routinen) gelernt würden, die zu Generalisierungen führten, die aber nur scheinbar von der „natürlichen“ Erwerbssequenz abwichen. Eubank fand dagegen heraus, daß die untersuchten deutschlernenden Studenten eine Phase durchlaufen hatten, in der sie *nicht* am Ende des Satzes benutzten („Ich bin glücklich nicht“): bei Studien des natürlichen Spracherwerbs des Deutschen ist diese Struktur nicht festgestellt worden (vgl. Abbildung 9.5). Eubank meint, daß unterrichtliche Konventionen (bei denen z.B. nur in vollständigen Sätzen geantwortet werden soll) zu diesem Ergebnis geführt haben könnten.

Insgesamt sind wir der Überzeugung, daß beim Erwerb bestimmter Merkmale einer Fremdsprache Lernschritte oder Lernphasen zu entdecken sind, die Fremdsprachenlerner auch durchlaufen – ohne daß die empirischen Beweise für solche Phasen beim Fremdsprachenlernen bislang transparent sind. Drei Fragen sind hier besonders wichtig:

- Wie erklärt man solche Übereinstimmungen bei Lernsequenzen?
- Welche didaktischen Konsequenzen kann/soll man daraus ziehen?
- Welche Merkmale welcher Sprachen sind es, für die im Prinzip vorhersehbare Lernphasen durchlaufen werden müssen?

Die ersten beiden Fragen wollen wir im folgenden behandeln. Auch die dritte Frage werden wir kurz ansprechen, obwohl sie derzeit weit von einer Beantwortung entfernt ist.

3 Erklärungshypothesen

Bei der folgenden Diskussion gehen wir davon aus, daß bei einigen sprachlichen Phänomenen Übereinstimmungen zwischen dem L1-Lernen und dem L2-Lernen bestehen. Weiterhin nehmen wir an, daß auch in den sprachlichen Bereichen, für die solche Übereinstimmungen gelten, Unterschiede beim L2-Lernen auftreten, teilweise als eine Funktion der erworbenen Muttersprache, teilweise als eine Funktion individueller Unterschiede zwischen verschiedenen Lernern (hierzu s. Kapitel 10 und 11). Es stellt sich nun die Frage, warum solche Übereinstimmungen auftreten. Die Universalgrammatik bietet in sich keine Erklärung für Lern*sequenzen* beim Erstsprachenerwerb, denn Chomsky behandelt für seine theoretischen Zwecke den Erstsprachenerwerb so, als vollzöge sich der Prozeß in einem Stück. Einige mögliche Problemaspekte sind jedoch die folgenden:

(i) Kognitive Reifung beim Kleinkind erklärt beim Erstsprachenerwerb festgestellte Lernsequenzen (vgl. die kurze Diskussion über Piaget in Kapitel 6, 1.2). Da erwachsene L2-Lerner offensichtlich kognitiv reif sind, kann diese Hypothese allein die Übereinstimmungen beim L1- und L2-Erwerb nicht erklären.

(ii) Input-Frequenz = Output-Sequenz. Nach dieser Hypothese geben postulierte Lernsequenzen die Häufigkeit verschiedener Merkmale der Zielsprache im Input wieder. Diese Hypothese ist inkonsistent mit der Behauptung, daß die Lernsequenz bestimmter sprachlicher Phänomene nicht allein durch die Sequenz ihrer Darstellung im Fremdsprachenunterricht determiniert wird.

(iii) Die Prinzipien und Parameter der Universalgrammatik sind hierarchisch organisiert – daraus ergeben sich bestimmte Erwerbs- bzw. Lernsequenzen. Diese Hypothese besagt nicht allzu viel: Wir brauchen eine Erklärung, *weshalb* die Hierarchie *wie* aussehen soll. Immerhin ist die Hypothese konsistent mit Ähnlichkeiten beim Spracherwerb und Merkmalen von Pidginsprachen (s. z.B. Schumann 1978b). Meisel (1980) hat ferner universelle Prozesse bei der Wahrnehmung sprachlichen Inputs einer fremden bzw. (noch) nicht beherrschten Sprache angenommen („universal simplification strategies").

(iv) Die kognitive Komplexität verschiedener sprachlicher Merkmale erklärt, weshalb sie früher bzw. später gelernt/erworben werden.

Die vier Hypothesen sind im Prinzip miteinander kompatibel – Hypothese (iv) ist z.B. vereinbar mit Hypothese (i), da wir annehmen dürfen, daß kognitive Reife eine wachsende Komplexität der kognitiven Verarbeitung ermöglicht. Im folgenden wird insbesondere Hypothese (iv) exemplarisch konkretisiert. Zuerst wird eine Theorie von Felix kurz erläutert, dann wird das „multidimensionale" Modell von Clahsen, Meisel und Pienemann (1983) dargestellt.

3.1 Konkurrierende kognitive Systeme

Beim Vergleich zwischen L1-Erwerb und (Erwachsenen-)L2-Erwerb hat Felix (z.B. 1985) eine Hypothese der „Konkurrierenden kognitiven Systeme" entwickelt. Felix ist davon überzeugt, daß der Spracherwerbsmechanismus, der den Erstsprachenerwerb ermöglicht, auch für erwachsene L2-Lerner zur Verfügung steht. Er nimmt jedoch zur Kenntnis, daß Erwachsene unter bestimmten Gesichtspunkten beim

Sprachenlernen anders vorgehen als Kleinkinder – und dies mit deutlich unterschiedlichem Erfolg (vgl. Kapitel 8, 2.1 und 3). Er erklärt dies wie folgt:

(i) Kleinkinder beherrschen beim Spracherwerb höchst komplizierte Regelsysteme, für die sie kognitiv noch nicht reif sind (Felix akzeptiert in Grundzügen das von Piaget vorgeschlagene kognitive Reifungsschema). Daher wird das Postulat des angeborenen sprachspezifischen Lernmoduls nach Chomsky akzeptiert.

(ii) Bei der kognitiven Reifung entwickeln wir bestimmte kognitive Fähigkeiten zur Lösung verschiedener Probleme, d.h. ein weiteres kognitives Modul für die intellektuelle Problemlösung entwickelt sich ungefähr während der Pubertät. Die gewonnenen Fähigkeiten reichen jedoch nicht aus, um ein erfolgreiches L2-Lernen zu ermöglichen, da natürliche Sprachen in ihrer Struktur viel zu komplex sind.

(iii) Beim L2-Erwerb bei Erwachsenen stehen also beide Module zur Verfügung – das sprachspezifische Lernmodul, das in der Kindheit den Erstsprachenerwerb ermöglicht hat, und eine allgemeine Problemlösungskompetenz. Beide Module stehen in Konkurrenz zueinander, und – ein wichtiges Argument – Erwachsene sind normalerweise nicht in der Lage, ihre Problemlösungsfähigkeiten auszuschließen, wenn sie eine L2 erlernen/erwerben.

Die Hypothese erklärt nicht, weshalb bestimmte Erwerbssequenzen vorhanden sind, sondern liefert eine allgemeine Erklärung dafür, daß Erwachsene eine L2 *nicht* wie Kleinkinder lernen und daß individuelle Unterschiede bei Erwachsenen auftreten können. Felix' Hypothese bleibt in dieser allgemeinen Form zu unspezifisch, um daraus konkretere Lernprobleme bzw. Lehrstrategien ableiten zu können; die Logik ist jedoch einleuchtend. Die Gegenüberstellung von allgemeinen Problemlösungsfähigkeiten und einer spracherwerbsspezifischen kognitiven Anlage scheint direkt vergleichbar mit dem Gegensatz zwischen „explizitem" und „implizitem" Lernen und anderen Gegenüberstellungen in Abbildung 1.3.

3.2 Das multidimensionale Spracherwerbsmodell

Das multidimensionale L2-Erwerbsmodell von Clahsen, Meisel und Pienemann (1983) (s. Abbildung 9.7) basiert auf einer Langzeituntersuchung des Erwerbs des Deutschen als Zweitsprache. Zunächst wurde eine bestimmte Lernsequenz festgestellt (es ging nochmals hauptsächlich um die deutsche Wortstellung – vgl. Abbildung 8.5), die verschiedene Lerner unterschiedlich schnell durchlaufen. Ferner wurde zu unterscheiden versucht zwischen grammatischen Elementen, die einen mehr oder weniger festen Platz innerhalb der Progressionshierarchie einnehmen und solchen, deren Beherrschung zeitlich variiert. Das Modell hat daher zwei Dimensionen – ein Entwicklungsraster von festgelegten und gestuften grammatischen Erscheinungen sowie eine mehr oder weniger offene Variationsdimension. Die „Entwicklungsachse" in Abbildung 9.7 wird durch die Komplexität der dort auftretenden sprachlichen Phänomene erklärt, die Variationsachse durch individuelle und soziale Faktoren, die zur Verwendung unterschiedlicher „Lernstrategien" führen. (So könnte die Verwendung einer „Vereinfachungsstrategie" zu einer Art „Pidgindeutsch" führen, in dem verschiedene morphologische Flexionen nie beherrscht werden.)

Die Unabhängigkeit beider Dimensionen voneinander bedeutet, daß der Einsatz bestimmter Lernstrategien fast keinen Einfluß auf Fortschritte auf der Entwicklungsachse hat, während das Erreichen „höherer" Stufen auf der Entwicklungsachse keine Konsequenzen für die Variationsachse mit sich bringt.

Wie bereits ausgeführt, stellen die Autoren für beide Dimensionen Erklärungshypothesen auf. Es wird angenommen, daß auf der Entwicklungsachse kognitive Verarbeitungsbedingungen zum Tragen kommen, auf der Variationsachse dagegen psychosoziale Faktoren, die zu einer bestimmten Einstellung führen (vgl. die ausführliche Diskussion zur Motivation in Kapitel 11, 4). Das Beschreibungsmodell in 9.7 wird also durch ein Erklärungsmodell interpretiert, das Ähnlichkeiten zu z.B. Spolsky (1989) aufweist (vgl. Kapitel 2, Abbildung 2.2).

Inwiefern das Konzept kognitiver Komplexität Vorhersagekraft hat, bleibt unklar. Wenn empirische Forschungen erforderlich sind, um die kognitive Komplexität verschiedener, später erworbener Bereiche aufzudecken, dann ist eine Erklärung durch das Konzept natürlich zirkulär. Ellis (1990, 167) schlägt zwei Dimensionen vor, die die Lozierung verschiedener sprachlicher Phänomene innerhalb des multidimensionalen Modells ermöglichen sollen: die Komplexität der kognitiven Verarbeitungsprozesse und die Transparenz der Form/

Funktions-Beziehung (vgl. Abbildung 9.8 – die Beispiele gelten für Englisch).

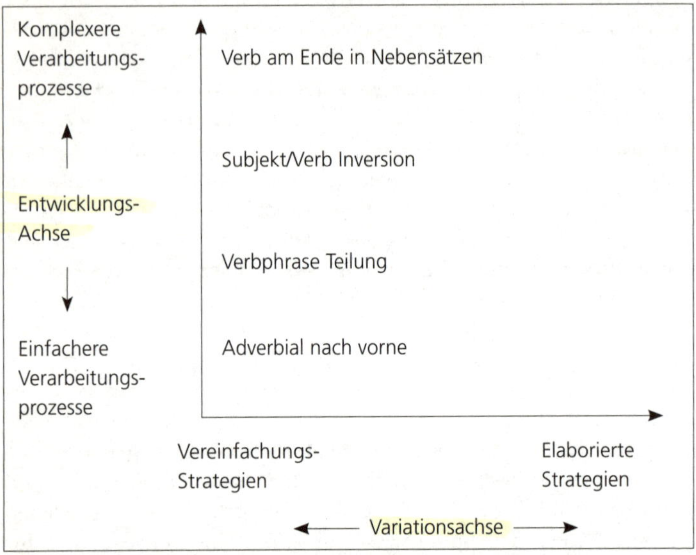

Abbildung 9.7 Das multidimensionale L2-Erwerbsmodell (Clahsen, Meisel und Pienemann 1983)

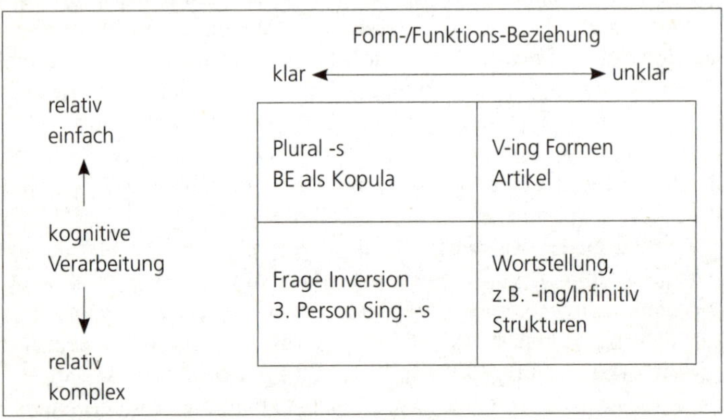

Abbildung 9.8 Relative Lernbarkeit sprachlicher Elemente (vgl. Ellis 1990, 167)

Die beiden Parameter stellen Skalen dar, keine binären Oppositionen. Die Verwendung von SEIN als Kopula wurde bei Clahsen, Meisel und Pienemann als grammatisches Phänomen entlang der Variationsachse loziert, während der deutsche Wortstellungskomplex, wie in Abbildung 9.7 dargestellt, als Entwicklungssequenz angesehen wird – insofern ist Abbildung 9.8 mit Abbildung 9.7 konsistent. Die genaue Beziehung der in Abbildung 9.7 und 9.8 erwähnten Dimensionen zueinander bleibt jedoch offen.

4 Didaktische Perspektiven: Progression im Fremdsprachenunterricht

Aus der bisherigen Diskussion ergibt sich ein komplexes Bild. Auf der einen Seite gibt es im Bereich der Sequenzierung und internen Verarbeitungsstrategien Parallelen zwischen dem L1- und dem L2-Lernen und zwischen dem natürlichen und dem gesteuerten L2-Lernen. Auf der anderen Seite scheint klar zu sein, daß beim L2-Lernen die Muttersprache eine Rolle spielt und daß beim Fremdsprachenlernen u.U. Abweichungen von „natürlichen" Erwerbssequenzen auftreten können. Daher hat das in 3.1 dargestellte Modell konkurrierender kognitiver Systeme zu erklären versucht, weshalb Erwachsene beim Fremdsprachenlernen *nicht* so vorgehen wie Sprachenlerner in anderen Kontexten, während das in 3.2 diskutierte multidimensionale L2-Erwerbsmodell zwischen variierenden und festgelegten Lernphänomenen zu unterscheiden versuchte. In bezug auf Konsequenzen für das Fremdsprachenlehren müssen wir ferner bedenken, daß die Existenz einer „natürlichen" Erwerbssequenz (beim natürlichen L1-Erwerb oder L2-Lernen) nicht notwendigerweise ein optimales Modell für das Fremdsprachenlernen darstellt.

Wir wenden uns dennoch den didaktischen Konsequenzen aus den oben dargestellten empirischen Studien zu. Wir gehen dabei davon aus, daß die Reihenfolge, in der gewisse Aspekte der Zielsprache beherrscht werden, teilweise unabhängig von der Reihenfolge der didaktischen Darstellung im Unterricht ist. Dies führt uns zu der Frage, ob im Fremdsprachenunterricht die „natürliche" Progression nicht im Lehrplan mitberücksichtigt werden sollte. Relevant ist hier Pienemanns Lehrbarkeits-Hypothese („Teachability Hypothesis"), die besagt, daß das Sprachenlernen nicht beliebig durch unterrichtliche Steuerung beeinflußt werden kann (s. z.B. Pienemann 1989). Lernen durch unterrichtliche Steuerung ist für bestimmte Bereiche der

Zielsprache nur dann möglich, wenn die Lerner für die neue Lernaufgabe „bereit" sind, wenn also die vorausgesetzte Erwerbsstufe erreicht worden ist. Die empirischen Studien Pienemanns zur Begründung dieser Hypothese befassen sich hauptsächlich mit dem Erwerb der deutschen Wortstellung und untersuchen mögliche Lerneffekte durch den Unterricht bei Deutschlernern in einem zweitsprachlichen und fremdsprachlichen Kontext. Pienemann argumentiert, daß der Versuch, das zu lehren, wozu die Lerner noch nicht bereit sind, sogar negative Auswirkungen haben kann. Wenn z.B. deutsche Adverbien an den Anfang des Satzes gestellt werden, folgen Subjekt und Verb in umgekehrter Reihenfolge (Da spielen Kinder/*Da Kinder spielen.) Nach Abbildung 9.5 werden jedoch beide Regeln bei der natürlichen Erwerbssequenz getrennt erworben, und in Pienemann (1984) wird argumentiert, daß didaktische Ansätze, bei denen beide Regeln gleichzeitig gelehrt werden, zu Vermeidungsstrategien beim Gebrauch der ersten Regel führen. Die didaktische Konsequenz aus der Lehrbarkeits-Hypothese (die eher eine „Unlernbarkeits-Hypothese" ist) ist klar. Pienemann schlägt vor, daß natürliche Erwerbssequenzen bei der Entwicklung eines Curriculums mitzuberücksichtigen sind und hat sogar theoretische Vorschläge dazu gemacht, wie Lehrende feststellen können, wozu Lerner „bereit" sind (Pienemann, Johnston und Brindley 1988).

Eine ganz andere didaktische Konsequenz ist aus Studien abgeleitet worden, die auf Markiertheitstheorien basieren. Bei Zobl (1983) war die linguistische Grundlage ein auf der Universalgrammatik basierendes, bei Gass (1979), Eckman, Bell und Nelson (1988) ein typologisches Konzept der Markiertheit. Bei beiden Konzepten haben wir es mit einer Hierarchie von grammatischen Merkmalen zu tun, die sich auf Erwerbssequenzen auswirkt. Die Autoren wollten nicht überprüfen, ob markierte Elemente nur dann durch Unterricht erfolgreich gelernt werden können, wenn unmarkierte Elemente bereits beherrscht werden (eine Annahme, die Pienemanns Lehrbarkeit-Hypothese entsprechen würde); vielmehr wollten sie die Hypothese prüfen, daß unmarkierte Elemente „mitgelernt" werden, wenn *markierte* Elemente gelehrt werden, daß also das, was beim natürlichen Spracherwerb später gelernt wird, zuerst gelehrt werden kann. Die Ergebnisse dieser Studien sind mit dieser Hypothese konsistent. Zur Erklärung sprechen Eckman, Bell und Nelson (1988) von einer „Generalisierung", Zobl von einer „Projektion" des Lernstoffs. Zobl schlägt vor, daß Lernende beim Sprachenlernen die Fähigkeit zur Projektion besitzen. Diese Fähigkeit erlaubt es ihnen, nicht alle Regeln einer Sprache im einzelnen beherrschen zu müssen – weder beim L1- noch beim L2-Lernen.

Theoretisch liegt hier kein Widerspruch zur Lehrbarkeits-Hypothese vor, da die verschiedenen Studien ganz unterschiedliche theoretische Ausgangspunkte und grammatische bzw. linguistische Bereiche behandelt haben, aus didaktischer Sicht ist hier jedoch ein Widerspruch vorhanden. Die didaktische Behandlung von Teilen der Zielsprache, die im natürlichen Spracherwerb erst später erworben werden, führt zwar *nicht* zu Lernfortschritten nach der Lehrbarkeits-Hypothese, *wohl aber* zu Lernfortschritten nach der Projektions-Hypothese von Zobl.

Eine dritte mögliche Konsequenz aus den hier angesprochenen Studien wäre die Auffassung, daß ein linguistisch strukturiertes Curriculum im Fremdsprachenunterricht überflüssig ist. Wenn Lerner selbst über eine Art „angeborenes Curriculum“ verfügen und wenn beim natürlichen Spracherwerb keine linguistische Vorstrukturierung des Inputs stattfindet, dann sollte man im Unterricht genauso verfahren! Nach Clahsen, Meisel und Pienemanns multidimensionalem Modell (vgl. Abbildung 9.7) könnte man zwar Merkmale der Zielsprache auf der Variationsachse absichtlich in das Curriculum einbauen, Merkmale auf der Entwicklungsachse jedoch nicht. Innerhalb der Zweitsprachenerwerbsforschung sind, soweit wir wissen, solche Vorschläge nicht diskutiert worden – vergleichbare Modelle der Curriculumplanung liegen jedoch aus anderen Forschungsperspektiven vor (vgl. Kapitel 15).

Die Umsetzung der Erkenntnisse dieser Studien für die Fremdsprachenlehre setzt weitere Perspektiven als nur einen Vergleich zu anderen Lern-/Erwerbskontexten voraus. Ferner wäre bei ihrer didaktischen Interpretation die Validität der Forschungsergebnisse genau zu überprüfen. Abschließend werden wir drei Forschungsprobleme benennen, die eine eindeutige Interpretation der oben angeführten Studien erschweren:

(i) Die Art und Qualität des didaktischen Handelns bleibt in den oben erwähnten Studien zum Fremdsprachenlernen unberücksichtigt; lediglich der *Inhalt* des Unterrichts (die Reihenfolge der Einführung bestimmter grammatischer Phänomene) wird kontrolliert. Die Lehrbarkeits-Hypothese muß daher dahingehend eingeschränkt werden, daß eine bestimmte Art des Lehrens unter bestimmten Bedingungen keinen Lernfortschritt mit sich bringt.

(ii) Unterschiedliche Meßinstrumente werden eingesetzt, um festzustellen, ob bestimmte Merkmale der Zielsprache gelernt worden sind oder nicht. Dadurch wird die Vergleichbarbeit verschiedener Studien in Frage gestellt. So wurden z.B. bei Eckman, Bell und Nelson (1988) schriftliche Satzkombinationsaufgaben benutzt, um den Lernerfolg beim Lehren von Relativierungsstrukturen zu testen. Diese Daten lassen absolut keinen Vergleich zu mit den in den Morphemstudien oder bei Clahsen, Meisel und Pienemann (1983) elizitierten Sprachproduktionen.

(iii) Wenn der Lernerfolg als Konsequenz des Lehreinsatzes betrachtet werden soll, muß berücksichtigt werden, daß positive Ergebnisse sowohl erst nach einem gewissen Zeitintervall zustande kommen als auch nach einem gewissen Zeitraum verschwinden können. Beide Möglichkeiten finden sich in der Literatur wieder (s. die Diskussion in Ellis 1990, 168–170).

5 Zusammenfassung/Ausblick

Trotz berechtigter Zweifel an der Gültigkeit der Morphemstudien ist unbestreitbar, daß der L1-Erwerb und der natürliche L2-Erwerb Ähnlichkeiten aufweisen. Außerdem wurden interessante Parallelen zwischen dem natürlichen Zweitsprachenerwerb und dem gesteuerten Fremdsprachenlernen nachgewiesen. Die Studien, die solche Ähnlichkeiten belegen, weisen allerdings auch auf die Existenz von Unterschieden hin – eine stärkere Version der L1=L2-Hypothese trifft also nicht zu.

Die Formulierung „L1=L2“ ist offensichtlich zu undifferenziert – ohne daß zum jetzigen Zeitpunkt klar wäre, wie eine differenziertere Hypothese zu formulieren wäre. Unklar bleibt ferner, ob man didaktische Konsequenzen hieraus ziehen sollte und wenn ja, welche. Die Hypothese einer natürlichen Erwerbssequenz bedeutet nicht notwendigerweise, daß diese Sequenz in Lehrmaterialien ihren Niederschlag finden muß. Zunächst sollte nachgewiesen werden, daß Alternativen zu einer „natürlichen Erwerbssequenz“ erfolglos oder weniger erfolgreich sind. Wie gerade gezeigt wurde, ist hierzu wahrscheinlich eine differenzierte Betrachtung notwendig: für einige sprachliche Bereiche ist die natürliche Erwerbssequenz also die optimale Erwerbssequenz, für andere möglicherweise nicht. Eine solche Differenzierung ist wiederum nur möglich, wenn auch Lernprozesse und nicht nur Lernprodukte – wie in fast allen in diesem Kapitel erwähnten Studien – untersucht werden.

Der Versuch, festzustellen, welche „natürliche" Progression für welche grammatischen Bereiche beim Fremdsprachenlernen optimal wäre, bleibt eine höchst interessante und vielversprechende Forschungsrichtung der Zweitsprachenerwerbsforschung und Sprachlehrforschung. Ob eine didaktische Behandlung sprachlicher Aspekte der L2 unter bestimmten Bedingungen sinnvoll ist und welcher didaktische Ansatz geeignet wäre, optimale Lernmöglichkeiten zu schaffen, führt zu der Frage, welche Rolle explizites grammatisches Wissen beim Sprachenlernen spielt. In den Kapiteln 14 und 15 wird diese Frage nochmals diskutiert. Das Postulat lernfördernder „Zwischenstrukturen", die beim natürlichen Spracherwerb unvermeidlich sind, zieht veränderte Prinzipien des Korrekturverhaltens bei Lehrenden nach sich (s. hierzu Kapitel 13, 4.3). Das in diesem Kapitel angesprochene Thema der didaktischen Planung bzw. Curriculumsentwicklung wird in Kapitel 15 nochmals aufgegriffen.

TEIL 4

Individuelle Lernervariablen und deren Einfluß auf das L2-Lernen

In diesem Teil des Buches werden wir folgenden Fragen nachgehen: Woran liegt es, daß im natürlichen Erwerbskontext einige Personen nach kurzer Zeit mit der Zielsprache gut zurechtkommen, während andere unter ungefähr gleichen Bedingungen kaum Fortschritte mit der L2 zu machen scheinen? Und warum werden im fremdsprachlichen Lernkontext ganz unterschiedliche Leistungen von individuellen Lernern in ein und derselben Lerngruppe erbracht? Dieser Teil des Buches hat daher eine ganz andere Ausrichtung als der vorangegangene, in dem es um Gemeinsamkeiten aller Sprachenlerner unabhängig von externen Lernbedingungen und individuellen Eigenschaften und Erfahrungen ging. Bei der Mehrheit der Studien, die nun diskutiert werden, handelt es sich um den gesteuerten Fremdsprachenerwerb. Dies hängt teilweise mit dem in Teil 3 angedeuteten Schwerpunkt der Zweitsprachenerwerbsforschung zusammen.

Kapitel 10 behandelt die Variable Alter, in Kapitel 11 werden individuelle Faktoren untersucht, die wir grob in „kognitive" und „sozio-affektive" unterteilen können. „Kognitiv" bezieht sich auf die Denkweise, auf Problemlösungsstrategien sowie auf die Verarbeitung verschiedenster Umwelteinflüsse und Reize im allgemeinen. Hierunter werden Intelligenz, Sprachlerneignung und sog. „kognitive Stile" behandelt. „Sozio-affektiv" bezieht sich auf diejenigen Gefühle, die die Beschäftigung mit der Zielsprache und der zielsprachlichen Kultur bei den Lernenden auslöst. Unter diesen Begriff fallen Motivation, Einstellung und einige Persönlichkeitsmerkmale der Lerner. Die Unterscheidung zwischen kognitiven und affektiven Faktoren ist jedoch rein analytischer Natur: eine strikte Zuordnung ist oft nicht möglich, und es wird sich auch herausstellen, daß mehrere Faktoren interagieren bzw. sich überlappen.

Während der biologische Faktor „Alter" unstrittig ist, müssen Merkmale wie Motivation oder Sprachlerneignung als psychologische Konstrukte zunächst auf ihre Gültigkeit und Meßbarkeit geprüft werden.

Kapitel 10

Alter als Faktor beim L2-Lernen

Die Frage, welche Rolle das Alter beim Fremdsprachenlernen spielt, hat schon immer – nicht nur in Fachkreisen – besonderes Interesse gefunden. So ist z.B. viel darüber diskutiert worden, ob Erwachsene überhaupt in der Lage sind, eine L2 „richtig" zu erlernen und wenn ja, unter welchen Bedingungen, wenn nein, warum nicht. Die Frage ist direkt relevant für didaktische Entscheidungen, da sich in vielen Institutionen Lerngruppen aus Gleichaltrigen zusammensetzen und Lehrende deshalb versuchen, den Fremdsprachenunterricht für die gegebene Altersgruppe geeignet zu gestalten. Fragen der Sprachenpolitik und der didaktischen Planung sind ebenfalls mit dem Thema dieses Kapitels verbunden, da es im Prinzip möglich ist, den Fremdsprachenunterricht zu jedem beliebigen Zeitpunkt in der Schullaufbahn beginnen zu lassen. Wäre es z.B. erwiesen, daß jüngere Personen Fremdsprachen effektiver und mit weniger Zeitaufwand im Unterricht erlernen, dann sollte dies nicht ohne Konsequenzen für die Unterrichtsplanung im Schulsystem bleiben. Der Faktor Alter ist vermutlich auch wegen seiner einfachen Meßbarkeit besonders intensiv erforscht worden.

Das Thema dieses Kapitels überlappt sich mit der in den Kapiteln 8 und 9 angesprochenen Frage nach Ähnlichkeiten zwischen Erstsprachenerwerb und L2-Lernen: entscheidende Unterschiede zwischen erwachsenen und kindlichen Sprachlernern würden der L1=L2-Hypothese widersprechen. Da sich oben eine differenzierte Betrachtung dieser Hypothese als notwendig erwies, muß auch die Rolle des Alters beim L2-Lernen sorgfältig diskutiert werden.

Dazu werden wir in 1 einige begriffliche Unterscheidungen vornehmen (ab wann z.B. haben wir es mit „erwachsenen" Lernern zu tun?), bevor in 2 auf empirische Ergebnisse von Untersuchungen eingegangen wird. Im dritten Abschnitt des Kapitels wird nach Erklärungshypothesen für die empirischen Befunde gesucht, abschließend kommen einige mögliche didaktische Perspektiven zur Sprache. In diesem Kapitel wird notwendigerweise nochmals die Frage auftauchen, inwiefern sich Ergebnisse der Zweitsprachenerwerbsforschung auf das Fremdsprachenlernen übertragen lassen.

1 Einige relevante Differenzierungen

1.1 Alter

In den Studien, die wir in diesem Kapitel diskutieren möchten, wird implizit davon ausgegangen, daß das L2-Lernen kaum vor dem 6. Lebensjahr beginnt. Dies hat zwei Gründe: erstens würde man bei jüngeren Lernern eher von bilingualer Erziehung als von L2-Lernen sprechen wollen (vgl. Kapitel 1, 2.1), und zweitens ist es sehr schwierig, die Sprachkompetenz von Kindern vor dem 6. Lebensjahr zu messen.

Einige Studien basieren auf einer groben Unterscheidung zwischen Kindern und Erwachsenen, wobei das sechzehnte Lebensjahr oft als entscheidend gilt (Abschluß der Pubertät). Andere Studien sind etwas differenzierter und unterscheiden zwischen Kindern, Jugendlichen und Erwachsenen. Unter Jugendlichen verstehen wir Personen zwischen etwa zwölf und sechzehn Jahren. Daraus ergeben sich die drei Kategorien Vor-Pubertät, Pubertät und Post-Pubertät. Selbstverständlich sind weitere Differenzierungen möglich, insbesondere bei der Kategorie „Erwachsene“. Löwe zufolge (1973) nehmen Intelligenz und Lernfähigkeit etwa nach dem 40. Lebensjahr ab, ebenso wie das Hör- und Sehvermögen und die Leistung des Kurzzeitgedächtnisses. Die Konsequenzen solcher Alterserscheinungen sind aber für das L2-Lernen unseres Wissens bislang nicht systematisch erforscht. Wir haben es hier mit höchst langsam ablaufenden altersbedingten Veränderungen zu tun, die zwar durchaus die Schnelligkeit des Sprachenlernens beeinflussen können, die aber bisher noch nicht auf großes theoretisches Interesse gestoßen sind.

1.2 Relevante Variablen zum Zusammenhang zwischen Alter und fremdsprachlicher Entwicklung

In den Untersuchungen zum Zusammenhang zwischen Lebensalter und Lernerfolg beim Fremdsprachenlernen wurden bislang zwei Unterscheidungen systematisch berücksichtigt. Erstens wurde zwischen dem Beginn und der Dauer des Kontakts mit der Fremd- oder Zweitsprache unterschieden; zweitens zwischen Lerngeschwindigkeit und langfristig erreichtem Lernniveau.

Bei den Untersuchungen zu diesen vier Variablen (Zeit des ersten Kontakts mit der Zielsprache, Länge des Kontakts, Effizienz des Lernens und der letztlich erreichte Beherrschungsgrad) handelt es sich überwiegend um Studien zum Zweitsprachenerwerb. In diesen Fällen ist also auch außerhalb des Unterrichts ein Kontakt zur L2 gegeben. Alle vier Variablen sind offensichtlich auch für das Fremdsprachenlernen potentiell wichtig, wobei die Frage, ob ein Zusammenhang zwischen dem Alter beim ersten Kontakt und der Lerneffizienz besteht, entscheidend für die unterrichtliche Planung sein dürfte.

Zu dieser Frage ist uns nur eine Untersuchung bekannt: es gab in den sechziger Jahren in England ein großangelegtes Projekt zum Fremdsprachenunterricht in der Primarstufe (das ‚Nuffield Language Project', Spicer 1969; Burstall et al. 1974), in dem an einer Reihe ausgewählter Grundschulen der Französischunterricht bereits im Alter von etwa acht Jahren begann. Der Lernerfolg dieser Schüler lag später nicht deutlich über dem solcher, die erst im Alter von elf bis zwölf Jahren mit dem Französischunterricht begonnen hatten. Aufgrund dieses enttäuschenden Ergebnisses ist dieses Experiment vielleicht bisher das einzige seiner Art geblieben. Die Ergebnisse des Projekts waren aber u.a. deshalb interessant, weil die „Frühanfänger" einige Vorteile bei der Sprachproduktion gegenüber den „Spätanfängern" aufwiesen, auch wenn ihre rezeptiven Fähigkeiten kaum besser waren. Dies deutet bereits an, daß eine weitere Differenzierung dessen, was wir überhaupt unter L2-Lernen verstehen, notwendig ist.

2 Empirische Befunde: ein Überblick

Die meisten der Untersuchungen, von denen hier die Rede sein soll, setzen sich nicht mit dem Fremdsprachenunterricht, sondern mit dem Lernen einer Zweitsprache auseinander. Zwei Typen von Untersuchungen lassen sich unterscheiden:

- Die Sprachkompetenz in verschiedenen Bereichen wird bei heterogenen Gruppen getestet und die Ergebnisse werden mit Faktoren wie Beginn des Sprachkontakts, Länge des Aufenthalts im zielsprachlichen Land, usw. korreliert (Stichproben-Verfahren).
- Ausgewählte Lernergruppen (z.B. unterschiedlichen Alters) werden mit bestimmten neuen Sprachlernaufgaben konfrontiert und die Ergebnisse mit Unterschieden in der Gruppe korreliert (experimentelles Verfahren).

Die Ergebnisse verschiedener Studien zum Thema Alter und L2-Lernen fassen Krashen, Long und Scarcella (1979, 574) zusammen:

> „Insgesamt erwerben Erwachsene und ältere Kinder eine Zweitsprache schneller als Kleinkinder, welche jedoch normalerweise im Laufe der Zeit zu einer besseren Beherrschung der Sprache gelangen."

Die verbreitete Meinung, daß Kinder pauschal Fremdsprachen „besser" lernen als Erwachsene, wird nicht bestätigt. Allerdings bedarf die obige, stark generalisierte Aussage einiger Modifikationen.

2.1 Lernen Kinder/Jugendliche schneller?

Snow und Hoefnagel-Höhle (1978) haben den natürlichen Erwerb des Holländischen bei englischen Muttersprachlern in drei Altersgruppen 10 Monate lang untersucht. Es wurden Tests zu Aussprache, Morphosyntax, Imitations- und Übersetzungsfähigkeit verwendet. Daraus ergab sich ein differenziertes Bild: Lerner im Alter von fünfzehn und mehr Jahren lernten schneller als Lerner zwischen sechs und zehn Jahren. Den größten Erfolg hinsichtlich der Lerngeschwindigkeit hatte jedoch die Gruppe der Zwölf- bis Fünfzehnjährigen. Die Unterschiede zwischen den drei Gruppen waren nach dreimonatigem Aufenthalt in Holland deutlicher als nach zehn Monaten.

Ekstrand (1976) untersuchte über 2000 Acht- bis Siebzehnjährige, die mit Schwedisch als Zweitsprache zwei Jahre lang in Kontakt kamen. Getestet wurden Hörverständnis, Lesefähigkeit, Schreiben, Aussprache und freies Sprechen. Insgesamt können die Ergebnisse für diese Gruppe auf den kurzen Nenner gebracht werden: „Je älter, desto besser". Dieses Ergebnis ist grundsätzlich kompatibel mit dem Ergebnis von Snow und Hoefnagel-Höhle (1978). Daß Erwachsene schneller lernen als Kinder und Jugendliche schneller als Erwachsene, wird durch weitere Untersuchungen gestützt (s. z.B. Larsen-Freeman und Long 1991, 155–163, Bialystok 1997; Grotjahn 2003b; Hyltenstam und Abrahamsson 2003; Birdsong 2004).

2.2 Syntax

Insbesondere für den Bereich der Morphosyntax wird obige Hypothese mehrfach bestätigt. Die Ergebnisse von Patkowski (1980) unterstützen sogar die Hypothese eines „kritischen Alters" (ca. 15 Jahre) für das erfolgreichste Lernen struktureller/morphosyntaktischer

Elemente einer Fremdsprache. Es wird also nicht nur festgestellt, daß Jugendliche die Syntax schneller erwerben/lernen, sondern daß die syntaktische Beherrschung der Fremdsprache relativ mangelhaft bleibt, wenn mit dem Erlernen der Fremdsprache *nach* der Pubertät begonnen wird. 67 Immigranten in den USA und eine Kontrollgruppe von englischen Muttersprachlern führten ungesteuerte Gespräche mit (anderen) Muttersprachlern. 5-Minuten-Ausschnitte wurden dann transkribiert, und die syntaktische Adäquatheit von zwei Experten bewertet. Bei der späteren Analyse wurden die vergebenen „Noten" (von 1 bis 5, wobei 5 die beste Note war) mit dem Alter bei der Ankunft in den USA, der Länge des bisherigen Aufenthalts und dem Umfang des Englischunterrichts korreliert. Nur das Alter bei der Ankunft war von Bedeutung – andere Korrelationen mit weiteren Faktoren waren statistisch nicht signifikant. Je jünger also die Probanden bei der Ankunft waren, desto besser war ihre syntaktische Leistung. Für die Probanden mit Englisch als Zweitsprache war ferner die Gruppe, die mit 15 oder weniger Jahren in die USA eingewandert war, also die prä-pubertäre Gruppe, deutlich überlegen. Während alle 33 Probanden dieser Gruppe (mit einer Ausnahme) eine Erfolgsnote von entweder 4+ (10 Probanden) oder 5 (22 Probanden) erhielten, waren bei der Gruppe der post-pubertären Probanden nur 5 Ergebnisse ähnlich hoch (von den 5 hatte nur 1 Proband die beste Note 5 bekommen).

Die Hypothese der besonderen Lernfähigkeit während der Pubertät ist aber nicht unumstritten. So hat Collier (1987) in einer auf das schulische Lernen bezogenen Untersuchung erfolgreichere Lernfortschritte (Englisch als Zweitsprache) bei Acht- bis Elfjährigen als bei Fünf- bis Siebenjährigen beobachtet: die Zwölf- bis Fünfzehnjährigen jedoch lagen hinter beiden jüngeren Gruppen! Interessanterweise schlägt Collier vor, daß schulischer Leistungsdruck in der Sekundarstufe dieses unerwartete Ergebnis erklären könnte. Hier ist übrigens eine häufige Tendenz innerhalb der Zweitsprachenerwerbsforschung zu beobachten: wenn bei gesteuertem Lernen (auch in einem zweitsprachlichen Kontext) Ergebnisse auftreten, die von anderen, aus dem natürlichen Spracherwerb gewonnenen Daten abweichen, dann wird postuliert, daß der Unterricht oder die Schule als Störfaktor verstanden werden muß!

Trotzdem scheint es eine Tendenz zu geben, daß Erwachsene morphosyntaktische Aspekte der Zielsprache schneller lernen als Kinder und daß Jugendliche gegenüber Erwachsenen im Vorteil sind. Für die Hypothese eines „kritischen Alters" für die Morphosyntax liegen jedoch unseres Wissens keine überzeugenden Beweise vor, obwohl einige neuerer Studien die Ansicht vertreten, daß die kritische Phase bzgl. des Erwerbs der Morphosyntax mit dem 5–6 Lebensjahr endet (vgl. z.B. Traoré 2000; Singleton 2001).

2.3 Aussprache

Die Ergebnisse zum Thema Aussprache sind noch weniger konsistent als die Studien zum Thema Syntax. Fathman (1975) untersuchte 200 Probanden zwischen acht und fünfzehn Jahren, die zwischen einem Jahr und drei Jahren in den USA gelebt hatten. Die Jugendlichen (11 bis 15 Jahre) beherrschten die Morphosyntax deutlich besser als die Kinder (6 bis 10 Jahre), die jüngeren Lerner waren jedoch besser in ihrer Aussprache. Bei der o.g. Studie von Snow und Hoefnagel-Höhle (1978) waren im Aussprachetest der Vorsprung der Jugendlichen und Erwachsenen gegenüber den Kindern zwar erkennbar, aber nicht so deutlich wie bei den anderen Sprachtests.

Einige experimentelle Studien deuten ferner darauf hin, daß Kinder besser in der Lage sind, fremdsprachliche Laute zu imitieren. So haben z.B. Tahta, Wood und Lowenthal (1981) über 200 fünf- bis fünfzehnjährigen englischen Schülern isolierte französische und armenische Ausdrücke zum Nachsprechen gegeben. Sie fanden heraus, daß die Imitationsfähigkeit mit fortschreitendem Alter zurückgeht. Auch Stichproben-Studien bei natürlichen L2-Erwerbern stützen die Hypothese, daß der Erwerb einer muttersprachlichen Aussprache umso erfolgreicher verläuft, je früher mit dem L2-Lernen begonnen wird.

Solche Studien legen nahe, daß es möglicherweise ein kritisches Alter (vielleicht ca. 6 Jahre) für eine quasi muttersprachliche Aussprache gibt. Dies muß nicht heißen, daß Kinder bis zum 6. Lebensjahr die fremdsprachliche Aussprache schneller erwerben, sondern daß es wahrscheinlicher ist, daß sie im Laufe der Zeit eine (fast) „perfekte" Aussprache erreichen. Diese Vermutung wird aber nicht allgemein akzeptiert; einen Gegenbeweis liefern einige Studien von Neufeld (z.B. 1979; 2001; Pennington 1998). Demnach sind einige Erwachsene in der Lage, entweder durch längeren natürlichen Spracherwerb oder durch intensives Sprachtraining (in einer Studie ging es z.B. um nur 18 Stunden Intensivunterricht im Japanischen und Chinesischen) Äußerungen auf Tonband zu produzieren, die Muttersprachler nicht von inhaltlich vergleichbaren gesprochenen Materialien anderer Muttersprachler unterscheiden können.

Solche Lernleistungen sind beeindruckend, beweisen aber nicht, daß Erwachsene eine fremde Aussprache genauso gut wie Kleinkinder lernen können. Sie zeigen lediglich, daß unter bestimmten Bedingungen (die Probanden in den Studien Neufelds wurden sehr streng ausgewählt – d.h. es wird nur über „die besten" berichtet) Erwachsene eine fremdsprachliche Aussprache sehr wohl erwerben können – letztlich eine Alltagserfahrung (vgl. Flege 1987; Patkowski 1990). Man könnte einige der Ergebnisse Neufelds daneben auch als Beweis für die hervorragende Leistung interpretieren, die der Fremdsprachenunterricht (im Vergleich zum natürlichen Zweitsprachenerwerb) erbringen kann.

Wir dürfen feststellen, daß das Klischee, nach dem nur Kinder eine quasi muttersprachliche Aussprache erwerben können, nicht stimmt. Damit ist die Hypothese, daß etwa das sechste Lebensjahr ein besonders wichtiger Zeitraum für die erfolgreiche Entwicklung von Aussprachefähigkeiten ist, jedoch nicht widerlegt. Von einer „kritischen" Periode können wir daher nicht mehr sprechen, von einem „günstigen Lernzeitraum" („sensitive period") schon. Diese Problematik muß weiter erforscht werden, auf jeden Fall aber gilt: je früher man beginnt, die L2 zu erlernen, desto größer die Wahrscheinlichkeit, daß man ein sehr hohes Ausspracheniveau erreicht. Zur oben zitierten These von Krashen, Long und Scarcella (1979) läßt sich vor dem Hintergrund der erwähnten Studien zum Zweitsprachenerwerb folgendes behaupten: auch wenn Erwachsene bzw. Jugendliche bei quantitativ vergleichbarem Input schneller Fortschritte machen als Kinder, werden Kinder dies im Laufe der Zeit aufholen. Insgesamt ist der erreichbare Beherrschungsgrad, insbesondere im Hinblick auf die Aussprache, um so höher, je früher mit dem Erlernen der Sprache begonnen wurde. Wir betonen nochmals, daß dieser Befund eher zweitsprachenerwerbsbezogen als fremdsprachenunterrichtsspezifisch ist. Nur hier kann die plausible Hypothese aufgestellt werden, daß jenseits des 6. Lebensjahrs die Wahrscheinlichkeit deutlich abnimmt, daß ein Lerner jemals eine muttersprachlich-ähnliche Aussprache erreicht (De Keyser 2000; Marinova-Todd et al. 2000).

2.4 Kommunikative Kompetenz

Die oben aufgestellte Behauptung, daß der Beginn des Erlernens einer L2 relevant für die erreichbare Kompetenz ist, überrascht nicht: es scheint auf der Hand zu liegen, daß mit zunehmender Lerndauer auch der Lernerfolg wächst. Dies ist jedoch nur teilweise richtig. So kann es im deutschen Schulsystem z.B. vorkommen, daß jemand, der ein Schuljahr wiederholen muß, nicht automatisch am Ende des „zweiten Durchgangs" über bessere Englischkenntnisse verfügt als die anderen Schüler in der Klasse, die ein Jahr weniger Kontakt mit der Zielsprache hatten. Weniger trivial: einige Studien des Zweitsprachenerwerbs deuten darauf hin, daß *kommunikative Fertigkeiten* sich bei längerem Sprachkontakt mit Sicherheit verbessern, was aber nicht unbedingt auch für die grammatische Korrektheit gelten muß. Man kann z.B. während eines längeren Auslandsaufenthaltes lernen, die Fremdsprache in einer Vielzahl unterschiedlicher Situationen effektiv zu verwenden; die Beherrschung des Sprachsystems wird dadurch aber nicht zwangsläufig verbessert. Nach Brumfit (z.B. Brumfit 1984a) spricht und schreibt man mit der Zeit immer flüssiger, aber nicht notwendigerweise auch korrekter (vgl. Ellis 1985, 105–106). Eine interessante Fallstudie wird in Schmidt (1983) dokumentiert und diskutiert.

2.5 Kritischer Vergleich der Studien

Es ist nicht einfach, alle oben erwähnten Studien direkt zu vergleichen (s. aber z.B. Ellis 1994, 491–492, Grotjahn 2003b, Hyltenstam und Abrahamsson 2003, 571–576). Ein Hauptgrund hierfür besteht darin, daß verschiedene Meßinstrumente für die Bewertung der Sprachkompetenz bzw. des Lernerfolgs benutzt wurden. Dieses Problem ist besonders gravierend, da anzunehmen ist, daß es – wie oben deutlich belegt wurde – keine allgemeine Sprachkompetenz oder „language proficiency" gibt. Man spricht eher von verschiedenen Aspekten der zielsprachlichen Kompetenz, die wahrscheinlich in unterschiedlicher Weise vom Faktor Alter beeinflußt werden können. Ferner liegen wenige Arbeiten vor, die sich z.B. mit pragmatischen oder semantischen Aspekten des L2-Lernens beschäftigen.

Ein weiterer Kritikpunkt besteht darin, daß bei derartigen Studien Sprachunterricht bzw. natürlicher Sprachkontakt als unkontrollierte und undifferenzierte Variable behandelt wird. Die Generalisierbarkeit einiger Ergebnisse bleibt daher eine offene Frage.

Die wichtigsten Hypothesen zum Bereich der unterrichtlichen Steuerung betreffen kritische, bzw. besonders „günstige" Perioden für das Lernen syntaktischer bzw. phonologischer/intonatorischer Merkmale der Zielsprachen. Wir meinen, daß ein besonders „günstiger" Zeitraum (ca. 6.–8. Lebensjahr) für die Entwicklung einer sehr „guten" Aussprache bestätigt worden ist, daß jedoch die Hypothese eines „kritischen" Zeitraums nicht nachgewiesen ist. Ebenso gilt: auch wenn Jugendliche bestimmte Aspekte der Zielsprache schneller lernen als andere Altersgruppen, schließt dies nicht aus, daß andere Lerngruppen diese Aspekte der Zielsprache genauso erfolgreich lernen könnten.

Eine genauere Interpretation der in diesem Abschnitt exemplifizierten empirischen Befunde setzt voraus, daß man sich über ihre Ursachen im klaren ist. So ist es z.B. denkbar, daß bei vielen empirischen Ergebnissen die entscheidende Variable nicht das Alter ist, sondern eine andere Variable, die (normalerweise) mit dem Alter ko-variiert. Daher wollen wir im folgenden zunächst nach Erklärungshypothesen für altersbedingte Unterschiede beim L2-Lernen suchen.

3 Erklärungshypothesen

3.1 Neurologische Entwicklung

Bereits 1959 haben Penfield und Roberts einen neurologisch begründeten kritischen Zeitraum für den Spracherwerb postuliert – eine Hypothese, die insbesondere durch Lenneberg (1967) weiterentwickelt worden ist. Lenneberg hatte seine neurologische Erklärung der kritischen Periode auf empirischen Grundlagen erarbeitet. Bei Aphasikern und anderen Personen, die sprachstörende Gehirnverletzungen erlitten haben, können diese Sprachstörungen nur dann geheilt werden, wenn der Schaden vor der Pubertät eingetreten ist, also vor Abschluß der Lateralisierung. Für Lenneberg ist ein „natürlicher" Spracherwerb nach der Pubertät biologisch nicht mehr möglich. Die Annahme geht also dahin, daß eine bestimmte neurobiologische Flexibilität den Spracherwerb positiv fördert und daß diese Flexibilität nach der Pubertät nicht mehr gegeben ist. Einige Wissenschaftler bezweifeln heute jedoch Lennebergs Schlußfolgerungen. So wird z.B. behauptet, daß die Lateralisierung bereits vor der Geburt vorhanden ist, daß das „kritische" Alter ca. das fünfte Lebensjahr ist und daß das Gehirn ständig an Plastizität verliert. Es wird auch darüber gestritten, ob die Lateralisierung unbedingt mit der kritischen Periode zusammenhängt oder ob nicht andere neurologische Entwicklungen mitwirken und gar zu anderen „kritischen Perioden" führen (s. z.B. Walsh und Diller 1981; Singleton 1989, 2001; Singer 2001).

Die Frage, ob der L1-Erwerb nach der Pubertät überhaupt möglich ist, kann natürlich nicht experimentell überprüft werden. Einige Fälle von sogenannten „Wolfskindern" sind aber im Prinzip für diese Frage relevant. Insbesondere schien der Fall Genie (s. z.B. Fromkin et al. 1974) eine empirische Überprüfung der Hypothese Lennebergs zu ermöglichen. Wie in Kapitel 6, 2.2.1 schon erwähnt, gibt es jedoch widersprüchliche Interpretationen dieses Falles.

Auch die neurologische Evidenz für eine kritische Phase ist widersprüchlich. So argumentieren z.B. Weber-Fox und Neville (1999), daß für einige der Sprachverarbeitung dienende neuronale Subsysteme die Pubertät insofern ein Wendepunkt darstellt, als morphosyntaktische (nicht jedoch semantische) Sprachverarbeitung nach der Pubertät nicht mehr allein links-hemisphärisch, sondern auch rechtshemisphärisch organisiert ist. Perani et al. (1998) aber argumentieren gegen die Bedeutung eines kritischen Alters für den L2 Erwerb: eine experimentelle Studie mit PET Verfahren, in denen italienisch-englisch bilinguale Probanden, die ihre L2 nach dem Alter von 10 Jahren gelernt hatten, mit einer Gruppe von spanisch-katalanischen bilingualen Probanden, die L2 vor dem Alter von 4 Jahren gelernt hatten, bei der Verarbeitung von in L1 und L2 erzählten Geschichten verglichen wurden, zeigt daß die gleichen kortikalen Gebiete involviert sind. Dies widerspricht einer früheren Studie dieser Autoren, in der sie beim Vergleich von L1 und L2 Verarbeitung erzählter Geschichten unterschiedliche kortikale Lozierung festgestellt hatten, wobei aber die L2 zwar auch spät erworben, aber nicht gut beherrscht wurde.

Die Variablen Alter beim L2 Lernen und der Grad der erreichten L2 Kompetenz spielen auch bei der Studie von Wartenburger et al. (2003) eine Rolle: hier wurden in einer funktionalen Kernspintomographie-Studie mit deutsch-englischen bilingualen Probanden die Auswirkungen von Alter und Kompetenzgrad auf neuronale Korrelate der Lösungen grammatischer und semantischer Akzeptabilitätsaufgaben festgestellt. Interessantestes Ergebnis ist, daß die Variable Alter nur bei der grammatischen Aufgabe unterschiedliche Auswirkungen auf die neuronalen Substrate hat: bei der semantischen Aufgabe bestand dagegen nur eine Abhängigkeit der kortikalen Repräsentation vom in der L2 erreichten Kompetenzgrad. Schließlich argumentieren einige Forscher, z.B. Bialystok und Hakuta (1999), daß neurologische Befunde keine Kausalitätsbeweise sind.

3.2 Kognitive Entwicklung

In seiner kognitiven Entwicklungstheorie hat Piaget (vgl. Kapitel 6, 1.2) die Pubertät (ca. vierzehntes/fünfzehntes Lebensjahr) mit dem Abschluß der kognitiven Entwicklung gleichgesetzt. Auf dieser Altersstufe können die „formalen Operationen" vollzogen werden, d.h. abstraktes Denken und Problemlösungsvermögen werden durch kognitive Reifung ermöglicht. Einige Forscher vertreten die Meinung, daß dies potentiell negative Auswirkungen auf das erfolgreiche L2-Lernen haben könnte. So bietet z.B. die Theorie der konkurrierenden kognitiven Systeme von Felix (s. Kapitel 9, 3.1) auf der Grundlage solcher Gedanken eine Erklärung für Unterschiede beim Sprachenlernen vor und nach der Pubertät.

3.3 Input

Es wird häufig (zumeist recht spekulativ) behauptet, daß sowohl die Qualität als auch die Quantität des Sprachkontakts bei Kindern anders ist als bei Erwachsenen (für einen Überblick s. Singleton 1989, 207–215). Bei Kindern würden einfachere syntaktische Strukturen verwendet, Gesprächsinhalte seien eher konkret und aus dem Kontext zu erschließen, Kinder bekämen die Möglichkeit, phonologische Übungen durch Kinderreime, Wortspiele u.ä. durchzuführen und würden ganz einfach intensiver der Sprache ausgesetzt als Erwachsene. Inwiefern dies altersbedingte Unterschiede beim Sprachenlernen erklärt, bleibt jedoch unklar. Die Frage, welche Art von Sprache Kleinkinder als „Input" beim Erstsprachenerwerb zu Hause erhalten, wird in Kapitel 13, 3.1 diskutiert. Dieses Sonderregister (die sog. „Motherese") wird z.B. höchstens bis zum sechsten Lebensjahr des Kindes benutzt. Es ist ferner unklar, wie dieses Sonderinput mit empirischen Belegen zur Aussprache kompatibel sein sollte, oder wie Input während der Pubertät eine Erklärung für schnelles morphosyntaktisches Lernen in diesem Alter sein sollte. Insgesamt scheint Input keine adäquate Erklärung für altersbedingte Unterschiede beim L2-Lernen zu sein (s. hierzu auch Kapitel 14, 1.1).

3.4 Sozio-psychologische Faktoren

Wie beim Input, berühren wir bei sozio-psychologischen Erklärungen Faktoren, die noch zu behandeln sind (Kapitel 11). Individuelle Faktoren affektiver Art wie Lernstil, Spracheignung oder Motivation haben demnach eine potentielle Erklärungskraft für unterschiedliche Lernleistungen sowohl bei individuellen Lernern (z.B. innerhalb einer gleichaltrigen Lerngruppe) als auch bei Lernern, die verschiedenen Altersgruppen („Kinder", „Jugendliche", „Erwachsene") angehören. Schumann (1975, 229) resümiert das Spektrum von Argumenten wie folgt:

> „... Schwierigkeiten beim Sprachenlernen nach der Pubertät können mit den sozialen und psychologischen Veränderungen, die sich in diesem Alter vollziehen, zusammenhängen."

Argumente, die die Auswirkungen von Altersunterschieden erklären sollen, sind u.a. folgende:

- Erwachsene haben größere Hemmungen als Kinder
- Erwachsene identifizieren sich mehr mit ihrer Muttersprache als Kinder, daher sind sie weniger bereit, eine neue Identität durch eine neue Sprache zu übernehmen
- Kinder besitzen ein größeres Einfühlungsvermögen (Empathie) als Erwachsene, sind daher der fremden Kultur gegenüber „offener" (s. Singleton 1989, 2001, für einen ausführlichen Überblick).

Solche Argumente leuchten intuitiv ein, sind aber empirisch nicht leicht überprüfbar, insbesondere was die Operationalisierung von Kernbegriffen wie Identität betrifft.

3.5 Vergleich der Erklärungshypothesen

Allgemein beziehen sich die vier oben genannten Hypothesen auf Unterschiede beim L2-Lernen vor und nach der Pubertät, die möglicherweise für die potentiell langfristige Erlangung quasi-muttersprachlicher Fähigkeiten verantwortlich sind. Es bleibt daher unklar, ob der Beginn oder das Ende der Pubertät nach diesen verschiedenen Hypothesen eine kritische Periode darstellt. Die in den vier Hypothesen implizierte Annahme, daß die Pubertät – was den Lernerfolg betrifft – als „Anfang vom Ende" verstanden werden soll, ist kaum kompatibel mit dem empirischen Befund, daß die Pubertät die Zeit des erfolgreichsten Lernens (z.B. im syntaktischen Bereich) ist. Ferner wird nach unserer Einschätzung für den langfristigen Lernerfolgsgrad ein kritischer Zeitraum von ca. dem 6. bis zum 8. Lebensjahr in der Tendenz empirisch bestätigt, also ein Zeitraum, der deutlich vor der Pubertät liegt.

Wir sehen uns nicht in der Lage, eine bestimmte Hypothese zu bevorzugen, da die vier Hypothesen zum großen Teil spekulativ bleiben und mit den empirischen Befunden, die recht heterogen sind, nicht deutlich übereinstimmen. Wir stellen ferner fest, daß sich diese Hypothesen gegenseitig nicht ausschließen. Eine biologische Erklärung ist mit einer kognitiven Erklärung durchaus kompatibel, da letztere eine Konsequenz der ersteren sein könnte – das gleiche gilt für die soziopsychologischen Argumente. Das Input-Argument ist unserer Meinung nach eher dazu geeignet, unterschiedliche und inkonsistente empirische Ergebnisse zu erhellen und ist somit mit einer Hypothese der kritischen Periode kaum vereinbar. Dies soll jedoch nicht unbedingt als Kritik angesehen werden, da die empirischen Arbeiten eine solche Hypothese nicht zwingend notwendig machen.

4 Zusammenfassung/Ausblick

Aus der bisherigen Diskussion lassen sich kaum Konsequenzen für den Fremdsprachenunterricht ableiten:

- die Mehrheit der angesprochenen Studien beschäftigt sich mit dem natürlichen Zweitsprachenerwerb
- die Ergebnisse sind tendentiell wichtig, jedoch zu diesem Zeitpunkt nicht einhellig
- verschiedene Erklärungshypothesen bieten Teilerklärungen an, schließen sich gegenseitig aber nicht aus
- die Auswirkung von Altersunterschieden muß keineswegs kritisch sein – Menschen aller Altersgruppen können durchaus Fremdsprachen mit Erfolg lernen.

Es ist zu betonen, daß das in der Zwischenzeit verbreitete „Frühbeginnprogramm" für Fremdsprachen keine eindeutige wissenschaftliche Unterstützung aus der Erforschung des Faktors „Alter" bekommt. Dies bedeutet jedoch natürlich nicht, daß das Programm keine Berechtigung hat, sondern daß Erfolgsprognosen noch einer Bestätigung bedürfen (vgl. Edmondson 2002a).

Ferner ist es wahrscheinlich, daß weitere Faktoren wie Sprachlerneignung, Motivation, kognitiver Lernstil u.ä. mindestens teilweise für bestehende Unterschiede zwischen Altersgruppen mitverantwortlich sind, ebenso externe Faktoren wie Sprachkontakt, Arbeitsbelastung und Inputunterschiede. Daraus ergibt sich abschließend die Möglichkeit, daß sich einige individuelle Faktoren durch Unterricht beeinflussen lassen. Im Prinzip könnten also entsprechende didaktische Maßnahmen die sich potentiell negativ auswirkenden Konsequenzen des Alters (soziale Bedürfnisse, Motivation, Einstellung, Hemmungen) teilweise überwinden. Auf jeden Fall ist der Einstellung entgegenzuwirken, daß erwachsene Lerner als defizitäre bzw. zweitrangige L2-Lerner betrachtet werden, und zwar nicht nur aus sozial-pädagogischen Gründen, sondern weil es für eine solche Einstellung keinerlei Beweise gibt (zu methodischen Lehrprinzipien für erwachsene Deutsch-als-Zweitsprache-Lerner s. Barkowski 1995, 362, dessen Ansatz ein gutes Beispiel dafür ist, daß neben dem Faktor Alter stets weitere individuelle Faktoren mitberücksichtigt werden müssen).

Kapitel 11

Kognitive und affektive Unterschiede zwischen Lernern

In diesem Kapitel werden verschiedene kognitive und affektive Faktoren diskutiert. Dabei müssen wir sowohl unterscheiden zwischen der Definition und der Operationalisierung eines Begriffs als auch zwischen dem Alltagsverständnis eines Begriffs wie „Motivation“ und der Art und Weise, wie Motivation in einem bestimmten Test gemessen wird; Fragen der Validität eines Meßinstruments sind also von zentraler Bedeutung. Da es für uns von Interesse ist, ob und inwiefern Unterschiede bei einem bestimmten individuellen Faktor für den Lernerfolg entscheidend sind, müssen wir ferner (genauso wie im vorigen Kapitel) berücksichtigen, was unter „Lernerfolg“ zu verstehen ist und wie er gemessen wird. Es ist anzunehmen, daß Begriffe wie „Intelligenz“ und „Motivation“ ebenso wie „Lernerfolg“ Bezeichnungen für ein Bündel von Fähigkeiten und Einstellungen sind und daher differenziert werden müssen.

Da viele der zu behandelnden Begriffe verschiedene individuelle Eigenschaften umfassen, werden wir ferner feststellen, daß Überlappungen und Parallelen vorkommen. Es scheint z.B. zuzutreffen, daß Intelligenz auch bei der Sprachlerneignung und bei einigen anderen Variablen eine Rolle spielt. Ein Hauptziel dieses Kapitels ist es, diese Interaktion zwischen einzelnen Variablen aufzuzeigen. Die individuellen Unterschiede, die im folgenden diskutiert werden, sind Intelligenz, Sprachlerneignung, kognitiver Stil, Motivation und Einstellung sowie einige Persönlichkeitsfaktoren. Die ersten drei spiegeln eher kognitive Unterschiede wider, die letzten drei eher affektive Variablen.

1 Intelligenz

Unter Intelligenz wird eine allgemeine kognitive Fähigkeit verstanden, durch die der Mensch in der Lage ist, intellektuelle und logische Aufgaben zu lösen und komplexere Zusammenhänge wahrzunehmen. Es handelt sich also um eine Disposition und nicht um Wissensinhalte. Insgesamt gesehen konnte bislang kein direkter Zusammenhang zwischen Intelligenz und Sprachbeherrschung bzw. Sprachlernerfolg festgestellt werden; einzelne Untersuchungen legen jedoch eine solche Korrelation nahe. Eine mögliche Erklärung dieses Widerspruchs ist in der Anlage der Tests zu suchen, mit denen das sprachliche Niveau bzw. der Lernerfolg gemessen wurde (unabhängig davon, welche Tests zur Intelligenzmessung herangezogen wurden). Unter Umständen testen die Aufgaben, mit denen beispielsweise in der Schule Lernerfolge ermittelt werden sollen, nicht nur L2-bezogene Fähigkeiten, sondern auch allgemeine kognitive Fähigkeiten, die möglicherweise als Intelligenz bezeichnet werden können. So hat z.B. Ekstrand (1977) eine geringere Korrelation zwischen Intelligenz und Hörverständnis/mündlicher Sprachproduktion als zwischen Intelligenz und Lesefähigkeiten/schriftlicher Leistung festgestellt.

Cummins (1979) hat in diesem Zusammenhang zwischen kognitiven akademischen Sprachlernfähigkeiten und allgemeinen kommunikativen fremdsprachlichen Fähigkeiten unterschieden. Die kognitiv-akademischen Fähigkeiten überlappen sich möglicherweise mit der allgemeinen „Intelligenz" und sind nicht unbedingt Fähigkeiten, die spezifisch für das Fremdsprachenlernen sind. Der Lernerfolg in anderen Schulfächern könnte auch davon beeinflußt werden. Da wir von dieser Unterscheidung insbesondere in diesem Kapitel wiederholt Gebrauch machen werden, sei auf die englischen Abkürzungen hingewiesen, nämlich CALP – „Cognitive/Academic Language Proficiency – und BICS – „Basic Interpersonal Communicative Skills". Interessanterweise hat Chastain (1969) eine signifikante Korrelation zwischen Intelligenz und Lernerfolg bei Studierenden entdeckt, die mit einer stark kognitiven Methode unterrichtet wurden, aber gar keine bei anderen Studierenden, die mit audiolingualen Lehrmethoden unterrichtet wurden (vgl. hierzu Abschnitt 7 dieses Kapitels).

Auch wenn vermutlich kein absoluter Zusammenhang zwischen Intelligenz und Fremdsprachenlernen besteht, machen unterrichtliche Ziele und Lehrmethoden den Einsatz allgemeiner kognitiver Fähigkeiten in dem Grad erforderlich, in dem Intelligenz unter diesen Bedingungen einen Einfluß auf den Grad des Lernerfolgs haben kann.

Neuere Forschungen zur Intelligenz sehen Intelligenz nicht mehr als eine monolithische Größe, sondern als bestehend aus unterschiedlichen oder „multiplen Intelligenzen" (Gardner 2000). Eine bedeutende Rolle spielt neuerdings auch die sog. „emotionale Intelligenz" (Mayer et al. 2000), und in der allgemeinen Lern- und Intelligenzforschung wird von einigen Forschern (vgl. Stern und Schumacher

2004) die größere Wichtigkeit von Wissen gegenüber Intelligenz hervorgehoben („Wissen nicht Intelligenz ist der Schlüssel zum Können!“), d.h. Intelligenz kann immer dann nicht allein zur Erklärung von Leistungsunterschieden in einem bestimmten Bereich dienen, wenn Vorwissen über diesen Bereich miteinbezogen wird. Auf den Spracherwerb bezogen können wir vermuten, daß frühe Zweisprachigkeit weiteres Sprachenlernen(Wissen wie man Sprachen lernt, metasprachliches Wissen) wesentlich fördert (vgl. hierzu auch Bialystok 2001).

Inwiefern Intelligenz als Komponente einer Sprachlerneignung gilt bzw. inwiefern letztere eine Erklärung für individuelle Leistungsunterschiede sein kann, soll in dem folgenden Abschnitt überlegt werden.

2 Sprachlerneignung

In der Alltagssprache wird häufig von Sprachbegabung gesprochen. Dahinter steckt die Annahme, daß einige Personen besondere Fähigkeiten besitzen, durch die sie Sprachen besser oder schneller lernen bzw. erwerben. Der Fachbegriff „Sprachlerneignung“ soll demgegenüber andeuten, daß alle Menschen eine solche Fähigkeit besitzen, nur in unterschiedlichem Maße.

Sprachlerneignung kann u.E. nie völlig von anderen kognitiven und affektiven Faktoren getrennt werden. Pimsleur hat einen Sprachlerneignungstest entwickelt – „the Pimsleur Language Aptitude Battery“ (Pimsleur 1966). Nach seiner Vorstellung wird Sprachlerneignung durch verbale Intelligenz, Motivation und auditive Diskriminierungsfähigkeiten determiniert. Damit sind Überlappungen zwischen Sprachlerneignung und Intelligenz bzw. Motivation schon gegeben. Es stellt sich daher die Frage, ob es überhaupt eine Sprachlerneignung unabhängig von den verschiedenen Tests gibt, durch die das Konstrukt gemessen werden soll. So hat z.B. Neufeld (1978) argumentiert, daß alle Menschen in der Lage sind, grundlegende kommunikative Fähigkeiten in einer Fremdsprache zu erwerben. Unterschiede bei der Beherrschung höherer Sprachfähigkeiten seien hauptsächlich von der Intelligenz abhängig (vgl. die oben erwähnte Unterscheidung von Cummins 1979): demzufolge wäre das Konzept einer „Sonderfähigkeit“ oder Eignung für das Sprachenlernen überflüssig.

Bevor wir uns mit solchen grundlegenden Fragen beschäftigen, soll das Konzept der Sprachlerneignung näher betrachtet werden, und zwar exemplarisch bei Carroll, mit dessen Namen das Konzept eng verbunden ist.

Carroll und seine Mitarbeiter beschäftigten sich ausnahmslos mit schulischem Fremdsprachenlernen. Carroll und Sapon veröffentlichten 1959 den „Modern Language Aptitude Test" (MLAT), das bekannteste Sprachlerneignungs-Meßinstrument, das insbesondere in den USA sehr häufig eingesetzt worden ist. Der MLAT beruht auf intensiven Forschungen:

(i) Verschiedene Tests werden entwickelt, die diejenigen Fähigkeiten testen sollen, bei denen ein Einfluß auf den Erfolg beim Fremdsprachenlernen vermutet wird.
(ii) Diese Tests (ursprünglich waren es insgesamt 46!) werden mit sehr vielen Lernern zu Beginn ihrer Fremdsprachenkurse durchgeführt.
(iii) Am Ende der Kurse werden die Leistungsnoten eingeholt und mit den Testergebnissen verglichen.
(iv) Die Tests, die am besten mit den Lernergebnissen korrelieren, werden beibehalten bzw. revidiert.
(v) Dieser Zyklus wird wiederholt.

Fünf Tests wurden schließlich als Standard-Testbatterie zur Messung der Sprachlerneignung beibehalten. Nach Carroll (1965) werden damit vier Fähigkeiten getestet:

- die Fähigkeit, Laute in Verbindung mit ihrer schriftlichen Form zu lernen (phonetisches Enkodieren)
- die Fähigkeit, grammatische Funktionen innerhalb eines Satzes zu erkennen (grammatisches Gefühl)
- die Fähigkeit, grammatische Muster induktiv zu erkennen
- die Fähigkeit, assoziatives Lernen mit fremdsprachlichen Materialien schnell durchzuführen (Gedächtnisleistung).

Diese Liste spiegelt die Fähigkeiten wider, die vermutlich mit der audiolingualen Unterrichtsmethode entwickelt werden, d.h. mit der Methode, die in den sechziger Jahren in den USA und in Kanada verbreitet war (s. Kapitel 7, 2.3). Es besteht also die Gefahr einer zirkulären Argumentation (der Test würde nur die impliziten Lehrziele des Unterrichts messen). In der Zwischenzeit ist der MLAT jedoch so häufig in unterschiedlichen Schulen durchgeführt worden, daß die Gefahr gebannt scheint.

Dennoch bleibt unklar, welche Fähigkeiten die verschiedenen Tests messen – die oben erwähnten vier Fähigkeiten sind hierzu nur Vorschläge (s. die Diskussion von Skehan unten).

Im Französischunterricht für Englischsprechende in Kanada hat der MLAT immer eine Korrelation zwischen 0,30 und 0,70 erreicht (um solche Angaben informell zu interpretieren: der Korrelationskoeffizient im Quadrat multipliziert mit 100 ergibt die Korrelation als Prozentzahl). Die Variation ist hierbei natürlich interessant. Es trifft nicht zu, daß MLATs eine Art Prognose für den Sprachlernerfolg in vacuo bestimmen können oder sollen. Carroll (1965) hat ein Sprachlernmodell vorgelegt, das von einer unterschiedlichen Aussagekraft der Sprachlerneignung ausgeht. Das Modell besagt vor allem, daß verschiedene Faktoren in ihrer Zusammenwirkung den Lernerfolg bestimmen (s. Abbildung 11.1).

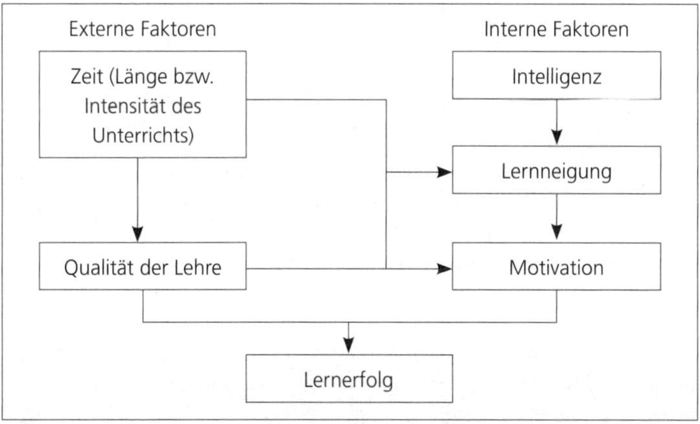

Abbildung 11.1 Schulisches Fremdsprachenlernen: relevante Faktoren (nach Carroll 1965)

Wir möchten an dieser Stelle das Modell als solches nicht diskutieren (es dürfte klar sein, daß z.B. die Variable „Qualität der Lehre" kaum operationalisierbar ist). Wichtig ist jedoch, daß der Beitrag der Variablen „Sprachlerneignung" zum Lernerfolg variiert, je nachdem welche anderen persönlichen Eigenschaften bei einem individuellen Lerner vorhanden sind und je nachdem, welche Art von Unterricht über welchen Zeitraum angeboten wird. Carroll zufolge kann daher eine gute Lehre eine niedrige Sprachlerneignung durchaus ausgleichen. Die Frage, was genau sich hinter dem Begriff „Sprachlerneignung“ verbirgt, bleibt jedoch bestehen. Die Korrelation zwischen Sprachlerneignung und Lernerfolg variiert laut Abbildung 11.1 auch je nach Länge und Intensität des Sprachkurses. Der MLA-Test kann eine Korrelation bis zu 0,70 erreichen, wenn sehr unterschiedliche Lerner in einem Intensivkurs unterrichtet werden oder ca. 0,30, wenn (etwa wie im deutschen Bildungssystem) Klassen mehr oder weniger homogen sind, und der Unterricht sich über mehrere Jahre erstreckt.

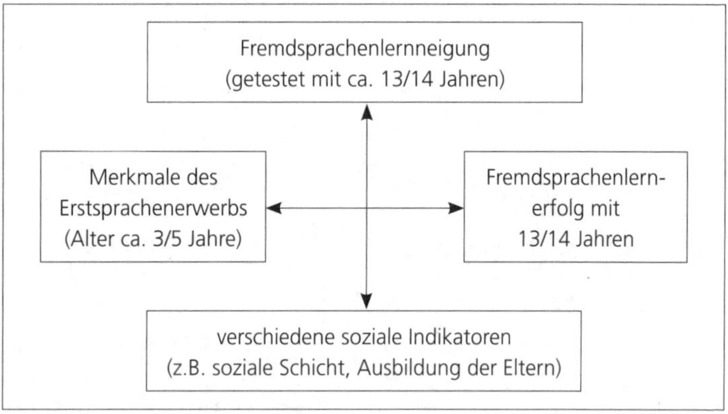

Abbildung 11.2 Erstsprachenerwerb, Sprachlerneignung und Fremdsprachenlernen (nach Skehan 1989, 32)

Skehan (s. zusammenfassend Skehan 1989, 31–34, und s. Skehan 2002) ist u.a. der Frage nachgegangen, was Sprachlerneignungtests messen. In einer großen L1-bezogenen Studie in England (die Bristol Studie – s. Wells 1985) wurde die L1-Entwicklung von 129 zwischen 1969 und 1972 geborenen Kindern in Bristol dokumentiert und mit ihrer Leistung beim Schulbeginn verglichen. Skehan hat dieselben Probanden in der Sekundarschule untersucht, als mit dem Fremdsprachenunterricht begonnen wurde.

Zunächst wurde festgestellt, daß in der Sprachleistung der Probanden große Unterschiede im vierten Lebensjahr vorhanden waren. Spätere Untersuchungen innerhalb des Projekts haben dann gezeigt, daß solche Unterschiede – auf jeden Fall bis zum 10. Lebensjahr – durch die Schule verstärkt wurden. Ob solche Unterschiede ein Hinweis auf angeborene Sprachlerneignung sind, wurde jedoch im „Bristol Projekt" nicht untersucht. Bei der Fortsetzung der Untersuchung hat Skehan die in Abbildung 11.2 gezeigten Variablen verglichen.

Die Korrelationen zwischen einigen Merkmalen des Erstsprachenerwerbs (z.B. syntaktische Komplexität der von den Probanden produzierten Sprachäußerungen) und Fremdsprachenlerneignung waren teilweise höher als 0,4 und insgesamt höher als die Korrelationen zwischen Sprachlerneignungtests und Fremdsprachenlernerfolg. Bei weiteren regressiven Analysen (durch die die Wichtigkeit verschiedener Ergebnisse für individuelle Lerner nachgerechnet werden kann) hat sich gezeigt, daß die Ergebnisse der Sprachlerneignungtests am ehesten mit einigen sozialen Faktoren korrelieren und an zweiter Stelle mit Aspekten des Erstsprachenerwerbs, die die syntaktische Entwicklung widerspiegeln (vgl. Sparks und Ganschow 1991, die Zusammenhänge zwischen Sprachlerneignung, muttersprachlicher Leistung und Erfolg beim Fremdsprachenlernen zeigen). Die Daten, durch die soziale Faktoren festgestellt wurden (Wortschatzentwicklung, soziale Schicht, Ausbildung der Eltern) haben ferner eine Korrelationssignifikanz mit der fremdsprachlichen Leistung ergeben (in vielen Fällen 0,5 oder höher). Skehan argumentiert, daß solche sozialen Faktoren möglicherweise die Fähigkeit messen, mit einer Sprache als dekontextualisiertem System umzugehen, während die für den Erstsprachenerwerb signifikanten Faktoren die Fähigkeit widerspiegeln, mit situationseingebetteter Sprache umzugehen (vgl. nochmals Cummins 1979 und seine Unterscheidung zwischen CALP und BICS). Sprachlerneignungstests haben deshalb eine bestimmte Vorhersagekraft, weil beide Fähigkeiten für das schulische Fremdsprachenlernen relevant sind. Insofern ist die Argumentation Skehans konsistent mit Studien zum Thema Intelligenz. Skehan argumentiert jedoch, daß Sprachlerneignung bei der Feststellung individueller Variablen beim L2-Lernen wichtiger ist als allgemeine Intelligenz.

Für eine Theorie des L2-Erwerbs ist die Hypothese wichtig, daß zwei „kognitive" Faktoren den L2-Erwerb mitdeterminieren: eine allgemeine Sprachverarbeitungsfähigkeit (die beim Erstsprachenerwerb mit unterschiedlichen syntaktischen Leistungen korreliert und „Sprachenlernen im Kontext" fördert) und eine kognitive Fähigkeit, mit der Zielsprache als sprachlichem System (dekontextualisierte

Sprache) umzugehen, die stark mit den erwähnten sozialen Faktoren korreliert.

Skehan argumentiert ferner, daß beide Fähigkeiten bei Lernern unterschiedlich repräsentiert sind, wodurch sich verschiedene Orientierungen oder bevorzugte Lernstile ergeben könnten. In Skehan (1986) wurden mehrere Eignungstests bei einer Gruppe von Arabischlernenden durchgeführt und individuelle Lerntypprofile aus diesen Daten erstellt. Drei erfolgreiche Lernertypen wurden auf dieser Grundlage ermittelt: einer, bei dem kontextverbundene und kontextunabhängige Fähigkeiten ausgeglichen waren und zwei weitere, bei denen je eine der Fähigkeiten in stärkerem Maße nachgewiesen wurden. Skehan bringt die erste Fähigkeit in Zusammenhang mit der Gedächtnisleistung, die zweite mit kognitiv-analytischen Fähigkeiten. Interessanterweise waren die beiden Typen von erfolgreichen Lernern, die entweder besonders gute Gedächtnisleistungen oder überdurchschnittliche analytische Fähigkeiten hatten, tendenziell unterschiedlichen Alters, d.h. Lerner des Typs mit besonders gutem Gedächtnis waren jünger als die des Typs mit markiert analytischen Fähigkeiten. Daher haben wir eine interessante Verbindung zu einigen Befunden, die in Kapitel 10 diskutiert wurden.

Über vergleichbare Lernertypen wird in Wesche (1981) berichtet. Sowohl Carrolls „Modern Language Aptitude Tests“ als auch Pimsleurs „Language Aptitude Battery“-Tests wurden vorher durchgeführt, damit Lerner in unterschiedliche Sprachlerngruppen aufgeteilt werden konnten. Auf diese Weise ergaben sich drei Gruppen: eine Gruppe, deren Profile bei den Eignungstests mehr oder weniger ausgeglichen waren und zwei weitere, denen nach ihren Testprofilen eher „analytische“ bzw. „holistische“ Lernstile zugeschrieben wurden (zu dieser Studie s. auch Abschnitt 7 unten).

Auf der Grundlage derartiger Studien hat Skehan die in Abbildung 11.3 aufgeführten Lernertypprofile entwickelt. Es muß aber betont werden, daß die Differenzierung und die vorgeschlagenen Ähnlichkeiten zum großen Teil spekulativ sind, daß wir mit statistischen Tendenzen arbeiten und nicht mit Entweder/Oder-Kategorien und ferner, daß Fremdsprachenerwerb nach Skehan beide Fähigkeiten bzw. Arten von Sprachverarbeitung voraussetzt.

Wir sehen somit einen möglichen Zusammenhang zwischen der Rolle von Intelligenz bzw. Sprachlerneignung beim L2 Lernen. In Skehan (1998) hat Skehan weiterhin darauf hingewiesen, daß die von ihm vorgeschlagene Komponente der Sprachlerneignung in direkter Verbindung mit verschiedenen Formen der Informationsverarbeitung beim Spracherwerb steht. Somit können Verbindungen zwischen der Erforschung der Sprachlerneignung und kognitiven Modellen des Spracherwerbs (s. 2.2. in Kapitel 14) hergestellt werden.

Abbildung 11.3 und die Studie von Wesche 1981 stellen bereits die Frage nach unterschiedlichen Typen von Lernern. Damit ist das Thema des nächsten Abschnitts schon angesprochen.

kontextualisiertes Sprachenlernen	unkontextualisiertes Sprachenlernen
assoziatives Lernen (vgl. MLAT Sub-test)	induktive Regelerkennung (vgl. MLAT Sub-test)
Gedächtnisleistungen	sprachanalytische Leistung
allgemeine Sprachverarbeitungsfähigkeiten	allgemeine „Intelligenz"-Leistung

Abbildung 11.3 Sprachlerneignung und Sprachlernorientierungen (nach Skehan 1989)

3 Kognitive Stile

Bei der folgenden Diskussion befassen wir uns insbesondere mit der Variablen Umfeldabhängigkeit/Umfeldunabhängigkeit. Dieser Gegensatz überlappt mit verschiedenen sog. „kognitiven Stilen", d.h. gewohnheitsmäßigen Herangehensweisen an Probleme aller Art. Ob diese Erweiterung der Opposition Umfeldabhängigkeit/Umfeldunabhängigkeit in der Form bestimmter kognitiver Stile zwingend ist, bleibt zu überprüfen. Das Konzept „kognitiver Stil" ist psychologischer Herkunft und wurde in der Psychologie durch Tests operationalisiert, in denen u.a. in Bildern eingebettete Figuren erkannt werden sollten (Witkin 1950; Witkin, Goodenough und Oltman 1979). Diese Fähigkeit ist offensichtlich bei verschiedenen Menschen unterschiedlich stark ausgeprägt.

Auf das L2-Lernen übertragen, unterstützt das Konzept der Umfeldabhängigkeit die Annahme unterschiedlicher Denkstile und verschiedener Herangehensweisen bei der Bewältigung von Sprachlernaufgaben. Ellis (1985, 115) berichtet über eine Londoner Dissertation zu diesem Thema (Hawkey 1982), in der die Unterschiede zwischen diesen beiden kognitiven Stilen dargestellt werden:

UMFELDABHÄNGIGKEIT	UMFELDUNABHÄNGIGKEIT
personenbezogene Orientierung	nicht-personenbezogene Orientierung
holistische Wahrnehmung	analytische Wahrnehmung
abhängige Selbsteinschätzng	unabhängige Selbsteinschätzung
höhere soziale Kompetenz	geringere soziale Kompetenz

Abbildung 11.4 Zwei kognitive Stile (nach Ellis 1985)

Die Einstellung einer umfeldabhängigen Person zu(m Erlernen) einer Fremdsprache wird danach von anderen Personen bestimmt, während die Haltung einer umfeldunabhängigen Person eigenständig ist. Theoretisch könnte ein umfeldunabhängiger Mensch – um ein einfaches Beispiel zu wählen – die französische Sprache, trotz negativer Erfahrungen bei sozialen Kontakten mit Franzosen lieben, während für einen umfeldabhängigen Menschen die Einstellung zur Zielsprache von persönlichen Kontakten zu Mitgliedern der zielsprachlichen Kultur bestimmt wäre. Weiterhin nehmen umfeldabhängige Menschen die zu erlernende Sprache ganzheitlich wahr (im Sinne der Gestaltpsychologie, vgl. Kapitel 6, 1.2), während ein umfeldunabhängiger Mensch deskriptive Analysen bevorzugt, also eher analytisch wahrnimmt. Drittens wird bei einer umfeldabhängigen Person die Haltung zur eigenen Lernerrolle von Reaktionen der Mitglieder der Zielkultur bestimmt bzw. im Unterrichtszusammenhang von Reaktionen des Lehrers, während bei einer umfeldunabhängigen Person die Einschätzung des eigenen Lernerfolgs weniger durch andere Personen beeinflußt wird. Schließlich verhalten sich umfeldabhängige Menschen kommunikativer als umfeldunabhängige; sie zeigen eine größere Bereitschaft, an sozialen Interaktionen teilzunehmen. Problematisch ist allerdings, ob die oben aufgelisteten (intuitiv einleuchtenden) Unterschiede sich ableiten lassen aus dem Grad der Fähigkeit, versteckte Figuren in einem Bild wahrzunehmen!

Auf die Frage, welcher kognitive Stil das L2-Lernen eher begünstigt, geben die empirischen Befunde keine eindeutige Antwort. Untersuchungen in diesem Bereich haben Forschungsstrategien verwendet, die denen für den Faktor Intelligenz eingesetzten ähneln. Man versucht Korrelationen zu finden zwischen Ergebnissen von Umfeldabhängigkeitstests und sprachlichen Leistungstests bzw. Klassennoten. Im kanadischen „Good Language Learner"-Projekt (Naiman, Fröhlich, Stern und Todesco 1978) wurde u.a. versucht, Umfeldunabhängigkeittests mit dem Lernerfolg beim Französischlernen in Kanada zu korrelieren. Eine positive Korrelation zwischen Umfeldunabhängigkeit und *einigen* Sprachfähigkeiten wurde in Klasse 12 (18-Jährige) festgestellt, aber nicht bei jüngeren Lernern. Die positiven Korrelationen waren sehr gering (0,31 bei einem Hörverständnistest, 0,25 bei einer produktiven Imitationsaufgabe). Wenn wir annehmen, daß in der Schule sprachanalytische Fähigkeiten besonders in fortgeschritteneren Sprachkursen verlangt werden, und wenn ferner Umfeldunabhängigkeit mit analytischen kognitiven Fähigkeiten überlappt, dann wäre die Korrelation mit dem Hörverständnis interpretierbar. Diese Argumentation liefert jedoch gar keine Erklärung für die Korrelation mit der imitativen Sprachproduktionsaufgabe. Naiman, Fröhlich, Todesco und Stern (1978, 31) kamen in ihrer Untersuchung zur Charakterisierung des erfolgreichen Fremdsprachenlerners zu der unverbindlichen Schlußfolgerung, daß bei der Variable Umfeldabhängigkeit/-unabhängigkeit der goldene Mittelweg der vielversprechendste sei.

Verschiedene Wissenschaftler haben argumentiert, daß Umfeldunabhängigkeit mit Sprachlernleistungen nur deshalb korreliert, weil die Figureinbettungstests eine allgemeine Intelligenz verlangen. So haben z.B. Hansen und Stansfield (1981) zuerst positive Korrelationen zwischen Ergebnissen eines Tests mit eingebetteten Figuren und sechs Sprachtests bei 300 Spanischlernern erzielt. Die Korrelationen waren gering, jedoch signifikant (zwischen 0,20 und 0,43). Wenn jedoch die Ergebnisse durch die Ergebnisse weiterer Tests für allgemeine akademische Skills ausgeglichen waren, dann blieb nur eine Korrelation von 0,22 für einen Sprachtest signifikant (s. Skehan 1989, 114).

Griffiths und Sheen (1992) gehen sogar soweit zu behaupten, daß die ursprünglich verwendeten Figureinbettungstests mit kognitivem Stil überhaupt nichts zu tun haben und zum Verständnis des L2-Lernens keinen Beitrag leisten. Eine Antwort auf diese Kritik ist in Chapelle (1992) nachzulesen. Die Debatte wird in Johnson, Prior und Artuso 2000 fortgesetzt.

Wir kommen jetzt zu affektiven bzw. sozio-psychologischen Lernerfaktoren und behandeln zunächst einige Aspekte des Begriffs Motivation. Die bekannteste Unterscheidung verschiedener Motivationstypen ist die zwischen „integrativer" und „instrumenteller" Motivation. Die Begriffe gehen auf Gardner und Lambert (1972) zurück und basieren auf Mowrers (1950) These, daß sich beim Erstsprachenerwerb das Kleinkind mit einer Gruppe identifizieren will und daß dieses Bedürfnis den Erstsprachenerwerb vorantreibt.

Die integrative Motivation äußert sich im Bestreben des Lerners, sich mit der zielsprachlichen Kultur zu identifizieren. So beschäftigen sich Lerner z.B. mit dem Französischen, weil sie Land und Leute und deren Kultur kennenlernen wollen. Bei einer ethnographischen Langzeitstudie über einige jüngere Kinder, die Englisch auf eine natürliche Art erwarben, kam Wong-Fillmore (1979, 227) zu folgendem Schluß:

> „Um eine Sprache schnell zu lernen, ist es wahrscheinlich am wichtigsten, sich mit Sprechern der Zielsprache zu identifizieren, so wie Nora dies tat. Nicht nur wollte sie in der Nähe von Englischsprechenden sein, sie wollte *genauso* sein wie diese und hat daher deren Sprechweise übernommen."

Dagegen ist die instrumentelle Motivation rein utilitaristischer Natur. Französisch wird z.B. als Studienfach gewählt, damit man in Frankreich deutsche Waren besser verkaufen kann oder weil man in diesem Fach in der Schule gute Noten hatte und somit erwartet, daß einem dieses Nebenfach an der Universität weniger Arbeit machen wird als z.B. Japanisch.

Nun stellt sich die Frage nach der Bedeutung der Unterscheidung dieser Motivationstypen für das Fremdsprachenlernen. Ursprünglich waren Gardner und Lambert der Meinung, daß für Französischlerner in Kanada eine integrative Motivation günstiger sei. In ähnlich angelegten Untersuchungen in den USA und auf den Philippinen fanden dieselben Autoren jedoch heraus, daß eine instrumentelle Motivation als mindestens ebenso erfolgreich angesehen werden muß. Ähnliche Ergebnisse erbrachte eine Studie zum Englischen in Indien (Lukmani 1972).

Wenn man die Differenzierung von Fremd- und Zweitsprache berücksichtigt, liegt nahe, daß der soziale Kontext der Zielsprache solche inkonsistenten Ergebnisse erhellen kann. So haftet auf den Philippinen (wie auch in Indien) der L2 (dem Englischen) nichts „Fremdes" an, und es erscheint nicht als unbedingt wünschenswert, sich an die Kultur Englands bzw. der USA anzupassen. Das Englische ist hier nicht die Sprache eines bestimmten Landes oder einer bestimmten „fremden" Kultur, sondern eine landesinterne bzw. internationale Verkehrssprache. In Kanada hingegen wird man mit der frankophonen Kultur direkt konfrontiert, so daß eine integrative Motivation zu größeren Erfolgen führt. Aus dieser Perspektive erscheinen die angeführten Ergebnisse weniger paradox. Mehrere weitere Studien unterstützen die Behauptung, daß beide Motivationsarten erfolgreiches Lernen unterstützen. Ferner werden im individuellen Fall beide Motivationstypen vorliegen, wenn auch in einem jeweils unterschiedlichen Mischungsverhältnis.

Der Begriff Motivation erfordert eine genauere Analyse. In der Zwischenzeit ist auch bei Gardner die Unterscheidung zwischen einer instrumentellen und einer integrativen Motivation nur *ein* Aspekt der Motivationsforschung (s. Gardner 1985). Die früheren Motivationstypen werden als verschiedene „Orientierungen" verstanden – beide tragen zu einem Gesamtkonzept der Motivation bei, die Gardner in ein sozio-pädagogisches Modell („socio-educational model") eingebunden hat – s. Abbildung 11.5.

Das Modell soll hier nicht ausführlich diskutiert werden. Wir beschränken uns auf zwei Kommentare:

(i) Das Modell soll sowohl für zweitsprachliche als auch für fremdsprachliche Lernkontexte gelten. Interessant dabei ist erstens, daß soziale Faktoren (auf der ersten Ebene) bei beiden Lernkontexten entscheidend mitwirken und zweitens, daß das Modell als „pädagogisches Modell" bezeichnet wird. Damit wird der häufig in der Zweitsprachenerwerbsforschung getroffenen Annahme, daß soziale Faktoren nur für den Zweitsprachenerwerb und Ausbildungsperspektiven nur für das Fremdsprachenlernen gelten, widersprochen.
(ii) Motivation (auf der zweiten Ebene) ist nur eine von vier Bündeln von individuellen Faktoren, die die Lernergebnisse mit determinieren.

Das am häufigsten benutzte Motivationsmeßinstrument beinhaltet elf Parameter und ist als der „Attitude Motivation Index" (AMI) bekannt. Gemessen werden hier u.a. Einstellungen zu native speakers der Zielsprache, die beiden erwähnten (instrumentellen und integrativen) „Orientierungen", subjektive Einschätzung des Unterrichts sowie Angst im Unterricht (Gardner 1985). Motivation besteht aus dem Grad der Anstrengung, dem Wunsch, ein Ziel zu erreichen und verschiedenen Einstellungen. „Motivation" ist also ein Sammelbegriff für verschiedene Faktoren, bei dem man (wie beim Konzept Sprachlerneignung) nicht sicher sein kann, welche lernerinternen Faktoren durch den AMI gemessen werden.

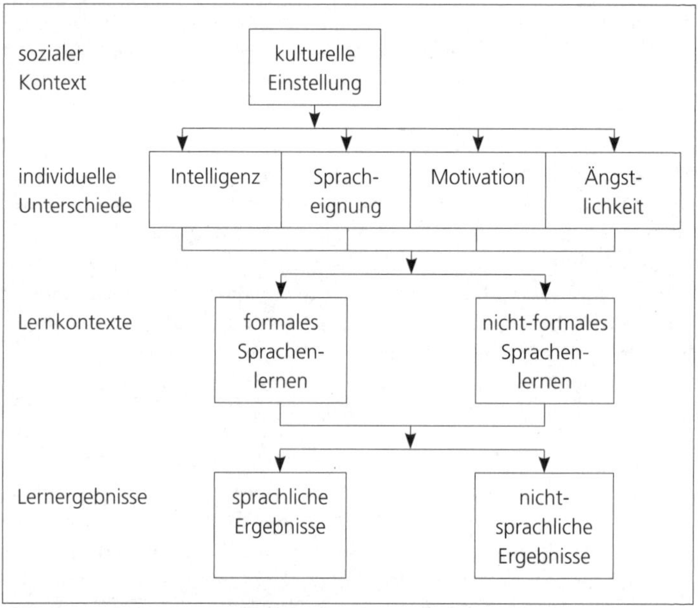

Abbildung 11.5 Ein Sprachlernmodell (nach Gardner 1985)

Allerdings scheinen Motivation und Sprachlerneignung unterschiedliche Aspekte des Fremdsprachenlernens zu erfassen. So hat Gardner (1980) viele Französischlerner in verschiedenen Schulen in verschiedenen Gebieten Kanadas untersucht und ihre Schulleistungen in Französisch (Noten) und ihr Abschneiden beim MLAT und beim AMI untersucht. Skehan (1989, 56) resümiert die Ergebnisse von sieben Klassen. Die Mittelwerte (als Korrelationsindizes) waren wie folgt:

AMI mit Noten ,37
MLAT mit Noten ,41
AMI mit MLAT ,13
MLAT AMI mit Noten ,52

Die Unterschiede zwischen verschiedenen Klassen waren nicht signifikant. Zusammenfassend: sowohl AMI als auch MLAT haben signifikante (p,05) Korrelationen mit sprachlicher Leistung erreicht. Die Mehrheit der Korrelationen zwischen den Eignungs- und Motivationstests waren jedoch ohne Signifikanz, wie aus dem niedrigen Mittelwert (0,13) zu ersehen ist. Die Tatsache, daß eine Kombination aus MLAT- und AMI-Ergebnissen im Durchschnitt eine deutlich höhere Korrelation mit den Lernleistungen gebracht haben als jedes Meßinstrument für sich, spricht auch dafür, daß die verschiedenen Testbatterien unterschiedliche Aspekte der Lernfähigkeiten erfassen.

Das klassische Motivationskonzept à la Gardner ist mehrmals kritisiert worden (vgl. Dörnyei 2001a, Riemer 2004, Edmondson 2004), u.a. deshalb, weil die angeführten Ergebnisse hauptsächlich aus verschiedene Korrealtionsindices bestehen, die von begrenztem theoretischen und didaktischen Nutzen sind. Außerdem ist das Konzept ein inhärent statisches. Aus diesen Gründen hat zum Beispiel Dörnyei ein prozedurelles Modell der Motivation im Fremdsprachenunterricht vorgelegt, das verschiedene Phasen der Motivation mit Bezug auf verschiedene Aspekte des Lernens berücksichtigt, nämlich erstens eine „Pre-actional" Phase (eine Orientierung und eine „Motivationsauswahl"), zweitens eine „actional" Phase, die eine „Exekutivmotivation" beinhaltet, und die sich auf die Bemühung des Lerners bezieht, das gesetzte Ziel zu erreichen und in engem Zusammenhang steht mit der Qualität vorheriger Lernerfahrungen und drittens eine „postactional" Phase, die eine Motivationsretrospektion umfaßt, in der der Lerner über seine Lernerfahrungen reflektiert. Letztere ist entscheidend für den Willen „weiterzumachen" (Dörnyei 2001a). Edmondson (2000) versucht anhand einer Analyse von Lernerautobiographien verschiedene Typen von Motivationsprofilen zu dokumentieren, vor allem mit Bezug auf die Frage, wie unterschiedliche Lerner auf demotivierende externe Faktoren wie unsympathische Lehrkräfte und ungeeignete Lernmaterialein reagieren. Dörnyei (2001b) zeigt weiterhin, wie unterrichtsbezogene Modelle und Studien eine Verbindung zwischen Motivation beim Lerner und Motivieren beim Lehrer herstellen könnten.

Auch die Unterscheidung zwischen extrinsischer und intrinsischer Motivation wurde einer Re-interpretation unterzogen: Noels et al. (2000) haben diese traditionellen Motivationstypen in ein neues Modell eingebettet: Extrinsisch motiviertes Verhalten zeigt sich in Handlungen, die zu instrumentellen Zwecken vorgenommen werden, intrinsisch motivierte Handlungen sind solche, die man gerne tut und die erfüllend sind. Fragebogenstudien mit anglophonen kanadischen Französischlernern ergaben eine stärkere Korrelation intrinsisch motivierter Handlungen mit der Intention weiterzulernen und bereits erreichter Kompetenz.

5 Einstellungen

Wie soeben ausgeführt, umfaßt Gardners Motivationsbegriff verschiedene Einstellungen. Ferner liegen zahlreiche Studien vor, die Einstellungen und Lernerfolg unabhängig von der Frage der Motivation untersucht haben (s. z.B. Mantle-Bromley 1995). Einige dieser Studien zeigen einen statistischen Zusammenhang zwischen positiven Einstellungen zu verschiedenen Aspekten des L2-Lernens sowie Aspekten der zielsprachlichen Kultur und dem Lernerfolg, insbesondere beim gesteuerten Fremdsprachenlernen; in anderen Studien aber konnte keine signifikante Korrelation entdeckt werden. Die Einstellung zu Sprechern der Zielsprache ist besonders intensiv erforscht worden und hat zu recht widersprüchlichen Ergebnissen geführt. Wir werden daher diesen Komplex etwas genauer betrachten.

Einige fremdsprachenbezogene Studien weisen nach, daß nach mehreren Semestern Fremdsprachenunterricht positive Einstellungen zur Zielkultur (Englisch in Deutschland bei Hermann 1980, Französisch in den USA bei Savignon 1972) mit besseren Leistungen korrelieren. In diesen Fällen sind die positiven Einstellungen jedoch wahrscheinlich ein Ergebnis des Lernerfolgs und nicht die Ursache für gute Leistungen.

Bei zweitsprachenerwerbsbezogenen Studien sind die empirischen Ergebnisse sehr gemischt. Oller, Hudson und Liu (1977) haben eine *positive* Korrelation zwischen Einstellung und Lernleistung bei chinesischsprechenden Studenten in den USA festgestellt. Im gleichen Jahr jedoch konnten Oller, Baca und Vigil feststellen, daß bei einer Gruppe mexikanischer Amerikanerinnen eine positive Einstellung zu Amerikanern *negativ* mit ihren Englischkenntnissen korrelierte, d.h.

je besser die Zielsprache beherrscht wurde, umso negativer wurde ihre Einstellung zu Amerikanern. Svanes (1988) hat eine große Gruppe von Lernern aus 27 verschiedenen Ländern untersucht, die Norwegisch in Norwegen gelernt hatten, und ebenfalls eine negative Korrelation mit ihren Einstellungen entdeckt. Er kommt zu dem Schluß, daß es für ausländische Studenten, die in einem fremden Land wohnen, besser ist, eine ausgeglichene und kritische Einstellung zu Sprechern der Zielsprache zu haben, als sie unkritisch zu bewundern (Svanes 1988, 368).

Bei der Studie von Svanes ist allerdings nicht auszuschließen, daß die sich ergebende negative Einstellung eine Konsequenz des fortgeschrittenen Kontakts zur Zielkultur ist, die durch bessere Sprachbeherrschung ermöglicht wurde. Diese Interpretation ist konsistent mit einigen kanadischen Studien über Französischlerner. So berichten Gardner, Smythe und Brunet (1977) und Gardner, Smythe und Clément (1979), daß nach intensiven Sprachkursen, die auf freiwilliger Basis besucht wurden, die Einstellung der Studenten zum Bilingualismus und zu französischsprechenden Kanadiern nach dem Kurs weniger positiv war als am Anfang. Genesee (1983) hat in einer weiteren Studie in Kanada festgestellt, daß die Einstellungen von Schülern, die sich für das „Immersion"-Programm angemeldet hatten, positiver waren als die Einstellungen anderer Schüler. Jedoch näherte sich die Einstellung der Teilnehmer dieses „Immersion"-Programms um so mehr denen der nichtteilnehmenden Schüler an, je länger sie an dem „Immersion"-Programm teilgenommen hatten.

Im Moment können wir nur Erklärungshypothesen für solche widersprüchlichen Ergebnisse aufstellen. Zunächst scheint es der Fall zu sein, daß Einstellungen je nach Lernkontext (etwa Zweitsprache oder Fremdsprache) unterschiedliche Auswirkungen haben können. Ferner bleibt für Studien in beiden Lernkontexten unklar, ob positive oder negative Einstellungen eine mögliche Ursache für Lernfortschritte oder deren Konsequenz sind. Wir haben gerade tentativ vorgeschlagen, daß im fremdsprachlichen Lernkontext eine positive, im zweitsprachlichen Lernkontext eine negative Einstellung eine Konsequenz des Lernerfolgs sein könnte. Dies ist nur scheinbar ein Widerspruch. Wenn die Lerner in der Zielkultur leben, spielen soziale Faktoren höchstwahrscheinlich eine Rolle, u.a. der Status der Lernergruppe in der Zielkultur und wie sie behandelt werden. Bei dem Versuch, Generalisierungen zu finden, sollten wir daher z.B. die

Tatsache berücksichtigen, daß der Status des Französischen in Quebec eine sozio-politisch gespannte Sondersituation darstellt.

Sozio-politische Faktoren, die sich in Lernerdispositionen und Einstellungen widerspiegeln können, werden in einigen Modellen des natürlichen Spracherwerbs erwähnt. Zwei dieser Modelle sollen zum Abschluß dieser Diskussion über Einstellungen kurz erwähnt und kommentiert werden.

Schumann (1978a) hat ein „Acculturation" Modell vorgelegt. Nach diesem Modell beeinflußt der Grad der Identifikation mit der zielsprachlichen Kultur den Grad der Beherrschung der Zielsprache. „Acculturation" wird durch zwei Bündel von Faktoren operationalisiert – soziale Distanz und psychologische Distanz. Je größer die Distanzierung, desto niedriger die „acculturation" und daher der Grad der Beherrschung der L2. Soziale Distanz ist im Prinzip objektiv meßbar: das Konzept berücksichtigt u.a. die Ähnlichkeit zwischen beiden Kulturen, bestehende Kontakte zwischen ihnen und die Einstellungen von Mitgliedern beider Kulturen zueinander. Psychologische Distanz bezieht sich auf die Weise, wie sich das Individuum mit der fremdsprachlichen Kultur und deren Mitgliedern identifiziert.

Ein vergleichbares Modell ist von Giles und Byrne (1982) vorgelegt worden, das zum Teil auf der Motivationsforschung von Gardner basiert (vgl. z.B. Abbildung 11.5). Der Hauptunterschied zu dem Modell Schumanns besteht darin, daß bei Giles and Byrne „soziale" und „psychologische" Faktoren interagieren. Wichtig ist nicht die im Prinzip objektiv feststellbare „Distanz" zwischen zwei Kulturen oder sozialen Gruppen, sondern die Einschätzung dieser „Distanz" durch das Individuum selbst. Daher berücksichtigen Giles und Byrne Fragen wie Einschätzung des eigenen Status in der eigenen Kultur und Einstellung beider Kulturen zueinander.

Beide Modelle beinhalten die Perspektive der Erwartungen und Einstellungen von Mitgliedern der Zielkultur den Lernern und deren Kultur gegenüber. Genesee, Rogers und Holobow (1983) sprechen in diesem Zusammenhang von „motivationaler Unterstützung", die selbstverständlich negativer Art sein kann. Der Grad, in dem man sich bei dem Versuch, die Zielsprache zu lernen, von Mitgliedern der Zielkultur unterstützt fühlt, kann demzufolge relevant für den Lernerfolg sein (vgl. die in Kapitel 3, 4.3 erwähnten Befunde zum fremdsprachenunterrichtlichen Kontext von Brophy und Good 1974).

6 Persönlichkeitsfaktoren

Verschiedene Persönlichkeitsmerkmale sind untersucht worden um festzustellen, ob sie mit Messungen des Grades der Sprachbeherrschung korrelieren. Unter anderem wurde danach gefragt, ob die Unterscheidung zwischen Extrovertiertheit und Introvertiertheit mit Lernstil bzw. Lernerfolg korreliert. Die Persönlichkeitsfaktoren Extrovertiertheit und Introvertiertheit sind in einer Reihe von Studien erweitert worden, wobei zwei unterschiedliche „soziale Stile“ erarbeitet worden sind (s. z.B. Strong 1983). Intuitiv ähnlich ist die Variable „Risk-taking“ (Rubin 1975), d.h. die Bereitschaft, die Fremdsprache auch mit sehr begrenzten Kenntnissen zu verwenden. Risikoeingehende Lerner werden mit risikovermeidenden Lernern kontrastiert. Solche Studien legen die intuitiv plausible Hypothese nahe, daß soziale Offenheit und der starke Wunsch nach Kontakt mit anderen Personen lernfördernd wirken. Die Ergebnisse von Untersuchungen zu dieser Hypothese sind aber recht heterogen. Zusammenfassend kann man feststellen, daß am Anfang des schulischen Fremdsprachenlernens eine sozial extrovertierte Persönlichkeit eher Erfolg haben kann. Später jedoch korrelieren in der Tendenz die Leistungsnoten eher mit introvertierten Merkmalen. Dies läßt sich vielleicht durch die verschiedenen Aufgabentypen erklären, die zu verschiedenen Zeitpunkten im Fremdsprachenunterricht gestellt werden. Beim Vergleich verschiedener Studien ist ferner eine (sehr schwache) Tendenz feststellbar, daß die erreichten Ergebnisse eine Funktion des benutzten Meßinstruments sind. So könnte z.B. der Fall sein, daß soziale Offenheit mit flüssigem Sprechen korreliert, aber nicht mit grammatischer Korrektheit (vgl. nochmals Cummins 1979). Auch das Alter könnte eine Rolle spielen, wenn wir annehmen, daß eine bestimmte Introvertiertheit häufig in der Pubertät auftritt.

Es besteht also die Möglichkeit, daß die Auswirkung von Persönlichkeitsfaktoren der angesprochenen Art je nach Lernaufgabe, Lehrziel bzw. Lehrmethode und Lernstufe variiert. Da die erreichten positiven Korrelationen selten höher als 0,35 sind, liegen zur Zeit keine überzeugenden Hinweise vor, daß der Persönlichkeitsfaktor Introvertiertheit/Extrovertiertheit bzw. sozialer Stil Wesentliches zur Erklärung individueller Unterschiede beim L2-Lernen beiträgt.

Die Ergebnisse von Studien zur Rolle der Ängstlichkeit beim L2-Lernen sind mit denen zur Introvertiertheit/Extrovertiertheit vergleichbar. Viele Untersuchungen deuten darauf hin, daß Ängstlichkeit sowohl lernfördernd als auch lernhemmend wirken kann (für kurze Überblicke s. z.B. Skehan 1989, 115–118; Gardner und MacIntyre 1993, 4–7). Verschiedene Studien haben diesen widersprüchlichen Befund etwas differenzierter dargestellt und auf folgende Variablen hingewiesen:

- Lernfähigkeit: bei erfolgreichen Lernern kann Angst öfter zu positivem Lernen beitragen als bei schwächeren Lernern.
- Lernstufe: Angst erzeugt bei Anfängern größere Lernhemmungen als bei Fortgeschrittenen.
- Alter: Ältere Lerner können möglicherweise besser mit Angst umgehen als jüngere, d.h. die negative Korrelation zwischen Ängstlichkeit und Lernfortschritt ist bei jüngeren Lernern größer.

Es besteht ferner die Möglichkeit einer Art „kritischer Angstschwelle“: Bis zu einem gewissen Punkt versucht man, die Angst durch intensiveres Lernen zu überwinden, ist dieser Punkt aber überschritten, gibt man auf. Eine solche Angstschwelle (über die wir z.Z. nur spekulieren können) dürfte ferner individuell unterschiedlich und von den oben erwähnten Faktoren beeinflußt sein. Der Einfluß des Faktors Angst auf den Lernerfolg bzw. Mißerfolg bleibt daher unklar (in der Literatur liegen signifikante Korrelationen nicht über +/–0,3 vor).

7 Individuelle Unterschiede und Sprachlehre

Wir sind bisher bei der Diskussion individueller Variablen davon ausgegangen, daß die untersuchte Variable „interne“, aber keine „externen“ Erklärungen für unterschiedliche Lernleistungen liefern sollen. Daher war z.B. die Tatsache, daß eine bestimmte Lehrerin ihre Schüler „motiviert“ oder „verängstigt“ für unsere Überlegungen in diesem Kapitel nicht direkt relevant. Wir haben jedoch mehrmals den Verdacht geäußert, daß insbesondere bei der Behandlung affektiver Faktoren externe Einflüsse eine Rückwirkung auf individuelle Einstellungen bzw. Gefühle haben (vgl. z.B. die „nicht-sprachlichen Ergebnisse“ in dem Modell von Spolsky 1989, Abbildung 2.2 oder in dem Modell von Gardner, Abbildung 11.5). Insbesondere könnte der Grad der Lernleistung selbst einen Einfluß auf z.B. Motivation oder Angst haben. Daher werden wir nochmals mit der Frage konfrontiert, ob statistische Korrelationen einen kausalen Zusammenhang zwischen den korrelierenden Faktoren implizieren und wenn ja, in welche Richtung diese Kausalität wirkt. Naheliegend ist eine gegenseitige Beeinflussung (s. Abbildung 11.6 und vgl. Larsen-Freeman und Long 1991, 183). Ferner beeinflußt die Interaktion zwischen Lerner und Lehrer (bzw. die Interaktion zwischen dem Lerner und Mitgliedern der Zielkultur) die Art und Natur der Interaktion zwischen interner und externer Beeinflussung des Lernerfolgs. (vgl. hierzu auch die Diskussion in Ellis 2004).

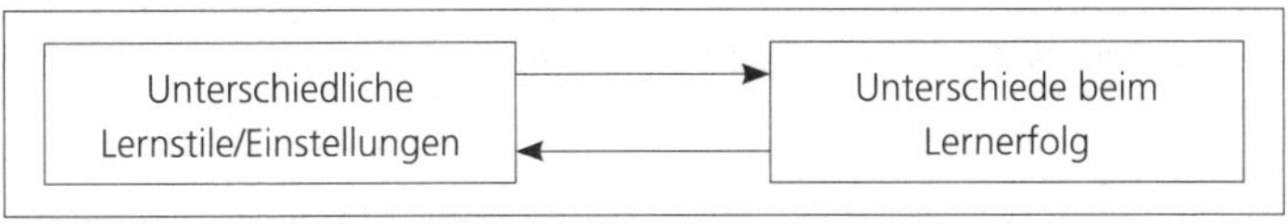

Abbildung 11.6 Affektive Faktoren und Lernerfolg

Die gegenseitige Beeinflussung von affektiven Faktoren und Lernerfolg ist von Bedeutung für die allgemeine Frage, welche Relevanz individuelle Unterschiede für didaktische Entscheidungen haben (sollten). Wenn Faktoren wie Sprachlerneignung, Lernstil, Motivation rein interne Lernmerkmale wären, dann könnten Lehrer hieran nicht sehr viel ändern.

Wenn aber eine Interaktion zwischen individuellen Merkmalen und externen Lernbedingungen stattfindet – wovon wir ausgehen – könnte man die Lehrstrategien (i) und (ii) anwenden:

(i) man versucht, Lerngruppen so homogen wie möglich zusammenzusetzen, d.h. Lerngruppen mit ähnlichen internen Merkmalen oder vergleichbaren „Lernprofilen“ zu bilden – dies geschieht teilweise in den traditionellen Schulsystemen, und/oder

(ii) man versucht, geeignete Lernmöglichkeiten für unterschiedliche Lerneignungen, Lernstile usw. innerhalb einer Lerngruppe anzubieten.

Es gibt aber noch eine dritte Möglichkeit, nämlich:

(iii) man setzt eine *kompensatorische* Lehrstrategie ein für Lerner, deren Lernprofil voraussichtlich zu weniger Lernerfolg führen könnte.

Zwischen Strategie (ii) und Strategie (iii) besteht insofern ein Widerspruch als (ii) individuelle Unterschiede zu fördern und (iii) sie auszugleichen versucht. Zwei exemplarische Forschungsberichte erhellen diese theoretische Spannung (Skehan 1989, 122–135 berichtet über weitere Studien zu Interaktionen zwischen Lernermerkmalen und didaktischen Handlungen).

Bei der Diskussion über Sprachlerneignung in 2 oben wurde eine Studie von Wesche (1981) erwähnt, in der drei Lernertypen identifiziert wurden. In einer ersten Folgestudie waren die Studenten mit einer ihrem Lernprofil entsprechenden Lehrmethode unterrichtet worden. Das Ergebnis: Alle waren mit ihrem Unterricht zufrieden, und die Lernleistungen der drei Gruppen waren vergleichbar. In einer zweiten Studie wurde die Hälfte der Studenten absichtlich mit der „falschen" Lehrmethode unterrichtet. Die Studenten hatten anschließend eine weniger positive Einstellung und teilweise signifikant niedrigere Lernerfolge. Ferner waren die Lernleistungen in den „gemischten" Gruppen deutlich unterschiedlicher als in den Gruppen der ersten Studie, in denen alle Studenten im Prinzip für die verwendete Lehrmethode geeignet waren. Diese Ergebnisse sind konsistent mit Lehrstrategie (i) oben und sprechen *gegen* den Einsatz von Strategie (iii).

Stasiak (1985, 1988) berichtet von einer Untersuchung an der Universität Danzig. Ca. 1.500 fortgeschrittene Studierende wurden mit verschiedenen Tests zur sogenannten Intelligenzstruktur getestet. Anhand der Ergebnisse wurden vier Gruppen zu je 100 Personen zusammengestellt. Zwei Kriterien waren ausschlaggebend: die Höhe der Intelligenz (Studierende mit hohem Intelligenzquotienten und Studierende mit niedrigem Quotienten) und die Art der Intelligenz (Testpersonen mit größeren Fähigkeiten im Bereich des logischen Denkens sowie Testpersonen, deren Stärken auf dem Gebiet der sprachlich-kommunikativen Fähigkeiten liegen). Diese Unterscheidung spiegelt in etwa die Unterscheidung zwischen den verschiedenen, oben erwähnten kognitiven Stilen wider.

Die vier Teilpopulationen im Danziger Projekt wurden ein Jahr lang in Kleingruppen unterrichtet, in denen sie eine von vier ihnen unbekannten Sprachen lernten. Die Unterrichtsmethoden unterschieden sich hinsichtlich der in den Tests ermittelten kognitiven Stile und Präferenzen der Probanden. Es wurde von folgender Hypothese ausgegangen: die „Logiker" würden, wenn sie auf ihre eigenen Lernstrategien angewiesen wären, grammatisch korrektes sprachliches Verhalten (‚accuracy') auf Kosten der Kommunikativität (‚fluency') entwickeln, während sich die „Sprachlerngruppen" umgekehrt verhalten würden. Entsprechend wurde der Unterricht kompensatorisch angelegt. Etwas vereinfacht dargestellt: Den „Logikern“ wurden solange jegliche Regeln vorenthalten, bis sie frei sprechen konnten. Die „Sprachler“ dagegen durften erst sprechen, nachdem sie die Regeln gelernt hatten. Die Abschlußtests zeigten keine signifikanten Unterschiede zwischen den Ergebnissen der „Logiker“ und denen der „Sprachler“. Es waren jedoch deutliche Unterschiede zu verzeichnen zwischen den Ergebnissen der Studierenden, die in den Eingangstests sehr gut abgeschnitten hatten (hohe Intelligenzquotienten) und denjenigen, die weniger gut abgeschnitten hatten. Nach Stasiaks Ansicht war der kompensatorische Unterricht erfolgreich: Unterschiede hinsichtlich des kognitiven Stils wurden nivelliert, während Unterschiede bei der Verarbeitungsintensität bestehen blieben.

Diese Schlußfolgerung ist allerdings kaum zwingend – insbesondere fehlen bei diesem Forschungsprojekt Kontrollgruppen, die statt eines kompensatorischen einen lernstilunterstützenden Unterricht bekamen, wie es bei der Studie Wesches (1981) der Fall war. Die grundlegende Hypothese des Danziger Experiments ist immerhin höchst interessant, nämlich die Annahme, daß kognitive Stile im Unterricht bzw. durch den Unterricht verändert werden können. Bei Wesche (1981) und den Berichten von Stasiak fehlen spezifische Hinweise zum unterrichtlichen Verfahren – globale Etikettierungen wie „audiolinguale“, „analytische“ Methoden machen nicht deutlich, wie der Sprachunterricht eigentlich in den verschiedenen Gruppen durchgeführt wurde.

Daher reichen die empirischen Ergebnisse nicht aus, kompensatorische Lehrstrategien zu beurteilen (vgl. Ellis 1994, 647–652). Wir vermuten jedoch, daß die Auswirkungen individueller Unterschiede durch eine Kombination verschiedener Lehrstrategien durchaus kompensiert werden können. Zu diesem Ergebnis kam bereits Carroll (1965) (s. die obige Diskussion zu Abbildung 11.1).

8 Zusammenfassung/Ausblick

Zusammenfassend sei betont, daß die in diesem Kapitel angesprochenen psychologischen Konstrukte höchstwahrscheinlich Bündel unterschiedlicher kognitiver/sozialer Verhaltungsweisen sind mit vielen Überlappungen und Überschneidungen. Die untersuchten Variablen werden erstens in Interaktion miteinander wirksam und zweitens im Zusammenhang mit externen Faktoren (wie Lernkontext), sozialen Faktoren (wie Status der Zielsprache gegenüber dem Status der Muttersprache), der Erfolgserwartung von Mitgliedern der Zielkultur gegenüber der Lerngruppe sowie der Qualität und Quantität der unterrichtlichen Steuerung.

Die Hypothese, daß zwei Fähigkeiten wesentlich zum schulischen Lernerfolg beitragen, wird durch verschiedene Befunde unterstützt. Die erste Fähigkeit ist eine allgemeine Sprachverarbeitungsfähigkeit, die auf Sprache im Kontext bezogen ist und die möglicherweise die Art und Qualität des Erstsprachenerwerbs widerspiegelt. Die zweite ist eine analytische, auf Sprache-als-nichtkontextualisiertes-System bezogene Fähigkeit, die möglicherweise mit Intelligenz und weiteren Schulleistungen verbunden ist (vgl. Abbildung 11.3). Unter anderem aufgrund dieser Befunde können verschiedene Lernertypen postuliert werden, auch wenn wir es hier nicht mit Entweder/Oder-Merkmalen zu tun haben. Für die Postulierung verschiedener Lernertypen war „kognitiver Stil" (vgl. Abbildung 11.4) ebenso ein Auslöser wie einige persönlichkeitsbezogene Faktoren.

Wir haben überdies festgestellt, daß die Relevanz der Unterscheidung Umfeldabhängigkeit/Umfeldunabhängigkeit sehr zweifelhaft ist und daß unter dem Begriff „sozialer Stil" nicht viele überzeugende empirische Ergebnisse vorgelegt worden sind. Daß solche Fakten dennoch so viel Interesse geweckt haben, liegt möglicherweise an ihrer Überlappung mit anderen in der Literatur gemachten begrifflichen Unterscheidungen. In Abbildung 11.7 werden einige dieser Unterscheidungen provokativ zusammengestellt.

UMFELDABHÄNGIGKEIT	UMFELDUNABHÄNGIGKEIT
extrovertierter sozialer Stil	introvertierter sozialer Stil
holistische Betrachtung	analytische Betrachtung
kontextgebundenes Lernen	kontextunabhängiges Lernen
natürliche „Erwerber"	natürliche „Lerner"
„data-gatherers"	„rule-formers"
„risk-takers"	„risk-avoiders"
„fluency" orientiert	„accuracy" orientiert
integrative Motivation	instrumentelle Motivation
rechts-hemisphärisch	links-hemisphärisch

Abbildung 11.7 Unterschiedliche „Lernstile"?

So kann ein eher holistisches, sozial geprägtes, externalisiertes Lernverfahren mit einer eher analytischen, internen Lernstrategie kontrastiert werden. Einige solcher Begriffspaare wurden in Abbildung 11.3 oben wiedergegeben, wobei die in der linken Spalte aufgelisteten Begriffe im Prinzip mit einem „holistischen", die in der rechten Spalte aufgelisteten mit einem „analytischen" Lernstil assoziiert werden können.

Diese Gegenüberstellung könnte ferner mit Krashens Erwerb/Lernen Dichotomie in Beziehung gesetzt werden (vgl. Abbildung 1.3 sowie Kapitel 14, 2.1). Mit anderen Worten, die analytische Wahrnehmungsweise beeinflußt z.B. die bewußte Wahrnehmung grammatischer Regeln, wohingegen sich die holistische Wahrnehmung hauptsächlich auf Bedeutungen im Kontext konzentriert. Ebenso gilt, daß die Unterscheidung zwischen kontextualisiertem und nichtkontextualisiertem Lernen leicht mit der Unterscheidung Krashens in Verbindung gebracht werden könnte. Im übrigen besteht die Möglichkeit, die hier vorgestellte Unterscheidung kognitiver Stile mit einer Dichotomie in Beziehung zu setzen, die Hatch 1974 vorschlug. Hatch spricht von „Datensammlern" („data-gatherers") und „Regelaufstellern" („rule-formers"). Es kann auch eine Verbindung hergestellt werden zu der angesprochenen Unterscheidung zwischen risikofreudigen und risikovermeidenden Lernern (vgl. 6 oben). Ein Bezug läßt sich ebenfalls zu Brumfits (1984a) bereits erwähnter Dichotomie zwischen Kommunikativität („fluency") und Korrektheit („accuracy") herstellen, auch wenn die Unterscheidung Brumfits keine psychologische ist. Die Unterscheidung zwischen einer integrativen und einer instrumentellen Motivation ist intuitiv auch nicht allzuweit entfernt von der hier vorgenommenen Gegenüberstellung von holistischen und analytischen Lernstilen. Letztere könnte wiederum mit der funktionalen Differenzierung der linken und der rechten Hemisphäre des Gehirns korreliert werden! (Vgl. Abbildung 6.4.) Diese Auflistung mag zunächst verwirren; sie deutet jedoch darauf hin, daß sich hinter den verschiedenen Begriffspaaren eine wichtige Erklärung für den individuellen Lernerfolg verbirgt. Es bleibt eine Aufgabe zukünftiger Forschung, diese Vermutung zu bestätigen bzw. zu widerlegen.

Insgesamt sind in der Vergangenheit – mit einigen Ausnahmen wie Gardner und Spolsky – individuelle Unterschiede unabhängig voneinander und von der allgemeinen Theoriebildung erforscht worden. Dies ist selbstverständlich nicht sinnvoll. So sind z.B. die hier angesprochenen Fragen der individuellen Unterschiede beim Fremdsprachenlernen deutlich relevant für die Diskussion kommunikativer Strategien und Lernstrategien, die im folgenden Kapitel 12 behandelt werden. Ferner ist die Tatsache, daß individuelle Unterschiede einen Einfluß auf den Lernerfolg und möglicherweise auf den Lernprozeß ausüben, eine wichtige Perspektive bei der Betrachtung verschiedener Hypothesen zum Fremdsprachenlernen, die in Kapitel 14 ausgeführt werden.

TEIL 5

Das Fremdsprachenlernen im Fremdsprachenunterricht: Beschreibungen, Interpretationen, Theorien

In diesem Teil des Buches steht das Geschehen im Fremdsprachenunterricht im Mittelpunkt, d.h. wir diskutieren in erster Linie Studien, die auf Unterrichtsbeobachtungen basieren, sowie einige experimentelle Studien, bei denen der Unterricht kontrolliert/manipuliert wird, damit Forschungshypothesen getestet werden können. Wir wollen hauptsächlich der Frage nachgehen, ob bzw. welche Merkmale des fremdsprachenunterrichtlichen Geschehens positiven bzw. negativen Einfluß auf das L2-Lernen haben.

Sowohl was die *Ganzheitlichkeit* der Unterrichtsanalysen angeht als auch bei der *Interpretation* der Forschungsergebnisse folgen wir einer internen Progression: ausgehend von einer Analyse einzelner Lerneräußerungen untersuchen wir interaktive Zusammenhänge, und dokumentarische Analysen führen uns zu Theorien des Fremdsprachenlernens.

Kapitel 12 ist dem Thema Lernersprache gewidmet. In Kapitel 13 werden Studien zu verschiedenen Aspekten von Unterrichtsgesprächen und daraus resultierende didaktische Empfehlungen diskutiert, im 14. Kapitel schließlich werden verschiedene Hypothesen miteinander verglichen, die den Lernerfolg durch unterschiedliche Merkmale des Unterrichtsgeschehens zu erklären versuchen. Ferner werden einige Theorien des Fremdsprachenlernens unter besonderer Berücksichtigung der Rolle expliziten grammatischen Wissens beim Fremdsprachenlernen diskutiert.

Kapitel 12

Lernersprachenanalyse

Die Analyse von Lerneräußerungen und der sogenannten Lernersprache ist ein zentrales Untersuchungsfeld der Sprachlehrforschung. Dabei wird versucht, aus psycholinguistischer Sicht ein besseres Verständnis des Fremdsprachenlernens zu gewinnen. Eine Schwierigkeit bei solchen Untersuchungen ist es, Einsichten in Lernprozesse aus Analysen von Lernprodukten zu gewinnen. „Output" wird analysiert, um *interne* Verarbeitungsprozesse zu entdecken.

Wir diskutieren im folgenden erstens die jahrhundertealte Lehr- und Forschungsstrategie der Fehleranalyse, zweitens die kontrastive Analyse, deren Vertreter von einem wesentlichen Einfluß der L1 beim Erlernen einer Fremdsprache ausgehen und drittens die Lernersprachenanalyse, einen seit den siebziger Jahren enorm produktiven Forschungszweig. Diese drei Ansätze können als Stufen von einer Charakterisierung der Lernersprache zu ihrer Interpretation bzw. Erklärung gesehen werden.

1 Fehleranalyse

Die didaktische Praxis der Fehleranalyse ist vermutlich so alt wie der Fremdsprachenunterricht selbst. Fremdsprachenlehrer haben schon immer und zumeist in Abhängigkeit von der verwendeten „Lehrmethode" Fehler bei den Belehrten festgestellt, beschrieben, nach ihren Ursachen gesucht und schließlich versucht, sie zu beheben. So findet man z.B. in dem frühesten noch erhaltenen Englischlehrbuch (Bellot's „Schoolmaster" von 1580) kontrastive Ausspracheübungen zu Wortpaaren wie SHIP/SHEEP, FILL/FEEL, die offensichtlich auf einer „Fehleranalyse" basieren, und die in der Mitte unseres Jahrhunderts durch kontrastive Analysen „neu" entdeckt und als „Minimalpaare" für Sprachlaborübungen empfohlen wurden.

Durch „Fehleranalyse" kann der Lehrer feststellen, ob die Lerner das im Unterricht Vermittelte beherrschen oder nicht. Würde man die Lerner nur als Rezipienten von Lehrmaterialien verstehen, könnten letztlich aus ihren Fehlern nur zwei Schlüsse gezogen werden: entweder sind die Lerner unfähig, faul, haben nicht aufgepaßt oder der Lehrer hat den Stoff unklar vermittelt. In beiden Fällen muß der Stoff erneut dargestellt werden, unter Umständen durch andere Lehrstrategien. Mit dem Aufkommen kognitiver Ansätze in Linguistik und Psychologie (siehe Kapitel 5 und 6) bildete sich jedoch eine andere Sicht von „Fehlern" heraus und eine insgesamt systematischere Art und Weise, Fehleranalyse zu betreiben. Bahnbrechend war 1967 der Artikel Corders „The Significance of Learners' Errors". Hier werden Fehler als Indizien für Lernschwierigkeiten angesehen. Sie gelten als Anzeichen dafür, daß ein Lerner dabei ist, sich das System der zu lernenden Sprache zu erschließen und daß er dabei bestimmte Hypothesen aufstellt, bei deren Nichtzutreffen ein sog. „Fehler" auftritt. Fehler sind aus dieser Sichtweise also durchaus etwas Natürliches, nämlich Indizien dafür, daß der Lerner sich aktiv mit der Fremdsprache auseinandersetzt.

Beim Versuch, Lernerfehler zu klassifizieren und zu quantifizieren, ergeben sich u.a. folgende Probleme:

(i) Nicht immer läßt sich feststellen, ob überhaupt ein Fehler vorliegt. Erstens gibt es die sog. Normproblematik, also die Frage, nach welchen Kriterien Fehler festgestellt werden sollen, und zweitens kann keine direkte Einsicht genommen werden in das, was ein Lerner sagen will.

(ii) Die Frage, wo sich der Fehler innerhalb einer Äußerung befindet, ist oft noch schwieriger zu beantworten, denn Lerneräußerungen können
- grammatisch richtig oder falsch
- sprachlich akzeptabel oder unakzeptabel
- situationsangemessen oder -unangemessen oder
- stilistisch angebracht oder unangebracht sein.

(Kombinationen können ebenso vorkommen).

(iii) Ein größeres Korpus von Äußerungen ist nötig, wenn man feststellen will, ob ein „Fehler" tatsächlich auf fehlenden oder falschen zielsprachlichen Kenntnissen basiert. Corder (1967) unterscheidet z.B. zwischen

„errors" – vom Lerner selbst nicht erkennbare Kompetenzfehler oder Systemverstöße,

„mistakes" – unangemessene Äußerungen, die gegen soziale Normen verstoßen und

„lapses" – Flüchtigkeitsfehler, die der Lerner selbst hätte erkennen können.

(iv) Natürlich läßt die Tatsache, daß bei einer Aufgabe bestimmte Fehler nicht vorkommen, überhaupt nicht darauf schließen, daß der betroffene Aspekt der Zielsprache tatsächlich beherrscht wird. Erstens kann zufällig eine nicht zutreffende Regel in mehreren Fällen zu einer akzeptablen Form geführt haben. Zweitens können Lerner bei ihrer Sprachproduktion Vermeidungsstrategien benutzen. Drittens kann eine „Unter-" bzw. „Überrepräsentation" bestimmter sprachlicher Elemente und Strukturen vorliegen (Levenston 1971): obwohl für einen bestimmten kommunikativen Zweck in der Zielsprache verschiedene Mittel zur Verfügung stehen, machen Lerner möglicherweise nur von einem dieser Mittel Gebrauch, da die Alternativen noch nicht beherrscht werden.

Grundsätzlich wirft die Fehleranalyse die Frage auf, warum man sich auf *abweichende* Äußerungen beschränkt, wenn man versuchen will, das Erlernen einer Fremdsprache zu verstehen oder die Kompetenz eines Lerners in der Zielsprache einzuschätzen. Aus theoretischer Sicht geht man in der Fehleranalyse davon aus, daß der Zweitspracherwerb als eine kontinuierliche Annäherung an zielsprachliche Normen erfolgen sollte. Aus didaktischer Sicht folgt die implizite Annahme, daß nur wichtig ist, was Lernende *nicht* können. Beide Annahmen sind problematisch.

Verschiedene Fehlerklassifizierungen sind vorgeschlagen worden, u.a. solche linguistischer Art. Knapp-Potthoff (1987, 215–216) schlägt eine Klassifizierung aus der Perspektive des Lerners vor, die sie selbst als „ungewöhnlich" und „als solche vielleicht nicht ganz ernstzunehmend" beurteilt. Als Anregung zum Nachdenken und in deutlichem Gegensatz zu traditionellen Ansätzen postuliert die Autorin zehn Kategorien von Fehlern:

1. Fehler, die man mit Überzeugung gemacht hat, weil man sich bezüglich der aufgestellten Hypothese absolut sicher war.
2. Fehler, die man (zum Glück) nicht gemacht hat, weil man zufällig von zwei unsicheren, miteinander konkurrierenden Hypothesen die richtige gewählt hat.
3. Fehler, die die anderen nicht sehen (jedenfalls nicht sofort), weil man entweder eine zwar sprachlich korrekte Äußerung produziert, diese aber gar nicht äußern wollte oder aber zufällig eine korrekte Äußerung wählt, die auf einer revisionsbedürftigen Hypothese beruht.

4. Fehler, die man gemacht hätte, wenn man einen Satz mit der betreffenden Struktur geäußert hätte, sie aber, weil man unsicher war, tunlichst vermieden hat.
5. Fehler, die man selbst korrigieren kann.
6. Fehler, die man in Kauf nimmt, z.B. wenn kommunikative Interessen Priorität haben.
7. Fehler, die man absichtlich macht (um aktive Hypothesen zu testen und so den eigenen Lernprozeß zu fördern).
8. Fehler, die kaum vermeidbar sind, z.B. durch die Kontraste oder Ähnlichkeiten zwischen Mutter- und Fremdsprache.
9. Fehler, die nicht nötig wären (z.B. solche, die auf Mißverständnissen bei der Aufgabenstellung beruhen).
10. Fehler, die man jetzt nicht mehr machen sollte (z.B. wenn man früher die betroffene sprachliche Struktur bereits beherrschte, jetzt aber auf frühere Lernstadien zurückfällt).

Uns fällt mindestens ein zusätzlicher Fehlertyp ein, nämlich Fehler, die vom Lehrer als solche bezeichnet werden, die man jedoch selbst nicht als solche anerkennt.

Insgesamt muß bezweifelt werden, ob eine solche Fehlerklassifizierung jemals in der Unterrichtspraxis eingesetzt werden könnte oder sollte. Die Liste macht aber deutlich, welche Faktoren zu berücksichtigen sind, damit eine traditionelle Fehleranalyse transparent und lernrelevant gemacht werden kann. Die eingenommene Perspektive ist eher mit einer Lernersprachenanalyse zu assoziieren als mit einer „Fehleranalyse". Bevor wir uns nun näher mit Konzeptionen und Analysen von Lernersprachen beschäftigen, soll zunächst der Einfluß der Muttersprache auf die Entwicklung fremdsprachlicher Kompetenz behandelt werden.

2 Zum Einfluß der Muttersprache beim Fremdsprachenlernen

Wie bei der Fehleranalyse läßt sich auch bei Untersuchungen zum Einfluß der Muttersprache auf das Fremdsprachenlernen und bei der Fremdsprachenproduktion ein Wandel von einer Betrachtung der Lernersprache als Produkt zu einer eher prozeßorientierten Betrachtung feststellen. Wir diskutieren im folgenden zunächst die kontrastive Analyse und anschließend einige neuere Ansätze zur Rolle der Muttersprache beim Fremdsprachenlernen.

2.1 Kontrastive Analyse

In der Hochzeit strukturalistischer und behavioristischer Theorien glaubte man an den Vorteil maximaler Steuerung des Erlernens einer Fremdsprache aufgrund genauer strukturalistischer Beschreibungen von Mutter- und Fremdsprache. Potentiellen durch den Einfluß der Muttersprache entstehenden Fehlern beugte man vor. Zu dieser Zeit wurde die sog. „Kontrastiv-Hypothese" erstmals formuliert (vgl. Fries 1945). Ihre „starke" Version lautet:

> „Die Grundsprache des Lerners beeinflußt den Erwerb einer Zweitsprache in der Weise, daß in Grund- und Zweitsprache identische Elemente und Regeln leicht und fehlerfrei zu lernen sind, unterschiedliche Elemente und Regeln dagegen Lernschwierigkeiten bereiten und zu Fehlern führen". (Bausch und Kasper 1979, S. 5.)

Der Einfluß der Grundsprache auf die Zielsprache wird *Transfer* genannt. Je nachdem, ob sich Grund- und Zielsprache an einem bestimmten Punkt ähneln oder sich unterscheiden, verläuft der Transfer positiv oder negativ. Negativer Transfer wird dann als *Interferenz* bezeichnet, positiver Transfer gilt als Lernerleichterung („facilitation"). Bei Lerneräußerungen wie:

> After two years I changed the school ... Perhaps you have forgotten it somewhere else ... Ich gehe oben ... Sind Sie fertig schon lange?

läßt sich vermuten, daß deutsche Strukturen auf das Englische bzw. englische Strukturen auf das Deutsche übertragen worden sind.

Die didaktische Nützlichkeit einer kontrastiven Analyse liegt auf der Hand. James (1980) macht z.B. folgende Vorschläge:

- durch explizite Hinweise auf Ähnlichkeiten soll der Lerner dazu befähigt werden, relevantes Wissen in der L1 auf die L2 zu übertragen
- durch Gegenüberstellungen müssen Unterschiede verdeutlicht werden, um Interferenzen zu vermeiden.

Die starke kontrastive Hypothese wurde wie folgt spezifiziert: Je größer der Unterschied zwischen L1 und L2, desto größer der Schwierigkeitsgrad („degree of difference = degree of difficulty"). Problematisch ist hierbei die genauere Bestimmung der „Unterschiede" und der „Schwierigkeitsgrade". Ferner leidet diese Hypothese darunter, daß der Grad der Unterschiede und „Schwierigkeiten" konstant bleibt, gleichgültig von welcher der beiden (L1 oder L2) man ausgeht. Dies würde bedeuten, daß deutsche Lerner des Englischen die gleichen Lernschwierigkeiten haben müßten wie englische Lerner des Deutschen. Offensichtlich trifft dies aber nicht zu. Zur Überwindung dieser Problematik wurden nun verschiedene Hierarchien von Schwierigkeitsgraden entwickelt. Abbildung 12.1 gibt eine solche Hierarchie wieder (Stockwell und Bowen 1965).

In Abbildung 12.1 ist ein bestimmtes linguistisches Merkmal oder eine bestimmte Regel in L1 bzw. L2 entweder obligatorisch (+), nicht-obligatorisch (?), oder diese Regel kommt in der betroffenen Sprache überhaupt nicht vor (–). Die Lernschwierigkeit eines ausgewählten linguistischen Bereichs wird festgestellt durch einen Vergleich zwischen L1 und L2 bzgl. dieser drei Möglichkeiten (die Hauptkategorien I bis III sind festgelegt, die Unterkategorien 1 bis 8 sind flexibler Art). Die Hierarchie läßt zu, daß zwischen zwei Sprachen A und B andere Lernschwierigkeiten auftauchen können für Personen, die Sprache A als L1 beherrschen und die Sprache B als L2 erlernen, als für Personen, die B als L1 besitzen und A als L2 erlernen. Nehmen wir zum Beispiel die deutsche Verbendstellung in Nebensätzen. Diese Wortstellung ist für das Deutsche obligatorisch, gilt aber für das Englische in keiner Weise. Aus Abbildung 12.1 lassen sich erhebliche Probleme für deutschlernende Engländer ablesen (Schwierigkeitsgrad 1), während die Deutschen etwas gemütlicher auf Platz 5 sitzen.

Schwierigkeitsgrad		L1	L2
I	1	–	+
	2	–	?
	3	?	+
II	4	+	?
	5	+	–
	6	?	–
III	7	?	?
	8	+	+

Abbildung 12.1 Lernschwierigkeitshierarchie (s. James 1980, 190)

Sollte diese starke kontrastive Hypothese stimmen, so müßte möglich sein, eine (linguistische) kontrastive Analyse zu erstellen, durch die man Lernprobleme und Fehler vorhersagen kann. In empirischen Untersuchungen hat sich die Hypothese aber als „zu stark“ bzw. als schlicht falsch erwiesen, und zwar im wesentlichen aufgrund folgender Probleme:

(i) Auch ein Kontrast*mangel* kann zu Fehlern führen. Fehler treten demnach auf, wenn zielsprachliche Phänomene und ihre Entsprechungen in der Grundsprache ähnlich, aber nicht identisch sind und zwar häufiger, als wenn L1 und L2 ganz unterschiedlich sind. (Psychologen hatten dies lange zuvor durch Lernexperimente festgestellt – vgl. Osgood 1949.)

(ii) „Interferenzen“ aus den schon verfügbaren Strukturen der Zielsprache können zu Fehlern führen (intralinguale, im Gegensatz zu interlingualen Fehlern: z.B. falsche Analogien innerhalb der Zielsprache).

(iii) Daneben können Fehler vorkommen, die nicht durch Interferenz erklärbar sind, da sie sowohl von Strukturen der Zielsprache als auch von Strukturen der Grundsprache abweichen (vgl. Kapitel 9, 1.2).

(iv) Die Kontrastiv-Hypothese kann nicht erklären, warum Lerner derselben Fremdsprache, die dieselbe Grundsprache beherrschen, nicht auch identische Fehler machen.

Die starke Version der Kontrastiv-Hypothese kann daher nicht länger aufrechterhalten werden. Man geht heute davon aus, daß der Einfluß der Muttersprache nur *ein* Einfluß unter vielen anderen ist, der sich auf den Zweitsprachenerwerbs/-lernprozeß auswirkt. Die vier Hauptargumente gegen die (starke) kontrastive Hypothese sind folgende:

(i) Aus linguistischer Sicht ist ein voller kontrastiver Sprachvergleich schlicht unmöglich. Auch können alternative linguistische Beschreibungen zu ganz unterschiedlichen prognostizierten Lernschwierigkeiten führen.

(ii) Die Hypothese basiert auf der unhaltbaren Gleichsetzung linguistische Produkte („degree of difference“) mit psychologischen Konstrukten („degree of difficulty“).

(iii) Die Vorhersagen von Lernerfehlern auf der Basis kontrastiver Analysen der Mutter- und Fremdsprache sind nicht zuverlässig.

(iv) Interferenz ist eine müßige Idee: Nicht-Wissen oder inadäquates Wissen um die Regeln und den Gebrauch der Fremdsprache sind oft die wirklichen Ursachen von Fehlern. Dieses Argument basiert auf der sog. „Ignorance Hypothesis" (siehe Newmark und Reibel 1968), nach der Lerner, die etwas ausdrücken wollen, dies aber noch nicht können, auf alle möglichen Mittel zurückgreifen, so u.a. auch auf L1-Strukturen.

Daher hat sich eine „schwache" Version der Kontrastiv-Hypothese herausgebildet, die besagt, daß manche Fehler beim Fremdsprachenerwerb als Transfererscheinungen aus der Grundsprache erklärt werden können. Bei dieser Formulierung hat also die kontrastive Analyse keine prognostische, sondern eine diagnostische Erklärungsfunktion. Es bleibt jedoch offen, wann und warum eine aufgrund von kontrastiven Analysen erstellte Diagnose zutrifft oder nicht.

Zu dieser „schwachen" Version der Kontrastiv-Hypothese kann man lediglich sagen, daß mit ihr nichts erklärt wird! Es müßte z.B. möglich sein herauszufinden, warum in dem einen Fall Interferenzen auftauchen, in einem anderen dagegen nicht. Wenn ferner Fehler auftreten, die durch Interferenz erklärbar sind, muß dies nicht bedeuten, daß Interferenz den Fehler verursacht hat. So wurde z.B. oben gesagt, daß die folgenden vier Sätze wahrscheinlich durch Interferenzen zustande gekommen sind:

(a) After two years I changed the school ...
(b) Perhaps you have forgotten it somewhere else ...
(c) Ich gehe oben ...
(d) Sind Sie fertig schon lange?

Der erste Satz muß jedoch nicht unbedingt fehlerhaft sein. Wenn „habe ich die Schule gewechselt" der intendierten Bedeutung entspricht, dann haben wir es mit einem Fehler zu tun. Wenn „habe ich die Schulorganisation neu gestaltet" der intendierten Bedeutung entspricht, dann liegt kein Fehler vor. Die in Satz (b) enthaltene Struktur haben wir von Englisch*lehrern* in Deutschland häufig gehört, auch von unterrichtenden native speakers. Daher ist es nicht auszuschließen, daß der „Fehler" durch den Unterricht und nicht durch die Muttersprache zustandekommt. Satz (c) könnte als Übergeneralisierung der Zielsprache erklärt werden. Der Lerner hat Sequenzen wie „Wo bist Du?" „Oben" gehört, nimmt an, daß „oben" dem englischen „upstairs" entspricht und produziert daher diesen Satz auf der Grundlage dieser Hypothese. Satz (d) kann wiederum anders als durch muttersprachliche Interferenz erklärt werden. Der Lerner hat „Sind Sie schon fertig?" und „Seit langem!" als Einheiten, Routinen oder „Chunks" gelernt und kombiniert sie in dieser Äußerung, ohne dabei die Muttersprache zu berücksichtigen. Bestimmt lassen sich weitere potentielle Interpretationen der vier Sätze (a) bis (d) entdecken.

Die schwächere Version der kontrastiven Analyse müßte also in eine umfassendere Theorie inkorporiert werden (vgl. 3 unten). Ferner müßte man in Erfahrung bringen, ob die Fälle, in denen Interferenzen auftauchen, arbiträr sind, oder ob sich dahinter eine Systematik entdecken läßt.

2.2 „Transfer Revisited"

Daß die Muttersprache einen Einfluß auf die fremdsprachliche Produktion ausüben kann, bleibt unumstritten (Hecht und Green 1993 stellen eine diesbezügliche quantitative Studie vor). Ebenso gilt, daß das Konzept „Transfer" immer noch relevant ist, obwohl die Kontrastiv-Hypothese nicht mehr aufrechterhalten werden kann. Wir möchten daher einige neuere Arbeiten in den Bereichen kontrastive Analyse/Transfer behandeln. Zunächst sollen einige pragmatische Studien erwähnt werden, danach werden wir auf eher theoriebezogene Konzeptionen von „Transfer" und interlingualem Einfluß („Cross-Linguistic Influence") und die damit verbundenen Neubewertungen der Rolle der L1 beim Erlernen einer fremden Sprache eingehen (zu weiteren Studien und Hypothesen vgl. z.B. Gass und Selinker 1983; Kellerman 1995; Bahr et al. 1996; Williams und Hammarberg 1998 u.a. untersuchen die Rolle vorhandener fremdsprachlicher Kenntnisse beim Erlernen weiterer Fremdsprachen).

2.2.1 Kontrastive pragmatische Analysen/kontrastive Diskursanalysen

Ein umfassender Begriff von „Transfer" liegt neueren interkulturellen und kontrastiv-pragmatischen Studien sowie kontrastiven Diskursanalysen zugrunde. Hier wird Sprache als sozial- und kulturbedingtes Verhalten untersucht, wobei zwei Fragen im Vordergrund stehen: gibt es unterschiedliche, kulturspezifische Normen, und wenn dies der Fall ist, inwiefern und unter welchen Bedingungen findet „pragmatischer Transfer" statt? So wurden z.B. innerhalb des 1982 zum Abschluß gebrachten Bochumer Projekts „Kommunikative Kompetenz als realisierbares Lernziel" (s. zusammenfassend Edmondson, House, Kasper und Stemmer 1982; 1984) drei vergleichbare Datensätze elizitiert und analysiert. Dabei handelte es sich um in Rollenspielen gewonnene Alltagsdialoge zwischen zwei deutschen Muttersprachlern, zwei englischen Muttersprachlern und Paaren von Englischlernern und englischen Muttersprachlern.

Die Ergebnisse solcher kontrastiv-pragmatischer Studien können didaktische Einsichten liefern. So hat z.B. House in mehreren Analysen mit unterschiedlichen Daten und Methodologien die Sprachen Deutsch und Englisch kontrastiert (vgl. House 1979; 1984; 1989a,b; 1998) und folgende Hypothesen aufgestellt:

(i) In verschiedenen Alltagssituationen tendieren deutsche Muttersprachler dazu, bei der Realisierung bestimmter Sprechakte und Diskursstrategien inhaltsbezogener, ich-bezogener, „wortreicher" (verboser), expliziter und direkter vorzugehen als englische Muttersprachler.

(ii) Deutsche Muttersprachler tendieren insgesamt in ihrem Diskursverhalten dazu, weniger auf vorgefertigte sprachliche Versatzstücke (Routinen) zurückzugreifen als englische Muttersprachler. Sie neigen statt dessen stärker dazu, ad hoc zu formulieren und situationsspezifisch zu improvisieren.

Solche Unterschiede haben potentielle Erklärungskraft für das Entstehen von Mißverständnissen in Interaktionen zwischen deutschen und anglo-amerikanischen Sprechern innerhalb und außerhalb des Unterrichts (House 1996a; 2000; 2003b) und dafür, daß deutsche Lerner des Englischen oft unhöflich erscheinen.

2.2.2 Transferfähigkeit

In verschiedenen Arbeiten ist Kellerman der Frage nachgegangen, welche Faktoren bei der Verwendung von Transferstrategien beteiligt sind. Nach Kellerman (1986) wird der Prozeß des Erlernens einer fremden Sprache wesentlich dadurch beeinflußt, daß Lerner selbst Einschätzungen der „Transferfähigkeit" ihrer Muttersprache auf die zu erlernende fremde Sprache vornehmen. Diese subjektiv wahrgenommene Transferfähigkeit ist ein Ergebnis der von den Lernern vermuteten Distanz zwischen den beiden Sprachen. So hat z.B. Ringbom

(1987) herausgefunden, daß zweisprachige (Schwedisch/Finnisch) Englischlerner aufgrund subjektiv wahrgenommener geringerer Distanz zwischen dem Englischen und dem Schwedischen als zwischen dem Englischen und dem Finnischen eher aus dem Schwedischen als aus dem Finnischen ins Englische transferieren. Diese Tendenz, aus der als näher empfundenen Sprache zu transferieren, bestand auch dann, wenn die „starke" Sprache bei den bilingualen Probanden das Finnische war.

Kellerman hat ferner versucht herauszufinden, ob einige Merkmale der Muttersprache eher „transferfähig" sind als andere, d.h. ob Lerner bei den einzelnen Elementen und Strukturen ihrer Muttersprache unterschiedliche Transferpotentiale wahrnehmen. Zwei Faktoren haben sich hierbei als relevant herausgestellt: die sog. „Markiertheit" und die *Frequenz* des Auftretens der einzelnen Elemente. Je markierter Elemente der Muttersprache sind, desto geringer ist ihre subjektive Transferfähigkeit, und je öfter sie benutzt werden, desto größer ihre Transferfähigkeit. (Der Markiertheitsbegriff bei Kellerman ist nicht identisch mit der Verwendung dieses Begriffs in der generativen Grammatik – vgl. Kapitel 8, 2.3.)

Als Beispiel führt Kellerman (1986) das niederländische Wort „oog" an, welches das adäquateste Übersetzungsäquivalent für das englische Wort „eye" und das deutsche „Auge" ist. Sowohl das niederländische als auch das deutsche und das englische Wort haben verschiedene andere Bedeutungen, und Kellerman vermutete, daß die markierteren Bedeutungen des holländischen Worts „oog" als weniger transferierbar eingeschätzt werden als die weniger markierten. Auf das Deutsche übertragen, könnten wir uns fragen, ob wir es für wahrscheinlich halten, daß auch im Englischen das Wort „eye" zur Bezeichnung der „Augen beim Kartenspiel" verwendet werden kann. Kellerman hat seinen Probanden ähnliche Fragen gestellt. Danach hat er Einschätzungen über die Nähe der verschiedenen Bedeutungen zur „Kernbedeutung" eingeholt. Die Korrelation war nicht besonders signifikant, bestätigt hat sich jedoch, daß die relative Frequenz der verschiedenen Bedeutungen eine Rolle spielt. Transferierbarkeit und Unmarkiertheit plus Frequenz korrelierten demnach signifikant.

In einer früheren Studie stellte Kellerman (1983) die Hypothese auf, daß Lerner bei der Bildung von Hypothesen bzgl. der Fremdsprache (auch bei der Verwendung von Transfer), eine Art „Prinzip der Vernünftigkeit" verfolgen. Sie behandeln also die fremde Sprache, als sei sie ein „vernünftiges System", solange ihnen nicht das Gegenteil bewiesen worden ist. Kellermans Daten betreffen die Lernschwierigkeiten, die holländische Englischlerner bei englischen IF-Sätzen – insbesondere in der Vergangenheit – haben. Die gewünschte englische Struktur („If X had been the case, Y would have followed") kann auch im Holländischen benutzt werden. Sie wird sogar von native speakers bevorzugt gegenüber der im Holländischen auch zulässigen (und auch im Deutschen üblichen) Struktur, bei der sowohl der IF-Satz als auch der Hauptsatz mit dem Konjunktiv markiert ist („Wenn X der Fall gewesen wäre, dann wäre Y gefolgt"). Nur beim Englischlernen wird die letzte Struktur transferiert, wobei Fehler wie „If X would have been the case, Y would have followed" produziert werden. Kellermans Erklärung lautet, daß der Lerner die doppelte Markierung mit dem Konjunktiv als „vernünftiger" oder „logischer" ansieht.

Die Studien Kellermans zeigen, daß eine psycholinguistische Analyse (anstelle einer linguistischen Analyse) das Konzept Transfer besser erhellen kann. Transfer wird als „Strategie" betrachtet (s. Abschnitt 3 unten). Die erwähnten Studien versuchten festzustellen, ob, wann und warum diese Strategie verwendet wird.

2.2.3 Eine differenziertere Konzeption von Transfer: Kompetenz und Kontrolle

In 2.1 wurde bei der sog. „Ignorance Hypothesis" indirekt darauf hingewiesen, daß es notwendig ist, zwischen zwei Arten von „Transfer" zu unterscheiden. Im ersten Fall beherrscht der Lerner eine fremdsprachliche Regel, benutzt aber eine von der Muttersprache übernommene alternative Regel; im zweiten Fall greift der Lerner deshalb auf die Muttersprache zurück, weil er keine relevanten fremdsprachlichen Kenntnisse besitzt.

Diese Formulierung läßt natürlich zu wünschen übrig. Was bedeutet es z.B. in Fall 1, die fremdsprachliche Regel zu „beherrschen", wenn eine andere Regel verwendet wird? Innerhalb eines kognitiven oder Informationsverarbeitungs-Konzepts des Sprachenlernens werden Fragen wie diese untersucht (vgl. z.B. unsere Ausführungen in Kapitel 14, 2.2). An dieser Stelle soll jedoch auf eine relevante weitere Differenzierung des Konzepts Transfer hingewiesen werden, die wir Sharwood Smith zu verdanken haben (Sharwood Smith 1986).

Der zentrale Punkt in Sharwood Smiths Ausführungen ist die Unterscheidung zwischen „Kompetenz“ und „Kontrolle“, also zwischen Wissen und der Fähigkeit, dieses Wissen anzuwenden. Wenn „Kompetenz“ vorhanden ist, „Kontrolle“ jedoch nicht, dann ist das relevante Wissen zwar gespeichert, nur findet man es nicht bzw. nicht schnell genug. Diese Unterscheidung ist durchaus konsistent mit neurologischen Befunden zum menschlichen Gehirn (vgl. Kapitel 6, 2.2.6), und sie ist in der Forschung mehrmals vorgenommen worden (vgl. deklaratives gegenüber prozeduralem Wissen bei z.B. Anderson 1982; „Kompetenz“ gegenüber „Kapazität“ bei Widdowson 1983, 7–11).

Die Konsequenz dieser Unterscheidung ist eine Differenzierung von Kontroll- oder Produktionstransfer einerseits und Kompetenztransfer andererseits. Kompetenztransfer betrifft Fall 2 oben – d.h. das nötige L2-Wissen ist ganz einfach nicht vorhanden. Beim Kontroll-/Produktionstransfer nimmt Sharwood Smith eine weitere Unterscheidung vor. Wenn L2-Wissen vorhanden ist, die benötigten Zugangsmechanismen jedoch fehlen, dann werden L1-Kontrollen abgerufen, welche Formen produzieren, die „Transfer“ aufweisen. Der andere Typ des Kontroll/Produktionstransfers entspricht deutlicher dem Fall 1 oben: Wissen und Kontrolle sind zwar vorhanden, aber der Kontrollmechanismus kann in kritischen Momenten von Streß, kognitiver Überlastung etc. nicht richtig aktiviert werden.

Während Sharwood Smiths Unterscheidung zwischen Kompetenz und Kontrolle relevant und nützlich ist, sind die drei oben aufgeführten Typen von „Cross-Linguistic Influence“ als tentativ anzusehen. Dabei wird der Begriff Transfer aus sprecherinterner Sicht differenziert und die Frage angesprochen, warum Transfererscheinungen vorkommen.

Die Ansätze von Sharwood Smith und Kellerman haben uns gezeigt, daß wir bei der Untersuchung der Rolle der Muttersprache beim Lernerverhalten nicht nur die linguistischen Charakteristika der Lernersprache („Fehler“) betrachten können. Vielmehr benötigen wir ein kognitives Modell, mit dessen Hilfe wir Erklärungshypothesen aufstellen können.

So hat Edmondson (2001) auf der Grundlage eines Korpus aus subjektiven Daten (Angaben der Lerner über ihre eigene Verwendung von Transfer) eine Typologie von Transfererscheinungen herausgearbeitet: Transfer als kommunikative Strategie (Abruf vorhandenen sprachlichen Wissens zur Lösung eines kommunikativen Problems);

Transfer als Lernstategie (Abruf vorhandenen sprachlichen Wissens um den Spracherwerb voranzutreiben), prozeduraler Transfer (Relevantes L2-bezogenes Wissen ist noch nicht „prozeduralisiert" worden, so daß Wissen aus anderen Sprachen abgerufen und eingesetzt wird), von kognitiven Prinzipien geleiteter Transfer (Der Lerner setzt in seiner Sprachpoduktion allgemeine strukturelle, semantische und pragmatische Prinzipien voraus, die in seinen kognitiven Strukturen verankert sind; Transfer als Überlagerung (negative Auswirkung intensiver Beschäftigung mit einer bestimmten Fremdsprache auf kommunikative Fähigkeiten in einer anderen) und schließlich Transfer von Lernerfahrungen („Transfer of Training"). Er schlägt weiterhin die sog. „L1-Transfer-Vermeidungsstrategie" vor (d.h. der Lerner bevorzugt bewußt den Transfer aus anderen Fremdsprachen gegenüber seiner Muttersprache). Edmondson betont, daß es eine der wichtigen zukünftigen Aufgabe der Transferforschung ist, eine Hierarchisierung bzw. das Zusammenwirken der verschiedenen Faktoren zu erhellen, die bei den unterschiedlichen Transferereignissen mitwirken.

Die oben beschriebenen psycholinguistischen und diskursorientierten Konzeptionen von Transfer und interlingualem Einfluß haben sich weit entfernt von der ursprünglich behavioristisch-strukturalistischen „klassischen" kontrastiven Analyse mit ihrem Anspruch auf Fehlerprognose und Minimierung von Lernschwierigkeiten.

Auch im Rahmen der sog. „Interlanguage"-Hypothese spielt das für die kontrastive Analyse zentrale Konzept des Transfers eine wichtige Rolle, wie wir im folgenden Abschnitt zeigen wollen.

3 Die Interlanguage-Hypothese

Selinker (1972) hat den Begriff „Interlanguage" eingeführt. Die mit diesem Begriff verbundene Hypothese besagt folgendes:

> „Beim Erwerb einer zweiten Sprache bildet der Lerner ein spezifisches Sprachsystem heraus, das Züge von Grund- und Zweitsprache sowie eigenständige, von Grund- und Zweitsprache unabhängige sprachliche Merkmale aufweist." (Bausch und Kasper 1979, S. 15)

Charakteristisch für die Interlanguage sind folgende Züge:

- ihre Systematizität
- ihr transitorischer, instabiler Charakter
- ihre Eigenständigkeit gegenüber Grund- und Zielsprache

- ihre Variabilität
- ihre Durchlässigkeit und
- ihre Veränderbarkeit durch Lern- und Kommunikationspläne.

Anfang der siebziger Jahre sind von Forschern in verschiedenen Ländern andere, mit Selinkers „Interlanguage" vergleichbare Konzepte unter verschiedenen Etiketten eingeführt worden, so zum Beispiel „Transitional Competence" (Corder 1967), „Approximative System" (Nemser 1971), „Interimsprache" (Raabe 1974). In der Zwischenzeit wird im Deutschen auch der Terminus „Lernersprache" in diesem technischen Sinne verwendet (s. vor allem Vogel 1990). Da diese Begriffe in unterschiedlichen theoretischen Rahmen entwickelt wurden, werden wir im folgenden den Begriff „Interlanguage" benutzen.

Selinker (1972) postuliert fünf psycholinguistische Prozesse, die sich in den Besonderheiten einer Interlanguage widerspiegeln können:

(i) Transfer aus anderen Sprachen Regeln oder Gewohnheiten werden aus der Muttersprache (oder anderen beherrschten Sprachen) in die Systematik der Interlanguage inkorporiert bzw. übernommen.

(ii) Transfer aus der Lernumgebung
Ungeeignete Lehrmaterialien bzw. Übungsformen können zu Sondermerkmalen der Interlanguage führen.

(iii) Lernstrategien
Der Lerner findet selbst Regeln heraus, überprüft und bestätigt oder revidiert sie.

(iv) Kommunikationsstrategien
Wenn Lerner etwas sagen wollen und ihnen die dazu benötigten fremdsprachlichen Mittel fehlen, dann müssen sie mit diesem Kommunikationsproblem fertig werden. Zur Bewältigung einer solchen Situation werden verschiedene Strategien verwendet.

(v) Übergeneralisierungen.

Bisher erworbene Kenntnisse der Zielsprache werden durch Anwendung falscher Analogien auch dort eingesetzt, wo sie nicht angebracht sind.

Ein weiteres wichtiges Konzept ist die Fossilisierung, für Selinker eines der Hauptmerkmale von Interlanguage. Fossilisierungen sind Sprachformen, die der Norm der Zielsprache nicht entsprechen, jedoch stabile Elemente der Interlanguage bleiben. Sie sind eine Art

„Stillstand", durch den bestimmte Eigenschaften der Interlanguage trotz intensiven Unterrichts oder jahrelangen Aufenthalts in der zielsprachlichen Umgebung erhalten bleiben. Soziale und affektive Faktoren (vgl. Kapitel 11) spielen dabei wahrscheinlich eine wichtige Rolle. Wenn ein Lerner unbewußt aufhört zu lernen, weil er glaubt, er habe genug gelernt, um im alltäglichen Leben in der Zielsprachengemeinschaft „zurechtzukommen" (was oft bei Immigranten der Fall ist), dann wird seine gesamte Interlanguage zu diesem Zeitpunkt fossilisiert. Wenn sich die Interlanguage nicht mehr auf die Norm der Zielsprache hin fortentwickelt, sondern stagniert, aber dennoch wie eine natürliche Sprache zur Kommunikation verwendet wird, dann kann von einer „Pidginisierung" der Interlanguage gesprochen werden. Möglicherweise ist in bestimmten zweitsprachlichen Situationen die Fossilisierung eine Art defensiver Mechanismus, durch den die Lerner ihre eigene Identität beibehalten (vgl. die Ausführungen zu Sprache als Macht und Identität in Kapitel 4, 2.2). Fossilisierungen sind, soweit uns bekannt, nicht mit Bezug auf den Fremdsprachenunterricht untersucht worden.

Von den von Selinker vorgeschlagenen fünf psycholinguistischen Prozessen, die zur Charakterisierung der Interlanguage dienen sollen, sind (i) und (v) in 2 oben schon exemplifiziert worden, (ii) wird in Kapitel 13 ausführlicher exemplifiziert – hier sei darauf hingewiesen, daß z.B. oft eine unangebrachte steigende Intonation bei Lerneräußerungen zu bemerken ist. Sie ist möglicherweise darauf zurückzuführen, daß beim Beantworten von Lehrerfragen im Unterricht diese Intonation durchaus angemessen ist. Sie bedeutet etwa „Ist das richtig so?". Der Transfer dieser Intonation auf andere „natürliche" Sprechsituationen exemplifiziert Selinkers Kategorie (ii) oben.

In den letzten zehn Jahren sind die unter (iii) und (iv) aufgeführten Strategietypen besonders intensiv erforscht worden, und wir wollen im folgenden näher auf diese beiden Bereiche eingehen.

Zuvor soll jedoch der Begriff „Strategie" erläutert werden, ein Begriff der in der Zwischenzeit mit sehr vielen unterschiedlichen Bedeutungen verwendet wird. Knapp-Potthoff und Knapp (1982, 133) unterscheiden zwischen Prozessen und Strategien wie folgt: *Prozesse* sind mentale Operationen, „die sich auf das automatisch ablaufende Erkennen und Speichern von sprachlichen Elementen und Regelmäßigkeiten beziehen und auf deren automatische Aktualisierung bei Produktion und Rezeption". *Strategien* dagegen sind kognitive Operationen, die der Lerner mit bestimmten Zielen und Intentionen bewußt oder auch unbewußt auswählt und anwendet. Strategien sind somit kontrollierbar, d.h. lehr-, lern- und manipulierbar, Prozesse sind dies nicht. Die Frage, ob Strategien *bewußt* eingesetzt werden, ist kompliziert. Auch Strategien können fast völlig routinisiert (und damit unbewußt) sein. Faerch und Kasper (1984) betrachten Strategien als *potentiell* bewußt: ein Lerner kann sich vielleicht nach eingehender Überlegung darüber im Klaren sein, wie er bei einer Übersetzung vorgeht, auch wenn er bei dieser Aufgabe keine Strategie bewußt einsetzt. Bei der Frage jedoch, wie man z.B. deutsche Wörter in der „richtigen" Reihenfolge produziert, kann ein Muttersprachler durch noch so lange Überlegung zu keiner halbwegs sinnvollen Antwort gelangen.

Der Begriff „Strategie" ist vermutlich in dieser Weise definiert worden, damit solche „mentalen Operationen" überhaupt erforscht werden können. Das Konzept der „potentiellen Bewußtheit" läßt hoffen, daß z.B. introspektive Methoden zur Aufdeckung und Beschreibung von Strategien führen. Selinker hat oben zwischen Strategien unterschieden, die auf langfristiges Lernen gerichtet sind (Lernstrategien) und solchen, die eher kurzfristig zielgerichtet sind (Kommunikationsstrategien). Auf beide Strategietypen wollen wir nun etwas näher eingehen.

3.1 Lernstrategien

Lernstrategien sind alle Versuche von Lernern, ihre Kompetenz in der zu erlernenden Fremdsprache weiter zu entwickeln. Klassische Beispiele wären der Gebrauch von mnemonischen Techniken, bewußtes Wiederholen oder Auswendiglernen. Lernstrategien sind also Aktivitäten, die Lerner mit dem Ziel ausüben, ihre fremdsprachliche Kompetenz zu erweitern.

Bei der Erforschung von Lernstrategien sind drei Fragen wichtig. Erstens: Wie sind Lernstrategien zu identifizieren und zu klassifizieren? Zweitens: Welche Lernstrategien sind besonders erfolgreich (diese Frage wird operationalisiert durch die Frage, welche strategischen Profile besonders erfolgreiche Lerner charakterisieren)? Drittens: Sind Lernstrategien überhaupt lehr- und lernbar, und wenn, inwiefern? Wir werden die ersten beiden Fragen zusammen behandeln, bevor wir abschließend auch auf die didaktische Perspektive eingehen.

Eine der bekanntesten und frühesten empirischen Studien zu Lernstrategien ist die von Rubin (1975, s. auch Rubin 1981). Sie untersuchte in den frühen siebziger Jahren die angeblich von „guten Sprachenlernern" verwendeten Lernstrategien, und zwar anhand von aufgezeichneten Unterrichtsbeobachtungen, Diskussionen mit Lernern über die von ihnen verwendeten Lernstrategien, Selbstbeobachtungen und Lehrerinterviews.

Erfolgreiche Fremdsprachenlerner haben laut Rubin ein starkes Bedürfnis nach Kommunikation und sind an der Befriedigung dieses Bedürfnisses so sehr interessiert, daß sie auch die Gefahr, sich lächerlich zu machen, in Kauf nehmen. Sie sind ebenfalls bereit, Hypothesen über fremdsprachliche Strukturen und Bedeutungen aufzustellen und diese auszutesten. Gute Sprachenlerner beachten auch sprachliche Formen und Regeln. Sie sind sich dessen, was sie in der Fremdsprache äußern, bewußt, und sie unterwerfen ihre eigenen Äußerungen und die Äußerungen ihrer Kommunikationspartner einer kritischen Kontrolle.

Vergleichbare Ergebnisse sind im „Good Language Learner Project" erzielt worden (Naiman, Fröhlich, Stern und Todesco 1978), im Rahmen dessen Stern (1975) eine Reihe von Lernstrategien postulierte. Die in dem „Good Language Learner Project" befragten „außergewöhnlich erfolgreichen" Sprachenlerner bekannten in retrospektiven Interviews übereinstimmend, daß sie eine Kombination von formaler Selbst-Instruktion und dem bewußten Versuch, in die fremdsprachige Kommunikation „einzutauchen", verfolgten. Sie nutzten potentiell vorteilhafte Lernsituationen gezielt für sich aus und kreierten diese, wenn nötig, selbst. Außerdem versuchten sie, auf ihre individuellen Bedürfnisse zugeschnittene Lerntechniken eigenständig zu entwickeln. Diese guten Sprachenlerner haben also versucht, so weit wie möglich ihre Sprachlernprozesse aktiv mitzugestalten.

Wesche (1977) untersuchte das Lernverhalten anglo-kanadischer Regierungsbeamter, die in Intensivkursen Französisch lernten. Sie fand heraus, daß die besseren Lerner dadurch charakterisiert waren, daß sie sowohl eine größere Vielfalt verschiedener Lernaktivitäten verwendeten als auch insgesamt eine größere Menge solcher Aktivitäten einsetzten als die schwächeren Lerner.

Insgesamt haben solche Ergebnisse nur begrenzte Aussagekraft, da sie vorwiegend zeigen, daß erfolgreiche Lerner für das Erlernen einer Fremdsprache anscheinend mehr tun und dies besser tun!

Es wurden eine Reihe unterschiedlicher Klassifikationsschemata für Lernstrategien entwickelt, neben den o.g. von Stern (1975) und Naiman et al. (1978), zum Beispiel die von Wenden und Rubin (1987), O'Malley et al. (1986) Oxford 1990 (vgl. die Überblicke in O'Malley und Chamot 1990; Rampillon und Zimmermann 1997; McDonough 1999).

O'Malley et al. (1986) führten eine Studie mit schulischen Lernern des Englischen als Zweitsprache durch, in der sie anhand von Lernerinterviews, Lehrerinterviews und Unterrichtsbeobachtungen zwischen drei Klassen von Lernstrategien unterschieden:

(i) Metakognitive Strategien, mit denen Lerner ihre Lernaktivitäten planen, vorbereiten, kontrollieren und deren Erfolg selbst evaluieren.
(ii) Kognitive Strategien wie z.B. das Erraten von Bedeutungen aus dem Kontext, Übersetzen, Wiederholen zum besseren Einprägen.
(iii) Sozial-affektive Strategien, mit denen Lerner miteinander kooperieren, indem sie Feedback geben oder Informationen austauschen und um Erkärungen bitten.

Ein interessantes Ergebnis in den Untersuchungen O'Malleys und seiner Kollegen ist der Befund, daß bei den Probanden ganz allgemein ein hoher Grad an metasprachlicher Bewußtheit vorlag. Die Lerner besaßen gut entwickelte Fähigkeiten, über Sprache nachzudenken und darüber zu sprechen, also die Formen und Strukturen der zu lernenden Sprache unabhängig von deren Bedeutung und sozialer Funktion zu reflektieren.

Die vorhandenen Studien zum Thema Lernstrategien (von denen wir hier nur einige erwähnt haben) müssen als explorativ bewertet werden. Zudem lassen sich ihre Ergebnisse kaum vergleichen, da ganz unterschiedliche Lernbedingungen, Forschungs- und Klassifikationsmethoden benutzt worden sind. Ein Hauptproblem bei der Interpretation der vorgelegten Ergebnisse liegt darin, daß wir keinen Grund für die Annahme haben, daß Lernstrategien den Lernerfolg determinieren bzw. mitentscheiden. Skehan (1989) gibt z.B. folgendes zu bedenken: wenn erfolgreiche Lerner eine breite Palette von Lernstrategien benutzen, könnte dies eine Konsequenz des Lernerfolgs sein, es könnte aber auch an ihrer Motivation, Intelligenz und an vielen anderen individuellen Faktoren liegen. Skehan nimmt an, daß zwischen der Verwendung von Lernstrategien und anderen Variablen wie Alter, Motivation, Fremdspracheneignung usw. Zusammenhänge bestehen, doch gibt es bisher nur sehr wenige Studien, die diese Zusammenhänge systematisch erforscht haben. Erwähnenswert in diesem Zusammenhang sind die Arbeiten von Oxford (z.B. 1993) zum Zusammenhang von Lernstrategien und Geschlecht (vgl. hierzu die Befunde zu neuroanatomischen Geschlechterdifferenzen in Kapitel 6, 2.2.5).

O'Malley und Chamot (1990) empfehlen die Integration eines systematischen Strategietrainings in den Fremdsprachenunterrricht und eine explizite kognitive Bewußtheit fördernde Einweisung in den Gebrauch insbesondere metakognitiver Strategien (s. hierzu Wenden 1991 und Rampillon 1997). Dem zweiten Punkt kann man aus allgemeinen pädagogischen Gründen sicherlich zustimmen, eine empirisch gesicherte Grundlage für ein systematisches Strategietraining liegt zur Zeit aber unseres Wissens nach nicht vor, doch gibt es eine Vielzahl von Versuchen, Konzepte für ein solches Training auf der Basis empirischer Forschungen zu entwickeln (vgl. insbes. die Beiträge in Rampillon und Zimmermann 1997 und Cohen 1998).

3.2 Kommunikationsstrategien

Kommunikationsstrategien, die ein Lerner zielgerichtet einsetzt, um „kurzfristige Diskrepanzen zwischen kommunikativen Anforderungen und seinen lernersprachlichen Möglichkeiten aufzulösen" (Knapp-Potthoff/Knapp 1982, 140) sind im wesentlichen eine Art Kompensationsmechanismus. Lerner einer Fremdsprache verwenden ihn dann, wenn sie eine Konversation aufrechterhalten wollen, aber an die Grenzen ihrer fremdsprachlichen Kompetenz stoßen (s. Überblicke in Faerch und Kasper 1983; Bialystok 1990a; Kasper und Kellerman 1997).

Es liegen mehrere Klassifikationen von Kommunikationsstrategien vor (s. insbesondere Tarone 1978, eine Arbeit, die großen Einfluß auf die Entwicklung anderer Klassifikationssysteme ausgeübt hat). Wie Bialystok (1990a) feststellt, folgten die verschiedenen Versuche, Kommunikationsstrategien zu klassifizieren zwar unterschiedlichen Kriterien, doch sind sich die einzelnen postulierten Strategien letztlich sehr ähnlich. Wir werden exemplarisch Kasper (1982) vorstellen. Da Kommunikation ein interaktiver Prozeß ist, betreffen Kommunikationsstrategien im Prinzip sowohl rezeptive als auch produktive Strategien. In der Praxis sind eher produktive Strategien untersucht worden, nicht zuletzt deshalb, weil dies empirisch leichter realisierbar ist. Abbildung 12.2 stellt daher nur *produktive* Kommunikationsstrategien dar.

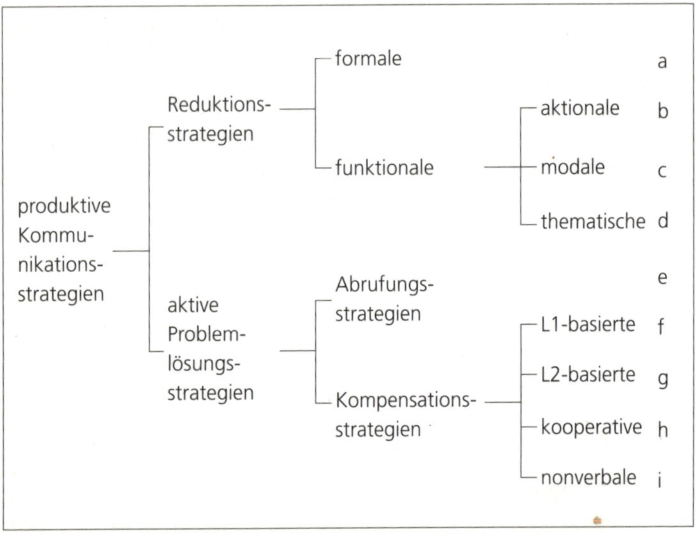

Abbildung 12.2 Produktive Kommunikationsstrategien (Kasper 1982)

Eine erste Unterscheidung wird zwischen Reduktionsstrategien und aktiven Problemlösungsstrategien gemacht. Bei ersteren wird ein kommunikatives Ziel ergänzt, aufgegeben oder verändert, im zweiten Falle wird versucht, das Ziel „aktiv" zu erreichen, obwohl die relevanten sprachlichen Mittel nicht vorhanden sind bzw. abgerufen werden können. Die in Abbildung 12.2 aufgeführten Kategorien werden im folgenden kurz erläutert bzw. exemplifiziert:

a. Der Lerner reduziert seine Äußerungen zu einer Art Pidgin und hofft, daß die Äußerung verstanden wird.
b. Statt den gewünschten Sprechakt zu realisieren, substituiert der Lerner ihn durch einen anderen (es ist z.B. einfacher, in der Fremdsprache stets allem und jedem zuzustimmen, als einen begründeten Widerspruch zu formulieren).

c. Der Lerner beschränkt sich auf das Wesentliche und produziert zum Beispiel einen Widerspruch („Nein!"), ohne irgendeine Einleitung oder Begründung zu geben. Das wird oft als unhöfliches Verhalten interpretiert.
d. z.B. Themenvermeidung oder Themenwechsel.
e. Der Lerner kann „aktiv" nach einem Wort oder einer Struktur „suchen", wenn er feststellt, daß das gewünschte Wort nicht sofort abrufbar ist.
f. Kodewechsel oder interlingualer Transfer.
g. L2-Wissen wird generalisiert, oder es werden Paraphrasen eingesetzt. Neue Wortschöpfungen können auftauchen.
h. Der Lerner sucht aktiv nach Hilfe – der Kommunikationspartner wird um Hilfe gebeten, im Wörterbuch wird nachgeschlagen.
i. Der Lerner setzt Mimik und Gestik ein.

Das Organisationsprinzip bei Kasper ist die Intention des Lerners, entweder das sich stellende Kommunikationsproblem zu vermeiden oder zu versuchen, eine Lösung zu finden. Diese Intention wird aus vorliegenden Daten inferiert. Im Gegensatz dazu versucht z.B. Paribakht (1985) in ihrer Taxonomie von Kommunikationsstrategien, verschiedene Arten von Hintergrundwissen miteinzubeziehen. Sie geht von vier möglichen Ansätzen zur Lösung von Kommunikationsproblemen aus: dem linguistischen Ansatz, dem kontextuellen, dem konzeptuellen und dem non-verbalen (Mimik).

Nun stellt sich natürlich die Frage, welchen Gewinn man aus solchen Kategorisierungen ziehen kann. Aus der Perspektive der Forschung plädiert z.B. Bialystok (1990a) dafür, empirisch zu untersuchen, ob und wie die postulierten Kommunikationsstrategien in der kognitiven Struktur des Lerners organisiert sind, und ob und wie der Lerner sich ihrer und ihrer Strukturierung bewußt ist. Bialystok stellt ferner die Frage, ob Kommunikationsstrategien fremdsprachenlernspezifisch sind – ein Aspekt, dem Bongaerts und Poulisse (1989) nachgegangen sind und als widerlegt betrachten. Konfrontiert mit einem ähnlichen Kommunikationsproblem, verwenden native-speakers und Sprachlerner dieselbe Palette kommunikativer Strategien.

Sollen Kommunikationsstrategien unterrichtet werden? In einem zweitsprachlichen Lernkontext ist ihre Relevanz ziemlich eindeutig, und auch im unterrichtlichen Diskurs sind bestimmte Kommunikationsstrategien natürlich nützlich, insbesondere solche, die unter der Subkategorie (h) in Abbildung 12.2 erwähnt wurden. Kellerman (1991) unterscheidet hier einerseits zwischen einer eher rigiden Einstellung zur Vermittlung ganz bestimmter Kommunikationsstrategien, die er „strong view of instruction" nennt und in der Lerner ganz gezielt in den Gebrauch wörtlich genommener Strategien (z.B. Paraphrase) unterwiesen werden, und andererseits einer eher flexiblen Haltung zur Vermittlung kommunikationsstrategischen Wissens („moderate view of instruction"), das einem Aufzeigen einer Reihe möglicher Lösungen von Kommunikationsproblemen gleichkommt. Kellerman kommt zu dem Schluß, daß das zweite Verfahren sinnvoller ist. Bialystok (1990a, 143) warnt ebenso davor, Lernern Kommunikationsstrategien per se zu vermitteln, ohne „an der Basis" die für jede Bewältigung eines Kommunikationsproblems notwendigen Informationsverarbeitungsstrukturen zu berücksichtigen: oft fehlt es den L2-Lernern gar nicht an der Erkenntnis, daß eine bestimmte Kommunikationsstrategie an einem Punkt, an dem die Kommunikation zusammenzubrechen droht, angewendet werden sollte. Vielmehr fehlt ihnen dann ein schnell verfügbares Repertoire an sprachlichen Mitteln. Bialystok (1990a, 146) mahnt abschließend: „Was wir den Lernern beibringen müssen, sind nicht Strategien, sondern die Sprache".

3.3 Lernerstrategien

Als neuer, Lernstrategien und Kommunikationsstrategien (als „Sprachverwendungsstrategien") umfassender Begriff ist in den letzten Jahren der Begriff „Lernerstrategien" geprägt worden (s. Cohen 1998; McDonough 1999), denn die Hypothese liegt nahe, daß man durch den Einsatz von Kommunikationsstrategien lernt! (vgl. Kap. 14, 1.1)

Wie McDonough (1999) betont, wird die Verwendung des Terminus ‚Lernerstrategien' sicher auch durch die enorme Ausweitung des Forschungsfelds insgesamt motiviert, denn in den letzten 30 Jahren sind im Bereich des Fremdsprachenlernens sehr viele verschiedene Arten von Strategien beschrieben worden, wie z.B. Strategien zum Erlernen des Fremdsprachenlernens, zur Verwendung der Fremdsprache, zum Kompensieren beim Zusammenbruch der Kommunikation, zur Übung verschiedener Fertigkeiten und zur Bewältigung verschiedener Aufgaben im Fremdsprachenunterricht. Schließlich ist der Begriff „Lernerstrategien" auch deshalb attraktiver, weil er die aktive, gestaltende und reflektierende Tätigkeit der Lernenden betont. Hierzu gehört vermehrt auch die Einbeziehung allgemeiner „Denkfertigkeiten", die nicht an Sprache gebunden sind, denn die spezifisch sprachlichen Strategien sind ein vergleichsweise kleiner Bereich gegenüber den allgemeinen kognitiven Mechanismen des menschlichen Strategiepotentials (vgl. Williams und Burden 1997).

4 Zusammenfassung/Ausblick

Ein Vergleich der in diesem Kapitel diskutierten Forschungsbereiche – Fehleranalyse, kontrastive Analyse und Interlanguage-Hypothese – läßt die Interlanguage-Hypothese erklärungsstärker und vielversprechender erscheinen als die anderen Ansätze, da sie die beiden anderen miteinschließt. Weitere Fremdsprachenlerntheorien bzw. -hypothesen sind in Ellis (1985, 249–282), McLaughlin (1987) und Mitchell und Myles (1998) zu finden. Einige dieser Theorien werden in Kapitel 14 behandelt.

Kapitel 13

Interaktion im Fremdsprachenunterricht

Interaktion ist die wechselseitige Beeinflussung von Individuen (oder Gruppen) in ihren Handlungen; Fremdsprachenunterricht besteht aus Interaktionen zwischen verschiedenen Lernern und zwischen Lehrer und Lerner(n). Das Lesen und Schreiben von Texten im Fremdsprachenunterricht kann auch als Interaktion verstanden werden, wird aber in diesem Kapitel nicht behandelt – vgl. hierzu z.B. Börner und Vogel (1996). Im Zusammenhang mit dem Begriff „Interlanguage" wurde in Kapitel 12 auf „unterrichtsinduzierte Fehler" verwiesen. Dies ist ein Hinweis darauf, daß eine interaktionelle Perspektive notwendig ist, wenn wir Lerneräußerungen nicht nur charakterisieren, sondern auch erklären wollen. Untersuchungen der Interaktion im Fremdsprachenunterricht basieren auf der Vorstellung, daß die Qualität der Interaktion im Unterricht für das, was dort gelernt wird, sehr wichtig ist, auch wenn individuelle Unterschiede und andere Faktoren Lernergebnisse mit beeinflussen (vgl. Allwright 1984a, 1984b und vor allem Henrici 1995).

In Abschnitt 1 dieses Kapitels werden verschiedene analytische Systeme vorgestellt, mit denen das Geschehen im Unterricht analysiert werden kann. Auf der Basis solcher Kategoriensysteme sind sog. „Interaktionsanalysen" durchgeführt worden. Abschnitt 2 stellt Ergebnisse dieser Analysen und anderer, eher diskursanalytischer Studien dar, die sich direkt oder indirekt mit der Frage beschäftigen, was im Fremdsprachenunterricht anders abläuft als in anderen Interaktionssituationen. Unter 3 werden insbesondere Aspekte des Lehrerbeitrags zur Interaktion im Fremdsprachenunterricht behandelt und daran anschließend didaktische Empfehlungen, die verschiedene Autoren aus solchen Studien abgeleitet haben.

1 Interaktionsanalysen: Fremdsprachenunterricht als didaktische Handlungssequenz

In sog. *Interaktionsanalysen* werden didaktische Handlungssequenzen im Unterricht kategorisiert. Dabei können u.a. bestimmte Interaktionssequenzen oder Muster erkannt werden. Das Verfahren wurde von den Erziehungswissenschaften übernommen, und für den

Fremdsprachenunterricht wurden entsprechende Kategorien entwickelt. In der Zwischenzeit liegen mindestens vierzig unterschiedliche Kategorisierungssysteme vor, von denen mehrere in Allwright (1988) und Allwright und Bailey (1991) diskutiert werden.

Wir werden exemplarisch zwei dieser Systeme kurz darstellen und ihre Nützlichkeit überprüfen. Bei Flanders (1970) – sein System wurde nicht nur für den Fremdsprachenunterricht entwickelt – wird eine Unterrichtsstunde als Sequenz kleinerer Schritte oder Ereignisse („sequence of events") gemäß einer vorher festgelegten Anzahl von Handlungskategorien erfaßt. Nach einer Einübung kann das System von Flanders während des Unterrichts (z.B. bei einer Hospitation) leicht eingesetzt werden. Bei der Mehrzahl anderer, später entwickelter Systeme ist eine Videoaufnahme des Unterrichts nötig, die man dann anschließend analysiert. Die notierte Sequenz der Kategorien gibt die Reihenfolge der Handlungen wieder. Flanders hat ein Zeitintervall von 3 Sekunden für diese kategoriale Dokumentation vorgeschlagen. Aus solchen protokollierten Sequenzen läßt sich per Histogramm bzw. „Interaktionsmatrices" die Auftretenshäufigkeit verschiedener Kategorien und typischer Abfolgen ableiten. Die Kategorien des Systems sind in Abbildung 13.1. wiedergegeben.

LEHRER	Reagieren	1. Auf Gefühle eingehen 2. Loben und ermutigen 3. Schülerideen annehmen oder verwenden
	–	4. Fragen stellen
	Initiieren	5. Vortragen 6. Befehle und Anweisungen geben 7. Kritisieren und tadeln
LERNER	Reagieren	8. Schülerantworten
	Initiieren	9. Schüleräußerungen (eigene Ideen, neue Thmen, originelle Fragen)
STILLE		10. Stille oder Durcheinander

Abbildung 13.1 Flanders Interaktionsanalyse-Kategorien (FIAC)

Es dürfte klar sein, daß Flanders sich hauptsächlich für das Verhalten des *Lehrers* interessierte. Seine Kategorien basieren ferner auf der

Annahme, daß lernunterstützendes Verhalten (z.B. die Kategorien 1 bis 3) pädagogisch sinnvoller ist als sein Gegenteil (z.B. Kategorie 7). Die relative Häufigkeit des Vorkommens von Kategorie 9 gegenüber Kategorie 8 ist ein Indiz für die relative Lerner- bzw. Lehrerzentriertheit der analysierten Unterrichtsstunde, ebenso wie ein allgemeiner Vergleich zwischen notierter Zahl der Lehreräußerungen gegenüber der Zahl der Lerneräußerungen den Unterrichtsstil reflektiert.

Die Interaktionsanalyse wird häufig in der Lehreraus- und -fortbildung (Krumm 1973) und auch bei Evaluationen der Lehre verwendet (z.B. in Hospitationen bei Referendaren). Hierzu ist das System von Flanders bestimmt nützlich, nur ist die Aussagekraft solcher Analysen begrenzt, denn die Kategorien sind recht undifferenziert und nicht leicht operationalisierbar. Flanders Schema war aber sehr einflußreich und regte die Aufstellung zahlreicher anderer Systeme an, die differenzierter und stärker sprachenunterrichtsbezogen sind. Das Hauptproblem bei Interaktionsanalysen dieser Art besteht jedoch darin, daß die festgelegten Kategorien selbst die Interpretation des Unterrichtsgeschehens bestimmen. Flanders geht von einem behavioristischen Lernmodell aus (vgl. Krumm 1981). Um sinnvolle Kategorien zu entwickeln, muß man von vornherein wissen, welche Handlungen im Fremdsprachenunterricht wichtig und lernrelevant sind, da sonst der Status der vorgeschlagenen Kategorien unklar bleibt. Da bei vielen dieser Systeme mehrere Kategorien *didaktischer* Art sind, sollten die Kategorien selbst eher als Forschungsgegenstand anstatt als Forschungsinstrument verstanden werden.

Unabhängig von der Frage ihrer Relevanz für die Interpretation der Interaktion zwischen Lehrern und Lernern (d.h. ihrer Gültigkeit) müssen die Kategorien bei Interaktionsanalysen deutlich identifiziert werden können (Operationalisierbarkeit) und sich gegenseitig ausschließen (Eindeutigkeit). Dies ist bei dem System von Flanders nicht der Fall. So kann z.B. eine Lehrerfrage (Kategorie 4 bei Flanders) durchaus auf einer Idee eines Schülers aufbauen (Kategorie 3). Eine Reaktion auf eine Schülerantwort kann sowohl ein „Lob" als auch eine „Kritik" sein, wenn z.B. mitgeteilt wird, daß der Inhalt nicht stimmt, aber der Versuch als lobenswert eingeschätzt wird. Die Kategorien 1,2,3 und 7 bei Flanders operieren demnach auf einer ganz anderen Ebene als die übrigen Kategorien.

Solche Überlegungen haben Fanselow (1977) davon überzeugt, daß es sinnvoll wäre, Handlungen im Fremdsprachenunterricht

Parameter	Beispiele von Kategorien
Quelle des kommunikativen Beitrags	– Lehrer – einzelne Lerner – kleinere Lerngruppe – ganze Klasse
pädagogischer Zweck der Kommunikation	– Strukturierung – Elizitation – Antwort – Reaktion
Medien	– linguistisch – paralinguistisch – nonverbal
Verwendung, d.h. wie werden Medien verwendet, um Inhalte zu vermitteln?	– Aufmerksamkeit – Beschreibung – Darstellung – Erzählung – Wiederholung usw.
Inhalt	– Alltagswissen – Sprachliches Wissen – Unterrichtliches Verfahren – fachliches Wissen usw.

Abbildung 13.2 Kontextverbundene Kommunikation: fünf Parameter (Fanselow 1977)

entlang mehrerer Dimensionen oder Ebenen zu kategorisieren. Er nennt sein System „FOCUS“ („Foci of Observing Communications Used in Settings“). Das System hat fünf kategorielle Dimensionen (s. Abbildung 13.2). Als erstes fällt hier auf, daß die fünf Parameter im Prinzip voneinander getrennt sind. Das bedeutet z.B., daß nicht vorher festgelegt wird, welche Beiträge vom Lehrer und welche vom Lerner durchgeführt werden können. Ferner wird nonverbales Verhalten mitberücksichtigt und die inhaltliche Perspektive mit erfaßt. Fanselow betont, daß die Kategorien, die er für die fünf Parameter vorschlägt, für gezielte Forschungszwecke ergänzt oder weiter differenziert werden können. (Die vier von Fanselow vorgeschlagenen „pädagogischen Zwecke“ sind z.B. von Bellack et al. 1966 übernommen worden.) Er unterstreicht, daß sein System lediglich einer eindeutigen Charakterisierung dienen soll, d.h. die Interpretation daraus resultierender Analysen bleibt vom Autor unberücksichtigt.

Auch wenn solche Systeme als „Interaktionsanalysen“ bekannt sind, ist zu bezweifeln, daß Sequenzen von vorher festgelegten Kategorien tatsächlich die gegenseitige Beeinflussung von Handlungen (also die Interaktion) erfassen. Die mit solchen Systemen erzielten Analysen können aber dennoch zur Dokumentation des Fremdsprachenunterrichts beitragen und zwecks Sensibilisierung in der Lehrerfortbildung eingesetzt werden. Wie der Lernprozeß dadurch erhellt werden kann, bleibt allerdings unklar (vgl. Allwright 1988, der diese Forschungsströmung, die in den siebziger Jahren mehr oder weniger zu Ende ging, als eine Forschungsstrategie bezeichnet, die nach einem Ziel suchte). Dennoch sind durch solche Art Analysen einige Erkenntnisse über den Ablauf des Fremdsprachenunterrichts gewonnen worden, die durch diskursanalytische Untersuchungen des Fremdsprachenunterrichts fortgesetzt wurden.

2 Diskursanalysen: Fremdsprachenunterricht als Diskurstyp sui generis

Diskursanalytische Untersuchungen (s. Kapitel 5, 2.4) des Fremdsprachenunterrichts sind grundsätzlich entweder nach der unter 1 erwähnten interaktionsanalytischen Tradition strukturell geprägt (s. hierzu exemplarisch Sinclair und Coulthard 1975) oder ethnographisch ausgerichtet (wofür van Lier 1988 plädiert – vgl. auch Kapitel 3, 5). Aus beiden Forschungsperspektiven sind u.a. folgende Aspekte des Diskurses im Fremdsprachenunterricht untersucht worden (vgl. Edmondson 1998a):

(i) Interaktionsmuster, d.h. die strukturellen Zusammenhänge zwischen den verschiedenen Beiträgen innerhalb einer kommunikativen Interaktion. Die Sequenz Lehrerfrage – Schülerantwort – Lehrerfeedback ist z.B. typisch für den Ablauf des Fremdsprachenunterrichts und wird näher diskutiert.

(ii) Rollenverhältnisse, also: Wer spricht wann und wie oft, wer entscheidet über das Gesprächsthema oder einen Themenwechsel?

Rollenverhältnisse sind grundsätzlich sozial vordeterminiert und oft entscheidend für den Interaktionsablauf und dessen mögliche Ergebnisse. Im Fremdsprachenunterricht hat der Lehrer eindeutig eine übergeordnete soziale Rolle (s. Abschnitt 3 unten).

(iii) „Turntaking", d.h. Redewechsel. Im Unterricht gelten häufig Sonderregeln für Sprecherwechsel (z.B. Handheben plus Lehrernominierung). Redewechsel werden vom Lehrer oft stark kontrolliert – es kann sogar vorkommen, daß Lerner nur dann um einen Unterrichtsbeitrag gebeten werden, wenn sie *nichts* zu sagen haben.

(iv) Eröffnungs- und Beendigungsverfahren. Die Konventionen zur Eröffnung und Beendigung einer Unterrichtsstunde gelten nur innerhalb der Institution Schule – häufig wird die Fremdsprache hierfür nicht verwendet.

(v) Die Rolle des nonverbalen Verhaltens innerhalb einer kommunikativen Interaktion und die Beziehung zwischen sprachlichem und nichtsprachlichem interaktiven Verhalten. Nonverbales Verhalten wird manchmal vom Lehrenden unterdrückt.

(vi) Die Verwendung und Funktion von interaktionsunterstützenden Mitteln, die als „Pausenfüller", „Floskeln" oder „Gambits" bekannt sind (s. z.B. Edmondson und House 1981). Gambits sind im unterrichtlichen Diskurs oft stark unterrepräsentiert oder fehlen völlig. Hüllen (1982a) zeigt, daß Lehrer solche „impromptu"-Sprachelemente im Fremdsprachenunterricht so einsetzen können, daß sie dadurch die Lerner an dem Gebrauch derselben hindern.

(vii) Die Angemessenheit und Funktion verschiedener sozialer Routinen und anderer standardisierter Ausdrucksformen in bestimmten Interaktions- bzw. Texttypen.

(viii) „Reparaturen", also wie mögliche Mißverständnisse überwunden bzw. vermieden werden können, z.B. durch Korrekturen (s. 3.3 unten).

Der Versuch, unterrichtliche und außerunterrichtliche „natürliche" Verwendungen der Zielsprache zu vergleichen, scheint intuitiv sinnvoll zu sein, da die Annahme naheliegt, daß die Fremdsprache im Unterricht genau wie in „natürlichen" Kontexten in einem zielsprachlichen Land verwendet werden sollte. Hiermit hätte man *ein* evaluatives Meßinstrument bei der Beobachtung und Analyse des

Fremdsprachenunterrichts. Viele solcher Studien wurden nach der „kommunikativen Wende“ durchgeführt. Zu diesem Zeitpunkt wurde der Frage nachgegangen, welche Fähigkeiten zu dem Lehrziel „Kommunikative Kompetenz“ gehören und wie ein kommunikatives Curriculum aussehen sollte. Vor diesem Hintergrund ist intuitiv einleuchtend, daß versucht wurde, Kenntnisse über den „natürlichen“, außerunterrichtlichen Diskurs zu übernehmen: man wollte untersuchen, ob bzw. inwiefern zielsprachliche Diskursmerkmale sich im unterrichtlichen Diskurs widerspiegeln.

In der Tat ist bei der Erstellung fremdsprachlicher Curricula und insbesondere der Lerninhalte die Forderung nach „authentischen“ Texten und „authentischen“ Sprachmaterialien in der Zwischenzeit mehr als bekannt (s. hierzu Kapitel 15, 2.4). Modernere Lehrwerke versuchen, Sprachelemente bzw. interaktive Mittel (wie die unter (iii) bis (viii) oben aufgelisteten) bewußt mit einzubeziehen.

Es kann unserer Meinung nach jedoch nicht Zweck des Fremdsprachenunterrichts sein, die Fremdsprache so zu verwenden und darzustellen, als ob kein Unterricht stattfände. Der Hauptgrund dafür, daß die Fremdsprache als Unterrichtssprache deutlich von anderen Sprachnormen abweicht, liegt ja genau darin, daß Lehrende im Fremdsprachenunterricht die Fremdsprache für *didaktische* Zwekke einsetzen. Hieraus ergibt sich eine Diskrepanz zwischen dem *Ort* des Fremdsprachenunterrichts und dessen *Zielen*, eine Diskrepanz, die man als Lehrparadox formulieren kann: „Wir wollen im Unterricht den Lernenden beibringen, wie man außerhalb des Unterrichts in der Fremdsprache kommuniziert“ (Edmondson 1986). Diese Diskrepanz ist ein inhärentes Merkmal der Fremdsprachenlehrtätigkeit. Ob bzw. inwiefern Lehrer sowohl ihre didaktischen Ziele als auch einen „authentischen“ Gebrauch der Zielsprache im Unterricht integrieren können, hängt u.a. davon ab, welche Interaktionsformen im Unterricht vom Lehrenden für verschiedene didaktische Zwecke angewendet werden (vgl. (i) oben), und welche sozialen Verhältnisse zwischen Lehrer und Lernern im Unterricht (vgl. (ii) oben) bestehen. Die verschiedenen Interaktionsmuster im Fremdsprachenunterricht sollen an dieser Stelle kurz behandelt werden; die Problematik der Rollenverhältnisse im Fremdsprachenunterricht wird in Abschnitt 4 unten nochmals angesprochen.

Ein bekanntes Interaktionsmuster im Unterricht ist die bereits in Kapitel 6, Abbildung 6.3 erwähnte Sequenz:

Lehrerfrage → Schülerantwort → Lehrerfeedback

Der Einsatz dieses Musters im Fremdsprachenunterricht ist in der Literatur als „Lockstep"-Verfahren bekannt, da alle Schritte vorher didaktisch festgelegt sind. Natürlich läßt diese Grundsequenz mehrere Variationen zu, wie z.B. in den folgenden Sequenzen (L = Lehrer, S = Schüler):

Sequenz A:

L: What date is it today?
S: Sixteenth August?
L: No … It's …
S: It's the sixteenth August
L: No. OF August!
S: It's the sixteenth OF August
L: Okay …

Sequenz B:

L: What did you see on television last night?
S: Nothing
L: Sentence please
S: I saw nothing on television last night
L: Good

Es ist klar, daß die letzte Lehreräußerung in beiden Sequenzen unentbehrlich ist – wenn sie wegfallen würde, wären die Sequenzen nicht komplett. Dieses Interaktionsmuster hat daher drei obligatorische Elemente, die eine tiefere Analyse erforderlich machen. Wenn wir uns z.B. das Schema von Flanders nochmals vor Augen halten (Abbildung 13.1), fällt auf, daß in der zweiten Spalte die verschiedenen Kategorien als entweder „Initiieren" oder „Reagieren" bezeichnet werden. Bei Kategorie 4 jedoch (Lehrerfragen) wird keine Angabe gemacht, obwohl Schülerantworten als „Reagieren" verstanden werden (Kategorie 8). Ferner werden mögliche Lehrerverhaltensweisen, die als Konsequenz einer Schülerantwort vorkommen können (die Kategorien 1 bis 3) auch als „Reagieren" verstanden! Dieses verwirrende Bild bei Flanders ist darauf zurückzuführen, daß die Begriffe Initiieren und Reagieren in Flanders (1970) andere Begriffe in früheren Veröffentlichungen ersetzen, die auf die Direktheit des Lehrereingriffs bezogen waren („unmittelbarer Einfluß" wird durch „Initiieren", „mittelbarer Einfluß" durch „Reagieren" ersetzt). Bei Fanselow bzw. Bellack et al. (vgl. Abbildung 13.2) werden für das Lockstep-Muster drei Strukturelemente vorgeschlagen: Elizitation, Antwort, Reaktion. Wenn jedoch ein Schüler eine Frage stellt und eine Antwort vom Lehrer erhält (Elizitation plus Antwort), so muß nicht unbedingt eine

Reaktion des Schülers folgen. Das Frage-Antwort-Feedback Muster ist in seiner Struktur sui generis.

Da Lehrer im allgemeinen mehr über den Unterrichtsstoff wissen als Lerner und da man Fragen hauptsächlich dazu verwendet, um Auskünfte zu bekommen, wäre zu erwarten, daß Schülerfragen statt Lehrerfragen für den Unterrichtsablauf typisch sein sollten. Edmondson (1983) behauptet, daß alle Interaktionen auf einem zweiteiligen Grundmuster basieren, die wir informell auch „Initiieren“ und „Reagieren“ nennen können. Er geht ferner davon aus, daß der „Kern“ des dreiteiligen Lockstep-Musters aus dem zweiten und dritten Element besteht und nicht aus dem ersten und dem zweiten. Lehrerfeedback ist also nicht als „Nachtrag“ oder „Reaktion“ auf eine Lehrerfrage-Schülerantwort-Sequenz zu verstehen, eher ist die Lehrerfrage als Anlaß zu einer Lerneräußerung-Lehrerfeedback-Sequenz anzusehen. (Deshalb ist es verständlich, daß „Schülerantworten“ als Fragen formuliert werden können – vgl. Sequenz A oben). Lehrerfragen innerhalb des Lockstep-Verfahrens dienen grundsätzlich dazu, Lehrerfeedback zu ermöglichen, auch wenn Lehrer weitere, didaktische Ziele bei der Verwendung dieses Musters verfolgen. Das Muster ist eine strategische Alternative zu der direkten Vermittlung von Auskünften durch Vortragen, die es Lernern erlaubt, an der Interaktion sprachlich aktiv beteiligt zu werden, und die es dem Lehrer erlaubt, absolute Kontrolle über den Ablauf der unterrichtlichen Interaktion auszuüben.

Diese Analyse deutet darauf hin, daß das für den Unterricht typische Interaktionsmuster in sich eine deutliche Abweichung von zielsprachlichen Interaktionsnormen darstellt, was natürlich Auswirkungen auf die verwendeten sprachlichen Mittel haben kann (vgl. die Sequenzen A und B oben). Inwiefern diese Interaktionsform den Fremdsprachenunterricht charakterisiert und inwiefern das „Lehrerparadox“ weitere Konsequenzen für den Ablauf des Fremdsprachenunterrichts hat, sind Fragen, denen wir jetzt durch die Berücksichtigung mehrerer empirischer Studien nachgehen wollen.

3 Untersuchungen zur Lehrersprache im Fremdsprachenunterricht

In diesem Abschnitt behandeln wir zunächst bestimmte Merkmale der Lehrersprache als Sonderregister. Unter einem Register verstehen wir – wie in der Literatur üblich – einen identifizierbaren Teil einer Sprache, der typisch für bestimmte Benutzer in bestimmten Situationen ist. Danach werden wir kurz auf Lehrerfragen eingehen, bevor wir uns etwas ausführlicher mit dem Korrekturverhalten beschäftigen.

3.1 Lehrersprache im Fremdsprachenunterricht als Sprachregister

Der erste Befund von Untersuchungen zur Lehrersprache ist leider allzu klar: Studien aus aller Welt haben nachgewiesen, daß die Lehrer – mit wenigen Ausnahmen – reden und reden! Lehrer reden in der Regel mindestens 60% der Unterrichtszeit und erwarten automatisch, daß die Lerner schweigen. Dieses Ergebnis überrascht nicht und soll zunächst nicht nur negativ bewertet werden.

Besonders innerhalb der Zweitsprachenerwerbsforschung ist die Lehrersprache im Sprachunterricht im qualitativen und quantitativen Vergleich zur Verwendung der Zielsprache in anderen Kontexten untersucht worden. Dieses Interesse geht auf intensive, in den sechziger und siebziger Jahren durchgeführte Untersuchungen über die Natur der Sprache zurück, die Mütter mit Kleinkindern benutzen. Innerhalb der Erstsprachenerwerbsforschung bleibt umstritten, ob die Merkmale der sog. „Motherese" (also der Art und Weise, wie Mütter mit ihren kleinen Kindern sprechen) eine Sprachlehrfunktion haben. Es ist jedoch unumstritten, daß die Qualität und Quantität dieses Inputs die Schnelligkeit des L1-Erwerbs beeinflußt. In Abbildung 13.3 sind die wichtigsten Merkmale der „Motherese" aufgelistet (vgl. Snow 1977; Ellis 1985, 130). Wir haben es hierbei natürlich nicht mit Merkmalen zu tun, die immer vorhanden sind, sondern mit statistisch signifikanten Merkmalen. Ferner ist in der Zwischenzeit nachgewiesen, daß solche Merkmale nur typisch für Eltern bestimmter sozialer Schichten und auf jeden Fall kulturspezifischer Art sind.

Einige dieser Merkmale bedürfen einer kurzen Erläuterung. Merkmal 3 weist darauf hin, daß sowohl Eltern als auch Kleinkinder Lieblingsobjekten (oder Personen) bestimmte Bezeichnungen oder Namen geben, mit denen vorhandene Ausspracheschwierigkeiten überwunden werden. Namen sind für Kleinkinder auch deshalb wichtig, weil sie damit häufig auf sich selbst oder einen Ansprechpartner hinweisen statt Personalpronomina zu benutzen. Eltern und andere Bezugspersonen tun das Gleiche („Mami macht jetzt was zu essen für Kati"), daher Merkmal 8. Die unter 10. erwähnten Merkmale dienen dazu, den Inhalt einer Äußerung des Kindes zu bestätigen bzw. zu überprüfen („Gen“ – „Ich soll es dir geben?“). Die unter 11. erwähnten „Lehrfragen“ sind im Zusammenhang mit dem Lockstep-Verfahren oben diskutiert worden – auch Mütter stellen Fragen, deren Antworten sie kennen.

1. Klare Artikulation
2. Deutlich markierte Intonationskurven
3. Lexikalische Anpassungen/Aushandlungen
4. Grammatische Wohlgeformtheit
5. Geringe durchschnittliche Länge der Äußerung
6. Geringe Variation grammatischer Phänomene
7. Keine Koordination/Subordination
8. Geringe Verwendung von PRO-Formen
9. Wiederholungen
10. Verständnisüberprüfende „Checks“ und „Uptakers“
11. Lehrfragen
12. Hohe Redundanz
13. Themen betreffen das Hier-und-Jetzt

Abbildung 13.3 Merkmale von „Motherese“

Insgesamt weisen viele Studien darauf hin, daß in der Tendenz alle Merkmale von „Motherese“ (außer Merkmal 3 und 8) auch vom Fremdsprachenlehrer im Unterricht verwendet werden können (s. z.B. Henzl 1979, 165). Zwei Vergleiche sind in diesem Bereich durchgeführt worden – einerseits Vergleiche zwischen Lehrern im Unterricht und Lehrern (oder native-speakers) außerhalb des Klassenzimmers und andererseits Vergleiche zwischen dem Verhalten von Lehrern gegenüber Lernern mit unterschiedlicher Beherrschung der Zielsprache (z.B. Anfängern gegenüber fortgeschrittenen Lernern).

Im Fremdsprachenunterricht wird u.a. langsamer gesprochen, und die Schnelligkeit variiert je nach Lernstufe; es liegen vergleichbare Ergebnisse zur syntaktischen Komplexität und zur Breite des Wortschatzes vor. Im Unterricht werden Verben viel häufiger im Präsens benutzt als in anderen Kontexten. Markierte phonologische und intonatorische Merkmale sind ebenfalls charakteristisch für die Unterrichtssprache von Fremdsprachenlehrern (einen Überblick über solche

Studien gibt Chaudron 1988, s. zusammenfassend S. 85). Eine Reihe von Studien weisen nach, daß Fremdsprachenlehrer solche sprachlichen Anpassungsstrategien (in der Literatur als „Simplifikationen" bekannt) verwenden *können*. Zu der Frage, inwiefern solche Simplifikationen nach Lernstufen variieren, liegen eine Reihe inkonsistenter Ergebnisse vor. Verschiedene Untersuchungen sind z.B. zu dem Ergebnis gekommen, daß Lehrer, obwohl sie bei Anfängern deutlich langsamer sprechen als bei Lernern der Mittelstufe, bei fortgeschrittenen Lernern das Gesprächstempo dann wieder verlangsamen (dies könnte eine Funktion des Inhalts der Unterrichtstunde sein).

Es scheint jedoch der Fall zu sein, daß Lehrer solche Simplifikationen überwiegend *unbewußt* vornehmen, ebenso wie Motherese wahrscheinlich unbewußt verwendet wird. In der Lehrerausbildung und in zahlreichen Büchern zur Kindererziehung werden unseres Wissens nach niemals Gesprächsmerkmale wie in Abbildung 13.3 empfohlen oder gelehrt. Auch ist gegenseitige stilistische Anpassung ein Merkmal für alle informellen sprachlichen Begegnungen. Daher ist zu fragen, was wir aus solchen Studien lernen können. Globale Charakterisierungen von Lehrersprache sind zwar durchaus informativ – auf die wichtigste Frage jedoch, ob bzw. wie die Verwendung dieses Registers lernfördernd wirkt, geben solche Studien keine Antwort. Wenn aber, wie wir gerade angedeutet haben, mehrere Merkmale von Fremdsprachenlehrsprache ohne didaktisches Bewußtsein auftreten, dann ist es wahrscheinlich, daß dieses Register zu diesem Kontext „paßt" und daher direkt oder indirekt lernfördernd wirkt. Soweit wir wissen, liegen jedoch keine empirischen Studien zu dieser Frage vor. Weitere theoretische Positionen zur Bedeutung der hier erläuterten Merkmale von Lehrersprache werden in Kapitel 14 skizziert.

3.2 Lehrerfragen

Wir haben bereits darauf hingewiesen, daß Lehrerfragen oft eigenartig sind, insbesondere wenn sie aus diskursanalytischer Perspektive nur dazu dienen, eine Antwort zu entlocken, die dann Feedback verlangt. Die Definition bzw. Identifikation einer Frage im Fremdsprachenunterricht ist nicht so einfach, wie es erscheinen mag. Hierzu können syntaktische („er kommt" vs. „kommt er?"), intonatorische („er kommt" vs. „er kommt?") und semantisch/pragmatische Kriterien benutzt werden. (Bzgl. der beiden letzten Kriterien könnte man darüber streiten, ob Lehrerfeedback der Form „hat?“ zu einer Schülerantwort der Art „er hat gestern gekommen“ eine „Lehrerfrage“ ist oder nicht, und ob in der Alltagssprache „Hallo, wie geht's?“ oder „Bitte?“ als Fragen gelten.) Bei der folgenden kurzen Diskussion über Lehrerfragen wollen wir phatische Äußerungen, und solche, die den Inhalt oder die Form einer Lerneräußerung in Frage stellen, außer acht lassen.

In der Literatur werden Lehrerfragen unter zwei Gesichtspunkten typisiert. Erstens wird zwischen offenen und geschlossenen Fragen unterschieden (s. z.B. Barnes 1976), wobei die Zahl der richtigen oder passenden Antworten aus der Perspektive des Lehrers entscheidend ist. „Welche Farbe hat das Gelbe vom Ei?“ ist eine geschlossene Frage, „Was halten Sie von Fragen im Unterricht?“ dagegen eine offene. Zweitens unterscheiden Long und Sato (1983) zwischen „display questions“, die grundsätzlich als Testfragen zu verstehen sind, weil Lehrer die Antworten zu solchen Fragen bereits wissen, und „referentiellen“ Fragen, bei denen dies nicht zutrifft. In der Tendenz müßten Testfragen eher geschlossener, referentielle Fragen offener oder geschlossener Natur sein.

Beide Unterscheidungen sind durchaus nützlich, lassen sich jedoch nicht immer leicht operationalisieren. Es bleibt z.B. unklar, wie eine Lehreräußerung wie:

„Wer kann einen Satz mit *burst into tears* produzieren?“

zu klassifizieren ist. Da sich im Prinzip mehrere Schüler melden können, und da die Anzahl möglicher Sätze mit „burst into tears“ fast unbegrenzt ist, könnten wir diese Frage als „offen“ und nicht „geschlossen“ einstufen. Diese Charakterisierung entspricht jedoch wahrscheinlich nicht unserer Intuition. Da die Lehrerin durch diese Frage eine Antwort elizitieren will, durch die die *Bedeutung* von „burst into teats“ erhellt werden soll, und da sie bestimmt die Bedeutung selbst kennt, haben wir es mit einer Testfrage zu tun. Andererseits weiß die Lehrerin bestimmt nicht im voraus, welcher Satz von welchem Schüler produziert wird: aus dieser Perspektive könnte man die Frage eher als eine referentielle interpretieren.

Eine weitere Perspektive betrifft die Interpretation von Lehrerfragen durch Lerner. Die oben erwähnte Frage, mit der ein Satz mit „burst into tears“ verlangt wurde, wurde nach einer Pause wie folgt fortgesetzt (das Beispiel ist Edmondson 1981b entnommen):

Lehrerin: Andreas, when do YOU burst into tears?
Andreas: Wendy burst into tears when she must go to school.
Lehrerin: (lacht) She must go to school. Good Andreas. Okay.

Wenn wir diese Sequenz für sich betrachten, dann ist es kaum verständlich, daß die Schülerantwort von der Lehrerin positiv aufgenommen wird. Die Frage scheint hier ganz deutlich referentieller Art zu sein, nur hat Andreas die Frage als „Hilfsfrage" verstanden, also als Anreiz dazu, sich einen Satz mit „burst into tears" auszudenken.

Es kommt nicht selten vor, daß Lerner Lehrerfragen anders interpretieren als vom Lehrer beabsichtigt (Allwright 1975; Edmondson 1981b). Ferner wollen Lehrer u.E. durch ihre Fragen sowohl linguistisches Wissen als auch individuelle Meinungen bzw. inhaltliche Kreativität fördern – dies ist durchaus mit ein und derselben „Frage" möglich. Die Annahme, daß sprachliche Formen und sachliche Inhalte aus didaktischer Sicht Alternativen sind, ist also eine psycholinguistische Hypothese, die überprüft werden müßte, bevor Kategorien von Fragen auf dieser Grundlage entwickelt werden können.

Es ist nachgewiesen, daß formbezogene und geschlossene Fragen viel häufiger im Fremdsprachenunterricht verwendet werden als in außerunterrichtlichen Kontexten (obwohl wir gerade gesehen haben, daß geschlossene Fragen sehr wohl von Müttern an ihre Kleinkinder gestellt werden). Häufig wird jedoch argumentiert, daß zur Förderung der Motivation und des Lernens referentielle und offene Fragen zu bevorzugen sind (s. nochmals z.B. Long und Sato 1983). Einige Studien haben versucht, dieses Argument empirisch abzustützen (für einen Überblick s. Chaudron 1988, 172–175). Ein erstes wichtiges Ergebnis ist, daß Lehrer nach entsprechendem Training in der Lage waren, ihre Verwendung von Fragen im Fremdsprachenunterricht zu steuern (sonst wären die experimentellen Studien nicht durchführbar gewesen). Brock (1986) hat folgendes belegt: Zu einem bestimmten Text mit darauffolgender Wortschatzarbeit, initiierten zwei Lehrer, die überwiegend referentielle statt Testfragen gestellt hatten, längere und syntaktisch kompliziertere Antworten als zwei andere Lehrer, die hauptsächlich Testfragen benutzten. Long et al. (1984) haben aber keine signifikante Steigerung in der Lernerproduktion durch den didaktischen Einsatz von referentiellen Fragen entdecken können. Auch der Versuch, den Lerneffekt verschiedener Fragestrategien zu testen, hat keine eindeutigen Ergebnisse erzielt. Die Einschätzung des Lerneffekts bei solchen Experimenten (bei Long et al. 1984 durch textbezogene multiple-choice Fragen) bleibt problematisch. Fraglich ist daher, ob experimentelle Studien am besten geeignet sind, die Auswirkungen verschiedener Fragestrategien von Lehrern zu überprüfen. Zwar liegen Indizien dafür vor, daß referentielle Fragen besser geeignet sind, bestimmte didaktische Ziele zu erreichen als Testfragen; nur ist der Versuch, zwei Fragestrategien zu vergleichen, um festzustellen, welcher Lerneffekt sich aus ihnen ergibt, wahrscheinlich zu undifferenziert.

Einige Studien sind der Frage nachgegangen, was zu tun ist, wenn eine Lehrerfrage keine Antwort abruft. Sie sind zu dem naheliegenden Ergebnis gekommen, daß die Wahrscheinlichkeit einer Antwort um so größer ist, je mehr Zeit der Lehrer den Lernern läßt (s. Chaudron 1988, 128–129). Ob diese Vorgehensweise aber immer sinnvoll ist, bleibt offen, denn in Alltagsgesprächen werden Pausen im allgemeinen überbrückt. Wenn im Unterricht vor Lerneräußerungen eine längere Wartezeit eingeschaltet werden würde, so ergäbe sich hier wiederum eine Spannung zwischen der didaktischen und der zielsprachlichen Perspektive. Es dürfte jedoch zutreffen, daß einige Lehrer nicht genügend Zeit für Lernerreaktionen lassen.

3.3 Lehrerfeedbackverhalten (Reparaturen im Fremdsprachenunterricht)

Im allgemeinen wird Lehrerfeedback als potentiell wichtiges „Lernmoment“ verstanden. Für viele Lehrende ist ihre Fähigkeit, auf Lerneräußerungen angemessen zu reagieren, für den didaktischen Erfolg ihres Unterrichts von zentraler Bedeutung. Vielleicht ist deshalb Lehrerfeedbackverhalten so intensiv untersucht worden.

Unter dem Begriff „Feedback“ sollen hier alle Lehrerreaktionen auf Lerneräußerungen in der Zielsprache verstanden werden, die keine inhaltliche Fortsetzung oder Weiterentwicklung des Gesprächs bewirken. Auf eine Lerneräußerung der Art: „Ich ginge nach Hose“ würden z.B. Reaktionen wie „Falsch!“, „Gut“, „Versuchen Sie es nochmal!“, „Nach Hose!“, „Hast wohl den Text nicht gelesen, oder?“, „Interessant“, „Wirklich?“, „Wie bitte?“, „Wiederholen!“, „Lauter!“ als Feedback gelten, Äußerungen wie „Hätte ich auch gemacht“, „Warum?“, „Wie spät war es?“ nicht.

Statt Feedback wird in der Diskursanalyse der Begriff „Reparatursequenz" benutzt. Eine Reparatursequenz kann folgende Elemente enthalten:

Reparaturbedürftige Sequenz:	Ich ginge nach Hose
Initiierung der Reparatur:	Nach Hose!
Durchführung der Reparatur:	Ich meine, ich ginge nach HAUSE
Bestätigung der Reparatur:	Aha

Solche Sequenzen ermöglichen Selbstreparaturen – im obigen Beispiel kann die Initiierung als Aufforderung zur Selbstkorrektur verstanden werden. Mehrere Studien belegen, daß in Alltagsgesprächen zwischen native-speakers, zwischen native-speakers und Lernern sowie zwischen mehreren Lernern Selbstreparaturen gegenüber Fremdreparaturen bevorzugt werden (Schegloff, Jefferson und Sacks 1977; Long 1983a; Schwartz 1980). Dies trifft für den Fremdsprachenunterricht nicht zu (s. z.B. Kasper 1985). Lehrerkorrekturen von Lerneräußerungen gelten natürlich als „Fremdreparaturen".

Eine Reihe von Studien haben das Lehrerfeedbackverhalten aus verschiedenen Perspektiven beschrieben. Wir geben im folgenden eine Übersicht über ihre Fragestellungen und Ergebnisse (s. Chaudron 1988, 132–152; 175–178 für einen detaillierten Überblick – wir nennen nur Quellen, über die in Chaudron 1988 nicht berichtet wird).

(i) Transparenz
Lehrer können in ihrem Feedbackverhalten inkonsequent sein (Henrici und Herlemann 1986). Edmondson (1986) unterscheidet zwischen Lerneräußerungen, die vom Lehrer nicht akzeptiert werden („T-errors"), und solchen, die von zielsprachlichen Normen abweichen („U-errors"). Es können T-errors vorkommen, die keine U-errors sind und umgekehrt. Ein Fehler kann auch erst heftig korrigiert und dann eine Minute später ignoriert werden. Die Gründe dafür, daß einige Fehler korrigiert werden, andere dagegen nicht, sind nicht immer transparent. Allwright (1975) zeigt z.B., daß die Antwort eines „schlechten" Schülers gelobt werden kann, gleichgültig wieviele „Fehler" sie enthält. Ferner ist Lehrerfeedback oft mehrdeutig, d.h., es ist empirisch nicht immer leicht zu entscheiden, ob eine bestimmte Form von Lehrerfeedback als Korrektur gilt oder nicht. Deshalb sind sich Lerner nicht immer darüber im Klaren, welche konversationelle

bzw. didaktische Funktion Lehrerfeedback in einem konkreten Fall haben soll. Edmondson (1985) dokumentiert sogar, wie Lehrer durch Feedback Fehler hervorrufen können.

(ii) Selektivität

Negatives Feedback ist (wir meinen notwendigerweise) selektiv: selbst wenn Lehrende wollten, würden sie es nicht schaffen, alle mündlichen „Fehler" zu korrigieren. Einige Studien deuten darauf hin, daß in der Tendenz ca. 50% aller phonologischen und syntaktischen „Fehler" korrigiert werden sowie ca. 80% der inhaltlichen oder lexikalischen Abweichungen (selbstverständlich gelten diese Ergebnisse nur für den untersuchten Lehrerkreis).

(iii) Unterschiede zwischen Lehrern

Native-speakers, die keine Lehrerfahrungen haben, gehen mit Lernerfehlern viel toleranter um als solche, die eine Lehrtätigkeit ausüben. Lehrende, für die die Zielsprache auch eine Fremdsprache ist, sind noch intoleranter in ihrer Beurteilung von Lerneräußerungen. Innerhalb dieser globalen Gruppierungen gibt es wiederum enorme Unterschiede.

(iv) Formen des Feedbacks

Es gibt offensichtlich eine breite Palette von Feedbackstrategien bei den Lehrenden: von Wiederholungen der Lernerantwort bis zur Nominierung eines anderen Lerners (beides kann sowohl als positives als auch als negatives Feedback interpretiert werden), von Wiederholungen der Frage bis zum Schweigen – beides kann als Hinweis auf Fehler interpretiert werden. Mehrere Kategorisierungsversuche liegen vor. Allwright (1980) versucht, in Form eines Flußdiagramms alle Entscheidungen zu erfassen, mit denen Lehrer konfrontiert werden, wenn im unterrichtlichen Diskurs Feedback erforderlich ist bzw. möglich wäre.

(v) Wollen Lerner korrigiert werden?

Wenn innerhalb verschiedener Studien Lerner gefragt worden sind, ob sie korrigiert werden wollen oder nicht, dann ist eine deutliche Mehrheit bisher immer dafür gewesen, daß ihnen ihre Fehler mitgeteilt werden (Gnutzmann und Kiffe 1993). Lochtman (2002) weist auf der Grundlage einer eigenen empirischen Studie zu Korrekturhandlungen im Fremdsprachenunterricht darauf hin, daß die „Lehrervariable" den Korrekturstil mit Abstand am meisten beeinflußt, und daß lehrerinitiierte Schülerkorrekturen mehr und besseres „Noticing" ermöglichen als lehrerinitiierte Lehrerkorrekturen. In Ergänzung hierzu kommt auch Havranek (2002) aufgrund ihrer groß angelegten Forschungsarbeit zu Wesen, Funktion und Erfolg verschiedener Möglichkeiten der Korrektur im Fremdsprachenunterricht (in Schule und Universität) und zur Einstellung ihnen gegenüber zu dem Schluß, daß die vom Lehrer initiierte Selbstkorrektur-cum-Wiederholung durch den Lerner die Korrektur „salient" macht, und daß diejenigen (mündlichen) Korrekturen am erfolgreichsten sind, bei denen die Lerner aktiv an der Richtigstellung mitwirken und die richtige Form wiederholen, und schließlich daß die Korrekturen „bemerkt" werden müssen, um erinnert werden zu können. Bei sprachlichen Unterrichtsschwerpunkten verarbeiten bloße Zuhörer mit größerer Wahrscheinlichkeit korrigierende Rückmeldungen als die unmittelbar Betroffenen selbst (vgl. hierzu auch Kapitel 14; 1.7). Zu der Frage, wie Lerner mit Korrekturen von anderen Lernern umgehen, liegen unterschiedliche Ergebnisse vor. Insbesondere bei erwachsenen Lernern unterschiedlicher kultureller Herkunft können Korrekturen von anderen Lernern sehr negativ aufgenommen werden (Kleppin und Königs 1993).

(vi) Lernerfeedback

Studien zur Frage, ob bzw. wie Lerner sich gegenseitig korrigieren, wenn ein Lehrer nicht anwesend ist – z.B. in Gruppenarbeiten – deuten darauf hin, daß Lerner durchaus in der Lage sind, sich gegenseitig durch Feedback zu helfen, und daß dadurch selten „falsche" Korrekturen zustandekommen (s. zusammenfassend Chaudron 1988, 150–152 und zur Selbstkorrektur vgl. Hecht und Green 1991). Insgesamt lassen die Ergebnisse dieser Studien eine positive Einstellung zu Lernerkorrekturen zu.

4 Didaktische Empfehlungen

Unter didaktischen Empfehlungen verstehen wir nicht Verhaltensrezepte, sondern eher Verhaltensprinzipien, die natürlich in der unterrichtlichen Praxis unterschiedlich umgesetzt werden können. Von den zahlreichen Vorschlägen zum Lehrerverhalten im Fremdsprachenunterricht allgemein, möchten wir nun drei oben angesprochene Komplexe exemplarisch auswählen: das Lehrer-Lerner-Verhältnis im Fremdsprachenunterricht, Interaktionsformen und Korrektur- bzw. Feedbackverhalten unter unterschiedlichen didaktischen Zielsetzungen.

4.1 Rollen im Fremdsprachenunterricht

Es wird zu Recht betont, daß die Art der Interaktion im Fremdsprachenunterricht stark von der Beziehung zwischen Lehrern und Lernern abhängig ist. Dies bezieht sich nicht nur darauf, wie Lehrer ihre eigene Rolle wahrnehmen, sondern auch darauf, wie Lerner die Rolle des Lehrers wahrnehmen. Wenn der Lehrer z.B. als Bewertungs- und Kontrollinstanz gesehen wird, dann wird dies klare Konsequenzen dafür haben, welche Art der Interaktion im Fremdsprachenunterricht möglich ist. Allwright (1979) argumentiert, daß die Lerner eine Mitverantwortung für den Lernerfolg tragen. Widdowson (1987) macht in einer interessanten Analyse darauf aufmerksam, daß der Begriff „Lehrer" zweideutig ist. Auf der einen Seite wird damit eine soziale Rolle identifiziert (eine Person verdient ihr Geld als LehrerIn); auf der anderen Seite wird damit auf eine Tätigkeit verwiesen (vgl. auf Französisch „professeur" gegenüber „enseignant"). Die Adressaten haben ebenfalls zwei Rollen, als Schüler und als Lerner. Es ist auf der einen Seite zu vermeiden, daß die soziale Rolle als Lehrer/professeur die Effizienz der didaktischen Lehrerrolle einschränkt. Auf der anderen Seite ist ebenfalls zu vermeiden, daß ein demokratisches Verhältnis auf der sozialen Ebene die didaktische Autorität des Lehrers/enseignant(e) negativ beeinflußt. Die Relevanz dieser Unterscheidungen bzgl. des Lehrer/Lerner-Verhältnisses wird deutlich, wenn wir uns den Fall einer jungen Lehrerin vor Augen halten, die in einer Gruppe von Topmanagern (alle männlich) aus verschiedenen Kulturen Deutsch unterrichtet.

4.2 Interaktionsformen im Fremdsprachenunterricht

Häufig wird aus didaktischer Sicht davon ausgegangen, daß die Lehrer-/Schüler-Interaktion in verschiedenen Phasen abläuft, die durch unterschiedliche Merkmale zu charakterisieren sind. Einige Phasen werden z.B. eher sprachbezogen, andere eher mitteilungsbezogen sein (s. z.B. Butzkamm 1984 und vgl. „fluency" gegenüber „accuracy" Aufgaben bei Brumfit 1984a). Wir haben aber bereits betont, daß wir es hier mit zwei möglichen Gewichtungen und nicht mit sich gegenseitig ausschließenden Alternativen zu tun haben. Didaktische Empfehlungen sind also relativ zu bestimmten Unterrichtsphasen bzw. didaktischen Zwecken zu interpretieren.

Wenn daher verschiedene Interaktionsmuster im Fremdsprachenunterricht gezielt vom Lehrer angewendet werden, so ist es manchmal angebracht (insbesondere bei erwachsenen Lernenden), über den Unterrichtsablauf als solchen zu sprechen. Zweck und Verfahren bei verschiedenen Aufgaben und Übungsformen werden also vorher explizit gemacht und zur Diskussion gestellt; sonst kann z.B. unterschiedliches Feedbackverhalten zu Verwirrungen und Unsicherheiten bei den Lernenden führen. Ferner wird ein differenziertes Verhalten in der Anwendung von Frageformen und im Feedbackverhalten empfohlen. Dies verlangt auf der einen Seite Vorüberlegungen bei der Unterrichtsplanung und auf der anderen Seite Flexibilität im Hinblick auf den aktuellen Lehr- und Lernkontext.

4.3 Lehrerfeedbackverhalten

Wie in Kapitel 7 schon angedeutet, haben sich in den vergangenen 30 Jahren unterschiedliche Einstellungen zu Lernerfehlern herausgebildet. So spiegeln sich in den folgenden Zitaten eine behavioristische Lerntheorie, eine kommunikative Zielsetzung und eine kognitiv-kreative Lernperspektive:

- „Ein einmal gemachter Fehler wird durch seine Korrektur nicht aufgehoben. Ein einmal gemachter Fehler lebt weiter. Auch die sofortige Korrektur durch den Lehrer kann seine Wirkung nicht ganz rückgängig machen. Es kommt darauf an, von vornherein zu verhindern, daß die Schüler überhaupt Fehler begehen ...“ (Heuer 1968, 64)
- „Folglich kann die Bewertung einer Schüleräußerung in einer Zielsprache nicht an der sprachlichen Form, der Wohlgeformtheit von Sätzen und ihrer Grammatikalität erfolgen, sondern danach, wie verständlich und wie für den Zweck der Kommunikation bedeutsam die jeweilige Äußerung ist ...“ (Piepho 1979, 120)
- „Fehler sind nicht grundsätzlich negativ einzuschätzen, da sie durchaus auch Zeichen für Lernfortschritt sein können ...“ (Knapp-Potthoff 1987, 209)

Die erste Einstellung zu Fehlern dürfte in der Zwischenzeit ihre Gültigkeit verloren haben, die zweite wäre noch relevant für bestimmte Lernaktivitäten, und die dritte deutet zu Recht darauf hin, daß Fehler unterschiedlich zu bewerten sind. So schlägt z.B. Long (1991,

46) vor, daß der Lehrer bei kommunikativen Übungen im Unterricht stets eingreifen sollte, wenn Fehler auftauchen, die systematisch und verbreitet sind, vorausgesetzt, daß die betroffenen Lerner eine Lernstufe erreicht haben, die das Erlernen der korrekten Form zuläßt (vgl. Kapitel 9, 4).

Wie unter 3.3 bereits angedeutet, wird bei der Korrektur von Fehlern innerhalb einer didaktischen Einheit Konsistenz empfohlen. Als Feedback werden Selbstkorrekturen statt Lehrerkorrekturen angeregt, und Möglichkeiten der Realisierung von Feedback bzw. Korrekturen durch Lerner werden bei entsprechenden Aufgaben als durchaus sinnvolle Maßnahme vorgeschlagen.

5 Zusammenfassung/Ausblick

In diesem Kapitel ist über eine sehr selektive Auswahl von Studien zum interaktiven Ablauf des Fremdsprachenunterrichts berichtet worden. Im Verlauf des Kapitels sind wir von Beschreibungen und Analysen des unterrichtlichen Geschehens zu didaktischen Empfehlungen gelangt. Auch wenn diese als vernünftig empfunden werden, bleibt aus der Forschungsperspektive durchaus unklar, wie man aus der Beschreibung des tatsächlichen Unterrichtsablaufs Empfehlungen für den Fremdsprachenunterricht ableiten kann. Mit anderen Worten, die lerntheoretische Perspektive wurde bisher vernachlässigt. Es ist einleuchtend, daß die Interaktion im Unterricht vor allem dann für den Fremdsprachenerwerb entscheidend ist, wenn der Fremdsprachenunterricht die einzige oder fast die einzige Möglichkeit zum Kontakt mit der Zielsprache bietet. In diesem Sinne ist eine Forschungsstrategie anzustreben, die Hypothesen bzw. Theorien zum Fremdsprachenerwerb im Fremdsprachenunterricht mit einer Betrachtung der unterrichtlichen Interaktion verbindet. Man kann insgesamt hier entweder deduktiv/experimentell vorgehen und theoretisch begründete Hypothesen im Unterricht überprüfen oder eher interpretativ-holistisch, indem man versucht, Lernerlebnisse und Erfahrungen als Funktion der Interaktion unter Berücksichtigung weiterer Datenquellen zu erfassen, u.a. subjektiver Art (vgl. die oben erwähnten Studien über Lehrereinstellungen zu Korrekturen). Diese beiden Forschungsstrategien spiegeln die in Abbildung 3.3 gegenübergestellten Forschungsrichtungen wider. Beide Untersuchungsstrategien werden in den nächsten Kapiteln exemplifiziert, indem die in diesem Kapitel diskutierten diskursanalytischen und didaktischen Perspektiven durch mehrere Hypothesen bzw. Lerntheorien des nächsten Kapitels ergänzt werden.

Kapitel 14

Fremdsprachenlernen im Unterricht: Hypothesen/Theorien

Der anspruchsvolle Titel dieses Kapitels weckt möglicherweise Erwartungen, die im folgenden enttäuscht werden: wir sind weit entfernt von einer Theorie des Fremdsprachenlernens, die

- alle untersuchten Aspekte des Fremdsprachenlernens berücksichtigt (Beschreibungsadäquatheit)
- die Mitwirkung verschiedener Faktoren beim Lernen erhellt (Erklärungsadäquatheit)
- die internen Merkmale einer guten Theorie aufweist (z.B. Überprüfbarkeit).

Wie in den ersten drei Kapiteln dieses Buches betont wurde, ist die Schwierigkeit, die mit der Formulierung einer adäquaten Theorie des Fremdsprachenlernens im Unterricht zusammenhängt, durch dessen Komplexität bedingt. Einige der in diesem Kapitel zu erwähnenden Positionen könnte man eher als Spekulationen statt als empirisch gesicherte Hypothesen bezeichnen. Sie sind aber unserer Meinung nach deshalb nicht weniger interessant. Andererseits kann die intuitive Attraktivität einer Theorie bzw. Hypothese selbstverständlich ihre empirische Überprüfung nicht ersetzen.

Im ersten Abschnitt dieses Kapitels werden Hypothesen diskutiert, die eine Verbindung zwischen bestimmten Aspekten der unterrichtlichen Interaktion und dem Fremdsprachenlernen postulieren: insofern ist dieser Teil eine theoretische Ergänzung zu bzw. Fortsetzung von Kapitel 13. Im zweiten Abschnitt stellen wir einige komplexere Bündel von Hypothesen vor, die als Theorien bekannt sind. Wir legen den Schwerpunkt auf die wichtige Frage, inwiefern und in welchem Sinne grammatische Kenntnisse (u.a. solche, die z.B. in einer traditionellen Grammatikstunde vermittelt werden) zum Lernfortschritt beitragen können. Diese Frage hängt natürlich mit der in der Zweitsprachenerwerbsforschung intensiv diskutierten und in Kapitel 9 behandelten Frage zusammen: „Does instruction make a difference?“.

1 Fremdsprachenlernen im unterrichtlichen Diskurs: Hypothesen

In Kapitel 13 haben wir bei unserer Betrachtung des fremdsprachenunterrichtlichen Geschehens die *Lehrer*sprache als Sonderregister diskutiert und vorher ein Kapitel dem Thema *Lerner*sprache gewidmet (Kapitel 12). Letztendlich sind wir jedoch zu der Auffassung gelangt, daß der Kern des unterrichtlichen Geschehens in der Interaktion zwischen Lehrer und Lerner liegt. Bei den folgenden Hypothesen spielen diese drei Aspekte (Lehrersprache, Lernersprache, unterrichtliche Interaktion) denn auch eine Rolle. Eine Fokussierung auf die Lehrersprache spiegelt sich teilweise in verschiedenen Inputhypothesen wider: der Output des *Lehrers* im Unterricht gilt als Input für die *Lerner*. Wenn wir im folgenden über outputbezogene Hypothesen beim Fremdsprachenlernen sprechen, meinen wir natürlich die Sprachproduktion von Lernern. Beide Typen von Hypothesen lassen jedoch Varianten zu, die eher *interaktioneller* Art sind sowie einige weitere Hypothesen, die sowohl Input als auch Output mitberücksichtigen.

1.1 Input-Hypothesen

Die Schwierigkeiten bei einer Input-Hypothese beginnen bereits damit, eine genauere Definition von „Input" zu finden. Wir möchten informell Input als Sprachkontakt verstehen, also fremdsprachlicher Sprachgebrauch, zu dem Lerner Zugang haben. Ellis definiert Input als „Sprache, die von native speakers und anderen L2-Sprachlernern an Lerner gerichtet ist" (Ellis 1985, 127). Offensichtlich ist dies eine eher zweitsprachenerwerbsbezogene Definition, da hiernach Input von Lehrern, die keine native speakers sind, den gleichen Status hat wie Input von anderen Lernern in der Lerngruppe. Im Prinzip könnte dies aus der Lernerperspektive durchaus zutreffen, dennoch ist eine Inputdefinition aus fremdsprachenunterrichtlicher Perspektive, die den Input vom Lehrer nur indirekt erwähnt, immerhin sehr merkwürdig! Nach unserem Verständnis muß Input nicht an den Lerner gerichtet werden. Im Fremdsprachenunterricht gilt ein an einen individuellen Lerner gerichtetes Lehrerfeedback für alle Lerner als Input. Ferner kann man Input z.B. aus dem Radio, dem Fernsehen oder aus Büchern erhalten.

Wenn wir Input als so umfassend verstehen wollen, dann müssen wir zwischen dem wahrgenommenen Input und dem potentiellen Input unterscheiden können. Im Unterricht hören einige Adressaten z.B. überhaupt nicht zu, sie schlafen ein, tun etwas anderes, usw. Wenn in der Literatur über Input gesprochen wird, wird jedoch die Qualität dieser „Aufmerksamkeit" nicht berücksichtigt. Es wird z.B. zwischen *Input* und *Intake* unterschieden, also zwischen dem, was „ankommt" und dem, was „reingeht". Bei einer Lerngruppe in einer Unterrichtsstunde dürfte der Input bei allen Beteiligten vergleichbar sein (die soeben erwähnte minimale Aufmerksamkeit vorausgesetzt), der Intake jedoch ist individuell geprägt.

Eine naive Inputhypothese wäre die Behauptung, daß die Quantität des Inputs den Lernerfolg determiniert. Auf einer individuellen Ebene kann dies nicht zutreffen, wie das Phänomen der Fossilisierung verdeutlicht. Der Begriff impliziert, daß in manchen Fällen trotz weiterer Kontakte mit der Fremdsprache der Grad der Sprachbeherrschung nicht steigt (s. Diskussion in Kapitel 12, 3). Auf einer kollektiven Ebene kann die Hypothese ebenfalls nicht stimmen: Es kann durchaus vorkommen, daß bestimmte Personen nach einem relativ kurzen Aufenthalt in einem fremden Land die Sprache besser beherrschen als andere Landsleute, die bereits zehn Jahre dort gelebt haben und in dieser Zeit viel mehr Input bekommen haben müssen (s. Diskussion in Kapitel 10, 2.4 und die unter 5 erwähnten Zweitsprachenerwerbstheorien in Kapitel 11).

Eine weitere Input-Hypothese besagt, daß die Reihenfolge beim Lernen bzw. Erwerb von Sprachelementen ihrer relativen Häufigkeit im Input entspricht. Diese Hypothese wurde in Kapitel 9, 3 für den Zweitsprachenerwerb diskutiert und insgesamt als nicht zutreffend befunden. Die Hypothese ist in einigen Studien des Fremdsprachenunterrichts ebenfalls untersucht worden (s. zusammenfassend Ellis 1990, 96–99). Es gibt Hinweise, daß sich ein Lerneffekt als (wahrscheinliche) Konsequenz intensiver Lehre erst später zeigen kann und daß eine Fokussierung in der Lehre auf bestimmte grammatische Formen, wie z.B. -ING-Formen im Englischen, zu einer Über- bzw. Unterrepräsentation im betreffenden grammatischen Bereich führen kann. Die hier diskutierte Input-Hypothese bekommt durch diese Studien jedoch keine Unterstützung.

Solche quantitativen Formen einer Input-Hypothese haben also keine klare empirische Grundlage. Aus theoretischer Sicht sind die Hypothesen ohnehin trivial, da sie nichts erklären! Eine qualitative Input-Hypothese wäre hierfür besser geeignet.

Die bekannteste qualitative Input-Hypothese stammt von Krashen (s. z.B. Krashen 1982, 20–21), der sie als Teil einer Theorie des Zweitsprachenerwerbs (bzw. des Fremdsprachenlernens) versteht. Wir werden hier jedoch zuerst seine Input-Hypothese diskutieren, bevor unter 2.1 weitere Aspekte seiner theoretischen Position vorgestellt werden.

Krashen hat seine Input-Hypothese in zahlreichen Veröffentlichungen beschrieben; für Abbildung 14.1 Krashen (1982). Die Hypothese ist in dem Sinne qualitativ, als eine bestimmte Art von Input gefordert wird, nämlich verständliches Input. Einige Erläuterungen zu den in Abbildung 14.1 enthaltenen Zitaten:

1. Der Mensch erwirbt Sprache nur durch das Verstehen von Mitteilungen oder die Aufnahme von „verständlichem Input".
2. Wir lernen durch das Verstehen von Sprache, die Strukturen enthält, die minimal über unserem gegenwärtigen Kompetenzgrad (i+1) liegen. Dies geschieht mit Hilfe des Kontextes oder mit Hilfe von außersprachlichen Informationen.
3. Wenn die Kommunikation erfolgreich verläuft, wenn der Input verstanden wird und wenn er in ausreichender Menge vorhanden ist, wird i+1 automatisch bereitgestellt.
4. Die Fähigkeit zur Sprachproduktion entwickelt sich von selbst. Sie wird nicht direkt gelehrt.

Abbildung 14.1 Krashens Input-Hypothese (Krashen 1982, 20–21)

- Die Hypothese ist deshalb theoretisch interessant, weil nicht nur behauptet wird, daß verständliches Input nötig ist, sondern daß dies (und nur dies) den Spracherwerb verursacht (1.).
- Krashen geht davon aus, daß das Lernen in festgelegten Sequenzen abläuft – er akzeptiert die in Kapitel 9 diskutierte natürliche-Erwerbssequenz-Hypothese (2.).
- Krashen ist der Meinung, daß angepaßtes Input (z.B. Simplifizierungen, wie in Kapitel 13, 3.1 diskutiert) eine wichtige Rolle beim Sprachenlernen haben kann. Zitat 3 besagt aber, daß Lerner selbst aus einem ungefilterten Input das herausfiltern, was sie brauchen. Krashen behauptet, daß *was* und auch *wie* gelernt wird, durch unterrichtliches Input nicht beeinflußt werden kann, die Lernschnelligkeit jedoch schon.

- Sprachlehre spielt offensichtlich für Krashen eine begrenzte Rolle (4.). Grundsätzlich soll der Unterricht durch entsprechende Simplifikationsstrategien geeignetes verständliches Input ermöglichen.

Empirische Belege für diese Hypothese liegen nicht vor. Vermutlich ist die Hypothese gar nicht überprüfbar, insbesondere weil verständliches Input nur durch seine Konsequenzen identifiziert werden kann. Die Frage, wie es z.B. geschehen kann, daß ein traditioneller Grammatikunterricht zu gutem Lernerfolg führen kann, beantwortet Krashen mit dem Hinweis darauf, daß Lerner durch einen solchen Unterricht verständliches Input erhalten können, auch wenn grammatisches Wissen in sich den Lernprozeß nicht fördert. Aus dem Lernerfolg wird also einfach auf den Einsatz von verständlichem Input rückgeschlossen. Die Hypothese ist daher nicht falsifizierbar. Die Argumentation Krashens suggeriert, daß seine Hypothese *konsistent* mit mehreren Ergebnissen der Zweitsprachenerwerbsforschung ist – dem ist in vielen Fällen zuzustimmen. Da Spracherwerb wohl nie ohne verständliches Input auskommt, haben solche Argumente aber keine Aussagekraft. Ferner basiert die Input-Hypothese auf der natürlichen Erwerbssequenz-Hypothese, einer Hypothese, die – wie wir gesehen haben – ebenfalls eine sehr unsichere Basis hat. Auch wenn man der Behauptung „je mehr verständliches Input, desto besser“ zustimmen kann, ist die Input-Hypothese selbst jedoch nicht haltbar.

1.2 Die Bedeutungsaushandlungs-Hypothese („Negotiation of Meaning Hypothesis“)

Die Input-Hypothese Krashens ist intensiv kritisiert worden (s. auch 2.1). Trotzdem hat sie großen Einfluß gehabt, und mehrere Hypothesen, die noch zu diskutieren sind, basieren direkt oder indirekt auf ihr. Dazu gehört die Bedeutungsaushandlungs-Hypothese von Long (s. z.B. Long 1985).

Es gehört zu den Grundannahmen der Diskursanalyse, daß Diskurs bzw. Interaktion ein Aushandlungsprozeß ist (so z.B. Edmondson 1981a). In der Zwischenzeit ist diese Idee in unterschiedlicher Weise auf das Fremdsprachenlernen übertragen worden. In Abbildung 14.2 werden vier Interpretationen des Begriffs „negotiation“ (für den „Aushandlung“ nur eine teilweise adäquate Übersetzung ist) vorgeschlagen, die insofern hierarchisch sind, als die erste Interpretation die zweite mit einschließen kann, die zweite die dritte usw. Das Gegenteil trifft jedoch nicht zu.

1. Das Ergebnis eines Gesprächs wird von Gesprächspartnern mit unterschiedlichen bzw. inkompatiblen Zielen oder Interessen ausgehandelt.
2. Die Bedeutung verschiedener Beiträge zu einem Gespräch wird in den darauffolgenden Beiträgen ausgehandelt.
3. Durch eine explizite Reparatursequenz wird erklärt oder ergänzt, was ein Sprecher mit einem Gesprächsbeitrag gemeint hat.
4. Durch eine explizite Reparatursequenz wird die Bedeutung bzw. der Sinn eines Ausdrucks erklärt oder ergänzt.

Abbildung 14.2 Aushandlungen: vier Interpretationen

In der Diskursanalyse gilt hauptsächlich Interpretation 2 als „negotiation". Bei der Bedeutungsaushandlungs-Hypothese in der Zweitsprachenerwerbsforschung geht es hauptsächlich um die Interpretationen 3 und 4 im Sinne von Abbildung 14.2. Die Grundaussage der Hypothese ist folgende: wenn verständliches Input den Lernprozeß fördert, dann sind unterrichtliche Interaktionssequenzen, durch die das Input verständlicher gemacht wird, lernfördernd und deshalb didaktisch zu empfehlen.

Die Interaktionssequenzen, durch die nach Long (1983a) Bedeutungen ausgehandelt werden, sind durch verschiedene funktionale Kategorien zu identifizieren, wie z.B.

- eine Rückfrage, die um Erklärung bittet („Toll. Was meinen Sie?")
- eine Bestätigung, daß man verstanden hat („War toll, hat Ihnen also Spaß gemacht?")
- Verständnisüberprüfung („Verstehst Du, was ich meine?")
- Selbstwiederholungen, Selbstkorrekturen, Selbstparaphrasen
- Wiederholungen des Gesagten mit Ergänzung, Korrektur, Fortsetzung emotionaler Einstellung usw.

(Es ist offensichtlich, daß sowohl funktional als auch in der sprachlichen Realisierung mehrere dieser Aushandlungsstrategien mit verschiedenen Lehrerfeedback-Möglichkeiten identisch sind – vgl. Kapitel 13, 3.3.)

Die Bedeutungsaushandlungs-Hypothese besagt, daß Interaktionen, in denen solche Sequenzen vorkommen, lernfördernd sind. Die Hypothese ist insofern ein Zusatz zu Krashens Input-Hypothese, als ausgehandeltes verständliches Input (im Vergleich zu der Verwendung eines simplifizierten Registers z.B.) besonders lernfördernd wirken soll. Die Argumentation wird in Abbildung 14.3 graphisch dargestellt.

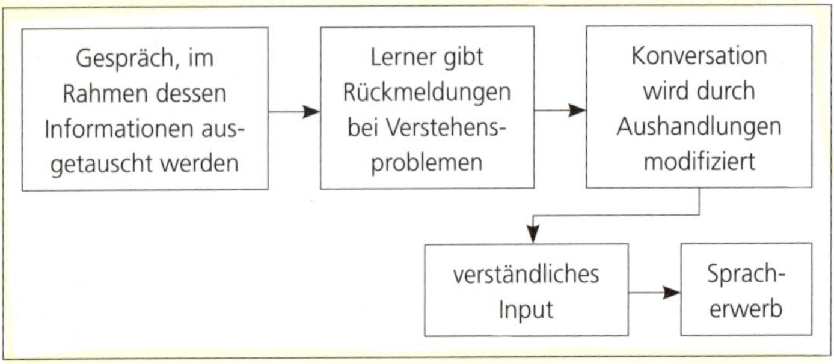

Abbildung 14.3 Aushandlungen und Spracherwerb (nach Long 1983b, 214)

Das Hauptproblem bei Longs Hypothese liegt darin, daß die Input-Hypothese Krashens zwar ergänzt, jedoch grundsätzlich übernommen wird. Da die Input-Hypothese problematisch ist, ist die Hypothese Longs genauso problematisch.

Mehrere Studien haben sich dennoch mit der Aushandlung von Bedeutungen beschäftigt (s. Ellis 1990, 107–116; Pica 1994). Insbesondere wurde der Frage nachgegangen, ob nicht Gruppenarbeit zu mehr Bedeutungsaushandlung führt als Lehrer-Lerner-Gespräche (Frontalunterricht). Einige Studien kamen zu dem unerwarteten Ergebnis, daß Frontalunterricht zu mehr gewünschten Reparatursequenzen führt als Gruppenarbeit, so z.B. Pica und Doughty (1985). Darauf aufbauend hat Pica (1987) eine weitere Studie mit zwei Variablen durchgeführt, erstens der Arbeitsform (Frontalunterricht gegenüber Gruppenarbeit) und zweitens der didaktischen Aufgabe. In ersten Fall ging es um eine Diskussion, durch die eine gemeinsame Entscheidung getroffen werden sollte, im zweiten um eine Aufgabe, in der verschiedene Auskünfte ausgetauscht werden mußten, über die alle Beteiligten nur teilweise verfügten. Die Ergebnisse (s. Abbildung 14.4) haben die Hypothese, daß Gruppenarbeit zu mehr „negotiation of meaning" führt, kaum bestätigt, obwohl sich herausstellte, daß einige Aufgaben mehr Vergewisserungen des Informationsinhalts benötigten als andere (vgl. z.B. die Übermittlung wichtiger Informationen per Telefon).

Aufgabentyp	Sozialform			
	Frontalunterricht		Gruppenarbeit	
	n	%*	n	%
Entscheidungs-diskussion	79	11	23	6
Informations-austausch	127	15	145	24

* Zahl der Aushandlungssequenzen als % der gesamten Gesprächseinheiten – zur Operationalisierung, s. Pica 1987

Abbildung 14.4 Frequenz von Verständigungsstrategien im Unterricht bei zwei Aufgaben/zwei Interaktionsformen

Allerdings liegen, wie gesagt, keine Gründe für die Annahme vor, daß Bedeutungsaushandlung lernfördernd wirkt. Man kann auch bezweifeln, daß informationsüberprüfende Nachfragen oder Bestätigungen, daß verstanden wurde, notwendigerweise Zeichen für die Bereitstellung verständlichen Inputs sind (s. Aston 1986). Die Annahme, daß eine Lehrerfrage der Art „Also, habt Ihr alles verstanden?" verständliches Input verursacht, ist fast ein Witz! Wie alle Menschen tun Lerner häufig aus sozialen oder psychologischen Gründen nur so, als hätten sie verstanden. Ellis (1990, 115) berichtet über die Dissertation von Slimani (1987), der zu dem Schluß kam, daß Lerner, die im Fremdsprachenunterricht selbst um Erklärungen baten, durch den sich daraus ergebenden „verständlichen Input" nicht viel gewonnen hatten.

Insgesamt liegen für die Aushandlungs-Hypothese keine klaren empirischen Beweise vor. Bei dieser Forschungsströmung sind u.E. zwei grundlegende Probleme zu berücksichtigen:

1. Die ursprüngliche Hypothese basiert auf der Annahme, daß verständliches Input den Lernprozeß fördert: Insofern ist die interaktive Aushandlung von Bedeutungen nur ein Mittel zum Zweck. So wurde z.B. in einigen Studien versucht, die Verständlichkeit von Vorträgen in verschiedenen Formen zu überprüfen, und zwar

ohne irgendwelche „negotiation of meaning" (vgl. den Überblick in Chaudron 1986). Es könnte aber auch sein, daß die interaktive Aushandlung selbst lernfördernd wirkt, unabhängig davon, ob bzw. wieviel „verständliches Input" dadurch zustandekommt. Daher hat man Lerneffekte mit „unmodifiziertem", „prämodifiziertem" und „interaktionell-modifiziertem" Input vergleichen wollen. Nur ist der Versuch, Lerner-Reaktionen auf ein Input *vorher* in dieses Input einzubauen, höchst problematisch (Überblick und Kritik in Edmondson 1999a, 186–200).

2. Die Operationalisierung eines kognitiv-interaktionellen Prozesses („negotiation of meaning") mittels der Frequenz des Auftretens verschiedener sprachlicher Ausdrucksformen ist eine Reduktion dieses Wirklichkeitsfeldes.

Intuitiv ist die Hypothese attraktiv, daß Aushandlungsprozesse in der unterrichtlichen Interaktion lernfördernd wirken. Wir sind jedoch der Meinung, daß experimentelle Forschungen nicht dazu geeignet sind, diese Intuition zu überprüfen (vgl. 1.4 unten).

1.3 Output-Hypothesen

Unter Output wird die Sprachproduktion des Lerners in der Zielsprache verstanden. Wir beschränken uns hier auf die mündliche Sprachproduktion. Die soeben diskutierte „Negotiation of meaning"-Hypothese hat insofern eine interaktive Komponente, als bei einigen Reparatursequenzen Lerneroutput mitberücksichtigt wird. Die Hypothese schreibt jedoch der Sprachproduktion keinen direkten Lerneffekt zu.

Es liegen Studien vor, die versucht haben, den Grad der aktiven Teilnahme am Unterricht (z.B. gemessen an der Frequenz des Handhebens) mit dem Lernerfolg zu korrelieren. Hinter solchen Studien versteckt sich eine quantitative Output-Hypothese, also die Hypothese, daß derjenige, der mehr sagt, auch mehr lernt. Seliger (1977) argumentiert, daß Output deshalb für den Lernerfolg entscheidend sein kann, weil die Bereitschaft, die Fremdsprache aktiv zu benutzen, mit der Quantität des fremdsprachlichen Inputs korrelieren müßte. Output dient zur Inputbeschaffung (wenn man z.B. dem Lehrer eine Frage stellt, bekommt man – hoffentlich – eine Antwort). Seligers Output-Hypothese basiert daher wiederum auf einer Input-Hypothese. Seine Studie dokumentiert den Verlauf eines 15-wöchigen Sprachkurses mit sechs (!) ausgewählten Studenten und deren Lernfortschritte während des Kurses. Eine signifikante Korrelation zwischen Output und Lernfortschritt wurde festgestellt. Seliger hat ferner durch Fragebögen Daten über Sprachkontakte außerhalb des Unterrichts gesammelt, und es ergab sich nochmals eine Korrelation zwischen dem Grad des Sprachkontakts und der Lernleistung. Hieraus folgte die Hypothese, daß Output innerhalb und außerhalb des Unterrichts mehr an die Lerner gerichteten Input erbringt und somit zu schnellerem Lernen führt. Seligers Vorgehen in dieser Studie ist jedoch heftig kritisiert worden (s. die Diskussion in Chaudron 1988, 100–103), u.a. von Day (1984). Day hat Seligers Studie zu wiederholen versucht (mit anderen Meßinstrumenten und mit 26 von insgesamt 58 beobachteten Studenten). Er hat keine signifikanten Korrelationen festgestellt.

Aktive Teilnahme im Unterricht korreliert manchmal mit der Motivation der Lerner, und innerhalb der Motivationsforschung sind auch die fremdsprachlichen Kontakte außerhalb des Unterrichts erforscht worden (s. Diskussion in Kapitel 11, 5/6). Ferner haben wir in Kapitel 12, 3.1 gesehen, daß erfolgreiche Lerner aktiv nach Möglichkeiten suchen, die Fremdsprache zu gebrauchen. Die Output-als-Inputquelle-Hypothese scheint jedoch uninteressant zu sein, da zu viele andere Faktoren eine empirische Überprüfung erschweren. Wenn ferner Korrelationen zwischen z.B. Lernerfolg und aktiver Teilnahme im Unterricht festgestellt würden, dann könnte der erste Faktor den zweiten erklären und nicht andersherum.

Swain (1985) hat eine weitere Output-Hypothese vorgelegt. Diese Hypothese impliziert jedoch nicht, daß Output allein oder entscheidend den Spracherwerb bzw. das Sprachenlernen verursacht, sondern eher, daß die Sprachproduktion das Sprachenlernen vorantreibt. Insofern ist sie kompatibel mit Befunden, die in Kapitel 11 und 12 dargestellt worden sind. Swain stellte diese Hypothese aufgrund vieler Ergebnisse aus einem kanadischen Bilingualismus-Projekt auf. Die meisten der in diesem Projekt getesteten Schüler haben jahrelang fremdsprachlichen Input durch schulischen Unterricht in verschiedenen Fächern erhalten. Sie waren jedoch nur in der Lage, eine Art „Unterrichtspidgin" zu sprechen, das für schulinterne Zwecke zwar durchaus adäquat war, jedoch von einer begrenzten Beherrschung des Französischen zeugte. (Collier 1992 zieht Bilanz aus den kanadischen Immersions-Programmen, Swain erklärte diese Befunde mit dem Hinweis auf die geringen Möglichkeiten zur aktiven Verwendung der Fremdsprache im lehrerzentrierten Unterricht. Diese Output-Hypothese besagt nun nicht, daß allein das Sprechen in der Zielsprache den Lernprozeß vorantreibt, sondern daß die Lerner sich beim Sprechen besonders anstrengen müssen, um in einer kommunikativen Situation zu bestehen (vgl. hierzu die Diskussion über Kommunikationsstrategien in Kapitel 12, 3.2). Wir können Krashens Position bzgl. Input paraphrasieren und sagen, daß der Output „i+1" sein muß. Mit anderen Worten: durch den Versuch, sich in der Fremdsprache mit teilweise unsicher beherrschten Sprachmitteln auszudrücken, werden vorhandene Kenntnisse aktiviert, vertieft, neu miteinander in Verbindung gebracht und automatisiert – was das Sprachenlernen fördert. Deutliche empirische Beweise für diese Output-Hypothese liegen aber nicht vor. Einige Studien deuten jedoch darauf hin, daß Lerner grammatisch komplexere und sogar korrekte Äußerungen produzieren, wenn Lehrer dies verlangen (s. Ellis 1990, 117–119). Allerdings beweist dies keineswegs, daß das erzwungene Output das Lernen unterstützt. Daß Lehrer bei der Forderung nach wohlgeformten Äußerungen in der Zielsprache auch das Sprachenlernen und die Kooperationsbereitschaft der Lerner stören können, ist natürlich bekannt (s. z.B. Edmondson 1986). Edmondson (2003a) argumentiert, daß die Argumente, die die Output-Hypothese unterstützen sollten, eher Interaktion in der Fremdsprache unterstützen, als daß sie erwerbsfördernd sind.

1.4 Die Interaktions-Hypothese

Diese Hypothese (s. Allwright 1984a, 1984b) bietet an und für sich keine konkreten Vorschläge für den Fremdsprachenunterricht, ist aber ein konzeptueller Rahmen, in dem Lernprozesse und interaktionelle Züge im Unterricht miteinander verbunden werden können. Die Hypothese basiert auf zwei längst bekannten Befunden: Was gelehrt wird, stimmt nicht notwendigerweise überein mit dem, was gelernt wird. Überdies berichten einzelne Lerner einer Klasse über ganz unterschiedliche Lernerfahrungen, die sie während einunddesselben Unterrichtsgeschehens gemacht haben (vgl. hierzu die *Einzelgänger-Hypothese* – Riemer 1997). Hieraus schließt Allwright, daß die Interaktion im Unterricht einer Sequenz potentieller Lernmomente gleichkommt, von der einzelne Lerner je nach Zielsetzung, Aufmerksamkeit, Lernbereitschaft, Motivation, usw. unterschiedlichen Gebrauch machen können. Eine wichtige Forschungsaufgabe besteht somit in der Suche nach Verbindungen zwischen der beobachtbaren Interaktion im Klassenzimmer und den nicht direkter Beobachtung zugänglichen Lerneffekten, die sich daraus entwickeln. Nach dieser Hypothese ist also die Qualität und die Natur des Fremdsprachenerwerbs im Unterricht von der Qualität und der Natur der Interaktion im Fremdsprachenunterricht abhängig. Aus dieser Perspektive tragen Input und Output nur im Rahmen einer Interaktion zum Spracherwerb bei (Edmondson 1999a, 185; vgl. Knapp-Potthoff 1994).

1.5 Die Hypothese des unterstützten Outputs

Wir haben es hier mit einem interaktiven Phänomen im Unterricht zu tun, durch das Lerner mit Unterstützung des Lehrers (und anderer Lerner) zu einer Äußerung gelangen, die sie allein möglicherweise nicht zustande gebracht hätten, wie aus folgendem Beispiel ersichtlich ist:

Lehrer: Why does he not want to go?
Schüler 1: He not want to go ...
Schüler 2: (flüstert) Doesn't!
Schüler 1: He doesn't want to go ...
Lehrer: cos ...
Schüler 1: cos he tired ...
Lehrer: he's tired?
Schüler 1: Yes, cos he is tired
Lehrer: Yes, I think that's why, okay ...

Solche Äußerungen, die sich aus mehreren Redewechseln ergeben, nennt man „vertikale" Strukturen, wenn der Lerner sofort „He doesn't want to go cos he's tired" gesagt hätte, dann wäre dies eine „horizontale" Struktur gewesen. Scollon (1976) hat für den Erstspracherwerb die Vermutung geäußert, daß vertikale Strukturen die Entwicklung horizontaler Strukturen (d.h. grammatischer Satzstrukturen) fördern. Eine solche Hypothese wird für den Zweitsprachenerwerb ebenfalls diskutiert. Beim ungesteuerten Zweitsprachenerwerb kann es vorkommen, daß Sprecher sich auf solche Unterstützungen durch ihre Gesprächspartner verlassen – dieses Phänomen führt zu einer Fossilierung und hat daher eher negative Auswirkungen auf den

Spracherwerb. Perdue und Klein (1992) untersuchen zum Beispiel zwei erwachsene Lerner und zeigen, daß beide sich am Anfang auf Unterstützung verlassen haben. Während Andrea jedoch innerhalb von ca. 20 Monaten große Fortschritte gemacht hat, hat Santo die Grammatik des Englischen kaum erworben. Faerch (1985) hatte bereits Zweifel geäußert, ob solche Unterstützung im Unterricht immer lernfördernd wirkt. Dies hängt u.a. von individuellen Unterschieden in der Lerngruppe ab.

Innerhalb solcher vertikaler Strukturen kommt es häufig vor, daß Lerner in ihrem Redebeitrag Spracheinheiten von einer Lehreräußerung übernehmen. Diese Strategie kann durchaus zu abweichenden Äußerungen führen (so könnte die erste Äußerung von Schüler 1 oben das Ergebnis dieser Strategie sein), kann aber auch lernfördernd wirken, insbesondere zu Beginn des Fremdsprachenlernens. In diesem Sinne kann die Hypothese des unterstützten Outputs als konsistent mit einer anderen Hypothese angesehen werden – nämlich mit der „Routinen führen zu Grammatik"-Hypothese (s. Diskussion in z.B. Ellis 1985, 167–170; Edmondson 1989; Edmondson 1999a, 235–253). Danach besteht eine fruchtbare Sprachlernstrategie darin, daß zunächst funktionale Ausdrücke der Zielsprache gelernt werden (sog. Routinen). Diese werden dann in der Sprachproduktion kombiniert und variiert, bis der Lerner schließlich eine interne Analyse dieser gelernten Routinen vornimmt und sich dadurch der Grammatik der Zielsprache annähert. Die Hypothese betrifft natürlich nur eine Möglichkeit, wie im Fremdsprachenunterricht gelernt wird. Die Annahme, daß Routinen zur Beherrschung der Grammatik führen, die ebenfalls auch für den Erstsprachenerwerb aufgestellt worden ist, zeigt insofern Ähnlichkeiten mit der Hypothese des unterstützten Outputs, als hierdurch die Inkorporierung von Äußerungsteilen anderer Personen in einer vertikalen Struktur lernfördernd wirken soll.

Die Hypothese, daß Sequenzen, die unterstütztes Output aufweisen, das Lernen fördern, bleibt trotzdem zur Zeit eher eine interessante Spekulation, die differenziert zu betrachten ist. So liegt die Annahme nahe, daß andere Faktoren eine Rolle spielen, z.B. inwiefern der engagierte Lerner in der Lage ist, gleichzeitig die gelieferte Unterstützung kognitiv wahrzunehmen und weiter an der Interaktion teilzunehmen (vgl. 1.8 unten). Ferner ist es durchaus möglich, daß solche Interaktionen hauptsächlich nützliche Lernmomente für die anderen, nicht-aktiv-beteiligten Lerner sind (vgl. 1.7 unten).

1.6 Die Themenkontroll-Hypothese

Wir haben festgestellt (Kapitel 13, 2), daß Lehrer im Fremdsprachenunterricht häufig die Vergabe von Rederechten und Redethemen uneingeschränkt kontrollieren. Demgegenüber ist die These aufgestellt worden (Ellis 1984), daß das Sprachenlernen besser gefördert wird, wenn Lerner selbst über Gesprächsthemen entscheiden und auch darüber, wer wann an dem Gespräch teilnehmen soll. Diese These möchten wir die Themenkontroll-Hypothese nennen. Wir haben in Kapitel 13 bereits ausgeführt, daß wichtige Merkmale der Gesprächsorganisation wie Themenauswahl und Verteilung von Rederechten nicht nur vom Lehrer vorgenommen werden können, wenn im Unterricht der außerunterrichtliche Sprachgebrauch gelernt und geübt werden soll. Die Themenkontroll-Hypothese postuliert darüber hinaus jedoch eine besondere Lernförderung. Es gibt einige Befunde aus dem Erstsprachenerwerb und auch aus dem natürlichen Zweitsprachenerwerb, die mit dieser Hypothese konsistent sind (s. zusammenfassend Ellis 1990, 123). Als Unterstützung zitiert Ellis nochmals die Dissertation von Slimani (1987). Innerhalb einer Unterrichtsbeobachtungsstudie, die durch anschließende Lernerinterviews ergänzt wurde, kam Slimani zu dem Schluß, daß vom Lerner selbst initiierte Themen mit größerer Wahrscheinlichkeit als lernfördernd wahrgenommen werden als lehrerinitiierte Themen (vgl. Slimani 1989). Bei Slimani ging es um Fragen und andere Lernerinitiierungen innerhalb eines vom Lehrer bestimmten Unterrichtsthemas – daher bleibt etwas unklar, was mit der Themenkontroll-Hypothese gemeint ist (vgl. 1.6 unten). Die Zuverlässigkeit subjektiver Daten muß auch hier bedacht werden. Insgesamt jedoch ist die Hypothese, daß lernerinitiierte Themen positive Auswirkungen auf den Lernprozeß haben, konsistent mit weit verbreiteten didaktischen Prinzipien (Lernerzentriertheit statt Lehrerzentriertheit, Lernerunterstützung statt Lernerkontrolle etc. – vgl. die Kommentare zu Flanders interaktionsanalytischem System in Kapitel 13, 1). Unterstützung findet die Hypothese auch in einigen Studien im Bereich der Zweitsprachenerwerbsforschung (für eine Zusammenfassung siehe z.B. Zuengler 1993 und Larsen-Freeman und Long 1991, 120–126), in denen der Einfluß der Themenauswahl und der Natur des Themas auf das Gelingen von Interaktionen zwischen Lernern und native speakers untersucht wird.

1.7 Die „Mithörer"-Hypothese

Die o.g. Arbeit von Slimani (1987) ist im Hinblick auf eine weitere Hypothese relevant. Slimani hat festgestellt, daß Initiierungen und Themenkontrollen durch andere Lerner als wichtige Lernmomente eingeschätzt wurden. Lerner waren demnach der Meinung, daß sie mehr von Beiträgen *anderer* Lerner in der Klasse lernen als durch eigene Beiträge und die Lehrerreaktionen hierauf. Daher möchten wir eine „Mithörer"-Hypothese postulieren (vgl. Allwright 1984a), die besagt, daß im Fremdsprachenunterricht die aktive Teilnahme anderer Lerner eine wichtige Lernmöglichkeit ist. Diese These wurde bereits unter 1.1 antizipiert, wo nach einer Definition von Input gesucht wurde. Edmondson (1985) hat durch das Konzept sog. koexistierender Diskurswelten eine diskursanalytische Betrachtung des Fremdsprachenunterrichts vorgelegt, die Interaktionen zwischen Lehrer und individuellen Lernern als indirekte Interaktionen zwischen Lehrer und der gesamten Lerngruppe analysiert.

Der empirische Befund Slimanis lag schon 1982 vor, als Raabe in einer Serie von Aufsätzen zum Thema Lernerfragen (z.B. Raabe 1982a, 1982b) durch Lernerbefragungen während des und nach dem Unterricht(s) ebenfalls festgestellt hatte, daß Lerner die Frage-Antwort-Sequenzen, die von anderen Lernern initiiert wurden, als wichtiger für ihren eigenen Lernerfolg einschätzten, als Fragen, die sie selbst initiierten. Die „Mithörer"-Hypothese scheint daher eine wichtige Ergänzung zu verschiedenen Input- bzw. Output-Hypothesen zu sein.

1.8 Die Intake-versus-Selbstkorrektur-Hypothese

In Edmondson (1993) wird argumentiert, daß der Zwang zu ‚korrekter" Sprachproduktion, z.B. bei Reparatur-Sequenzen im Fremdsprachenunterricht, kontraproduktiv sein kann, da der sofortige Gebrauch neu gewonnener Kenntnisse eine kognitive Herausforderung ist, die die Wahrnehmung und Speicherung der neu gewonnenen sprachlichen Kenntnisse ausschließt. In diesem Sinne sind unter dem kommunikativen Druck der Selbstkorrektur im Unterricht Intake und Output *Alternativen*: Die Performanz schließt das Lernen aus. Hiermit ist eine mögliche kognitive Interpretation der Mithörer-Hypothese gegeben, da ein Mithörer nicht unter dem Zwang steht, die neu eingeführten Kenntnisse sofort in der sprachlichen Performanz umzusetzen. Andererseits scheint diese neue Hypothese eher im Widerspruch zu der Hypothese des unterstützten Outputs zu stehen. Diese Behauptung ist jedoch nicht zutreffend, da eine Unterstützung nicht mit einer Aufforderung zur Selbstkorrektur gleichzusetzen ist. Ebenso gilt, daß eine differenzierte Form der Output-Hypothese durchaus kompatibel mit der Hypothese ist, daß die Aufforderung, eine bestimmte Form von Output unter bestimmten Bedingungen zu realisieren, eher lernhemmend wirken kann.

An dieser Stelle wäre eine weitere lerntheoretische Hypothese zu erwähnen, die das Konzept einer kognitiven Überlastung im Rahmen der Intake-versus-Selbstkorrektur-Hypothese unterstützt. Die „Aufmerksamkeits"-Hypothese besagt, daß eine bestimmte Art kognitiver Aufmerksamkeit eine Voraussetzung für die Aufnahme neuer Merkmale der Zielsprache ist. Die Hypothese gilt jedoch sicherlich nicht für *alle* Aspekte einer Fremdsprache. Die empirische Grundlage dieser Hypothese wird in Schmidt und Frota (1986) dargestellt (s. auch Schmidt 1990). Hieraus ergibt sich, daß die benötigte fokussierte Aufmerksamkeit durch bestimmte, vom Lehrer geforderte Performanzen gehemmt bzw. unterbunden werden kann. Die These Schmidt und Frotas ist ebenfalls mit einer Ergänzung der These konsistent, daß unterstützter Output lernfördernd wirkt, und zwar in dem Sinne, daß indirektes korrektives Feedback – z.B. durch Wiederholungen mit steigender Intonation (sog. „Confirmation checks") – keinen Lerneffekt hat, wenn diese Reaktion nicht als Reparatur-Initiierung erkannt wird, wenn also der Lerner nicht zur Kenntnis nimmt, daß die Lehrerformulierung in kritischen Punkten von seiner eigenen abweicht.

Die „Aufmerksamkeits"-Hypothese stellt eine indirekte Begründung für explizite Fehlerbehandlung oder explizite Grammatikvermittlung aber auch für die explizite Vermittlung pragmatischen Wissens (vgl. House 1996b) dar, da hierdurch eine fokussierte Aufmerksamkeit gefordert wird. Dieser Frage wird nun im folgenden Kapitel nachgegangen.

2 Zur Rolle grammatischen Wissens beim Fremdsprachenlernen: Theorien

Die acht bisher beschriebenen Hypothesen haben unterschiedliche empirische Unterstützung erfahren; keine der Hypothesen allein kann als Erklärung des Fremdsprachenlernens gelten. Möglicherweise sind mehrere dieser Hypothesen miteinander kompatibel, insbesondere müssen aus interaktiver Sicht notwendigerweise sowohl Input- als auch Output-Perspektiven berücksichtigt werden. Im folgenden wollen wir uns ausgewählten Theorien zuwenden, die den Anspruch erheben, Aspekte des Fremdsprachenlernens systematisch zu erhellen, und die insbesondere beantworten wollen, welche Rolle grammatisches Wissen beim Fremdsprachenlernen spielt. Diese Frage ist seit Jahrhunderten diskutiert worden, und verschiedene Positionen haben zu verschiedenen Vermittlungsmethoden geführt (vgl. Kapitel 7).

Das Wort „Grammatik" hat mindestens zwei Bedeutungen:

(i) Jeder, der eine Sprache beherrscht, hat das System der Sprache verinnerlicht. Dieses grammatische Wissen ist normalerweise unbewußt. Chomsky z.B. benutzt den Begriff „Grammatik" in diesem Sinne (vgl. Kapitel 5, 2.2.1 und Kapitel 8, 1), wenn er behauptet, daß ein Kind eine Grammatik erwirbt. Wir können diesbezüglich informell von einer „internalisierten" Grammatik sprechen.

(ii) Zweitens kann mit dem Ausdruck „Grammatik" das abstrakte Regelsystem einer bestimmten Sprache bezeichnet werden. Die Linguistik beschäftigt sich mit der Beschreibung einer solchen Grammatik – eine „externalisierte" Grammatik dieser Art kann in einem Buch (teilweise) festgelegt und beschrieben werden. Dann haben wir es mit einer expliziten (festgelegten und externalisierten) Grammatik zu tun.

Spricht man von der Rolle der Grammatik im Fremdsprachenunterricht, meint man für gewöhnlich die Rolle expliziter Kenntnisse der Regularitäten der Zielsprache bei der Sprachentwicklung. Solche Kenntnisse können natürlich aus einer „Buch-Grammatik", aber auch auf andere Art und Weise erworben werden. Die entscheidende Frage ist also, ob und wie explizite grammatische Kenntnisse im Sinne von (ii) eine Hilfe für den Erwerb einer internalisierten „Grammatik" der Sprache im Sinne von (i) sind. Diese Fragestellung ist eine psycholinguistische.

Die bereits erwähnte Theorie Krashens nimmt hierzu eine klare Position ein und wird in 2.1 dargestellt. Einige Gegenpositionen folgen in 2.2. Hier wird u.a. ein Modell der kognitiven Verarbeitungsprozesse beim Fremdsprachenlernen vorgestellt, das Hypothesen zur Rolle der Grammatik beim Fremdsprachenlernen beinhaltet.

2.1 Die Monitortheorie

Die Theorie Krashens umfaßt fünf Hypothesen, wie in Abbildung 14.5 dargestellt. Der Begriff „Monitortheorie" (vgl. Hypothese 3 in Abbildung 14.5) wird von Krashen selbst heute nicht mehr verwendet, da er inzwischen die später entwickelte Input-Hypothese als zumindest ebenso zentral für seine Theorie betrachtet. Wir werden hier trotzdem die Bezeichnung „Monitortheorie" als Hinweis für das gesamte Paket benutzen, weil wir die Frage des Stellenwerts expliziten Sprachwissens beim Sprachenlernen als von zentraler Bedeutung für die unterrichtliche Steuerung ansehen.

1. Die Spracherwerbs-/Sprachlernen-Hypothese:
   Erwachsene verfügen über zwei unterschiedliche und getrennte Methoden, Kompetenz in einer L2 zu entwickeln.
2. Die Natürliche-Erwerbssequenz-Hypothese:
   Der Erwerb grammatischer Strukturen folgt einer vorhersehbaren Sequenz.
3. Die Monitor-Hypothese:
   Sprachlernen hat nur eine Funktion, als Überwacher oder Monitor.
4. Die Input-Hypotheses:
   Der Spracherwerb erfolgt nur durch einen Prozeß und zwar durch das Verstehen von Information, d.h. durch verständliches Input.
5. Die Affektive-Filter-Hypothese:
   Affektive Faktoren können eine negative Rolle beim Spracherwerb spielen.

Abbildung 14.5 Die fünf Hypothesen Krashens (s. z.B. Krashen 1982, 10–32)

Zunächst fällt auf, daß sowohl die gesteuerte als auch die ungesteuerte Sprachentwicklung durch diese Hypothesen angesprochen werden. Einige dieser Hypothesen haben wir bereits diskutiert. Auf sie wollen wir jetzt wieder Bezug nehmen.

Die in der ersten Hypothese getroffene Unterscheidung ist schon in Kapitel 1, 2.2 angesprochen worden. Bei Krashens Hypothese stellen wir fest, daß die Unterscheidung eine psycholinguistische ist, die explizit für *Erwachsene* gilt. Wir dürfen annehmen, daß sehr junge Personen eher durch Erwerbs- als durch Lernprozesse Kenntnisse erlangen (vgl. Felix' Hypothese der Konkurrierenden Kognitiven Systeme – in Kapitel 9, 3.1).

Die zweite Annahme in Abbildung 14.5 ist in Kapitel 9 ausführlich diskutiert worden. Krashens Formulierung ist eine sehr starke Form der Hypothese – alle strukturellen Aspekte der Grammatik werden angesprochen, die natürliche Erwerbssequenz ist ferner vorhersehbar. In Kapitel 9 kamen wir jedoch zu dem Schluß, daß in dieser Formulierung die Hypothese nicht stimmen kann.

Hypothese 1 postuliert zwei Lernersysteme – das erworbene und das erlernte –, die getrennt funktionieren; ihre verschiedenen Funktionen sind in Abbildung 14.6 wiedergegeben. Die Monitor-Hypothese schreibt der Internalisierung durch Sprachlernen (im Sinne der Hypothese 1) eine sehr begrenzte Rolle zu. Der Impuls zur Sprachproduktion geht von dem erworbenen System aus, das Gelernte kann nur das Ergebnis entweder vor oder während des Produktionsprozesses modifizieren. Krashen behauptet ferner, daß drei Bedingungen zutreffen müssen, bevor der Monitor „eingeschaltet" werden kann. Erstens wird Zeit benötigt, zweitens muß eine bestimmte Konzentration auf die sprachliche Form statt auf den Inhalt vorliegen, und drittens (eine ziemlich triviale Bedingung) muß die Regel bekannt sein. Die Tatsache, daß man häufig beim Durchlesen der ersten Fassung von etwas Geschriebenem mehrere „Fehler" entdeckt, die dann korrigiert werden können, ist eine informelle Bestätigung der Hypothese, daß die Bedingungen 1 und 2 relevant sind.

Wir stellen fest, daß das Gelernte *nur* als Monitor fungiert und zwar bei der Sprachproduktion. Laut Krashen stimmt es also nicht, daß das mit der Zeit Erlernte (z.B. durch entsprechende didaktische Übungen) als „erworben" betrachtet werden kann. Das bedeutet z.B., daß grammatische Regeln nicht mit der Zeit „internalisiert" werden und die Sprachproduktion automatisch steuern (Krashen 1982, 83). Die Monitor-Hypothese ist deshalb besonders interessant, weil sie mindestens zweihundert Jahren Erfahrung und Überzeugungen widerspricht.

Die vierte Hypothese Krashens – die Input-Hypothese – ist in 1.1 oben diskutiert worden. Wenn verständliches Input allein den Spracherwerb verursacht, dann müßte man sich fragen, weshalb sich unter ähnlichen Inputbedingungen (z.B. bei Schülern derselben Klasse) nicht der gleiche Lernerfolg ergibt. Die Antwort Krashens ist in seiner fünften Hypothese zu finden: der Affektiven-Filter-Hypothese. Diese Hypothese besagt, daß Lerner aus verschiedenen affektiven Gründen (Ängstlichkeit, niedrige Motivation usw.) vorhandenes Input nicht nutzen. Ein „Filter" wird zwischen dem Input und dem Spracherwerbsmechanismus eingesetzt (vgl. Abbildung 14.6). Je höher der Filter, desto weniger Input erreicht den Lerner; dies müßte also heißen, daß aus dem Input weniger Intake resultiert.

Es muß aber betont werden, daß das Postulat eines affektiven Filters kaum den verschiedenen in Kapitel 11 diskutierten Forschungsströmungen Rechnung trägt. Das Postulat ist unspezifisch und somit unüberprüfbar. Ferner wird deutlich, daß der Filter nur negative Auswirkungen haben kann – dies heißt aber, daß für Krashen affektive Faktoren zu keinem besonders positiven Lernerfolg führen können. Eine weitere Frage lautet, weshalb der Filter genau zwischen Input und Intake loziert ist. Es ergibt sich also die Frage, ob nicht auch der Zugang zu erworbenem bzw. erlerntem Wissen oder die Funktionsfähigkeit des Spracherwerbsmechanismus durch affektive Hemmungen beeinflußt werden kann. Außerdem können affektive Faktoren die Sprach*produktion* deutlich beeinflussen.

Zusammenfassend lassen sich alle fünf Hypothesen Krashens stark kritisieren. Zentrale Begriffe bleiben unklar: „verständliches Input", „affektiver Filter". Zentrale Fragen werden nicht angesprochen: Wie wird „gelernt"? Wie wird Input überhaupt verstanden? (In Abbildung 14.6 geht der Input zuerst zum „Language Acquisition Device" und dann zum erworbenen Sprachsystem – d.h. zuerst wird „erworben" und danach interpretiert!) Die inneren Widersprüchlichkeiten der Theorie und die Unüberprüfbarkeit der Hypothesen sind weitere Hauptschwächen des Ansatzes (für eine detaillierte Kritik s. z.B. Gregg 1984).

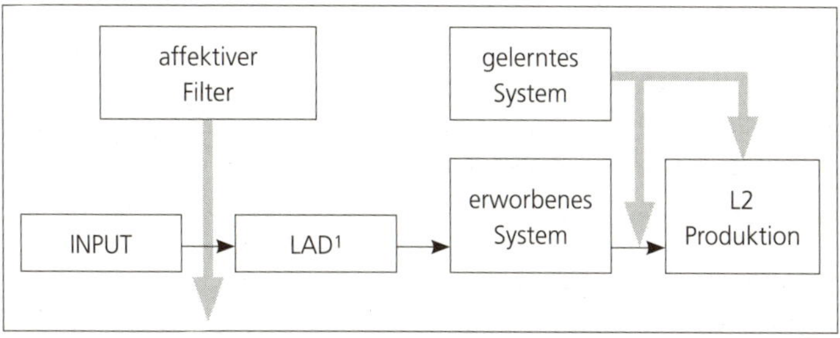

[1] „Language Acquisition Device", d.h. biologisch vorgegebene Spracherwerbsstrategien oder Fähigkeiten (s. Kapitel 8, 1).

Abbildung 14.6 Das Monitormodell (nach Krashen 1982, 16/32)

Dennoch ist diese Theorie sehr einflußreich gewesen und hat zu kontroversen Diskussionen und intensiver empirischer Forschung geführt. Auch wenn einige der Hypothesen Krashens auf einer sehr allgemeinen Ebene wahrscheinlich „richtig" sind (die Behauptung, daß verständliches Input durchaus wichtig für den Spracherwerb ist), sind sie in dieser Allgemeinheit letztlich trivial.

Krashen hat in verschiedenen Veröffentlichungen versucht, didaktische Konsequenzen aus seiner Theorie zu ziehen (z.B. Dulay, Burt und Krashen 1982; Krashen und Terrell 1983). Aus seinen fünf Hypothesen kann man allgemein den Schluß ziehen, daß Fremdsprachenunterricht so gestaltet werden sollte, daß „High Input" zusammen mit „Low Filter" ermöglicht wird. Solche Forderungen sind in den in Abbildung 14.7 wiedergegebenen Empfehlungen von Dulay, Burt und Krashen an praktizierende Lehrer konkretisiert worden:

Diese didaktischen Vorschläge sind allerdings keineswegs neu, im Gegenteil: alle sind in verschiedenen, teilweise sehr alten Lehrmethoden empfohlen worden. Neu ist lediglich die Begründung in Empfehlung 9 in dem Sinne, daß sie auf der Hypothese einer natürlichen Erwerbssequenz basiert (selbstverständlich haben Lehrer ihren Unterricht immer auf dem Prinzip der relativen Lernbarkeit verschiedener Strukturen aufgebaut). Ferner sind alle Prinzipien in der Fachliteratur in der Zwischenzeit viel differenzierter diskutiert worden. Dabei sind z.B. folgende Fragen gestellt und (manchmal!) beantwortet worden:

- Was heißt „natürliche Kommunikation" bei 1? Wie ist 1 mit 5 kompatibel?
- Wie können abstrakte Konzepte semantisiert werden (vgl. 3), insbesondere wenn Empfehlung 10 befolgt wird?
- Wie sollen Empfehlungen 4, 6 und 7 erreicht werden? Was ist zu tun, wenn verschiedene didaktische Mittel nur bei bestimmten Schülern der Klasse funktionieren? Sind diese 3 Empfehlungen mit Empfehlung 1 kompatibel?

Die in Abbildung 14.7 aufgelisteten Empfehlungen sind sehr allgemein gehalten und scheinen daher durchaus vernünftig zu sein. Ob es sinnvoll ist, solche Empfehlungen als Forschungsergebnisse darzustellen, ist jedoch eine andere Frage. So hat u.a. Brumfit (z.B. in Brumfit 1992) Krashen stark dafür kritisiert, daß er didaktische Meinungen so darstellt und verbreitet, als seien sie Ergebnisse sorgfältiger Forschung. In Kapitel 3 haben wir betont, daß der Weg von empirischen

Forschungen zu didaktischen Empfehlungen kein einfacher ist. Dies ist auch in der Literatur mehrmals betont worden. Lightbown (1985) gibt z.B. einen Überblick über Empfehlungen für den Fremdsprachenunterricht, die auf Ergebnissen der Zweitsprachenerwerbsforschung basieren. Sie kommt zu dem Schluß, daß diese Empfehlungen

- voreilig waren
- auf Forschungen von sehr enger Reichweite basierten
- auf einer Überinterpretation der Daten beruhten
- sich in hohem Maße auf Intuitionen stützten.

1. Verschaffen Sie den Lernern den größtmöglichen Kontakt mit natürlicher Kommunikation.
2. Beginnen Sie den Kurs mit einer Periode des Schweigens.
3. Verwenden Sie konkrete Bezugsobjekte, um Anfängern neue Ausdrücke verständlich zu machen.
4. Entwickeln Sie Strategien, damit die Lerner sich entspannen.
5. Planen Sie einige Zeit für formalen Grammatikunterricht bei Erwachsenen ein.
6. Finden Sie heraus, wie Ihre Lerner zu motivieren sind und integrieren Sie dieses Wissen in Ihren Unterricht.
7. Schaffen Sie ein Lernklima, in dem Fehler nicht zu Unsicherheiten der Lerner führen.
8. Wenn Sie mit Dialogen arbeiten, bauen Sie sozial nützliche und gebräuchliche Routinen ein.
9. Bestimmte Strukturen werden tendenziell eher gelernt als andere. Erwarten Sie nicht von Lernern, daß sie „spätere Strukturen" früh erwerben.
10. Beziehen Sie sich nicht auf die Muttersprache der Lerner, wenn Sie eine Fremdsprache unterrichten.

Abbildung 14.7 Empfehlungen für das Fremdsprachenlehren (nach Dulay, Burt und Krashen 1982, 263–269)

2.2 Alternativen zur Monitortheorie: explizites und implizites Sprachwissen

Im Zusammenhang mit der Monitor-Hypothese möchten wir jetzt der Frage nachgehen, ob das „Erlernte" im Sinne Krashens nicht zum

„erworbenen" System werden kann, bzw. ob es nicht doch direkt bei der Sprachproduktion mitwirkt. Vorläufig wird die Unterscheidung „erlernt"/„erworben" gleichgesetzt mit der Unterscheidung zwischen explizitem Wissen und implizitem Wissen. Explizites Wissen über die Fremdsprache kann u.a. durch Grammatikunterricht erlernt (oder zumindest gelehrt) werden.

Die Frage, die hier weiter diskutiert werden soll, lautet also: Welche Rolle spielt die Grammatik der Fremdsprache bei der Sprachentwicklung? Krashens Antwort ist klar: Auch wenn der Verstehensprozeß durch grammatisches Wissen gefördert werden kann, kann Grammatik nur (unter bestimmten Bedingungen) für die Selbstkorrektur bei der Sprachproduktion eingesetzt werden. Wie bereits angedeutet, sind viele Lehrer und Wissenschaftler anderer Meinung. Bei dieser Diskussion muß die Tatsache berücksichtigt werden, daß viele Lerner – insbesondere Erwachsene – häufig explizites Wissen beim Fremdsprachenunterricht ausdrücklich verlangen (s. z.B. House und Kasper 1981) – auch wenn diese Forderung als solche natürlich noch nicht den lerntheoretischen Sinn expliziten Wissens belegt.

Für Krashen ist das Gegenteil von Grammatikunterricht natürliche Kommunikation, durch die verständliches Input zur Verfügung gestellt wird. Diese implizite Opposition ist aber nicht zwingend. Ohne theoretische Vorkenntnisse würde man es sicherlich seltsam finden, wenn im Unterricht nicht über den Unterrichtsinhalt gesprochen wird. Die Annahme, daß solche Gespräche eine Art „unnatürliche" Kommunikation darstellen, ist ebenfalls seltsam. Wie bei allen fremdsprachlichen Inhalten kann die Grammatik bestimmt sehr steril und langweilig präsentiert werden. Das gleiche gilt jedoch für alle Gesprächsthemen. Mit anderen Worten, der Annahme, daß „natürliche" Kommunikation und Diskussionen über die Fremdsprache zwei extreme Gegensätze sind, muß nicht zugestimmt werden.

Mitchell, Parkinson und Johnstone (1981) haben in Schottland eine breit angelegte Untersuchung zur Fremdsprachenvermittlung durchgeführt und hierzu verschiedene Datenquellen benutzt – u.a. Unterrichtsbeobachtungen, Tests und Lernerinterviews. Sie kamen zu dem Schluß, daß in allen untersuchten Schulen zwei Faktoren am deutlichsten mit dem Grad des Lernerfolgs korrelierten, nämlich die Verwendung einer Metasprache im Unterricht (d.h. Reden über die Sprache) und die Möglichkeiten zur Kommunikation, die im Unterricht gegeben waren. Im Rahmen der Theorie Krashens scheint dieses Ergebnis ein Widerspruch zu sein: genau deshalb ist der Befund interessant.

Es ist ferner interessant, daß uns trotz zahlreicher Studien im Gefolge von Krashen keine Arbeit bekannt ist, in der der Monitor-Hypothese unbegrenzt zugestimmt wird. Im Gegenteil, es liegen zahlreiche Arbeiten vor, in denen (u.a.) die Monitor-Hypothese widerlegt wird – auch von Zweitsprachenerwerbsforschern, die vergleichbare Modelle entwickelt haben. Auf solche Modelle wird im folgenden zunächst eingegangen. Danach wird ein tentatives kognitives Modell entwickelt, das die Natur der Zusammenwirkung von „Erlerntem" und „Erworbenem" zu erhellen versucht. Für die sich anschließende Diskussion werden wir die Terminologie der Spracherwerbs-/Sprachlern-Hypothese benutzen, ohne daß wir dabei die Hypothese selbst übernehmen.

Stevick (1980) äußert sich zunächst in seinem Aufsatz über die Entwicklung seiner „Levertov Machine", die grundsätzlich ein auf Lehrerfahrungen basiertes Sprachlernmodell ist, sehr positiv über Krashens Theorie. So hat das Monitormodell für ihn viele Beobachtungen und Erfahrungen integriert, für die er vorher keine Erklärung finden konnte (Stevick 1980, 28). Im Rahmen des fertiggestellten Modells ist jedoch sowohl die Möglichkeit vorgesehen, daß formaler Unterricht das erworbene System im Sinne Krashens aufbaut, als auch die Möglichkeit einer gegenseitigen Beeinflussung des erworbenen und des erlernten Wissens. Stevick ist ferner der Ansicht, daß das erlernte System in das erworbene System „durchsickern" kann und daß dies aus didaktischer Perspektive auch sehr wichtig ist (Stevick 1980, 33–34). Der Monitor-Hypothese wird also in der Tat widersprochen.

Ein ähnlicher Informationsfluß zwischen erworbenem und erlerntem Wissen wird in einem Modell von Bialystok (1978) berücksichtigt (vgl. Abbildung 14.8).

Zur Erläuterung des Modells: Die mit einer Doppellinie aufgezeigten Verbindungen sind mit Krashens Hypothesen vereinbar, d.h. Input führt entweder zu einem Zuwachs an Weltwissen, an explizitem oder an implizitem Sprachwissen, wobei für die Sprachproduktion die letzte Wissensquelle besonders wichtig ist. Die in Abbildung 14.8 weniger stark markierten Verbindungen stellen für Bialystok *mögliche* Verbindungen dar. So kann man z.B. explizites Wissen durch „formale", implizites Wissen durch „funktionale" Sprachübungen fördern.

Weltwissen und implizites Sprachwissen können durch Inferenzen zum Aufbau expliziten Wissens führen. Ferner kann – und hier wird der Monitor-Theorie widersprochen – explizites Wissen durch formale Sprachübungen in implizites Wissen umgewandelt werden. Wir sehen also eine vielseitige Interaktion zwischen kognitiven Verarbeitungsprozessen, vorhandenem Wissen verschiedener Herkunft und verschiedenen Formen des Sprachkontakts (vgl. auch z.B. Sharwood Smith 1981).

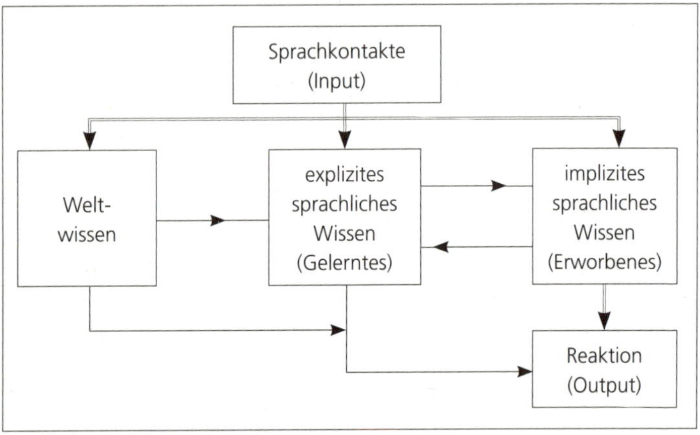

Abbildung 14.8 Ein Modell des Zweitsprachenerwerbs (nach Bialystok 1978)

Innerhalb der Theorie Krashens gibt es keine Verbindung zwischen „erworbenem" (d.h. explizitem) und „gelerntem" (implizitem) Wissen. Bei Bialystok ist eine Verbindung zwischen diesen beiden Wissensquellen im Prinzip möglich, vor allem kann explizites aus implizitem Wissen gewonnen werden. Sharwood Smith (1981) argumentiert weiter, daß implizites aus explizitem Wissen unter bestimmten Umständen auch ‚erworben' werden kann; daher ist sog. „consciousness-raising" eine wichtige didaktische Aufgabe. Rod Ellis (s. z.B. Ellis 1997, 2002) entwickelt eine schwache Version der sog. Interface-Position von Sharwood Smith. Explizites Wissen über die Systematik der Zielsprache kann zwar nicht direkt in implizites Wissen umgewandelt werden, (und in der Tat ist ganz unklar, wie dies passieren sollte), hat jedoch zwei wichtige erwerbsunterstützende Rollen. Durch Monitoring kann die eigene Sprachbearbeitung verbessert werden und durch explizite Sprachkenntnisse wird weiterhin noch nicht erworbenen Aspekten der Zielsprache bei einer Begegnung mehr Aufmerksamkeit geschenkt. Aufmerksamkeit wird für viele Forscher und Psychologen als Voraussetzung für den Spracherwerb betrachtet (vgl. die sog. „Noticing-Hypothesis“ von Schmidt/Frota 1986. Diskussion u.a. in Rosa/O'Neill 1999, Edmondson 2002b).

Bialystok, Sharwood Smith und Ellis arbeiten innerhalb eines Informationsverarbeitungskonzepts des Sprachenlernens und der Sprachverwendung, d.h. auf der Basis der Annahme, daß Sprache genauso wie anderes Wissen im Gehirn verarbeitet wird (s. einführend z.B. McLaughlin, Rossman und McLeod 1983; Kapitel 6 in McLaughlin 1987). Wir wollen nun zum Abschluss dieses Abschnittes ein Informationsverarbeitungsmodell entwickeln, das insbesondere auf die Rolle expliziten grammatischen Wissens eingeht.

Bei dem Versuch, Sprachverarbeitungsprozesse zu analysieren, benutzen verschiedene Autoren, auf deren Arbeiten wir uns im folgenden stützen, die gleichen oder ähnliche Begriffe mit unterschiedlichen Interpretationen. Hierdurch können leicht Verwirrungen entstehen. Wir möchten daher betonen, daß im folgenden Kernbegriffe benutzt werden, für die es in der Fachliteratur mehrere andere Interpretationen gibt.

Man kann eine Bibliothek als Metapher für die allgemeine Sprachverarbeitung nehmen. Nach dieser Metapher hat jeder von uns seine eigene „Bibliothek“ im Kopf. Was nun die Sprachleistung auf der Basis unserer „Bibliotheken“ betrifft, so sind vier Fragen besonders relevant:

(i) Sind die benötigten bzw. gesuchten Bücher überhaupt vorhanden?
(ii) Hat der Inhaber der Bibliothek die vorhandenen Bücher wirklich gelesen und verstanden?
(iii) Kann man die Bücher durch Querverweise, Mehrfachkatalogisierung und vernünftige Organisation miteinander vergleichen und z.B. für ein Referatsthema leicht zusammenstellen?
(iv) Sind die Bücher leicht auffindbar? Wie lange braucht man, um einen gesuchten Text zu finden?

Bei der Interpretation dieser vier Fragen zur Sprachverarbeitung muß zunächst eine grundsätzliche Unterscheidung gemacht werden zwischen den Inhalten der Bücher und den Möglichkeiten, dieses Wissen auch abzurufen, d.h. zwischen Sprachwissen und den Prozessen, durch die dieses Wissen aktiviert und verwendet werden kann. Diese Unterscheidung ist schon innerhalb unserer Diskussion des Kompetenz/Kontrolle-Modells von Sharwood Smith getroffen worden (Kapitel 12, 2.2.3). Wir werden daher im folgenden zwischen *deklarativem* und *prozedurellem* Wissen unterscheiden (s. z.B. Anderson 1982).

Was bei der obigen metaphorischen Einführung noch nicht erwähnt wurde, ist die zentrale Unterscheidung zwischen explizitem und implizitem Wissen (diese Unterscheidung läßt sich leider nicht leicht in die Bibliotheksmetapher einbauen). Diese zusätzliche Variable können wir [+/– explizit] nennen. Für Krashen ist explizites Wissen erlernt, implizites Wissen erworben. Mit diesem Zusatz sollen nun die vier obigen ‚bibliothekarischen' Fragen näher erläutert werden:

ad (i) Hier geht es darum, ob deklaratives Wissen überhaupt gespeichert ist. Deklaratives Wissen kann explizit oder implizit sein. Ferner können beide Wissenstypen vorhanden sein.

ad (ii) Die zweite Variable möchten wir [+/– analysiert] nennen. Unanalysiertes Wissen ist vorhanden, wenn die Bücher nicht gelesen und verstanden worden sind. Analysiertes Wissen kann umstrukturiert und mit anderem bereits vorhandenen Wissen koordiniert werden. Der interne Prozeß, durch den nichtanalysiertes Wissen [+ analysiert] wird, muß *nicht* bewußt durchgeführt werden. Eine Routine kann z.B. nichtanalysiert gespeichert und benutzt werden. Die in 1.4 oben erwähnte „Routinen führen zu Grammatik"-Hypothese sieht vor, daß aus diesem nichtanalysierten Wissen grammatische Kenntnisse gewonnen werden können. Die internen Verarbeitungsprozesse, durch die dies zustande kommt, sind in unserer Terminologie analytischer Art; durch interne Verarbeitung kann demnach aus nichtanalysiertem Wissen neues analysiertes Wissen entstehen. Ein zweites Beispiel: eine aus einem Lehrwerk entnommene Grammatikregel wird zuerst nichtanalysiert aufgenommen und in dieser Form von begrenztem Nutzen beim Sprachverstehen bzw. bei der Sprachproduktion sein. Die Umwandlung zu analysiertem Wissen bedeutet jedoch (wenn wir die folgende dritte und vierte Variable im Moment außer acht lassen), daß der Inhaber der Bibliothek von diesem analysierten Regelwissen viel aktiver

Gebrauch machen kann, als die Monitor-Theorie dies zuläßt.

ad (iii) Die dritte Variable nennen wir [+/– integriert] (vgl. Edmondson 1987; 1990). Auch wenn Wissen analysiert worden ist, ist es dadurch nicht notwendigerweise auch für verschiedene Aufgaben in verschiedenen Kontexten potentiell verfügbar. Das Sprachwissen muß auch mit anderen kognitiven Systemen (z.B. mit sozialem und pragmatischem Wissen) in Verbindung gebracht werden. Es ist z.B. seit langem bekannt, daß Fremdsprachenlerner manchmal durchaus in der Lage sind, im Unterricht ihr Sprachkönnen nachzuweisen, es jedoch nicht auf außerunterrichtliche Kontexte übertragen können (freilich können außer der Variablen [+/– integriert] auch andere Gründe hierfür mit verantwortlich sein).

ad (iv) Die vierte Variable nennen wir [+/– automatisiert]. Diese Variable bezieht sich auf die prozedurelle Perspektive der Sprachverarbeitung, also auf die Frage, welche Anstrengungen notwendig sind, um relevantes Wissen aufzufinden. Bei nichtautomatisiertem Wissen braucht man Konzentration und etwas Zeit, um zu finden, wonach man sucht. Die Variable betrifft wiederum sowohl explizites als auch implizites Wissen. Aus unserer Perspektive scheint Krashen der Meinung zu sein, daß explizites Wissen nicht automatisiert werden kann. Schließlich behauptet er ja, daß explizites Wissen nur unter günstigen zeitlichen Bedingungen eingesetzt werden kann. Dieser Hypothese stimmen wir nicht zu.

Zur Erläuterung der drei Dimensionen (ii), (iii) und (iv) – die erste Variable (i) ist von nicht allzu großem theoretischen Interesse – betrachten wir das Phänomen des „U-förmigen Lernens“ (s. z.B. Kellerman 1979). Das Konzept besagt, daß beim Lernen in einer ersten Phase auch begrenzte Sprachkenntnisse zu akzeptablen grammatischen Sprachproduktionen führen können und daß in einer zweiten Phase mehrere ungrammatische Formen produziert werden, obwohl in der Zwischenzeit mehr gelernt wurde. In einer dritten Phase wird dann der grammatische Bereich wieder „korrekt“ beherrscht. Das bekannteste Beispiel kommt aus dem Erstsprachenerwerb, z.B. bei der fortschreitenden Beherrschung englischer Verben in der Vergangenheitsform. In einer ersten Phase werden hier einige unregelmäßige Formen und einige regelmäßige Formen richtig angewendet, z.B. „went", „did", „ate", „liked". In einer zweiten Phase wird die regelmäßige Flexion viel häufiger eingesetzt, wobei einerseits fast alle Verben eine Vergangenheitsform erhalten, andererseits aber auch unregelmäßigen Verben die Formen der regelmäßigen Flexion gegeben werden („goed", „doed", „eated" usw. erscheinen). In der dritten Phase werden sowohl regelmäßige als auch unregelmäßige Formen richtig angewendet. Im Rahmen unseres Modells könnte das Phänomen folgendermaßen erklärt werden: in der ersten Phase sind die einzelnen Verben mit ihren Flexionen nichtanalysiert gespeichert worden. In der zweiten Phase hat das Kind angefangen, dieses Wissen zu analysieren und hat daraus neues Wissen gewonnen. Die neue Regel ist jedoch noch nicht in das gesamte Sprachsystem integriert und wird übergeneralisiert. Bei der Integration dieses Wissens aber kommt das Kind zu einem Mischsystem, wobei einige Vergangenheitsformen „getrennt" gespeichert sind, andere durch eine in der Zwischenzeit automatisierte Regel inflektiert werden.

Zusammengefaßt besagt diese Theorie, daß das, was erlernt/erworben wird, während der Fremdsprachenentwicklung entlang dreier Dimensionen variiert: inwiefern das gespeicherte Wissen 1. analysiert, 2. integriert und 3. automatisiert wird. Es muß betont werden, daß alle Variablen fließend sind – wir haben es hier nicht mit Entweder-oder-Kategorien, sondern mit Mehr-oder-Weniger-Kategorien zu tun. Die Unterscheidung zwischen explizitem und implizitem Wissen ist unabhängig von diesen drei Parametern, und sie stellt ebenfalls keine absolute Unterscheidung dar. Nach diesem Konzept ist es nicht sinnvoll, sich explizites und implizites Wissen getrennt voneinander vorzustellen oder zu behandeln. Die drei o.g. Variablen betreffen sowohl Wissen, das zuerst implizit aufgenommen wurde, als auch Wissen, das zuerst explizit zur Kenntnis genommen wurde, z.B. in Form von grammatischen Regeln.

Didaktische Überlegungen können daher darauf ausgerichtet sein, neues Wissen (implizit oder explizit) zu ermöglichen und vorhandenes Wissen zu analysieren, zu integrieren oder zu automatisieren (Edmondson 1999a, 243–256 – s. auch McLaughlin 1990). Selbstverständlich laufen diese drei Verarbeitungsschritte nicht getrennt voneinander oder in einer festgelegten Reihenfolge ab – das Gehirn verarbeitet Informationen parallel und nicht sequentiell.

Eine Konsequenz dieses Modells wäre u.a., daß explizites Wissen bei der Analyse (im Sinne von (ii) oben) behilflich sein kann. Dies setzt natürlich voraus, daß relevantes nichtanalysiertes Wissen bereits gespeichert worden ist. Ferner kann zuerst gelerntes explizites Wissen die Aufmerksamkeit des Lerners beeinflussen und daher die Aufnahme relevanten (zuerst nichtanalysierten) impliziten Wissens unterstützen. Dieser Punkt wird insbesondere von Ellis (1990, 193–194) betont, obwohl er in seinem Modell von 1990 mit anderen Begriffen als unseren arbeitet und eine qualitative Trennung zwischen explizitem und implizitem Wissen vornimmt. Sein früheres Variationsmodell (s. Ellis 1985, 226–270) basierte auf keiner absoluten Differenzierung zwischen beiden Wissenstypen. Das zeigt (genau wie die zu Beginn dieser Diskussion erwähnte theoretische Entwicklung Bialystoks), wie schnell sich empirische Grundlagen und wissenschaftliche Interpretationen ändern können, wenn nach einem kognitiven Modell der Sprachverarbeitung bei der Sprachentwicklung gesucht wird. Mit anderen Worten, auch unser hier skizziertes Modell ist keine empirisch gesicherte bzw. falsifizierbare Theorie des Sprachenlernens. Vielmehr soll es einen Rahmen darstellen, der zumindest konsistent mit empirischen Befunden ist und der eine Grundlage für didaktische Entscheidungen bietet.

3 Zusammenfassung/Ausblick

In diesem Kapitel sind eingangs mehrere Hypothesen diskutiert worden, die bestimmte Aspekte der Interaktion im Fremdsprachenunterricht als wichtige Lernmomente postulieren. Wir kamen zu dem Schluß, daß keine dieser Hypothesen eine überzeugende empirische Grundlage hat, auch wenn einige von ihnen als vielversprechend angesehen werden können. Zur Frage der Rolle expliziter grammatischer Kenntnisse wurde zuerst die Lerntheorie Krashens dargestellt und kritisiert, anschließend wurden einige alternative Modelle zu einem Vergleich herangezogen. Auch diese Alternativen sind nicht empirisch gestützt – offen bleibt somit, wie die Rolle der Grammatik beim Fremdsprachenlernen empirisch überprüft werden kann. Wie wir in Kapitel 11 gesehen haben, ist es natürlich durchaus möglich, daß verschiedene Lernertypen bei der Sprachentwicklung unterschiedlichen Gebrauch von explizitem Wissen machen. Insofern ist die gesamte Frage nach der Rolle der Grammatik wahrscheinlich zu undifferenziert.

Wir haben in diesem Kapitel keineswegs alle fremdsprachenunterrichtsbezogenen Hypothesen bzw. Theorien diskutiert. Weitere

Ansätze werden z.B. in McLaughlin (1987), Ellis (1985), Kapitel 10, Larsen-Freeman und Long (1991), Kapitel 7, Ellis (1994), Kapitel 14, Gass und Selinker (1994), Kapitel 11, Mitchell und Myles (1998/2004) verglichen. Vor allem ist bei der Diskussion zur Rolle expliziten Wissens beim Fremdsprachenlernen die psycholinguistische Literatur zu verschiedenen Wahrnehmungs- und Verarbeitungsstufen beim Spracherwerb zu berücksichtigen (vgl. Edmondson 1999a, 205–208; 245–256, und s. zusammenfassend Schmidt 1994).

Ferner ist in der letzten Zeit auch die Frage der Rolle der Grammatik neu interpretiert worden durch die didaktische These, daß bestimmte Ausprägungen von ‚Sprachbewußtheit' („Language Awareness") wichtige Zielsetzungen für den Fremdsprachenunterricht sein können (s. Diskussion z.B. in Gnutzmann 1997, Edmondson und House 1997). Bei der Diskussion der Theorie Krashens und auch unseres Sprachverarbeitungsmodells haben wir versucht, eine didaktische Perspektive mit zu berücksichtigen. Diese Perspektive wird im nächsten und letzten Teil dieses Buches näher behandelt.

TEIL 6

Von der Sprachlehrforschung zur Sprachlehre: Fremdsprachendidaktische Entscheidungen

Bei dem in Kapitel 15 behandelten Thema Curriculumentscheidungen haben wir uns zwei Ziele gesetzt: wir wollen zum einen eine exemplarische Einführung in Aspekte der Fremdsprachendidaktik geben, und zum zweiten wollen wir mögliche Verbindungen mit den in früheren Kapiteln diskutierten Forschungsergebnissen herausarbeiten. Dadurch soll der Beitrag der Sprachlehrforschung zu fremdsprachendidaktischen Entscheidungen in einer Betrachtung des gesamten Unterrichtsplanungsprozesses exemplarisch dargelegt werden. Dieses Kapitel stellt somit somit eine Art Zusammenfassung unseres Anliegens in dieser Einführung dar, welche im letzten, 16. Kapitel expliziter vorgenommen wird.

Kapitel 15

Curriculumentscheidungen

Die Fremdsprachenvermittlung besteht, grob gesagt, aus drei interagierenden Phasen: der Planung, der Durchführung und der Bewertung von Unterricht.

In diesem didaktischen Kapitel beschäftigen wir uns mit der ersten, der Planungsphase. Unter Curriculumentscheidungen verstehen wir daher alle Entscheidungen, die bei der Planung des Fremdsprachenunterrichts zu treffen sind, wo bestimmt wird, wie was, wann und wozu gelehrt wird. Curriculumentscheidungen hängen daher eng mit Lehrzielen bzw. Lernzielen und Lehrwerken zusammen (ein Lehrwerk enthält notwendigerweise ein Curriculum, und zwar in dem Sinne, daß eine strukturierte Sequenz von Informationen und Aufgaben vorgelegt wird, die Lehrer im Unterricht systematisch einsetzen können).

Der Begriff „Curriculum" kann jedoch auf mindestens zwei Arten verstanden werden, die wir als „enge" und „umfassende", bzw. „externe" und „interne" Interpretationen verstehen wollen. Nach der engen Interpretation umfaßt ein Curriculum eine Auflistung von Zielen, die im Unterricht anzustreben sind. Solche Ziele werden in Form von Listen von z.B. Wörtern, syntaktischen Strukturen, Gesprächssituationen, fremdsprachlichen Texten usw. inhaltlich konkretisiert. Das Curriculum legt fest, welche Aspekte der Fremdsprache in einem bestimmten Zeitraum zu beherrschen sind, ohne zu spezifizieren, wie dies didaktisch geleistet werden soll – auch wenn ein Curriculum in diesem Sinne durchaus allgemeine didaktische Hinweise und Vorschläge enthalten kann. Nach dieser engeren Vorstellung ist das Curriculum jedoch unabhängig von einer bestimmten Lehrmethode oder -methodik, von bestimmten Lehrmaterialien. Das Curriculum kann also auf verschiedene Art und Weise didaktisch umgesetzt werden. In Deutschland sind Richtlinien grundsätzlich Curricula nach dieser engeren Interpretation, die wir als „externes" Curriculum verstehen wollen – erstens, weil zielsprachenbezogene, d.h. fremdsprachenunterrichts-externe Normen die Inhalte determinieren und zweitens, weil über solche Curricula häufig nicht vom Lehrer in seiner Unterrichtspraxis, sondern von „externen" Gruppen von Experten entschieden wird.

Bei der *umfassenden* Interpretation des Begriffs Curriculum ist dagegen ein didaktischer Plan zu erwarten, der z.B. Angaben zur Methodik, zur Textauswahl, zum Lehrerverhalten, zur Medienauswahl und zur Lernzielkontrolle enthalten kann. Die umfassende Interpretation kann grundsätzlich fast alle didaktischen Entscheidungen berücksichtigen, die z.B. in Abbildung 7.1 aufgeführt sind. Diese umfassende Interpretation wollen wir als „internes" Curriculum bezeichnen. Nach der begrifflichen Unterscheidung zwischen „internen" und „externen" Curricula kann ein „internes" Curriculum als didaktische Umsetzung eines „externen" Curriculums verstanden werden. Bei dieser ‚Umsetzung' sind dann lernorientierte statt zielsprachenbezogene Perspektiven zu berücksichtigen.

Die begriffliche Unterscheidung schließt nicht aus, daß in einem konkreten Lernkontext nur ein „Curriculum" gilt. Auf der einen Seite kann der Staat sowohl allgemeine Ziele und Inhalte als auch detaillierte didaktische Empfehlungen und Materialien vorschreiben (das „externe" Curriculum enthält gleichzeitig ein „internes"). Auf der anderen Seite kann der einzelne Lehrer vor die Aufgabe gestellt sein, alle Curriculumentscheidungen für einen bestimmten Kurs selbst treffen zu müssen (in diesem Fall baut sein „internes" Curriculum auf einem selbsterstellten „externen" Curriculum auf).

Wir werden Curriculum als Oberbegriff benutzen und die Unterteilung in „intern/extern" nur dann in Anspruch nehmen, wenn der Begriff Curriculum unklar sein könnte. Dies bedeutet also, daß wir den Begriff Curriculumentscheidungen für zweierlei Arten von Entscheidungen benutzen: diejenigen, die die angestrebten Lernerfähigkeiten spezifizieren und diejenigen, die didaktische Handlungen mit dem Ziel dieser Befähigungen in einen Lehrplan fassen.

Die Unterscheidung zwischen „externen" und „internen" Curricula ist von zentraler Bedeutung, da manchmal angenommen wird, daß mit der Aufstellung von detaillierten Lehrzielen und Inhalten (einem externen Curriculum nach unserem Verständnis) der Unterricht grundsätzlich geplant ist. Wir meinen jedoch, daß Forschungsergebnisse zum fremdsprachlichen Lernprozeß genau bei der Umsetzung eines externen in ein internes Curriculum eine wichtige Hilfe sein können. Daher geht es uns in diesem Kapitel hauptsächlich um die Frage, wie man systematisch von einem externen zu einem internen Curriculum gelangen kann.

Bei der Betrachtung beider Entscheidungsfelder ist unsere Perspektive weniger spezifisch als theoretisch. Wir wollen deshalb die Frage der Unterrichtsplanung ins Blickfeld nehmen, und zwar unabhängig von den institutionellen und sozialen Bedingungen, die notwendigerweise den Planungsprozeß in einem konkreten Fall mitbestimmen. Dies kann damit begründet werden, daß der gesamte Planungsprozeß durchaus unabhängig von seiner Realisierung durch bestimmte Institutionen, Expertengruppen oder einzelne Lehrer betrachtet werden kann. Des weiteren besteht die Gefahr, daß eine lokalisierte Betrachtung der Unterrichtsplanung (z.B. aus der Perspektive einer Französischlehrerin in einem bestimmten Schultyp in einem bestimmten Bundesland) begrenzte Relevanz für den Leser haben dürfte, der sich nicht in genau dieser Situation befindet. Auch sind in einer Einführung in die Sprachlehrforschung andere Akzente zu setzen, als dies in der Fremdsprachendidaktik bzw. in der Lehrerfort- und -ausbildung der Fall wäre. Es sei jedoch darauf hingewiesen, daß die Art und Weise, wie die Rolle des Fremdsprachenlehrers in einer Institution konzipiert wird, notwendigerweise die Auffassung der dort konkret arbeitenden Lehrer von ihrer Lehraufgabe beeinflußt. Ein „emanzipatorischer" bzw. „kreativer" Unterricht wird z.B. kaum von einem Lehrer zu erwarten sein, der selbst fast keine Lehrfreiheit genießt.

Selbstverständlich müssen in der unterrichtlichen Praxis Curricula und Lehr- und Lernmaterialien entwickelt bzw. eingesetzt werden, die für eine konkrete Lehr- und Lernsituation Gültigkeit haben. Bei der Unterrichtsplanung innerhalb des deutschen Schulsystems sind vorhandene Lehrwerke, Richtlinien, schulische Lehrpläne usw. relevant. Alle diese Vorgaben können sowohl „externe" als auch „interne" Elemente enthalten, auch wenn Richtlinien eher „externe", Lehrpläne eher „interne" Curricula sind. Es kommen also Überlappungen vor, denn die Vielfalt solcher Planungshilfen spiegelt die weitgefächerte Struktur des Bildungssystems in einer Demokratie wider, in der es eine systematische Arbeitsteilung innerhalb der verschiedenen staatlichen Organe gibt, welche kollektiv Curriculumsplanung vornehmen. In Richtlinien, Lehrplänen und Lehrwerken der Bundesrepublik Deutschland wird ferner auf verschiedene Art und Weise zwischen „Lernzielen" und „Lehrzielen" unterschieden. Wir bevorzugen den Begriff „Lehrziel" und machen von der etwas unklaren Alternative „Lernziel" keinen Gebrauch.

Wir lassen ferner die Frage offen, wie umfassend Curricula sind. Sie können nämlich für ein gesamtes Kursangebot, für einen bestimmten Kurs oder nur für eine konkrete Unterrichtsstunde gelten.

In Abschnitt 1 werden drei exemplarische Konzepte für Curriculumentscheidungen aus der Praxis der letzten fünfzig Jahre dargestellt und verglichen. Danach wird versucht, einige Aspekte der Unterrichtsplanung systematisch darzustellen und aus der Sicht der in den vorangegangenen Kapiteln dieses Buches diskutierten Forschungsergebnisse neu zu betrachten.

1 Grammatische, funktionale und sprachlernorientierte Curricula

Bei der Curriculumsplanung werden vier Arbeitsschritte postuliert (vgl. Zimmermann 1995): die Charakterisierung von *Lehrzielen*, die *Auswahl* geeigneter Materialien oder Inhalte, die *Anordnung* solcher Materialien (d.h. die Feststellung einer *Progression*) und ihre *Realisierung*, d.h. die Umsetzung von Entscheidungen aus den ersten drei Arbeitsschritten in einen Lehrplan. Auf diese Art und Weise kann man von der Aufstellung eines externen Curriculums zur Festlegung eines internen Curriculums gelangen. Wir werden im folgenden diese vier Schritte problematiseren.

Beim Vergleich der verschiedenen Curriculumskonzepte werden wir folgende zentrale Fragen besonders berücksichtigen: wie gelangt man von der Spezifizierung eines externen Curriculums zu einem didaktisch geeigneten internen Curriculum? Nach welchen Kriterien soll eine Progression (die „Anordnung" geeigneter Lehrmaterialien) im Curriculum vorgenommen werden, d.h. unter anderem: wie können in einem Curriculum „kommunikative" und „grammatische" Ziele ‚unter einen Hut gebracht' werden?

1.1 Formale oder grammatische Curricula

In einem nach grammatischen Kriterien aufgebauten Curriculum wird die Grammatik der Zielsprache als Progressionsprinzip verwendet, d.h. Elemente der Grammatik der Fremdsprache (hauptsächlich Phonologie, Morphologie, Syntax) werden systematisch in das Curriculum eingeführt. Ein solches Curriculum wäre für die Grammatik-/Übersetzungsmethode offensichtlich geeignet. In den entsprechenden Lehrzielen würde großer Wert darauf gelegt, daß die Grammatik der Fremdsprache systematisch und explizit gelernt wird – die grammatische Progression im Curriculum diente dazu, die Systematik der Grammatik transparent zu machen. Wenn ein Curriculum *nur* oder hauptsächlich grammatische Phänomene berücksichtigt, dann haben wir es mit einem grammatischen, synthetischen oder formalen Curriculum zu tun.

Diese Art Curriculum wird inzwischen selten aufgestellt, weil man erkannt hat, daß eine Sprache viel mehr als ein linguistisches System ist. Mit anderen Worten, eine Beherrschung der Systematik der Grammatik der Zielsprache ist nicht notwendigerweise gleichzusetzen mit einer kommunikativen Kompetenz in der Zielsprache.

Es ist jedoch wichtig zu erkennen, daß in einem Curriculum durchaus eine grammatische Progression verfolgt werden kann, auch wenn z.B. kommunikative Kompetenz als Hauptlehrziel angestrebt wird. So war das Curriculum bei der audiolingualen und der audiovisuellen Methode hauptsächlich nach grammatischen Kriterien strukturiert, das gleiche gilt auch für mehrere „kommunikative" Curricula. Wir müssen daher zwischen einem grammatischen Curriculum und dem Einsatz grammatischer Prinzipien bei der Anordnung ausgewählter Materialien in einem Curriculum unterscheiden. Ein übergeordnetes Lehrziel, wie z.B. kommunikative Kompetenz, kann also durchaus mit einem grammatischen Anordnungsprinzip in Zusammenhang gebracht werden, etwa wie in Abbildung 15.1.

Abbildung 15.1 Grammatische Progression: kommunikative Lehrziele (Schematische Darstellung)

Kriterien wie (grammatische) Komplexität, Verfügbarkeit oder Nützlichkeit („disponibilité") und Schwierigkeitsgrad können bei der grammatischen Progression berücksichtigt werden. Solche Kriterien sind direkt vergleichbar mit den Kriterien, die beim Erstellen eines Grundwortschatzes für Französisch („Le Français Fondamental") in Zusammenhang mit der Entwicklung der audiovisuellen Lehrmethode angewandt worden sind (s. z.B. Stern 1983, 161–163 und vgl.

Kapitel 7, 2.4). So werden bei der Anwendung eines grammatischen Progressionsprinzips verschiedene Verwendungen bzw. Bedeutungen grammatischer Merkmale der Zielsprache im Curriculum differenziert behandelt. Die Verwendung des Present Continuous im Englischen zur Beschreibung laufender Handlungen („Look! I'm opening the door!") könnte z.B. im Curriculum früher auftauchen als seine Verwendung in Beschwerden oder Vorwürfen, wie z.B. in „He's always threatening to resign". Aus solchen Überlegungen kann sich eine zyklische Struktur ergeben. Ein und dasselbe grammatische Phänomen wird demnach im Curriculum mehrmals zu verschiedenen Zeitpunkten erscheinen, jedoch mit unterschiedlichen Verwendungen, semantischen oder pragmatischen Bedeutungen und in unterschiedlichen Textsorten.

Das Hauptproblem bei einem solchen Konzept besteht allerdings darin, daß eine Konzentration auf grammatische Phänomene schwer kompatibel ist mit einer natürlichen Verwendung der Zielsprache. Das bedeutet, daß grammatische Kategorien und pragmatische Kategorien nicht miteinander übereinstimmen.

1.2 Notionale bzw. funktionale Curricula

Mit der „kommunikativen Wende" und bestimmten Ansätzen in der linguistischen Pragmatik wurde in der Curriculumentwicklung in den siebziger Jahren der Schwerpunkt auf die funktionale Verwendung der Sprache gelegt. Funktionale Lehrziele waren jedoch seit langem in der Geschichte des Fremdsprachenunterrichts bekannt – u.a. hat z.B. Viëtor grundsätzlich die gleichen Ziele für den Fremdsprachenunterricht gefordert (vgl. Kapitel 4, 1.1). Die Pragmalinguistik stellte jedoch eine Theorie und funktionale Begriffe in Form von Sprechaktkatalogen zur Verfügung, wobei die Umsetzung solcher funktionaler Ziele in ein Curriculum in den siebziger Jahren transparenter war als vorher.

Eine Sprache wird nach dieser funktionalen Perspektive in erster Linie als Mittel zum Ausdruck für bestimmte Zwecke charakterisiert. Der Begriff „funktionales Curriculum" wird hauptsächlich für sprechaktbasierte Kataloge verwendet, wobei freilich in der Didaktik auch die Begriffe „Sprachfunktionen", „Sprachhandlungen", „Sprechintentionen" oder „Sprecherabsichten" mit ähnlichen, wenn nicht identischen Bedeutungen vorkommen. Die Entwicklung funktionsbezogener Curricula ging in zwei Schritten vor sich: zuerst wurden „notionale" oder konzeptuelle Curricula konzipiert, danach sprechakt- oder sprecherintentionsorientierte Curricula (freilich ist eine deutliche Trennung zwischen diesen nicht immer zu rekonstruieren). Die dreistufige Entwicklung – grammatisches, notionales, sprachhandlungsorientiertes Curriculum – entspricht der sukzessiven Betonung der Morphosyntax, der Semantik und der Pragmatik in der Linguistik.

1.2.1 „Notional Syllabus"

Bevor wir uns einem sprechakt- bzw. sprecherintentions-orientierten Curriculum zuwenden, sollte das Konzept eines „notionalen" oder „konzeptuellen" Curriculums kurz behandelt werden, nicht zuletzt deshalb, weil ein eher handlungsorientiertes Curriculum häufig solche „Notionen" oder „Konzeptualisierungen" miteinbezieht. Während wir gerade unterschieden haben zwischen einem linguistischen Curriculum und einer linguistischen Progression, die im Prinzip mit funktionalen oder kommunikativen Lehrzielen kompatibel sein kann, ist eine ähnliche Unterscheidung bei funktionalen Curricula nicht zwingend. Eine funktionale Progression charakterisiert nämlich ein funktionales Curriculum, und zwar unabhängig davon, ob die Systematik der Grammatik explizit behandelt wird oder nicht. Es kommt unseres Wissens nicht vor, daß ein linguistisches Curriculum mit dem Hauptziel systematischer Beherrschung der Grammatik eine funktionale Progression im Curriculum aufweist, obwohl dies im Prinzip möglich wäre!

Wilkins (z.B. 1976) hat zu dem Konzept eines „Notional Syllabus" wesentlich beigetragen. Er unterscheidet zwischen „semantisch-grammatischen Kategorien" und „kommunikativ-funktionalen Kategorien". Hier soll kurz auf Kategorien des ersten Typs eingegangen werden, die Konzeptualisierungen semantischer Art („notions") umfassen, welche sich relativ leicht in grammatische Kategorien umsetzen lassen. Die Hauptkategorien sind in Abbildung 15.2 aufgelistet, mit *einigen* Unterkategorien und exemplarischen sprachlichen Realisierungen (die Reihenfolge ist hier unwichtig).

Solche semantischen Konzepte, die sich weiter differenzieren lassen, können als Organisationsprinzip bei der Curriculumsplanung eingesetzt werden. Da die Hauptkategorie „Substanz" ferner thematische

Kategorie	Unterkategorien	Beispiele
Zeit	Zeitpunkt Dauer Frequenz Sequenz	um drei Uhr, gestern drei Jahre lang, seit gestern oft, alle drei Jahre bevor ..., als ...
Quantität	Singular/Plural Zahlen Quantifikatoren	ein Mann/zwei Männer sechseinhalb viele, die meisten ...
Rahmen	Dimensionen Ort Bewegung	3 Meter lang, breit ... Ich wohne in Trier. von A bis Z, die Küste entlang
Substanz	Situationen oder Themen bilden relevante semantische bzw. „notionale" Kategorien	
Kasus	Agens Dativ Instrument Ergebnis	*Der Mann* gab mir ein Geschenk. Der Mann gab *mir* ein Geschenk. Ich fahre *mit dem Auto*. Ich male *ein Bild*.
Deixis	Person Zeit Ort Anaphora	Ich, Du ... jetzt, damals ... hier, dort, überall Das hat *ihm* gefallen.

Abbildung 15.2 Semantisch-grammatische Kategorien (nach Wilkins 1976)

Schwerpunkte zuläßt, können und sollen verschiedene Themen und Textsorten in einer „notionalen" Curriculumeinheit auftreten. Bei der Verankerung solcher Konzepte in einem Curriculum werden mehrere Elemente zu einer Einheit verbunden. So könnten z.B. Zeitpunkte in der Vergangenheit, narrative Texte und ausgewählte deiktische Phänomene in einer Unterrichtseinheit gemeinsam behandelt werden, da narrative Texte die beiden anderen „Notionen" exemplifizieren.

1.2.2 Ein funktionales Curriculum: das fremdsprachliche Projekt des Europarats

Beispielhaft für die ausführliche Untergliederung kursspezifischer Lehrziele oder Lehrinhalte aus funktionaler Perspektive ist das „Modern Language Project" des Europarats (s. z.B. van Ek 1975; van Ek und Trim 1984). Ziel dieses Projekts (an dem verschiedene europäische Länder beteiligt waren) war es, eine Entscheidungshilfe für verschiedene Kurskonzeptionen bereitzustellen. In diesem Projekt wurden deshalb keine Lehrpläne entwickelt, sondern Lehrziele und Kataloge von Elementen, die innerhalb verschiedener (genau spezifizierter) Kurstypen gelernt bzw. gelehrt werden sollen. Die vorgelegten Kursspezifizierungen stellen demnach eine Grundlage für weitere Curriculumentscheidungen dar, sind also nach unserer Vorstellung als externe und nicht als interne Curricula zu verstehen.

Die Adressaten des Projekts sind grundsätzlich Erwachsene, für deren Bedürfnisse Kurse entwickelt werden. Man geht davon aus, daß verschiedene erwachsene Lerner eine bestimmte Fremdsprache für verschiedene Zwecke beherrschen wollen. Entsprechend differenziert sollte deshalb das Kursangebot sein. Die Verwirklichung dieses bedürfnisorientierten Konzepts wird durch ein Baukastensystem gewährleistet: verschiedene „Bausteine" (aufeinander aufbauende Kurse) werden entwickelt, so daß jeder Lerner sich seinen jeweiligen Bedürfnissen entsprechend einen „Spezialkurs" zusammenstellen kann. Das Baukastensystem macht es außerdem möglich, daß ein Lerner seine Kenntnisse zu einem späteren Zeitpunkt erweitern kann. So ist ein erster „Baustein" (eine Art „Grundkurs") z.B. für Touristen konzipiert, die zu alltäglicher mündlicher Kommunikation befähigt werden sollen. Weitere Grundbausteine enthalten genaue Angaben zu möglichen schriftlichen Problemen/Aufgaben (z.B. einen Brief verfassen, ein Zimmer reservieren) und spezifizieren die Textsorten, die zu lesen sind (Straßenschilder, Preislisten u.ä.). Entsprechende Bausteine sind für Deutsch, Englisch, Französisch und Spanisch erstellt worden (s. z.B. Baldegger, Müller und Schneider 1981; van Ek und Alexander 1980).

Ausgangspunkt für die Erstellung eines Bausteins nach diesem Konzept sind die Bedürfnisse der Adressaten, die innerhalb des Projekts nach folgenden Kriterien festgelegt wurden:

(i) In welchen Situationen werden die Lernenden die Fremdsprache benötigen? (Der Begriff „Situation" umfaßt hier Rollen, Umgebung und Themen.)
(ii) Welche Kommunikationsformen werden sie verwenden (d.h. auch, welche sprachlichen Fähigkeiten, welche Textsorten sind erforderlich)?

(iii) Welche sprachlichen Handlungen müssen sie vollziehen können?
(iv) Was sollen die Lernenden mit Bezug auf die für diese Situationen relevanten Themen tun können?
(v) Welche allgemeinen Konzepte werden sie dabei zum Ausdruck bringen müssen? (Dies sind die in 1.2.1 erwähnten „Notionen".)
(vi) Welche themenspezifischen Begriffe/Konzepte werden gebraucht?
(vii) Welche syntaktischen Strukturen und welcher Wortschatz werden hierzu benötigt?
(viii) Welcher Kompetenzgrad wird verlangt?

Wenn „Funktionen" oder „Handlungen" als lineares Anordnungsprinzip in einem Curriculum für bestimmte Adressaten verwendet werden sollen, dann wird das Vorhaben in etwa wie das lineare Modell in Abbildung 15.3 aussehen. Hierdurch wird die Komplexität der Curriculumerstellung besonders deutlich. Ein Sprechakt kann z.B. in verschiedenen Situationen verwendet werden. Hierzu werden unterschiedliche sprachliche Mittel benutzt – selbstverständlich werden aber auch verschiedene andere Sprechakte in ein und derselben Situation verwendet, genau wie der gewählte Sprechakt in mehreren, völlig unterschiedlichen Situationen auftauchen kann. Wir stellen nochmals fest, daß pragmatische, situationsspezifische und morphosyntaktische Kategorien nicht übereinstimmen. Daher besteht bei einem nach funktionalen Kategorien geordneten Curriculum die Gefahr, daß die Systematik der Zielsprache sowohl aus morphosyntaktischer als auch aus pragmatischer Sicht aus dem Curriculum nicht ersichtlich ist. Hieraus ergäbe sich für die Lerner, daß sie zwar eine ganze Reihe von Ausdrucksmitteln für bestimmte Situationen und Bedürfnisse beherrschen, aber nicht kommunizieren können, wenn sie mit unerwarteten Situationen oder nicht standardisierten Mitteilungen konfrontiert werden. (Auch höchst standardisierte Situationen laufen selten genauso ab, wie Lehrer, Lehrwerkautoren – oder Sprachlehrforscher – sich dies vorstellen.)

Wenn ferner „Funktionen" als Progressionsprinzip in einem Lehrplan fungieren sollen, so bleibt unklar, ob eine Hierarchie von Sprechabsichten, Handlungen oder Funktionen überhaupt herstellbar ist. Welche Funktionen sollen am Anfang des Curriculums stehen, welche später? Kriterien wie „Nützlichkeit" oder „Lernschwierigkeit" sind nicht leicht operationalisierbar. Ist es einfacher, jemanden zu begrüßen oder jemandem ein Kompliment zu machen? Ist es wichtiger, jemanden dazu zu befähigen, beim Bäcker Brot zu kaufen oder bei der Bank einen Scheck einzulösen? Ein funktionales Progressionsprinzip gibt es, soweit wir wissen, nicht.

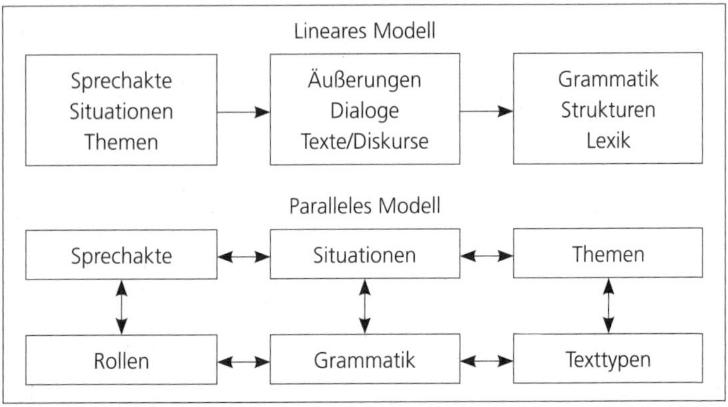

Abbildung 15.3 Funktionale Curricula: schematische Darstellung zweier Konzepte

Die Komplexität der Zielsprache kann man nicht reduzieren. In Abbildung 15.3 wird daher schematisch ein „paralleles" Modell der verschiedenen Faktoren skizziert, die für jede Lehreinheit im Lehrplan spezifiziert werden könnten. Wie die verschiedenen funktionalen ‚Kästchen' systematisch miteinander in Verbindung gebracht werden können, bleibt freilich auch nach diesem Schema offen. Zwei interessante Antworten sind z.B. in den Lehrwerken „Deutsch Aktiv Neu" (G. Neuner et al. 1986, Berlin: Langenscheidt) und „Themen" (K.-H. Eisfeld et al. 1987 München: Hueber) zu finden. In „Deutsch Aktiv" werden in einzelnen Kapiteln Sprechhandlungen mit Situationen, Themen, Sachfeldern, Landeskunde und Grammatik verbunden, während beim zweiten Lehrwerk in jeder Lektion Sachgebiete („Themen") mit Sprecherintentionen, grammatischen Strukturen und Wortschatz verbunden werden. Wir verstehen das hinter beiden Lehrwerken stehende Curriculum als „parallel" im Sinne von Abbildung 15.3. Das bedeutet, daß ein festgelegtes lineares Vorgehen in neueren Curricula oder Lehrwerken kaum zu erwarten ist und ferner, daß eine strikte Zuordnung z.B. von Sprechhandlungen zu grammatischen Phänomenen realistischerweise nicht angestrebt wird.

1.3 Das lernorientierte oder aufgabenorientierte („task-based") Curriculum

Zu Beginn dieser Diskussion über die drei Curriculumskonzepte wurden vier Arbeitsschritte bei der Curriculumsplanung genannt: Ziele, Auswahl, Anordnung und Umsetzung. Bisher ist recht wenig über den letzten Arbeitsschritt gesagt worden. Wir haben z.B. festgestellt, daß nach dem Konzept des Europarats dieser vierte Arbeitsschritt bei den Curriculumentscheidungen nicht erreicht wird. Mit anderen Worten: die kritische Frage nach der Didaktisierung bzw. „Internalisierung" eines externen Curriculums ist bisher nicht explizit angesprochen worden. In unserem dritten Konzept der Curriculumsplanung wird das Verfahren grundsätzlich umgestellt. Danach ist es nicht länger Aufgabe des internen Curriculums, Aspekte eines „externen" fremdsprachlichen Kompetenzprofils vorzugeben – vielmehr soll das interne Curriculum sich am *Lernprozeß* orientieren und nur indirekt am externen Curriculum.

Dieses Konzept verlangt eine kurze theoretische Begründung, die wir Widdowson (1983) entnehmen. Widdowson argumentiert, daß beim L2-Lernen unterschieden werden muß zwischen sprachnormorientierten Endzielen und sprachlernorientierten „Zwischenzielen", mit denen die Endziele erreicht werden können. Wir haben mit unserer Unterscheidung zwischen externen und internen Curricula eine ähnliche Unterscheidung vorgenommen. Externe Lehrziele entsprechen Widdowsons „Endzielen", interne Lehrziele Widdowsons „Zwischenzielen". Beide Arten von Zielen werden jedoch häufig gleichgesetzt. So wurde z.B. seit den sechziger Jahren bei der Planung fachspezifischer Sprachkurse in mehreren Schritten versucht, eine genauere Spezifizierung der Endziele vorzunehmen. Linguistische Analysen von Fachtexten als speziellen Registern, Diskursanalysen von Fachtexten als Textsorten und die Beschreibung funktionaler Handlungen von Fachpersonen wurden vorgenommen (s. zusammenfassend Coffey 1984, 4–7; Hutchinson und Waters 1987, 9–12). Aufgrund solcher Analysen können z.B. ein fachspezifischer Wortschatz, fachspezifische syntaktische Merkmale (obwohl sich dies als kaum relevant herausstellte), fachspezifische Textsorten, stilistische/ rhetorische Merkmale fachlicher Diskussionen und Handlungsmöglichkeiten bei der Ausübung einer Expertentätigkeit usw. aufgedeckt werden. Solche spezifizischen Merkmale sind nach entsprechender didaktischer Behandlung (z.B. Auswahl, Sequenzierung, Wahl entsprechender Texte) als Curricula ausgegeben worden. Eine Spezifizierung der Endziele wurde also gleichgesetzt mit einer Spezifizierung von Zwischenzielen, und das externe Curriculum wurde mit dem internen Curriculum gleichgesetzt. Dies gilt teilweise auch für die in 1.2 diskutierten funktionalen Curricula (diese Kritik gilt z.B. auch für Edmondson und House 1981).

Widdowson hält die Annahme, daß zuerst aus zielsprachlicher Sicht entschieden werden sollte, *was* gelehrt werden soll und erst danach, *wie* dies geschehen soll, für schlicht falsch. Methodologie soll sich demnach nicht nach dem Curriculum richten, vielmehr sollte sich das Curriculum nach der Methodologie richten. Anders ausgedrückt, das interne Curriculum sollte sich in erster Linie mit der Natur des Sprachlernprozesses beschäftigen und nicht nur mit einer Beschreibung des gewünschten Produkts, d.h. des externen Curriculums. Aufgrund dieser Argumentation ergibt sich implizit die Frage, ob eine genauere Spezifizierung von Endzielen in einem externen Curriculum, wie dies z.B. in fachspezifischen Kursen der sechziger Jahre oder im Europaratsprojekt geschehen ist, unbedingt zwingend oder sinnvoll ist.

Auf einer solchen theoretischen Position basiert die Idee eines aufgabenorientierten („task-based") Curriculums. Die Grundidee der bisher erwähnten Curriculumkonzepte war eine genauere Spezifizierung dessen, wozu Lernende am Ende eines Kurses durch entsprechende Differenzierungen und Sequenzierungen befähigt sein sollen. Bei einem lernorientierten Curriculum dagegen besteht das Curriculum aus didaktischen Mitteln, durch die solche Ziele erreicht werden können. Bei einer aufgabenspezifischen, „task-based" Konzeption sind unterrichtliche Tätigkeiten die organisatorische Grundlage für das Curriculum. Statt Lern*produkte* zu spezifizieren (sprachliche Strukturen oder Funktionen), soll das Curriculum sich an Lern*prozessen* orientieren. Mit anderen Worten, ein Curriculum soll nicht spezifizieren, was zu „lernen" ist, sondern was beim Lernen zu tun ist (d.h. welche Aufgaben oder „tasks" durchgeführt werden sollen). Selbstverständlich sollen sich die Lerner durch solche Handlungen den externen Lehrzielen annähern, nur ist eine direkte Übertragung von externen Lehrzielen auf didaktische Materialien nicht angebracht.

Bisher ist das aufgaben- oder prozeßorientierte Curriculum eher ein theoretisches Konstrukt als ein in der Praxis umgesetztes Modell. Das bekannteste Beispiel zur Realisierung dieses Konzepts ist das Bangladore Projekt. Dieses Projekt ist allerdings nicht auf der Grundlage theoretischer Überlegungen zu Curriculumentscheidungen entwikkelt worden – eher das Gegenteil war der Fall: die Theoretiker haben versucht, aus der Praxis zu lernen (vgl. die theoretische Begründung, ausführliche Beschreibung und Bewertung in Prabhu 1987).

Prabhu und seine Kollegen haben innerhalb des indischen Schulsystems gearbeitet, d.h. mit einem ziemlich traditionellen, externen Curriculum. Ihnen ist es unter diesen Bedingungen gelungen, eine neue Art von internem Curriculum zu entwickeln, das hauptsächlich aus verschiedenen Aufgaben oder Lerntätigkeiten besteht. Prabhu 1987 unterscheidet zwischen drei Haupttypen von Lernaktivitäten (vgl. Littlewood 1981, 16–64 oder Kapitel 7, 2.6):

(i) „Information-gap"-Aktivitäten: Lernende müssen Information weitergeben oder direkt anwenden.
(ii) „Reasoning-gap"-Aktivitäten: Gegebene Informationen müssen umgesetzt und angewandt und Schlußfolgerungen müssen gezogen werden.
(iii) „Opinion-gap"-Aktivitäten: die Bildung und Darstellung einer eigenen Ansicht oder persönlichen Einstellung muß auf der Grundlage gegebener Informationen und durch Meinungsaustausch erfolgen.

Typische Aufgaben setzen die gezielte Nutzung von Diagrammen, Karten, Programmen, Tabellen oder anderen kompakten Informationsträgern voraus. Ferner gehören zu einer „Aufgabe" eine Vorbereitungs- und eine Nachbereitungsphase, die durchaus gezielte und systematische grammatische Übungen enthalten können (zu diesem Projekt s. auch Brumfit 1984b).

Das Konzept Prabhus ist weiterentwickelt worden, wobei „Task-Based Instruction" in Verbindung mit „Task-Based Learning" gebracht wird. D.h., es wird auf der Grundlage wissenschaftlicher Erkenntnisse der Zweitsprachenerwerbsforschung vorgeschlagen, daß Lerneraktivitäten im Unterricht, die bestimmte Merkmale haben (das sind die sog. „Tasks") Lernen besser fördern als z.B. Übungen traditioneller Natur. Solche „Tasks" sollen sich am natürlichen Sprachgebrauch orientieren, bedeutungsvolle Inhalte haben und einem dekontextualisierten Konzept von Sprache entgegenwirken. Skehan (1998) charakterisiert „Tasks" wie folgt:

1. Bedeutung hat Priorität gegenüber Form
2. Ein kommunikatives Problem wird angesprochen bzw. gelöst
3. Eine Vergleichbarkeit mit Handlungen außerhalb des Klassenzimmers ist gegeben
4. Es ist wichtig, daß die Aufgabe vollendet wird
5. Die Aufgabe wird bezüglich ihrer Ergebnisse evaluiert

Dabei liegt der Schwerpunkt bei der Lösung der Aufgaben nicht auf dem Produkt, d.h. auf dem tatsächlichen Ergebnis der Aufgabenbearbeitung, sondern vielmehr auf dem Prozeß des Aufgabenlösens. Die Möglichkeit der Bedeutungsaushandlung und die kommunikative Ausrichtung, die diese „Tasks" bieten, sollen den Übergang vom grammatischen Wissen zum kommunikativen Können fördern. Idealerweise „vergessen" Lerner beim Lösen solcher Aufgaben, daß sie sich im Fremdsprachenunterricht befinden – dies wird von Vertretern der Aufgabenorientierung als besonders wirkungsvoll eingeschätzt.

Legutke (s. z.B. Legutke und Thomas 1997; Legutke 1998) hat das Konzept von „Task-Based Learning" zu einem Konzept des „Task-Based Teaching" weiterentwickelt. Sein Konzept knüpft an in der Praxis seit langem bekannte projektorientierte Kurskonzepte an wie z.B. die von Bufe 1984; Finke 1985 vorgeschlagenen. „Aufgaben", die auch als „Projekte" bezeichnet werden können. Sie sind als eine Art „Rahmen" konzipiert, innerhalb dessen viele andere Lernaufgaben – u.a. auch traditionelle Übungen, grammatische Erklärungen, usw. – integriert werden, wenn sie relevant sind für den erfolgreichen Abschluß der Hauptaufgabe. D.h. explizit lernbezogene Aktivitäten gewinnen ihre „Authentizität" durch ihre Einbettung in die Hauptaufgabe.

In letzter Zeit wird allerdings Kritik am theoretischen Hintergrund des „Task-Based Learning" laut. So bemängelt Swan (2005), daß der Ansatz auf unbewiesenen Hypothesen beruhe und es keine zuverlässigen empirischen Beweise für seine besondere Wirksamkeit gebe. Edmondson (2005) moniert, daß die Identifikationskriterien von Skehan höchst flexibel sind und daß es nicht zutreffen kann, daß *nur*

Aufgaben mit bestimmten Merkmalen einen berechtigten Platz im Fremdsprachenunterricht haben.

Im Prinzip sind alle bei der Unterrichtsplanung relevanten Perspektiven (die z.B. in Abbildung 15.3 erwähnt werden) mit einem aufgabenbasierten Curriculum kompatibel, auch wenn das im Zusammenhang mit allen anderen Curriculumkonzepten erwähnte Problem der Systematizität der Behandlung dieser verschiedenen Perspektiven hier wiederum auftaucht. Abschließend ist anzumerken, daß das Konzept der Lernerautonomie (vgl. Wolff 1999) in letzter Zeit mit unterschiedlichen Interpretationen empfohlen wird. Wir sehen in dem Prinzip, daß Lerner – vor allem erwachsene Lerner – so viel Freiraum für ihr eignes Lernen erhalten wie von ihnen selbst erwünscht bzw. wie in einem institutionellen Rahmen möglich ist – ein allgemein gültiges pädagogisches Prinzip, das nichts Spezifisches für den Fremdsprachenerwerb und für die Fremdsprachenlehre bedeutet. Das Prinzip tangiert daher nicht direkt Fragen der Currriculumentwicklung, sondern Fragen der Unterrichtsmethodik. Eine auf deutsch verfasste Website, die sog. „Tipps" zum Fremdsprachenlernen gibt und daher Lernerautonomie fördert ist unter folgender Addresse zu erreichen: www.uni-hamburg.de/fremdsprachenlernen.

1.4 Vergleichende Zusammenfassung

Die traditionellen Stufen der Entwicklung eines Curriculums, also Lehrziele, Materialauswahl, Anordnung und Realisierung, müssen problematisiert werden, wenn ein Curriculum sowohl externe als auch interne Spezifizierungen enthalten soll. Das Hauptproblem bei diesen vier Arbeitsschritten besteht darin, daß die Spezifizierungen in einem externen Curriculum schwer operationalisierbar sind, und zwar in zweierlei Hinsicht: erstens muß ein allgemeines Lehrziel wie z.B. kommunikative Kompetenz analysiert und beschrieben werden. Dies ist machbar, wenn die Adressaten eine spezifische Verwendung der Fremdsprache als Ziel haben – etwa im Falle von fachspezifischen Kursen für Geschäftsleute. Kaum wissenschaftlich realisierbar ist dieses Unterfangen jedoch im schulischen Fremdsprachenunterricht, da niemand im voraus wissen kann, wozu die Schüler die Fremdsprache einmal verwenden werden. Wie in der theoretischen Begründung eines lernorientierten Curriculums klar geworden ist, müssen zweitens die spezifizierten Endziele als Zwischenziele umgesetzt und als didaktische Strategien bzw. Lernaufgaben operationalisiert werden. Hinter dem Begriff „Operationalisierung“ verstecken sich fast alle didaktischen Entscheidungen.

Die Operationalisierung externer Lehrziele beruht zum einen auf einem Vergleich zwischen native-speaker-Normen und den Erwartungen/Bedürfnissen der Lernergruppe (so wurde z.B. in den Europarats-Studien vorgegangen). Zum zweiten basiert sie auf einer Einschätzung dessen, was in einem begrenzten Zeitraum (d.h. der vorgesehenen Zahl von Unterrichtsstunden) realistisch zu erreichen ist (im Prinzip sollte zuerst der gewünschte Kompetenzgrad und erst dann eine entsprechende Anzahl von Unterrichtseinheiten, also eine entsprechende Kurslänge, festgelegt werden). Diese Curriculumentscheidungen werden jedoch *vor* einer Berücksichtigung des Fremdsprachenlernens getroffen. In der Praxis (insbesondere im Fremdsprachenunterricht in der Schule oder in der Universität) werden auch Lehrziele festgelegt, die teilweise unabhängig von native-speaker-Normen sind. Wir denken dabei z.B. an die Relevanz einer translatorischen Kompetenz oder die Bedeutung von Kenntnissen der fremdsprachlichen Literatur. Hier muß nochmals unterschieden werden zwischen externen und internen Lehrzielen. Eine Begegnung mit der fremdsprachlichen Literatur kann also z.B. für die schulische Ausbildung ein zusätzliches externes Lehrziel sein (aus allgemeinen Bildungszielen durchaus begründbar), sie kann aber auch ein didaktisches Mittel sein, durch das andere fremdsprachenbezogene externe Lehrziele erreicht werden sollen. Im Prinzip könnte daher die Übersetzung im externen Curriculum als Lehrziel genommen werden, ohne daß Übersetzungen im internen Curriculum enthalten sind (freilich eine unwahrscheinliche Kombination). Andererseits können Übersetzungen im internen Curriculum erscheinen, ohne daß Übersetzung im externen Curriculum als Lehrziel erwähnt wird.

Die Konzentration auf lernbezogene Prozesse statt auf native-speaker-norm bezogene Produkte bei einem prozeduralen Curriculum macht deutlich, daß Curriculumentscheidungen nicht unabhängig von einer Lerntheorie entwickelt werden können. Linguistische bzw. funktionale Curricula basieren grundsätzlich auf linguistischen bzw. pragma-/soziolinguistischen Theorien. Das Konzept eines lernorientierten Curriculums kann als eine Aufforderung verstanden werden, ein Curriculumkonzept zu entwickeln, das auf einer Theorie des Fremdsprachenlernens basiert.

Da wir zur Zeit keine umfassende und empirisch gesicherte Theorie des Fremdsprachenlernens haben, können wir dieser Aufforderung kaum nachkommen. Wir möchten trotzdem im folgenden der Frage nachgehen, wie aus in einem externen Curriculum festgelegten Lehrzielen ein internes Curriculum erstellt werden kann, und ob hierfür einige lerntheoretische Positionen und empirische Forschungsergebnisse, über die wir in diesem Buch berichtet haben, relevant sind.

2 Von einem externen zu einem internen Curriculum: eine Lernperspektive

Wir wollen nun versuchen, tentative Verbindungen zwischen Curriculumentscheidungen und vorher diskutierten Ergebnissen der Sprachlehrforschung herzustellen. Dabei soll eine Lernorientierung im Sinne von 1.3 oben vorgeschlagen und exemplifiziert werden. Unsere Hauptidee ist, daß lerntheoretische Überlegungen beim Übergang von einem externen zu einem internen Curriculum miteinbezogen werden müssen.

Selbstverständlich ist die erste Frage, welche Funktion ein Curriculum haben soll. Aus theoretischer Sicht bestehen ja sogar Zweifel daran, ob es überhaupt sinnvoll ist, eine sorgfältig ausgearbeitete Progression in einem internen Curriculum oder Lehrplan festzulegen. Nach einigen Ansätzen der Zweitsprachenerwerbsforschung ist es grundsätzlich gleichgültig, in welcher Reihenfolge die Systematik der Fremdsprache dargestellt wird, denn die Lerner werden ohnehin diesem Angebot das entnehmen, wozu sie kognitiv „reif" sind (eine, freilich nicht allzu wissenschaftliche Formulierung der Position Krashens, vgl. These 3 in Abbildung 14.1). Gegen solch extreme Schlußfolgerungen der Hypothese einer natürlichen Erwerbssequenz ist in Kapitel 9 schon argumentiert worden. Die Lehrbarkeits-Hypothese Pienemanns (s. Kapitel 9, 4) ist unserer Meinung nach sinnvoll, nur beschränkt sich ihre Aussagekraft hauptsächlich auf einige Wortstellungsregeln des Deutschen. Deshalb ist es zu diesem Zeitpunkt kaum möglich, ein Curriculum auf ihrer Grundlage zu erstellen.

Wir können trotzdem sagen, daß die traditionelle Vorstellung eines Curriculums als einer Sequenz detailliert festgelegter Lernschritte, die Lerner akkumulativ beherrschen sollen (wobei normalerweise begleitende Lernkontrollen vorgesehen sind), nicht den heutigen Vorstellungen in Forschung und Praxis entspricht. Der Hauptgrund hierfür liegt darin, daß Lerner in solchen Curriculumkonzepten passive Konsumenten vorher festgelegter Materialien sind und dem aus der Lernpsychologie bekannten Konzept des aktiven, problemlösenden Lernens somit nicht Rechnung getragen wird (vgl. Kapitel 6, 1.2). Man muß die Theorie Krashens nicht als Ganze akzeptieren, um der These zuzustimmen, daß bedeutsamer Input für das Sprachenlernen wichtig ist, daß sich Lerner also für den Inhalt des Fremdsprachenunterrichts und die Lehrmaterialien interessieren müssen. Dies ist nicht unbedingt gegeben, wenn der Lehrplan alle Lehrmaterialien im vorhinein festlegt. Das in Kapitel 14, 1.2 erwähnte Diskurskonzept der Aushandlung von Bedeutungen ist also nicht nur relevant für Interaktionsformen im Unterricht, sondern auch für Unterrichtsinhalte und Unterrichtsverfahren. Auch die Themenkontroll-Hypothese (Kapitel 14, 1.5) und die Hypothese, daß lernerinitiierte Fragen potentiell wichtige Lernmomente sind (Kapitel 14, 1.6), verlangen implizit einen flexiblen Lehrplan, zu dessen Implementierung in der unterrichtlichen Praxis die Lerner beitragen. Schon 1979 hat Allwright empfohlen, die Verantwortlichkeit für das Lernen auf Lehrer und Lerner aufzuteilen; Holec (1981) spricht sogar von „Lernautonomie". Freilich lassen sich solche oft als Schlagwörter verwendete Konzepte leichter bei erwachsenen Lernern, die freiwillig an einem Sprachkurs teilnehmen, in die Tat umsetzen, als bei jüngeren, eventuell unmotivierten Schülern. Der zentrale Punkt gilt jedoch für alle Adressaten: ein internes Curriculum bzw. ein Lehrplan muß in dem Sinne offen sein, daß – u.a. auf Lernerinitiative hin – zu jeder Zeit Ergänzungen, Erweiterungen oder Alternativen vorgenommen werden können (s. hierzu insbesondere Allwright 1981). Der Begriff „autonomes Lernen" wird im Zusammenhang mit der Fremdsprachenvermittlung in letzter Zeit oft mit verschiedenen Gewichtungen verwendet. Der scheinbare Widerspruch (Autonomie + Vermittlung) ist dadurch zu erklären, daß der Begriff impliziert, daß auch die vielen Lernmöglichkeiten (vor allem durch die neuen Medien) außerhalb des Unterrichts bei der Unterrichtsplanung miteinbezogen werden können (vgl. z.B. Rösler 1998, Wolff 1998). Insofern ist die ‚Autonomiebewegung' ganz konsistent mit der Position, die in diesem Abschnitt erarbeitet wurde.

Im folgenden sollen exemplarische Aspekte des gesamten Komplexes der Curriculumentscheidungen beschrieben werden. Das Verfahren, das wir hierbei verfolgen, wird schematisch in Abbildung 15.4 dargestellt, die nicht streng linear zu verstehen ist und auf jeden Fall durch didaktische Erfahrungen und didaktische Kreativität ergänzt werden muß. Die Abbildung stellt mithin kein striktes deduktives Verfahren dar, gilt aber als Vorschlag zur Relevanz lerntheoretischer Überlegungen bei der Curriculumsplanung.

Zunächst wird die Umsetzung von externen Lehrzielen in einem internen Curriculum vorbereitet, indem „interne" Lehrziele berücksichtigt werden. Sodann wird versucht, mögliche Verbindungen zwischen dem Sprachlernprozeß und didaktischen Strategien aufzuzeigen. Danach gehen wir auf den Zeitfaktor ein, d.h. es werden Aspekte der Progressionsproblematik aufgegriffen. Abschließend soll der Frage nachgegangen werden, aufgrund welcher Kriterien geeignete Lehrmaterialien ausgewählt werden können.

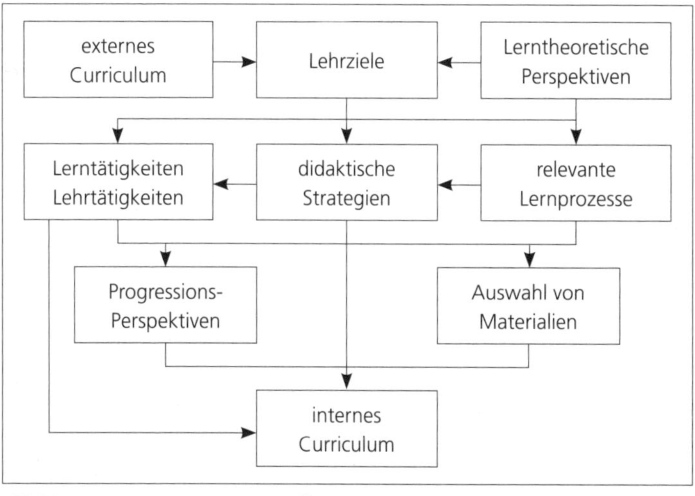

Abbildung 15.4 Lerntheoretische Überlegungen bei Curriculumentscheidungen

2.1 Die Festlegung von Lehrzielen

Wir wollen zuerst Lehrziele allgemein aus der Perpektive ihrer didaktischen Umsetzung betrachten. Lehrziele setzen sich aus drei kognitiven/affektiven Komponenten zusammen:

A Kompetenzen bzw. Fähigkeiten
B Wissen
C Einstellungen oder Werte (vgl. Bloom 1956).

Diese Komponenten beziehen sich allgemein auf die Fremdsprache und deren Kultur im weitesten Sinne und/oder auf das soziale Verhalten allgemein („Toleranz" kann z.B. als externes Lehrziel gelten). Es ist sinnvoll, zusätzliche *lernbezogene* Lehrziele zu berücksichtigen, die sich auf den Lernprozeß und auf den Lernkontext selbst beziehen, unabhängig davon, ob sie extern festgelegt worden sind oder nicht. Solche Lehrziele sind nach unserer Definition „interne" Lehrziele. So wurden z.B. in Kapitel 12 Lernstrategien und deren Lehrbarkeit diskutiert. In Kapitel 11, 7 ist ferner die Frage aufgeworfen worden, inwiefern Unterschiede zwischen einzelnen Lernern (durch die verschiedene Lernstile identifiziert und postuliert wurden) durch Unterricht veränderbar sind. Unabhängig von der Frage, wie Lernstrategien bzw. Lernstile durch didaktische Mittel gefördert werden können, sollten bei der Unterrichtsplanung lernprozeßorientierte Lehrziele dieser Art berücksichtigt werden. Ebenso gilt: wenn das Verhalten der Lerner im Unterricht (wie in Kapitel 13 argumentiert) Wesentliches zum Erfolg des Unterrichts beiträgt, wäre es sinnvoll, daß ein Lehrplan dies mitberücksichtigt und entsprechende interne Ziele beinhaltet.

Die drei kognitiven/affektiven Dimensionen Fähigkeiten, Wissen und Einstellung können sich daher auf drei verschiedene Kontexte beziehen:

(i) Der relevante Kulturrahmen für den Gebrauch der Zielsprache
In vielen Sprachkursen ist dies die fremdsprachliche Kultur selbst. Wir wählen hier deshalb eine etwas umständliche Formulierung, weil für bestimmte Adressaten der zielsprachliche Kulturrahmen *nicht* der relevante Gebrauchskontext für die Zielsprache ist (vgl. z.B. den Status des Englischen in Indien oder Kurse, in denen Englisch für internationale Begegnungen vermittelt wird). Normalerweise dürfte es ein Hauptziel des Fremdsprachenunterrichts sein, daß die Lerner eine sprachliche bzw. kommunikative Kompetenz in diesem Kontext erwerben (A) und/oder sich sprachliches und kulturelles Wissen über diesen Kulturrahmen aneignen (B). Positive Einstellungen Mitgliedern der Zielkultur gegenüber zu entwickeln, gehört möglicherweise auch zu den Lehrzielen eines Fremdsprachenkurses (C). Das in der letzten Zeit besonders in den Vordergrund gerückte „interkulturelle Lernziel" (vgl. Kapitel 7; 2.6) bezieht sich auf die zu entwickelnde Fähigkeit der Sprachlerner, Werte und Einstellun-

gen, die die L2 Kultur im Kontrast zur L1 Kultur kennzeichnen, zu verstehen, sich mit den kulturell gewachsenen Traditionen und Verrichtungen, geteilten geschichtlichem Schicksal und dessen Konsequenzen vertraut zu machen und eine Position des „neutralen Dritten“ einzunehmen, aus der sich Toleranz, kritisches Bewußtsein, Reflektions- und Vergleichsvermögen, und Empathie speisen. (vgl. Byram und Feng 2004; Kramsch 2004). Wie wir in Kapitel 7 bereits dargelegt haben, ist es unserer Meinung nach fraglich, ob derartige Ziele zum Kern des Fremd-SPRACHENunterrichts gehören oder nicht.

(ii) Der Fremdsprachenunterricht als sozialer Lernkontext
In diesem Bereich könnte man darauf abzielen, verschiedene Lernstrategien oder Diskursfähigkeiten (A) oder bestimmte Einstellungen wie Lernbereitschaft (C) zu fördern. Wissen darüber, wie das Fremdsprachenlernen vor sich geht, könnte für bestimmte Addressaten relevant sein (B).

(iii) Alle zusätzlichen Kontexte, in denen Lerner als denkende, soziale Wesen handeln
Hier könnte man Ziele wie Offenheit, Toleranz, Verständnis berücksichtigen (C) oder allgemeine Kenntnisse über Sprache und ihre Verwendung in sozialen Situationen (B).

Allgemeine Bildungsziele gelten auch für andere Schul- und Universitätsfächer und sind daher nicht spezifisch für den Fremdsprachenunterricht. Wir werden daher solche Bildungsziele im weiteren nicht analysieren.

Aus diesen Überlegungen ergibt sich der in Abbildung 15.5 gezeigte Rahmen für die Aufstellung von Lehrzielen. Der Orientierungsrahmen in Abbildung 15.5 kann natürlich weiter ausdifferenziert werden. Stern (1992) unterscheidet z.B. zwischen einem sprachlichen Curriculum, einem kulturellen Curriculum, einem Curriculum kommunikativer Tätigkeiten und einem Curriculum für die sprachbezogene Ausbildung allgemein. Im „Handbuch Fremdsprachenunterricht“ (Bausch, Christ und Krumm 2003) werden in verschiedenen Kapiteln ein sprachliches, ein landeskundliches und ein literarisches Curriculum behandelt (Artikel 20–22). Innerhalb des sprachlichen Curriculums können selbstverständlich bekannte Unterteilungen aus der Linguistik übernommen werden.

Kontexte/ Leistungen	PS-relevanter Kulturrahmen	Fremdsprachen-Unterricht	andere Kontexte
Fähigkeiten			
Wissen			
Einstellungen			

Abbildung 15.5 Aspekte bei Curriculumentscheidungen: ein Rahmen für die Festlegung von Lehrzielen

Bei der didaktischen Umsetzung festgelegter Lehrziele sind folgende Überlegungen relevant: Kompetenz, Wissen und Einstellung lassen sich zwar als externe Lehrziele unterscheiden, aus lernpsychologischer Sicht sind sie jedoch nicht voneinander getrennt. So wurde insbesondere in Kapitel 14, 2 diskutiert, ob und wie deklaratives Wissen zu einer Sprachkompetenz beitragen kann; in Kapitel 11 wurde u.a. gezeigt, daß Einstellungen sich mit Erfahrungen ändern, daß eine Interaktion zwischen wachsender Kompetenz in der Zielsprache und verschiedenen affektiven Dimensionen stattfindet. Dies bedeutet zunächst, daß andere Leistungen didaktisch angestrebt werden können als die als Endziele festgelegten. Sinnvoll könnte sein, daß Lerner sich zum Erwerb kommunikativer Fähigkeiten in Alltagssituationen über die unterschiedlichen sozialen Konventionen ihrer eigenen und der fremden Kultur bewußt werden. Entsprechendes Wissen würde dann als internes Lehrziel gelten, obwohl solches Wissen nicht als externes Lehrziel spezifiziert wurde. Ferner gilt, daß ein internes Lehrziel gleichzeitig als Beitrag zur Erreichung verschiedener spezifizierter externer Lehrziele verstanden werden kann.

Bei der Frage, wie aus spezifizierten externen Lehrzielen ein internes Curriculum gewonnen werden kann, konzentrieren wir uns auf die Sprachbeherrschung. Wir gehen also davon aus, daß ein angemessenes sprachliches und soziales Verhalten in der Zielsprache in verschiedenen Situationen als Hauptlehrziel gilt.

2.2 Sprachlernprozesse und didaktische Strategien

Bei der Aufgabe, aus einem externen Curriculum ein internes Curriculum zu entwickeln, müssen – zumindest implizit – lerntheoretische Überlegungen berücksichtigt werden. Dies soll im folgenden explizit geschehen: zunächst wollen wir erneut auf eine bestimmte lerntheoretische Position Bezug nehmen, um dann eine Systematik für didaktische Strategien zu skizzieren. Sodann wird überlegt, wie beide miteinander in Verbindung gebracht werden können.

2.2.1 Lerntheoretische Überlegungen

Für unsere exemplarischen Zwecke werden die in Kapitel 14, 2.2 erläuterten kognitiven Sprachverarbeitungsvariablen wieder aufgegriffen. Als relevant für den Sprachlernprozeß wurde dort angesehen:

- inwiefern vorhandenes Wissen *analysiert* ist
- inwiefern vorhandenes Wissen *integriert* ist und
- inwiefern vorhandenes Wissen *automatisiert* ist.

Eine vierte Variable – inwiefern das Wissen *explizit* ist – wurde als unabhängig von diesen drei Variablen angesehen.

Nach dieser theoretischen Vorstellung wird in der Sprachlehre ein potentieller Gewinn an Sprachkompetenz dadurch verursacht, daß das kognitive System des Lerners durch eine oder mehrere der folgenden vier Möglichkeiten verändert wird:

- neues Wissen (+/– explizit) wird gewonnen und gespeichert
- vorhandenes Wissen wird (weiter) analysiert
- vorhandenes Wissen wird (weiter) integriert
- vorhandenes Wissen wird (weiter) automatisiert.

Weitere Möglichkeiten sind natürlich denkbar. So kann vorhandenes Wissen ersetzt werden oder vorhandenes Wissen (+/– explizit) kann nicht mehr zugänglich sein – wir gehen davon aus, daß dies nicht wünschenswert ist.

2.2.2 Didaktische Strategien

Zur didaktischen Umsetzung solcher Änderungen sollen zunächst mögliche didaktische Ansätze charakterisiert werden. Wir möchten hierfür das Verfahren von Stern 1992 übernehmen und adaptieren, der drei Dimensionen für Lehrstrategien vorschlägt:

- die intralinguale/interlinguale Dimension
- die analytische/holistische Dimension.
- die explizite/implizite Dimension

Die erste Dimension bezieht sich auf die Rolle der L1 in der Fremdsprachenlehre. Beispiele wären, inwieweit Lehrer das Einsprachigkeitsprinzip im Unterricht beachten (insbesondere bei Gesprächen, die die Unterrichtsorganisation betreffen), inwieweit kulturelle bzw. sprachliche Vergleiche zwischen L1 und L2 gemacht werden, inwieweit Hin- oder Herübersetzungen als didaktische Strategie im Lehrplan vorgesehen sind. Stern argumentiert (unserer Meinung nach zu Recht), daß es durchaus angebracht ist, interlinguale Lehrstrategien einzusetzen, auch wenn z.B. bei kommunikativen Übungen eine intralinguale Strategie zu bevorzugen ist. Für unsere Überlegungen ist in diesem Zusammenhang die interlinguale/intralinguale Dimension jedoch weniger bedeutend als die beiden anderen didaktischen Dimensionen.

Die zweite Dimension betrifft die Art und Weise, wie die Fremdsprache im Unterricht wahrgenommen wird. Bei einem eher analytischen didaktischen Zugriff wird die Sprache als System betrachtet, bei einer holistischen Strategie dagegen wird sie mit persönlichen Erfahrungen und kommunikativen Zielen in Verbindung gebracht. Unser Begriff „holistisch“ entspricht nicht genau dem von Stern verwendeten englischen Begriff „experiential“, der eher „mit Erfahrungen verbunden“ bedeutet. Abbildung 15.6 listet weitere Merkmale auf, die für Stern mit dieser zweiten Dimension verbunden sind.

Analytisch	Holistisch
objektiv	subjektiv
beobachten	teilnehmen
kontextunabhängig	kontextverbunden
Sprachübung	Sprachverwendung
isolierte Äußerungen	Diskurseinheiten
Fokus auf Form	Fokus auf Inhalt

Abbildung 15.6 Merkmale analytischer bzw. holistischer Lehrstrategien (nach Stern 1992, 302)

Die dritte Dimension explizit/implizit haben wir in Kapitel 14 bereits ausführlich behandelt. Bei dieser Thematik geht es darum, inwieweit Lerner bewußt bzw. intuitiv beim Lernen vorgehen. Krashens Konzept des Spracherwerbs entspricht einem impliziten didaktischen Ansatz, sein Konzept des Sprachenlernens einer expliziten Lehrstrategie.

Stern betont, daß diese dritte Dimension nicht gleichzusetzen ist mit der zweiten. Obwohl eine implizite Lehrstrategie häufig mit einer holistischen verbunden ist und eine explizite Lehrstrategie mit einer analytischen, ist diese Kombination nicht zwingend. Wenn Lehrmaterialien wie z.B. Dialoge so ausgewählt werden, daß in ihnen bestimmte Merkmale der Zielsprache verwendet und diese Dialoge im Unterricht simuliert und „gelernt" werden, dann ist die didaktische Strategie sowohl analytisch als auch implizit (vgl. z.B. die audiolinguale Methode). Wenn jedoch der Inhalt des Dialogs nicht vorher festgelegt wurde, dann wäre die Lehrstrategie eher holistisch und implizit.

Interessanterweise haben wir bei der Diskussion über die kognitive Verarbeitung unterschiedlicher Informationstypen (in Kapitel 14, 2.2) genau diese Unterscheidung getroffen, d.h. die Variable explizit/implizit wurde als unabhängig von den Variablen integriert, analysiert und automatisiert erachtet.

Stern betont in seiner Ausführung, daß die drei Dimensionen von Lehrstrategien keine absoluten Oppositionen sind und ferner, daß z.B. analytische und holistische Strategien miteinander kombiniert verwendet werden können (Stern 1992, 321–326 – s. ferner 2.3 unten).

2.2.3 Lerntheoretische Perspektiven und Lehrstrategien

Eine strikte und exklusive Zuordnung der in 2.2.1 erwähnten Lernparameter zu den in 2.2.2 aufgeführten Typen von Lehrstrategien ist kaum möglich. Bei unserem anschließenden Vorschlag ist es wichtig zu unterscheiden zwischen explizitem/implizitem Wissen und einer expliziten bzw. impliziten Lehrstrategie. Es ist ferner wichtig zu berücksichtigen, daß eine analytische Lehrstrategie explizit oder implizit eingesetzt werden kann. Wir schlagen folgende Zuordnung vor:

Analyse:	[explizit/implizit], [analytisch]
Integration:	[explizit/implizit], [holistisch]
Automatisierung:	[implizit], [analytisch/holistisch].

Die erste Stern'sche Dimension – die intralinguale/interlinguale Dimension – wird hier nicht erwähnt. Wir dürfen jedoch davon ausgehen, daß interlinguale Lehrstrategien immer dann angebracht sind, wenn die Merkmale [+explizit] oder [+analytisch] vorhanden sind.

Um gewonnenes Wissen weiter zu *analysieren*, ist sicherlich eine analytische Lehrstrategie geeignet, die explizit oder implizit eingesetzt werden kann. Um vorhandenes Wissen weiter zu *integrieren* wird eine holistische didaktische Strategie vorgeschlagen, die explizit oder implizit sein kann. Daß zur Integration neuen Wissens die Fremdsprache aktiv „erlebt" und nicht neutral „beobachtet" werden muß, scheint klar. Wir sind der Ansicht, daß auch eine explizite Strategie zu dieser Wissensintegration beitragen kann, z.B. dadurch, daß interkulturelle pragmatische Normen im Unterricht vorgestellt werden und daß Lerner über ihr kommunikatives Verhalten in einer bestimmten Situation entweder vorher oder nachher diskutieren (s. z.B. di Pietro 1987). Zur *Automatisierung* vorhandenen Wissens (expliziten oder impliziten Wissens) wird eine implizite Lehrstrategie bevorzugt. Alle Aktivitäten, die dem Parameter analytisch/holistisch zugeordnet werden können, tragen möglicherweise zur Automatisierung bei, auch wenn wahrscheinlich eine eher analytische Strategie effizienter ist, da hier eine (unbewußte) Konzentration auf bestimmte Merkmale der Zielsprache erreicht wird.

Der aufmerksame Leser wird bereits bemerkt haben, daß in der Tendenz die drei erwähnten kognitiven Prozesse der Integration, Automatisierung und Analyse von fremdsprachlichem Wissen und die als relevant vorgeschlagenen didaktischen Ansätze bestimmten methodischen Prinzipien entsprechen, die mit den in Abschnitt 1 diskutierten drei Curriculumtypen kompatibel sind. Im großen und ganzen entspricht ein linguistisches Curriculum einem analytischen kognitiven Lernprozeß, ein funktionales Curriculum einem automatisierenden Prozeß und ein aufgabenorientiertes Curriculum einem integrierenden Prozeß.

Diese Hinweise auf didaktische Strategien sagen natürlich nichts über die Auswahl geeigneter Materialien und Übungsformen aus – dies ist auch nicht unser Ziel. Eine Vielzahl verschiedener Lernaufgaben und Übungsformen, die aus den hier übernommenen Dimensionen für didaktische Strategien folgen, findet sich z.B. in Stern (1992, 278–348; vgl. auch die Artikel 54 bis 66 in Bausch, Christ und Krumm 2003).

Es bleibt noch zu diskutieren, durch welche didaktischen Strategien neues Wissen (explizit oder implizit) erworben wird. Wenn wir die erste Stern'sche didaktische Dimension wiederum außer acht lassen, so stehen die vier möglichen strategischen Ansätze zur Disposition, die sich aus den zwei Dimensionen analytisch/holistisch, explizit/implizit ergeben. Wir meinen, daß alle vier Möglichkeiten zur Aufnahme neuen Wissens durch den Lerner führen können oder sogar müssen. Die wichtigste didaktische Frage lautet daher, wie (bzw. ob) die Aufnahme neuen Wissens durch das Curriculum gezielt gesteuert werden kann. Wir gehen davon aus, daß es effizienter sein muß (insbesondere bei Anfängern), die Aufmerksamkeit der Lerner durch eine *analytische* Lehrstrategie, die explizit oder implizit sein kann, zu fokussieren.

2.3 Zur Progression im Lehrplan: der Zeitfaktor

Die Frage, wie neues Wissen zu gewinnen ist, muß in Verbindung mit Sequenzen didaktischer Handlungen betrachtet werden, und die „Routinen führen zu Grammatik"-Hypothese (Kapitel 14, 1.4) bietet eine mögliche Antwort. Konsistent mit dieser Hypothese wäre folgender didaktischer Ansatz: für die Beherrschung kürzerer Diskurseinheiten (z.B. Begrüßungssequenzen, Reparatursequenzen und anderer, für den unterrichtlichen Ablauf als lernorientierte Lehrziele erfaßter Diskursteile) werden exemplarische Redewendungen bzw. routinisierte Äußerungen zunächst intensiv geübt (implizite, analytische didaktische Strategie). Geeignet für diesen ersten didaktischen Schritt bzw. die erste kognitive Verarbeitung sind insbesondere Redewendungen, in denen die Form-Funktion-Beziehung relativ klar ist (vgl. Abbildung 9.8). Zu einem späteren Zeitpunkt soll die interne Analyse dieser in der Zwischenzeit gespeicherten, möglicherweise automatisierten und integrierten Formeln durch eine *explizite* analytische Lehrstrategie gefördert werden. Nach dieser Vorstellung ist das Explizitmachen impliziten Wissens eine geeignete didaktische Strategie, da hierdurch die interne Analyse gespeicherten Wissens gefördert werden kann.

Auch die umgekehrte Reihenfolge wurde in Kapitel 14 als potentiell lernfördernd bezeichnet. Wir haben erwähnt, daß u.a. Ellis (1990) der Meinung ist, daß explizites Wissen zunächst die Aufmerksamkeit des Lerners für bestimmte Sprachphänomene wecken kann (vgl. Schmidt 1998). Nach unserer Vorstellung würde das heißen, daß dieses Wissen durch ein darauffolgendes analytisches, implizites didaktisches Verfahren analysiert wird. Wir sind der Meinung, daß dieses deduktive Verfahren eher für Merkmale der Fremdsprache geeignet ist, die eine relativ leichte kognitive Verarbeitung ermöglichen (vgl. nochmals Abbildung 9.8).

In Bezug auf syntaktische Strukturen scheint uns die Aufnahme expliziten Wissens, z.B. in Form syntaktischer Regeln, eine nicht-effiziente didaktische Strategie zu sein, wenn wenig oder gar kein Kontakt mit Äußerungen dieser Struktur besteht. Bei lexikalischen bzw. allgemeinen semantischen Problemen dagegen scheint eine explizite Erklärung (interlingualer Art) durchaus angebracht.

Wir würden also behaupten, daß bei einer Gewichtung holistischer (und impliziter) gegenüber analytischen (und expliziten) Lehrstrategien über einen Zeitraum hin der Anteil der letzteren Strategie mit wachsender Kompetenz in der Zielsprache eher zunehmen als abnehmen wird, auch wenn manchmal das Gegenteil behauptet wird (z.B. Brumfit 1984a, 118–125).

2.4 Zur Auswahl geeigneter Lehrmaterialien

Hier möchten wir uns der Frage zuwenden, ob Lehrmaterialien immer „authentisch“ bzw. „realistisch“ sein müssen (unter Lehrmaterialien verstehen wir nicht nur Texte im üblichen Sinne, sondern auch Beispielsätze, Unterrichtsgespräche, exemplarische Dialoge und mediengestützte Materialien wie Bilder, Filme usw.). Vorab müssen wir uns allerdings darüber im klaren sein, was mit dem Begriff „authentisch“ gemeint ist. Abbildung 15.7 berücksichtigt mehrere Interpretationen dieses Begriffs, die in der Literatur zu finden sind (vgl. z.B. Breen 1985).

Da in der relevanten Literatur die Stern'sche Unterscheidung zwischen einem holistischen/analytischen didaktischen Ansatz nicht vorkommt, wird in Abbildung 15.7 die Unterscheidung zwischen „Spracherwerb“ und „Sprachenlernen“ im Sinne Krashens in der Rubrik „Bevorzugte Art des Lernens“ eingesetzt, und es wird eine parallele Zuordnung in Form des für die Lehrstrategien relevanten Gegensatzpaares holistisch/implizit gegenüber analytisch/explizit vorgeschlagen.

Die Relevanz einiger der in Abbildung 15.7 aufgeführten Interpretationen ist durchaus fraglich. So ist z.B. die Annahme, daß ein Text deshalb innerhalb eines eher holistischen didaktischen Ansatzes zu bevorzugen ist, weil er von einem native-speaker für andere native-speakers verfaßt worden ist, sehr problematisch. Uns ist kein Argument bekannt, daß dies so sein muß. Die Annahme, daß native-speakers notwendigerweise nur „gute", „authentische", innerhalb der betroffenen Textsorte „richtige" Texte produzieren, ist schlicht falsch. Das entsprechende Kriterium für analytische Textarbeit scheint uns zwar angebracht zu sein, leidet jedoch darunter, daß es schwer operationalisierbar ist. Auf der Ebene der didaktischen Verwendung liegen ebenfalls Unklarheiten vor. Es scheint übertrieben zu fordern, daß keine Texte für den Unterricht ausgewählt werden dürfen, die nur für den Unterricht verfaßt worden sind. Ferner sind die Begriffe „interessant" oder „relevant" nicht operationalisierbar. Mit anderen Worten: auch wenn Abbildung 15.7 einige relevante (wenn auch subjektive) Auswahlkriterien für verschiedene didaktische Zwecke vorschlägt, ist das Konzept der „Authentizität" in sich ohne jedes theoretische oder didaktische Interesse.

Bevorzugte Art des Lernens/Lehrens	Fremdsprachenerwerb (holistisch/implizit)	Fremdsprachenlernen (analytisch/explizit)
Ebene der textuellen Merkmale	Der Text wurde von native-speakers für native-speakers produziert.	Der Text enthält alle relevanten textsorten-spezifischen Merkmale.
Ebene der didaktischen Verwendung	Der Text wurde für außerunterrichtliche Ziele verfaßt. Der Inhalt soll für den Lerner als Person „interessant" sein.	Auch für den FU hergestellte Texte können „authentisch" sein. Der Inhalt soll für den Lerner qua Lerner „relevant" sein.
Ebene der psycholinguistischen Wirkung	„Natürliche" Spracherwerbsprozesse werden aktiviert.	Erwerbsprozesse werden durch Lernprozesse unterstützt bzw. gefördert.

Abbildung 15.7 Der Begriff „authentisch": eine Differenzierung

Für eine geeignete Textauswahl sind Lehrerfahrung, Kenntnisse einer breiten Palette von Textsorten und die am Anfang dieses Kapitels geforderte Miteinbeziehung der Wünsche und Bedürfnisse der Adressaten unserer Meinung nach sicherlich bedeutsamer als das Kriterium der „Authentizität".

Einen Einblick in die Vielfalt der Thematik „Erforschung von Lehr- und Lernmaterialien im Kontext des Lehrens und Lernens fremder Sprachen" gibt der gleichnamige, von Bausch et al. (1999) herausgegebene Band der Arbeitspapiere der 19. Frühjahrskonferrenz zur Erforschung des Fremdsprachenunterichts.

3 Zusammenfassung/Ausblick

Nach der Darstellung dreier bekannter Curriculumtypen haben wir in diesem Kapitel versucht, einige Aspekte der Curriculumentwicklung aus lerntheoretischer Sicht zu diskutieren, was nicht heißt, daß alle fremdsprachendidaktischen Entscheidungen nur auf der Grundlage einer umfassenden Fremdsprachenlerntheorie zu treffen sind. Dies wäre unrealistisch: zum einen, weil es zur Zeit keine solche empirisch gesicherte Theorie gibt und zum anderen, weil man aus einer solchen Theorie nie didaktische Entscheidungen direkt ableiten könnte. Es ist jedoch zu hoffen, daß einige Hypothesen und empirische Befunde für didaktische Entscheidungen relevant sind. Diese potentielle Relevanz haben wir in diesem, den Curriculumsentscheidungen gewidmeten Kapitel beispielhaft darzustellen versucht.

Kapitel 16

Zusammenfassung und Ausblick

Zum Schluß sollen die in diesem Buch diskutierten Themen aus unterschiedlichen Perspektiven zusammengefaßt werden. Die interdisziplinäre Natur der Erforschung des Fremdsprachenlernens wird dann abschließend nochmals betont.

1 Rückblick

Jedes Buchkapitel wird im folgenden in einer kurzen These zusammengefaßt:

THESE 1:
Die Sprachlehrforschung versucht, durch ihren interdisziplinären Ansatz das gesteuerte Fremdsprachenlernen aus verschiedenen Richtungen zu erhellen und auf dieser Grundlage zu empirisch gesicherten Vorschlägen für die Fremdsprachenvermittlung zu gelangen.

THESE 2:
Das Fremdsprachenlernen wird von einer Vielfalt von zusammenwirkenden Faktoren beeinflußt.

THESE 3:
In der Sprachlehrforschung werden mehrere Forschungsmethoden eingesetzt, die sich gegenseitig ergänzen sollen.

THESE 4:
Der institutionelle Rahmen des Fremdsprachenlernens wird u.a. durch historische und sprachenpolitische Faktoren geprägt, die das Geschehen im Fremdsprachenunterricht mit bestimmen. Das gleiche gilt für die institutionelle Erforschung des Fremdsprachenlernens und -lehrens.

THESE 5:
Die Linguistik liefert wichtige Befunde für die Erforschung des Fremdsprachenlernens, die jedoch nicht unreflektiert übernom-

men werden dürfen. Der Gegensatz von systeminternen Betrachtungen der Sprache und dem sozialen Gebrauch von Sprache in der Linguistik spiegelt sich in verschiedenen Fremdsprachenlerntheorien und didaktischen Ansätzen wider. Eine Integration beider Betrachtungsweisen ist anzustreben.

THESE 6:

Dem Gegensatz zwischen behavioristischen und kognitiven Betrachtungen des Sprachenlernens korrespondieren verschiedene Ansätze innerhalb der Erforschung des L2-Lernens. Eine Integration beider Perspektiven ist zu bevorzugen.

THESE 7:

Der Lernerfolg und die Qualität der Lehre sind nicht entscheidend von der im Unterricht verwendeten Sprachlehrmethode abhängig. Die Suche nach der „besten" Lehrmethode ist sinnlos, sowohl in der Forschung als auch in der unterrichtlichen Praxis.

THESE 8:

Das L2-Lernen läuft unter ganz anderen Bedingungen ab als der L1-Erwerb. Theorien des Erstsprachenerwerbs können nicht ohne erhebliche Ergänzungen auf das L2-Lernen übertragen werden.

THESE 9:

Für bestimmte Aspekte der Zielsprache gelten beim L2-Lernen allgemeine Entwicklungsstufen, die möglicherweise durch die Natur der mit der Lernaufgabe verbundenen kognitiven Verarbeitungsprozesse erklärt werden können. Welche didaktischen Konsequenzen hieraus zu ziehen sind, bleibt zur Zeit unklar.

THESE 10:

Verschiedene kritische Perioden für die erfolgreiche Entwicklung von Aspekten einer L2 werden postuliert. Die empirischen Befunde lassen jedoch zur Zeit keine deutliche Bestätigung solcher Hypothesen zu.

THESE 11:

Kognitive, soziale und affektive Faktoren beeinflussen den individuellen Erfolgsgrad beim L2-Lernen. Es ist wahrscheinlich, daß solche individuellen Faktoren sich gegenseitig ergänzen und auch mit dem Faktor Alter interagieren.

THESE 12:

Die Sprachproduktion von Sprachlernern gibt indirekte Hinweise auf interne Sprachlern- bzw. Sprachproduktionsprozesse, z.B. bzgl. der Mitwirkung von L1-Kenntnissen und der Verwendung verschiedener Lernstrategien und kommunikativer Strategien.

THESE 13:

Die Natur der Interaktion im Fremdsprachenunterricht ist für den Lehr- und Lernerfolg des Unterrichts höchstwahrscheinlich entscheidend; die Erforschung dieser Interaktion stellt somit eine zentrale Aufgabe für die Sprachlehrforschung dar. Wie Lehrer ihre eigene Rolle konzipieren und realisieren, ist daher von zentraler Bedeutung.

THESE 14:

Verschiedene Hypothesen zur Frage, welche Handlungen im Unterricht besonders lernfördernd wirken und warum dies so ist, sind entwickelt worden. Mehrere dieser Hypothesen betonen die aktive Mitgestaltung des unterrichtlichen Geschehens durch die Fremdsprachenlerner. Es ist wahrscheinlich, daß mehrere dieser Hypothesen bei der Charakterisierung des „guten" Fremdsprachenunterrichts zusammenwirken. Unserer Meinung nach lautet eine gültige Zwischenbilanz des Forschungsstands zu diesem Zeitpunkt wie folgt: Fremdsprachenunterricht sollte transparent strukturiert werden und sowohl Möglichkeiten zur Gewinnung von Einsichten in die Systematik der Zielsprache bieten als auch vielfältige Möglichkeiten zur kommunikativen Verwendung der Fremdsprache.

THESE 15:

Bei der didaktischen Planung des Fremdsprachenunterrichts sollte sowohl ein Rahmen für die Mitentscheidungen der Adressaten vorgesehen als auch eine Theorie des Fremdsprachenlernens berücksichtigt werden.

Der Rückgriff auf einige Abbildungen vorangegangener Kapitel ergibt eine noch knappere Zusammenfassung des Buches. Für eine rückblickende Zusammenschau eignen sich besonders die Abbildungen 2.3, 6.5 und 7.1: die erste Abbildung stellt den Untersuchungsgegenstand der Sprachlehrforschung dar, die zweite verdeutlicht ihre zentrale Aufgabe – die Entwicklung eines Fremdsprachenlernmodells. Das dritte erwähnte Modell weist indirekt darauf hin, zu welchen didaktischen Entscheidungen die Sprachlehrforschung letzten Endes relevante Kenntnisse liefern soll.

Eine dritte Möglichkeit, einige Themen des Buches miteinander in Verbindung zu bringen, bietet Abbildung 16.1. Hier wird unterschieden zwischen vier Aspekten des L2-Lernens: wie *„korrekt"* – oder auch, um andere Faktoren abzurufen, „grammatisch", „angemessen", „flüssig" – das Lernerverhalten in der Zielsprache ist, wie *schnell* gelernt wird, inwiefern *weiter* gelernt wird und – last but not least – *warum* letztendlich das Fremdsprachenlernen erfolgreich sein kann. Einige Faktoren werden jedem dieser vier Komplexe tentativ zugeordnet, wobei freilich diese Zuordnung eher eine Diskussionsbasis darstellt und kein sich aus diesem Buch ergebender Befund ist. Mit anderen Worten, unser Leserkreis wird dazu eingeladen, eigene Faktorenlisten aufzustellen.

Faktoren, die die Korrektheit der erworbenen fremdsprachlichen Kenntnisse beeinflussen:	– Kursinhalt, Kursmaterialien – Lehrerverhalten – Grammatikunterricht
Faktoren, die die Schnelligkeit des Fremdsprachenerwerbs möglicherweise beeinflusssen:	– Intelligenz/Motivation – Alter – Kontaktmöglichkeiten mit der Fremdsprache
Faktoren, die die Bereitschaft, nach dem Kursabschluß „weiterzulernen" beeinflussen:	– Lernerfolg – soziale Notwendigkeit – Kontaktmöglichkeiten mit der Fremdsprache
Faktoren, die den Fremdsprachenerwerb grundsätzlich ermöglichen:	– neurologische Strukturen – individuelle Neugier – sozialer Druck

Abbildung 16.1 Lernerfolg – eine Differenzierung

2 Ausblick

Eine Hauptthese dieser Arbeit, die implizit auch in den soeben erwähnten Modellen zu entdecken ist, besagt, daß es unangebracht ist, in der Sprachlehrforschung nach einfachen Lösungen zu suchen. Es ist nicht zu erwarten, daß ein einziger Faktor (zum Beispiel „Input" oder „Motivation") den Fremdsprachenlernerfolg determiniert oder daß Lehrende genau das passende Lehrwerk für einen bestimmten Kurs finden können.

Aber auch wenn der Glaube an den *einen* entscheidenden Faktor beim Fremdsprachenlernen ein Mythos ist, ist es natürlich sinnvoll, in der Forschung die Relevanz eines einzelnen Faktors oder mehrerer ausgewählter Faktoren zu überprüfen. Sowohl „analytisch-experimentelle" als auch eher „holistisch-ethnographische" Untersuchungen sind also notwendig und sinnvoll (vgl. Kapitel 3 und insbesondere Abbildung 3.3). Nur auf diese Weise, so könnte man argumentieren, ist es möglich, Fortschritte zu erzielen.

Man sollte sich aber keine Illusionen über die Bedeutung der Ergebnisse solcher Forschungen machen; bei der Interpretation von Forschungsergebnissen sollte man vielmehr stets das im Auge behalten, was im jeweiligen Forschungsprojekt nicht mitberücksichtigt wurde. Sonst besteht die Gefahr, daß sich eine Palette sich gegenseitig ausschließender oder füreinander nicht relevanter Forschungsgebiete entwickelt (etwa Ansätze wie die Lehrwerkanalyse, die Motivationsforschung, die Literaturdidaktik, usw.).

Es ist also notwendig, in der Sprachlehrforschung immer offen zu bleiben für andere und neue Forschungsansätze und praktische Lehr- und Lernerfahrungen. Daraus kann man vier Konsequenzen ziehen. Erstens, der in Kapitel 1 erwähnte Anspruch auf Interdisziplinarität kann nicht allein durch Zusammenarbeit mit Fachleuten aus anderen Disziplinen, sondern muß zunächst im Kopf des Individuums geleistet werden. Zweitens ist der Versuch, das Erlernen einer Fremd- oder Zweitsprache besser zu verstehen und diesen Prozeß in der Lehre positiv zu unterstützen, eine Aufgabe, die durch aufeinander aufbauende Arbeiten geleistet werden kann – dies ist ein akkumulativer Prozeß, der natürlich nie aufhört. Drittens müssen die reichhaltigen Erfahrungen und Einsichten, die von Lehrenden und Lernenden aus der unterrichtlichen Praxis gewonnen worden sind, als relevante empirische Daten und empirisch fundierte Hypothesen mitberücksichtigt werden. Es ist weiterhin notwendig, daß Lehrer und Lerner in den Forschungsprozeß explizit miteinbezogen werden.

Zu diesen drei Interpretationen der interdisziplinären Natur der Sprachlehrforschung hat diese Einführung in die Sprachlehrforschung einen Beitrag zu leisten versucht.

Bibliographie

Adamson B. 2004 „Fashions in Language Teaching Methodology", in A. Davies und C. Elder (eds.), 604–622

Aguado K. und C. Riemer (eds.) 2001a *Wege und Ziele. Perspektiven DaF*, Hohengeheren: Schneider

Aguado K. und C. Riemer 2001b „Triangulation: Chancen und Grenzen mehrmethodischer empirischer Forschung", in Aguado und Riemer 2001a, 245–257

Ahrens R. (ed.) 2003 *Europäische Sprachenpolitik*, Heidelberg: Winter

Aitchison J. 1994 *Words in the Mind. An Introduction to the Mental Lexicon*, Oxford: Basil Blackwell, 2. Auflage (deutsch 1997: *Wörter im Kopf. Eine Einführung in das mentale Lexikon*, Tübingen: Niemeyer)

Albert M.L. und L.K. Obler 1978 *The Bilingual Brain*, New York: Academic Press

Allwright R.L. 1975 „Problems in the Study of the Language Teacher's Treatment of Learner Error", in Burt und Dulay (eds.) 1975, 96–109

Allwright R.L. 1979 „Abdication and Responsibility in Language Teaching", in *Studies in Second Language Acquisition* 2, 103–121

Allwright R.L. 1980 „Turns, Topics and Tasks: Patterns of Participation in Language Learning and Teaching", in Larsen-Freeman (ed.) 1980, 165–187

Allwright R.L. 1981 „What do we want teaching materials for?", in *English Language Teaching Journal* 36, 5–18

Allwright R.L. 1984a „The Importance of Interaction in Classroom Language Learning", in *Applied Linguistics* 5:2, 156–171

Allwright R.L. 1984b „Why don't learners learn what teachers teach? – The Interaction Hypothesis", in D.M. Singleton und D.G. Little (eds.) *Language Learning in Formal and Informal Contexts*, Dublin: IRAAL, 3–18

Allwright R.L. 1988 *Observation in the Language Classroom*, London: Longman

Allwright R.L. und K.M. Bailey 1991 *Focus on the Language Classroom*, Cambridge: Cambridge University Press

Ammon U. 1999 „Deutsch als Wissenschaftssprache: die Entwicklung im 20. Jahrhundert und die Zukunftsperspektive", in H.E. Wiegand (ed.) *Sprache und Sprachen in den Wissenschaften: Geschichte und Gegenwart*, Berlin/New York: de Gruyter, 668–685

Anderson J.R. 1982 „Acquisition of Cognitive Skill", in *Psychological Review* 89, 369–406

Anz H., L. Götze, G. Helbig, G. Henrici, H.-K. Krumm und W. Veit (eds.) 2000 *Deutsch als Fremdsprache. Ein internationales Handbuch*, 2 Bände, Berlin/New York: de Gruyter. Band 1: *Sprachwissenschaft und Sprachdidaktik*; Band 2: *Literaturwissenschaft und Literaturdidaktik*

Apelt W. 1991 „Nachdenken über ‚Ostmethodik' und ‚Westmethodik'", in *Fremdsprachenunterricht* 35:5, 257–262

Arbeitsgruppe Fremdsprachenerwerb Bielefeld 1987 „Welcher Typ von Forschung in der Fremdsprachendidaktik? Zum Verhältnis von qualitativer und quantitativer Forschung", in Lörscher und Schulze (eds.) 1987, Band 2, 943–975

Aston G. 1986 „Trouble-shooting in Interaction with Learners: the more the merrier?", in *Applied Linguistics* 7, 128–143

Austin J.L. 1976 *How to do Things with Words*, London: Oxford University Press, 2. Auflage

Ausubel D. 1968 *Educational Psychology: a Cognitive View*, New York: Holt

Ausubel D. 1978 „Die Förderung bedeutungsvollen verbalen Lernens", in *Unterrichtswissenschaft* 6:1, 58–66

Bach G. und S. Niemeier (eds.) 2002 *Bilingualer Unterricht*, Frankfurt/Main: Lang

BAGIV (Bundesarbeitsgemeinschaft der Immigrantenverbände in der Bundesrepublik Deutschland und Berlin West) (ed.) 1985 *Muttersprachlicher Unterricht in der Bundesrepublik Deutschland*, EBV Rissen: Hamburg

Bahr A., K.-R. Bausch, B. Helbig, K. Kleppin, F. Königs und W. Tönshoff 1996 *Forschungsgegenstand Tertiärsprachenunterricht. Ergebnisse eines empirischen Projekts*, Bochum: Brockmeyer

Baker C. 2006 *Foundations of bilingual education and bilingualism*, Clevedon: Multilingual Matters, 4. Auflage

Baldegger M., M. Müller und G. Schneider 1981 *Kontaktschwelle Deutsch als Fremdsprache*, Berlin: Langenscheidt

Barkowski H. 1995 „Deutsch als Zweitsprache", in Bausch, Christ und Krumm (eds.), 360–365

Barnes D. 1976 *From Communication to Curriculum*, Harmondsworth: Penguin

Baur R.S. 1979 „Die Interiorisierungstheorie Gal'perins und ihre Anwendung auf den Fremdsprachenunterricht", in *Linguistische Berichte* 61, 68–87

Baur R.S. 1996 „Die Suggestopädie", in *Fremdsprachen Lehren und Lernen* 25, 106–137

Bausch K.-R. und G. Kasper 1979 „Der Zweitsprachenerwerb: Möglichkeiten und Grenzen der großen Hypothesen", in *Linguistische Berichte* 64, 3–35

Bausch K.-R., F. Königs und R. Kogelheide 1986 „Sprachlehrforschung – Entwicklung einer Institution und konzeptuelle Skizze der Disziplin", in K.-R. Bausch, F. Königs und R. Kogelheide (eds.) 1986 *Probleme und Perspektiven der Sprachlehrforschung*, Frankfurt: Scriptor, 1–22

Bausch K.-R., H. Christ, W. Hüllen und H.-J. Krumm (eds.) 1981 *Arbeitspapiere der ersten Frühjahrskonferenz zur Erforschung des Fremdsprachenunterrichts*, Bochum: Ruhr-Universität (Manuskripte zur Sprachlehrforschung 17)

Bausch K.-R., H. Christ, F. Königs und H.-J. Krumm (eds.) 1994 *Interkulturelles Lernen im Fremdsprachenunterricht,* Tübingen: Narr

Bausch K.-R., H. Christ, F. Königs und H.-J. Krumm (eds.) 1999 *Die Erforschung von Lehr- und Lernmaterialien im Kontext des Lehrens und Lernens fremder Sprachen,* Tübingen: Narr

Bausch K.-R., H. Christ und H.-J. Krumm (eds.) 2003 *Handbuch Fremdsprachenunterricht,* Tübingen: Francke, 4. Auflage

Bausch K.-R., H. Christ, F. Königs und H.-J. Krumm (eds.) 2003 *Der Gemeinsame europäische Referenzrahmen für Sprachen in der Diskussion,* Tübingen: Narr

Bausch K.-R., H. Christ, F. Königs und H.-J. Krumm (eds.) 2004 *Mehrsprachigkeit im Fokus,* Tübingen: Narr

Beljaev B.V. 1963 *The Psychology of Teaching Foreign Languages,* Oxford: Pergamon

Bellack A., H.M. Kliebard, R.T. Hyman und F.L. Smith 1966 *The Language of the Classroom,* New York: Teachers College Press

Bialystok E. 1978 „A Theoretical Model of Second Language Learning“, in *Language Learning* 28, 69–83

Bialystok E. 1990a *Communication Strategies. A Psychological Analysis of Second-Language Use,* Oxford: Blackwell

Bialystok E. 1990b „The Dangers of Dichotomy: a Reply to Hulstijn“, in *Applied Linguistcs* 11, 46–52

Bialystok E. 1997 „The structure of age: in search of barriers to second language acquisition“, in *Second Language Research* 13, 115–137

Bialystok E. 2001 *Bilingualism in Development,* Cambridge: Cambridge University Press

Bialystok E. und K. Hakuta 1999 „Confounded Age: Linguistic and Cognitive Factors in Age Differences for Second Language Acquisition“, in D. Birdsong (ed.) 161–182

Birdsong D. (ed.) 1999 *Second Language Acquisition and the Critical Period Hypothesis,* Mahwah, NJ, Erlbaum

Birdsong D. 2004 „Second Language Acquisition and ultimate attainment“, in A. Davies and C. Elder (eds.), 82–105

Blair R. 1982 *Innovative Approaches to Language Teaching,* Rowley: Newbury House

Bloom B.S. (ed.) 1956 *Taxonomy of Educational Objectives: the Classification of the Linguistic Society of America,* Baltimore: Linguistic Society of America

Blum-Kulka S, J. House und G. Kasper (eds.) 1989 *Cross-Cultural Pragmatics. Requests and Apologies,* Norwood, NJ: Ablex

Bongaerts T. und N. Poulisse 1989 „Communication Strategies in L1 and L2: same or different?“, in *Applied Linguistics* 10:3, 253–268

Börner W. und K. Vogel 1994 (eds.) *Kognitive Linguistik und Fremdsprachenerwerb,* Tübingen: Narr

Börner W. und K. Vogel 1996 (eds.) *Texte im Fremdsprachenerwerb. Verstehen und Produzieren,* Tübingen: Narr

Bot K. de, R.B. Ginsberg und C. Kramsch (eds.) 1991 *Foreign Language Research in Cross-Cultural Perspective,* Amsterdam: Benjamins

Brammerts, H. und N. Hedderich 1998 „Lernen im Tandem per Internet", in U. Jung (ed.) *Praktische Handreichung für Fremdsprachenlehrer,* Frankfurt am Main: Lang, 2. Auflage, 251–255

Bredella L. (ed.) 1999 *Interkultureller Fremdsprachenunterricht,* Tübingen: Narr

Bredella L. 2002 *Literarisches und interkulturelles Verstehen,* Tübingen: Narr

Breen M. 1985 „Authenticity in the Language Classroom", in *Applied Linguistics* 6:1, 60–70

Breen M. 1987 „Contemporary Paradigms in Syllabus Design", Part 1/Part 2, in *Language Teaching,* April/Juni 1987

Brock C. 1986 „The Effects of Referential Questions on ESL Classroom Discourse", in *TESOL Quarterly* 20, 47–59

Brooks N. 1960 *Language and Language Learning,* New York: Harcourt, Brace & World

Brophy J.E. und T.L. Good 1974 *Teacher-Pupil Interaction: Causes and Consequences,* New York: Holt, Rinehart und Winston (deutsch 1976 *Die Lehrer-Schüler Interaktion,* München)

Brown A.C. 1954 *The Social Psychology of Industry,* Harmondsworth, Middlesex: Penguin

Brown R. 1973 *A First Language: the Early Stages,* Cambridge, Mass.: Harvard University Press

Brown J.D. 2004 „Research Methods for Applied Linguistics: Scope, Characteristics, and Standards", in A. Davies und C. Elder (eds.), 476–500

Brumfit C. 1984a *Communicative Methodology in Language Teaching. The Roles of Fluency and Accuracy,* Cambridge: Cambridge University Press

Brumfit C. 1984b „The Bangladore Procedural Syllabus", in *ELT Journal* 38:4, 233–241

Brumfit C. 1992 Rezension von Krashen 1989, in *Applied Linguistics* 13:1, 123–125

Brusch W. und P.W. Kahl (eds.) 1991 *Europa, die sprachliche Herausforderung: die Rolle des Fremdsprachenlernens bei der Verwirklichung einer multikulturellen Gesellschaft,* Berlin: Cornelsen

Bufe W. 1984 „Alternativer Fremdsprachenunterricht: Videointerviews vor Ort", in W. Bufe, I. Deichsel und U. Dethloff (eds.) 1984 *Fernsehen und Fremdsprachenlernen,* Tübingen: Narr, 209–309

Bufe W. 1992 „Die klassischen Sprachlehrmethoden als historisches Fundament des heutigen Fremdsprachenunterrichts", in U. Jung (ed.) *Praktische Handreichung für Fremdsprachenlehrer,* Frankfurt: Lang, 383–396

Burstall C., M. Jamieson, S. Cohen, und M. Hargreaves 1974 *Primary French in the Balance*, Slough: NFER Publishing Co.
Burt M.K. und H. Dulay (eds.) 1975 *On TESOL '75. New Directions in Second Language Learning, Teaching and Bilingual Education*, Washington: TESOL
Butler T. et al. 2005 „Fear-related activity in subgenual anterior cingulate differs between man and women", in *Neuroreport* 1:16, 1233–1236
Butzkamm W. 1984 „The Medium and the Message", in *English Teaching Forum* 23:3, 7–10
Byram M. und A. Feng 2004 „Culture and language learning. Teaching, research and scholarship", in *Language Teaching* 37:3, 149–168
Carroll J. 1965 „The Prediction of Success in Intensive Foreign Language Training", in R. Glaser (ed.) *Training, Research and Education*, New York: Wiley, 87–136
Carroll J. und S. Sapon 1959 *Modern Language Aptitude Test*, New York: the Psychological Corporation
Caspari D., B. Helbig und L. Schmelter 2003 „Explorativ-interpretatives Forschen" in Bausch, Christ und Krumm (eds.) 499–506
Cenoz J., B. Hufeisen und U. Jessner (eds.) 2001a *Cross-linguistic influence in third language acquisition*, Clevedon: Multilingual Matters
Cenoz J., B. Hufeisen und U. Jessner (eds.) 2001b *Looking beyond second language acquisition. Studies in tri- and multilingualism*, Clevedon: Multilingual Matters
Chapelle C.A. 1992 „Disembedding ‚Disembedded figures in thc landscape...' An Appraisal of Griffiths and Sheen's ‚Reappraisal of L2 research on field dependence/independence'", in *Applied Linguistics* 13:4, 375–384
Chastain K. 1969 „The Audiolingual Habit Theory versus the Cognitive Code-Learning Theory: some Theoretical Considerations", in *IRAL* VII, 97–106
Chaudron C. 1986 „The Role of Simplified Input in Classroom Learning", in Kasper (ed.) 1986, 99–110
Chaudron C. 1988 *Second Language Classrooms. Research on Teaching and Learning*, Cambridge: Cambridge University Press
Chomsky N. 1959 Rezension von Skinner 1957, in *Language* 35, 26–58 (auch in J.A. Fodor und J.J. Katz (eds.) 1964 *The Structure of Language*, Englewood Cliffs, New Jersey: Prentice Hall, 547–578)
Chomsky N. 1981 „Principles and Parameters in Syntactic Theory", in Hornstein und Lightfoot (eds.) 1981, 32–75
Chomsky N. 1995 *The Minimalist Program*, Cambridge, Mass.: M.I.T. Press
Christ H. 1980 *Fremdsprachenunterricht und Sprachenpolitik*, Stuttgart: Klett
Christ H. 1995 „Sprachenpolitische Perspektiven", in Bausch, Christ und Krumm, 75–81
Christ I. 1997 „Schulische Wege zur Mehrsprachigkeit", in *Zeitschrift für Fremdsprachenforschung* 8:2, 147–159

Clahsen H., J. Meisel und M. Pienemann 1983 *Deutsch als Zweitsprache. Der Spracherwerb ausländischer Arbeiter,* Tübingen: Narr

Clahsen H. 1992 „Learnability Theory and the Problem of Development in Language Acquisition", in J. Weisenborn, H. Goodluck und T. Roeper (eds.) *Theoretical Issues in Language Acquisition: Continuity and Change in Development,* Hillsdale: Erlbaum, 53–76

Coffey B. 1984 „ESP – English for Specific Purposes", in *Language Teaching* 17:1, 2–16

Cohen, A. 1998 *Strategies in Learning and Using a Second Language.* London: Longman

Collier V. 1987 „Age and Rate of Acquisition of Second Language for Academic Purposes", in *TESOL Quarterly* 21, 617–641

Collier V. 1992 „The Canadian Bilingual Immersion Debate: A Synthesis of Research Findings", in *Studies in Second Language Acquisition* 14:1, 87–98

Cook V. 1991 *Second Language Learning and Language Teaching,* London etc.: Edward Arnold

Cook V. und M. Newson 1996 *Chomsky's Universal Grammar: an Introduction,* Oxford: Blackwell

Corder S.P. 1967 „The Significance of Learners' Errors", in *IRAL* 5, 161–170

Corder S.P. 1981 *Error Analysis and Interlanguage,* Oxford: Oxford University Press

Crystal D. 1997 *English as a global language,* Cambridge: Cambridge University Press

Cummins J. 1979 „Cognitive/academic language proficiency, linguistic interdependence, the optimal age question and some other matters", in *Working Papers on Bilingualism* 19, 197–205

Curtiss S. 1977 *Genie,* New York: Academic Press

Damasio A. 1994 *Descartes' error: Emotion, reason, and the human brain,* New York: Putnam

Damasio A. 2005 *Der Spinoza-Effekt. Wie Gefühle unser Leben bestimmen,* München: List

Damasio H. und A. Damasio 1989 *Lesion Analysis in Neuropsychology,* Oxford: Oxford University Press

Danesi M. 1988a „Neurological Bimodality and Theories of Language Teaching", in *Studies in Second Language Acquisition* 10, 13–31

Danesi M. 1988b „From Context to Text: Synchronising Language Teaching to the Neurology of Language Learning", in *Die Neueren Sprachen* 87, 454–478

Danesi M. 2003 *Second language Teaching. A View from the Right Side of the Brain,* Berlin: Springer

Davies A. und C. Elder (eds.) 2004 *The Handbook of Applied Linguistics,* Oxford: Blackwell

Day R.R. (ed.) 1986 *Talking to Learn: Conversation in Second Language Acquisition,* Rowley, Mass.: Newbury House

Day R.R. 1984 „Student Participation in the ESL Classroom, or Some Imperfections in Practice“, in *Language Learning* 34, 69–102

De Keyser, R. 2000 „The robustness of the critical period effects in second language acquisition“, in *Studies in Second Language* 4, 499–533

Dehaene St. et al 1997 „Anatomical variability in the cortical representation of first and second language“, in *Neuroreport* 8, 3809–3815

Dijkstra T. und G. Kempen 1993 *Einführung in die Psycholinguistik,* Bern: Huber

Diller K.C. (ed.) 1981 *Individual Differences and Universals in Language Learning Aptitude,* Rowley, Mass.: Newbury House

Diller K.C. 1978 *The Language Teaching Controversy,* Rowley, Mass.: Newbury House

Dirven R. 1990 „Pedagogical Grammar“, in *Language Teaching* 23, 1–18

Dörnyei Z. 2001a *Teaching and Researching Motivation,* Harlow: Longman

Dörnyei Z. 2001b *Motivational Strategies in the Language Classroom,* Cambridge: Cambridge University Press

Dörnyei Z. 2002 „The motivational basis of language learning tasks“, in P. Robinson (ed.) *Individual differences and instructed language learning,* Amsterdam: John Benjamins, 137–158

Doughty C.J. und M.H. Long (eds.) *The Handbook of Second Language Acquisition,* Oxford, etc: Blackwell

Dulay H. und M.K. Burt 1974 „Natural Sequences in Child Second Language Acquisition“, in *Language Learning* 24, 37–53

Dulay H., M.K. Burt und S.D. Krashen 1982 *Language Two,* New York: Oxford University Press

Eckerth J. 2003 „Lerner-Lerner-Interaktion im Fremdsprachenunterricht: Fehlerquelle oder Lerngelegenheit?“, in *Fremdsprachenlehren und lernen* 32, 21–229

Eckman F. 1981 „Markedness and Degree of Difficulty in Second Language Learning“, in Savard und Laforge (eds.) 1981, 115–126

Eckman F., L. Bell und D. Nelson 1988 „On the Generalisation of Relative Clause Instruction in the Acquisition of English as a Foreign Language“, in *Applied Linguistics* 9, 1–20

Edmondson W.J. 1981a *Spoken Discourse. A Model for Analysis,* London: Longman

Edmondson W.J. 1981b „Worlds within Worlds – Problems in the Description of Teacher-Learner Interaction in the Foreign Language Classroom“, in Savard und Laforge (eds.) 1981, 127–140

Edmondson W.J. 1983 „Diskurs im Fremdsprachenunterricht als Handlungsgeschehen“, in A. Raasch (ed.) *Handlungsorientierter Fremdsprachenunterricht,* Tübingen: Narr, 39–52

Edmondson W.J. 1984 „Methods, Approaches, Principles and Practices", in W. Knibbeler und M. Bernards (eds.) *New Approaches in Foreign Language Methodology*, Nijmegen: AIMAV, 53–62

Edmondson W.J. 1985 „Discourse Worlds in the Classroom and in Foreign Language Learning", in *Studies in Second Language Acquisition* 7:2, 159–168

Edmondson W.J. 1986 „Some Ways in which the Teacher Brings Errors into Being", in Kasper (ed.) 1986, 111–124

Edmondson W.J. 1987 „‚Acquisition' and ‚Learning': the Discourse System Integration Hypothesis", in Lörscher und Schulze (eds.) 1987, 1070–1089

Edmondson W.J. 1989 „Discourse Production, Routines and Language Learning", in B. Kettemann, P. Bierbaumer, A. Fill und A. Karpf (eds.) *Englisch als Zweitsprache*, Tübingen: Narr, 287–302

Edmondson W.J. 1990 „Can one Usefully do Discourse Analysis without Investigating Discourse Processing?", in Nyssönen H. et al. (eds.) *Proceedings from the 2nd Finnish Seminar on Discourse Analysis*, Oulu: University of Oulu, 27–42

Edmondson W.J. 1993 „Warum haben Lehrerkorrekturen manchmal negative Auswirkungen?" in *Fremdsprachen Lehren und Lernen* 22, 57–75

Edmondson W.J. 1996 „Subjective Theories of Second Language Acquisition", in J. Klein und D. Vanderbeke (eds.) *Anglistentag 1995 Greifswald. Proceedings*, Tübingen: Niemeyer, 453–464

Edmondson W.J. 1998a „Konversationsanalyse und Lehrerverhalten im Fremdsprachenunterricht", in U.O.H. Jung *Praktische Handreichung für Fremdsprachenlehrer*, Frankfurt am Main: Peter Lang, 2. Auflage, 105–109

Edmondson W.J. 1998b „Wo liegt das Spezifikum des Faches Deutsch als Fremdsprache?", in *Deutsch als Fremdsprache*, 3–9

Edmondson W.J. 1999a *Twelve Lectures on Second Language Acquisition*, Tübingen: Narr

Edmondson W.J. 1999b „Die fremdsprachliche Ausbildung kann nicht den Schulen überlassen werden!" in *PRAXIS des neusprachlichen Unterrichts* 46:2, 115–123

Edmondson W.J. 2001 „Transfer beim Erlernen einer weiteren Fremdsprache: Die L1-Transfer-Vermeidungsstrategie", in Aguado und Riemer 2001a, 137–154

Edmondson W.J. 2002a „Neuere curriculare und unterrichtsmethodische Ansätze in der Fremdsprachenvermittlung: je mehr, je besser?" in K.-R. Bausch, H. Christ, F.G. Königs und H.-J. Krumm (eds.) *Neue curriculare und unterrichtsmethodische Ansätze und Prinzipien für das Lehren und Lernen fremder Sprachen*, Tübingen: Narr, 55–65

Edmondson W.J. 2002b „Wissen, Können, Lernen. Kognitive Verarbeitung und Grammatikentwicklung", in W. Börner und K. Vogel (eds.) 2002

Grammatik und Fremdsprachenerwerb. Kognitive, psycholinguistische und erwerbstheoretische Perspektiven, Tübingen: Francke, 51–70

Edmondson W.J. 2002c „Fremdsprachendidaktik dekonstruiert. Eine Replik auf Michael Wendt“, in *Zeitschrift für Fremdsprachenforschung,* 13:2, 131–138

Edmondson W.J. 2003a „Output als autonomes lernen: Spracherwerb und Sprachproduktion aus kognitiver Sicht“, in *Fremdsprachenlehren und lernen* 32, 196–213

Edmondson W.J. 2003b „Neue und alte Konturen der Sprachlehrforschung“, in J. Eckerth (ed.) *Empirische Arbeiten aus der Fremdsprachenerwerbsforschung. Beiträge des Hamburger Promovierendenkolloquiums Sprachlehrforschung,* Bochum: AKS-Verlag, 289–311

Edmondson W.J. 2003c Bildungspolitik und Referenzrahmen, in K.-R. Bausch, H. Christ, F.G. Königs & H.-J. Krumm (eds.) *Der Gemeinsame europäische Referenzrahmen für Sprachen in der Diskussion. Arbeitspapiere der 22. Frühjahrskonferenz zur Erforschung des Fremdsprachenunterrichts,* Tübingen: Narr, 67–74

Edmondson W.J. 2004 „Individual Motivational Profiles: the Interaction between External and Internal Factors“, in *Zeitschrift für Interkulturellen Fremdsprachenunterricht* [Online], 9(2), 21 pp. Verfügbar: http://www.ualberta.ca/~german/ejournal/Edmondson2.htm

Edmondson W.J. 2005 „Learning from Different Tasks: the Dr. Pangloss Perspective“, in A. Müller-Hartmann/M. Schocker-v. Ditfurth (eds.) *Aufgabenorientierung im Fremdsprachenunterricht/Task Based Language Learning and Teaching,* Tübingen: Narr, 53–66

Edmondson W.J. und J. House 1981 *Let's Talk and Talk About It,* München: Urban und Schwarzenberg

Edmondson W.J. und J. House 1991 „Kommunikatives Handeln: Gegenstandsbeschreibung und Theoriebildung“, in W. Kühlwein und A. Raasch (eds.) *Angewandte Linguistik Heute,* Frankfurt: Lang, 159–173

Edmondson W.J. und J. House (eds.) 1997 „Language Awareness“, Themenheft der Zeitschrift *Fremdsprachen Lehren und Lernen* 26

Edmondson W.J. und J. House 1998 „Interkultuelles Lernen. Ein überflüssiger Begriff?“, in *Zeitschrift für Fremdsprachenforschung* 9:2, 161–188

Edmondson W.J. und J. House 2000 „Begrifflichkeit und Interkulturelles Lernen. Eine Antwort auf Hu 1999“, in *Zeitschrift für Fremdsprachenforschung* 11:1, 125–129

Edmondson W.J. und J. House 2003 „English in the World and English in the School“, in T. Berg, H. Cuyckens, R. Dirven und K.-U. Panther (eds.) *Motivation in Language. Studies in Honor of Günter Radden,* Amsterdam: Benjamins, 321–345

Edmondson W.J., J. House, G. Kasper und B. Stemmer 1982 *Kommunikation: Lernen und Lehren. Berichte und Perspektiven aus einem Forschungsprojekt*

(Manuskripte zur Sprachlehrforschung Nr. 20), Seminar für Sprachlehrforschung: Ruhr-Universität Bochum

Edmondson W.J., J. House, G. Kasper und B. Stemmer 1984 „Learning the Pragmatics of Discourse: a Project Report", in *Applied Linguistics* 5:2, 113–127

Ek J. van 1975 *The Threshold Level*, Council of Europe: Strasbourg

Ek J. van und J.L.M. Trim (eds.) 1984 *Across the Threshold Level*, Oxford: Pergamon Press

Ek J. van und L.G. Alexander 1980 *Threshold Level English*, Oxford: Pergamon Press

Ekstrand L. 1976 „Age and Length of Residence as Variables Related to the Adjustment of Migrant Children, with Special Reference to Second Language Learning", in G. Nickel (ed.) *Proceedings of the Fourth International Congress of Applied Linguistics*, Vol. 2. Stuttgart: Hochschulverlag, 179–197

Ekstrand L. 1977 „Social and Individual Frame Factors in L2 Learning: Comparative Aspects", in T. Skutnabb-Kangas (ed.) *Papers from the First Nordic Conference on Bilingualism*, Helsingfors: Universitet

Ellis R. 1984 *Classroom Second Language Development*, Oxford: Pergamon

Ellis R. 1985 *Understanding Second Language Acquisition*, Oxford: Oxford University Press

Ellis R. 1989 „Are Classroom and Naturalistic Acquisition the Same? A Study of the Classroom Acquisition of German Word Order Rules", in *Studies in Second Language Acquisition* 11, 305–328

Ellis R. 1990 *Instructed Second Language Acquisition*, Oxford: Basil Blackwell

Ellis R. 1994 *The Study of Second Language Acquisition*, Oxford: Oxford University Press

Ellis R. 1997 *Second Language Research and Teaching*, Oxford: Oxford University Press

Ellis R. 2002 „The Place of Grammar Instruction in the Second/Foreign Language Curriculum", in S. Fotos und E. Hinkel (eds.) *New Perspectives on Grammar Teaching in Second Language Classrooms*, New Jersey: Lawrence Erlbaum, 17–34

Ellis R. 2004 „Individual Differences in Second Language Learning", in A. Davies und C. Elder (eds.) 525–551

Eubank L. 1989 „The Acquisition of German Negation by Formal Language Learners", in B. van Patten, T. Dvorack und J. Lee (eds.) *Foreign Language Learning: a Research Perspective*, Rowley, Mass.: Newbury House

Europarat Rat für kulturelle Zusammenarbeit 2001 *Gemeinsamer europäischer Referenzrahmen für Sprachen: lernen, lehren, beurteilen*, Goethe-Institut Internationes eds., Berlin: Langenscheidt

Faerch C. 1985 „Meta Talk in FL Classroom Discourse", in *Studies in Second Language Acquisition* 7, 184–199

Faerch C. und G. Kasper (eds.) 1983 *Strategies in Interlanguage Communication*, London: Longman

Faerch C. und G. Kasper 1984 „Two Ways of Defining Communicative Strategies“, in *Language Learning* 34, 45–63

Faerch C. und G. Kasper (eds.) 1987 *Introspection in Second Language Research*, Clevedon: Multilingual Matters

Fanselow J.F. 1977 „Beyond Rashomon – Conceptualising and Describing the Teaching Act“, in *TESOL Quarterly* 11:1, 17–39

Fathman A. 1975 „The Relationship between Age and Second Language Productive Ability“, in *Language Learning* 25, 245–266

Felix S. 1985 „More Evidence on Competing Cognitive Systems“, in *Second Language Research* 1:1, 47–72

Felix S. und A. Hahn 1985 „Natural Processes in Classroom Second-Language Learning“, in *Applied Linguistics* 6:3, 223–238

Finke C. 1985 „Begegnung mit englischsprachigen Mitbürgern: Projektorientierter Englischunterricht in der Jahrgangsstufe 11“, in *Praxis des neusprachlichen Unterrichts* 32, 345–353

Firth A. 1996 „The discursive accomplishment of normality: On lingua franca English and conversation analysis“, in *Journal of Pragmatics* 26: 237–259

Fishman J.A. 1965 „Who Speaks what Language to Whom and When?“, in *La Linguistique* 2, 67–88

Flanders N.A. 1970 *Analysing Teaching Behavior*, Reading, Mass.: Addison-Wesley

Flege J. 1987 „A critical period for learning to pronounce foreign languages“, in *Applied Linguistics* 8, 162–177

Flynn S. und I. Espinal 1985 „Head-initial/Head-final Parameter in Adult Chinese L2 Acquisition of English“, in *Second Language Research* 1:2, 93–117

Friederici A. 1996 „Auf der Suche nach den neuronalen Grundlagen der Sprache“, in *Universitas* 51, 583–596

Friederi A. 2003 „Sprachverarbeitung: Der Lauser im Kopf“, *Gehirn und Geist* 2, 43–45

Fries C.C. 1945 *Teaching and Learning English as a Foreign Language*, Ann Arbor: University of Michigan Press

Fromkin V., S.D. Krashen, S. Curtiss, D. Rigler und M. Rigler 1974 „The development of language in Genie: a case of language acquisition beyond the ‚critical period‘“, in *Brain and Language* 1, 81–107

Gal'perin P.J. 1980 „Das Sprachbewußtsein und einige Beziehungen zwischen Sprache und Denken“, in *OBST* 15, 52–66

Gardner H. 2000 *Intelligence Reframed: Multiple Intelligences for the 21st Century*, New York: Basic Books

Gardner R.C. 1980 „On the Validity of Affective Variables in Second Language Acquisition: Conceptual, Contextual and Statistical Considerations“, in *Language Learning* 30, 255–270

Gardner R.C. 1985 *Social Psychology and Second Language Learning: the Role of Attitudes and Motivation*, London: Edward Arnold

Gardner R.C. und W.E. Lambert 1972 *Attitudes and Motivation in Second Language Learning*, Rowley, Mass.: Newbury House

Gardner R.C., P.C. Smythe und G.R. Brunet 1977 „Intensive second language study: effects on attitudes, motivation, and French achievement“, in *Language Learning* 27, 243–262

Gardner R.C., P.C. Smythe und R. Clément 1979 „Intensive Second Language Study in a Bicultural Milieu – an Investigation of Attitudes, Motivation and Language Proficiency“, in *Language Learning* 29, 305–320

Gardner R.C. und P. MacIntyre 1993 „A Students's Contributions to Second Language Learning. Part II: Affective variables“, in *Language Teaching* 26, 1–11

Garfinkel H. 2001 *Ethnomethodology's Program*, London: Bowman & Littlefield

Gass S. 1979 „Language Transfer and Universal Grammatical Relations“, in *Language Learning* 27, 37–344

Gass S. und C. Madden (eds.) 1985 *Input in Second Language Acquisition*, Rowley, Mass.: Newbury House

Gass S. und L. Selinker (eds.) 1983 *Language Transfer in Language Learning*, Rowley, Mass.: Newbury House

Gass S. und L. Selinker 1994 *Second Language Acquisition. An introductory course*, Hillsdale, NJ: Lawrence Erlbaum

Gazzaniga M. et al 2002 *Cognitive Neurosciences: The Biology of the Mind*, New York: Norton, 2. Auflage

Genesee F. 1983 „Bilingual Education of Majority-Language Children: the Immersion Experiments in Review“, in *Applied Psycholinguistics* 4:1, 1–46

Genesee F., P. Rogers und N. Holobow 1983 „The Social Psychology of Second Language Learning: another Point of View“, in *Language Learning* 33, 209–224

Giles H. und J. Byrne 1982 „An Integrative Approach to Second Language Acquisition“, in *Journal of Multilingual and Multicultural Development* 3, 17–40

Glück H. 1998 „Zum disziplinären Ort von Deutsch als Fremdsprache“, in *Deutsch als Fremdsprache* 35:1, 3–9

Gnutzmann C. 1997 „Language Awareness: Geschichte, Grundlagen, Anwendungen“, in *Praxis des Neusprachlichen Unterrichts* 44, 227–236

Gnutzmann C. und M. Kiffe 1993 „Mündliche Fehler und Fehlerkorrekturen – Lernerurteile im Hochschulbereich. Zur Einstellung von Studierenden der Anglistik“, in *Fremdsprachen Lehren und Lernen* 22, 91–108

Gnutzmann C. und F. Königs 1995 „Grammatik im Spiegel der Entwicklung“, in C. Gnutzmann und F. Königs (eds.) *Perspektiven des Grammatikunterrichts*, Tübingen: Narr, 11–26

Golato A. 2003 „Studying complement responses: a comparison of DCTs and recordings of naturally occurring talk“, in *Applied Linguistics* 21:1, 90–121

Götze L., G. Helbig, G. Henrici und H.-J. Krumm 1995 „Handbuch Deutsch als Fremdsprache“, in *Deutsch als Fremdsprache* 32:2, 67–81

Granger S. 2003 „The International Corpus of Learner English: A new resource for foreign language learning and teaching and second language acquisition research“, in *TESOL Quarterly* 37:3, 538–546

Gregg R. 1984 „Krashen's Monitor and Occam's Razor“, in *Applied Linguistics* 5:2, 79–100

Griffiths R. und R. Sheen 1992 „Disembedded Figures in the Landscape: A Reappraisal of L2 Research on Field Dependence/Independence“, in *Applied Linguistics* 13:2, 133–148

Grosjean F. 2001 „The bilingual's language modes“, in J. Nicol (ed.) *One Mind: Two Languages. Bilingual Language Processing*, Oxford: Blackwell, 1–27

Grotjahn R. 1991 „The Research Programme Subjective Theories. A New Approach in Language Acquisition“, in *Studies in Second Language Acquisition* 13, 187–214

Grotjahn R. 1993 „Qualitative vs. quantitative Fremdsprachenforschung: eine klärungsbedürftige und unfruchtbare Dichotomie“, in J.-P. Timm und H. Vollmer (eds.) *Kontroversen in der Fremdsprachenforschung*, Bochum: Brockmeyer, 223–248

Grotjahn R. 2003a „Konzepte für die Erforschung des Lehrens und Lernens fremder Sprachen. Forschungsmethodologischer Überblick“, in Bausch, Christ und Krumm (eds.), 493–498

Grotjahn R. 2003b „Der Faktor ‚Alter‘ beim Fremdsprachenlernen. Mythen, Fakten, didaktisch-methodische Implikationen“, in *Deutsch als Fremdsprache* 40, 32–41

Grotjahn R., H. Brammerts und B. Wülfrath 1983 *Grundkurs: Fremdsprachenunterricht als Gegenstand von Wissenschaft* (Manuskripte zur Sprachlehrforschung 11), Bochum: Seminar für Sprachlehrforschung der Ruhr-Universität

Gumperz J.J. 1982 *Discourse Strategies*, Cambridge: Cambridge University Press

Habermas J. 1971 „Vorbereitende Bemerkungen zu einer Theorie der kommunikativen Kompetenz“, in J. Habermas und N. Luhmann (eds.) 1971 *Theorie der Gesellschaft oder Sozialtechnologie*, Frankfurt: Suhrkamp, 101–141

Hakuta K. 1976 „A Case Study of a Japanese Child Learning English as a Second Language“, in *Language Learning* 26:2, 321–351

Hale T. und E. Budar 1970 „Are TESOL Classes the Only Answer?“, in *Modern Language Journal* 54, 487–492

Hansen J. und C. Stansfield 1981 „The Relationship of Field Dependent/Independent Cognitive Styles to Language Achievement“, in *Language Learning* 31, 349–367

Hatch E. 1974 „Second Language Learning – Universals“, in *Working Papers on Bilingualism* 3, 1–18

Havranek G. 2002 *Die Rolle der Korrektur beim Fremdsprachenlernen,* Frankfurt/Main: Lang

Hawkey R. 1982 *An Investigation of Inter-Relationships between Cognitive/Affective and Social Factors and Language Learning,* PhD Thesis: London University

Hecht K. und P.S. Green 1991 „Selbstkorrektur beim Einsatz des Englischen in der mündlichen Kommunikation- eine empirische Untersuchung“, in *Die Neueren Sprachen* 90, 607–623

Hecht K. und P.S. Green 1993 „Muttersprachliche Interferenz beim Erwerb der Zielsprache Englisch in Schülerproduktionen“, in *Fremdsprachen Lehren und Lernen* 22, 35–56

Henrici G. 1995 *Spracherwerb durch Interaktion? Eine Einführung in die fremdsprachenerwerbsspezifische Diskursanalyse,* Hohengehren: Schneider

Henrici G. und B. Herlemann 1986 *Mündliche Korrekturen im Fremdsprachenunterricht,* München: Goethe Institut

Henrici G. und C. Riemer 2003 „Zweitsprachenerwerbsforschung“ in Bausch, Christ und Krumm (eds.), 38–42

Henrici G. und E. Zöfgen (eds.) 1988 „Übersetzung und Übersetzen“, *Fremdsprachen Lehren und Lernen 17*

Henrici G. und E. Zöfgen (eds.) 1996 *Fremdsprachen Lehren und Lernen 25* (Themenschwerpunkt: Innovativ-alternative Methoden)

Henzl V. 1979 „Foreign (sic) Talk in the Classroom“, in *IRAL* 17, 159–167

Heritage J. 2005 „Cognition in Discourse“, in H. te Molder und J. Potter (eds.) *Conversation and Cognition.* Cambridge: Cambridge University Press, 183–202

Hermann G. 1980 „Attitudes and Success in Children's Learning of English as a Second Language: the Motivational vs. Resultative Hypothesis, in *English Language Teaching Journal* 34, 247–254

Hermes L. und F. Klippel (eds.) 2003 *Früher oder später? Englisch in der Grundschule und Bilingualer Sachfachunterricht,* Berlin: Langenscheidt

Heuer H. 1968 *Die Englischstunde,* Wuppertal/Ratingen: Henn

Holec H. 1981 *Autonomy and Foreign Language Learning,* Strasbourg: Council of Europe/Oxford: Pergamon Press

Hornstein N. und D. Lightfoot (eds.) 1981 *Explanation in Linguistics. The logical problem of language acquisition,* London: Longman

House J. 1979 „Interaktionsnormen in deutschen und englischen Alltagsdialogen“, in *Linguistische Berichte* 59, 76–90

House J. 1984 „Some Methodological Problems and Perspectives in Contrastive Discourse Analysis", in *Applied Linguistics* 5, 245–255

House J. 1989a „Politeness in English and German: the Functions of *please* and *bitte*", in S. Blum-Kulka, J. House und G. Kasper (eds.) *Cross-Cultural Pragmatics: Requests and Apologies,* Norwood, N.J.: Ablex, 96–122

House J. 1989b „Excuse me please: Apologizing in a foreign language", in B. Kettemann et al. (eds.) *Englisch als Zweitsprache,* Tübingen: Narr, 303–328

House J. 1993a „Mißverstehen im interkulturellen Diskurs", in J.P. Timm und H. Vollmer (eds.) *Kontroversen in der Fremdsprachenforschung,* Bochum: Brockmeyer, 178–195

House J. 1993b „Toward a Model for the Analysis of Inappropriate Responses in Native-Nonnative Interactions", in G. Kasper und S. Blum-Kulka (eds.) Interlanguage Pragmatics, Oxford/New York: Oxford University Press, 163–183

House J. 1996a „Contrastive discourse analysis and misunderstanding: The case of German and English", in M. Hellinger und U. Ammon (eds.) *Contrastive Sociolinguistics,* Berlin: Mouton, 345–261

House J. 1996b „Developing Pragmatic Fluency in English as a Foreign Language: Routines and Metapragmatic Awareness" in *Studies in Second Language Acquisition* 18, 225–252

House J. 1997 „Zum Erwerb interkultureller Kompetenz im Unterricht des Deutschen als Fremdsprache", in *Zeitschrift für interkulturellen Fremdsprachenunterricht* 1:3 (INTERNET)

House J. 1998 „Kontrastive Pragmatik und interkulturelle Kompetenz im Fremdsprachenunterricht", in W. Börner und K. Vogel (eds.) *Kontrast und Äquivalenz. Beiträge zu Sprachvergleich und Übersetzung;* Tübingen. Narr, 162–189

House J. 1999 „Misunderstanding in intercultural communication. Interactions in English as *lingua franca* and the myth of mutual intelligibility", in C. Gnutzmann (ed.) *Teaching and learning English as a global language. Native and non-native perspectives.* Tübingen: Stauffenburg, 73–90

House J. 2000 „Understanding misunderstanding: A pragmatic-discourse approach to analysing mismanaged rapport in talk across cultures", in H. Spencer-Oatey (ed.) *Culturally Speaking: Managing Relations Across Cultures,* London: Continuum, 145–165

House J. 2001 „Übersetzen und Deutschunterricht" in Anz et al. (eds.), Band 1, Artikel 22

House J. 2002 „Communicating in English as a lingua franca", in *EUROSLA Yearbook* 2, 243–262

House J. 2003a „Englisch als lingua franca: A threat to multilingualism?", in *Journal of Sociolinguistics* 7, 556–578

House J. 2003b „Misunderstanding in Intercultural University Encounters“ in J. House, G. Kasper und S. Ross (eds.), 22–56

House J. 2003c „Übersetzen und Missverständnisse“, in *Jahrbuch Deutsch als Fremdsprache* 29, 107–134

House J. 2004 „Mehrsprachigkeit: Nicht monodisziplinär und nicht nur für Europa!“, in K.-R. Bausch, F. Königs und H.-J. Krumm (eds.) *Mehrsprachigkeit im Fokus*, Tübingen: Narr, 62–69

House J. 2005 „Englisch als lingua franca: eine Bedrohung für die deutsche Sprache?“, in M. Motz (ed.) *Englisch oder Deutsch in internationalen Studiengängen?*, Frankfurt/Main: Lang, 41–53

House J. und G. Kasper 1981 „Zur Rolle der Kognition in Kommunikationskursen“, in *Die Neueren Sprachen* 80:1, 42–55

House J. und G. Kasper 1987 „Interlanguage Pragmatics: Requesting in a Foreign Language“, in Lörscher und Schulze (eds.) 1987, 1250–1288

House J. und H. Vollmer 1988 „Sprechaktperformanz im Deutschen: Zur Realisierung der Sprechhandlungen Bitten/Auffordern und Sich Entschuldigen“, in *Linguistische Berichte* 114, 114–133

House J., G. Kasper und S. Ross (eds.) 2003 *Misunderstanding in Social Life. Discourse Approaches to Problematic Talk*, London: Longman

Howatt A.P.R. 1984 *A History of English Language Teaching*, Oxford: Oxford University Press

Hu A. 1999 „Interkulturelles Lernen. Eine Auseinandersetzung mit der Kritik an einem unstrittenen Konzept“, in *Zeitschrift für Fremdsprachenforschung* 10:2, 277–303

Huber W. et al 1983 *Der Aachener Aphasie Test AAT für das Deutsche*, Göttingen: Hogrefe

Hufeisen B. und M. Lütjeharms (eds.) *2005 Gesamtsprachencurriculum – Integrative Sprachendidaktik- common Curriculum*, Tübingen: Narr

Hüllen W. (ed.) 1979 *Didaktik des Englischunterrichts*, Darmstadt: Wissenschaftliche Buchgesellschaft

Hüllen W. 1981a „Aufgaben von Richtlinien“, in *Der fremdsprachliche Unterricht* 15, 250–253

Hüllen W. 1981b „Dauer und Wechsel in 100 Jahren Fremdsprachenunterricht“, in F.J. Zapp, A. Raasch und W. Hüllen (eds.) 1981 *Kommunikation in Europa. Probleme der Fremdsprachendidaktik in Geschichte und Gegenwart*, Frankfurt: Diesterweg, 20–32

Hüllen W. 1982a „Observations Relating to Impromptu Elements in Classroom Discourse and the Function of such Elements for Foreign Language Teaching and Learning“, in N.E. Enkvist (ed.) *Impromptu Speech. A Symposium*, Åbo: Åbo Akademi, 207–220

Hüllen W. 1982b „Teaching a foreign language as ‚lingua franca‘“, in *Grazer Linguistische Studien* 16, 83–88

Hüllen W. 1992 „Identifikationssprachen und Kommunikationssprachen", in *Zeitschrift für germanistische Linguistik* 20, 298–315

Hulstijn J. 1990 „A Comparison between the Information-Processing and the Analysis/Control Approaches to Language Learning", in *Applied Linguistics* 11, 30–45

Hutchinson T. und A. Waters 1987 *English for Specific Purposes. A learning-centred approach*, Cambridge: Cambridge University Press

Hyltenstam K. und N. Abrahamsson 2003 „Maturational Constraints in SLA", in Doughty und Long, 539–588

Hymes D. 1972 „On Communicative Competence", in J.B. Pride und J. Holmes *Sociolinguistics*, Harmondsworth: Penguin, 269–293 (deutsch in D. Hymes 1979 *Soziolinguistik. Zur Ethnographie der Kommunikation*, Frankfurt: Suhrkamp)

James C. 1980 *Contrastive Analysis*, London: Longman

Jenkins J. 2000 *The phonology of English as an international language. New models, new norms, new goals*, Oxford: Oxford University Press

Jenkins J. 2005 „Teaching pronunciation for English as a lingua franca. A sociopolitical perspective", in C. Gnutzmann und F. Hintemann (eds.) *The Globalisation of English and the English Language Classroom*, Tübingen: Narr, 145–158

Johnson J., S. Prior und M. Artuso 2000 „Field dependence as a factor in second language communicative production", in *Language Learning* 50, 529–567

Kallenbach, C. 1996 *Subjektive Theorien*, Tübingen: Narr

Kasper G. 1982 „Kommunikationsstrategien in der interimsprachlichen Produktion", in *Die Neueren Sprachen* 81:6, 578–600

Kasper G. 1985 „Repair in Foreign Language Teaching", in *Studies in Second Language Acquisition* 7:2 (auch in Kasper (ed.) 1986, 23–41)

Kasper G. (ed.) 1986 *Learning, Teaching and Communication in the Foreign Language Classroom*, Aarhus: University Press

Kasper G. und S. Blum-Kulka 1993 (eds.) *Interlanguage Pragmatics*. New York: Oxford University Press

Kasper G. und E. Kellerman (eds.) 1997 *Communication Strategies. Psycholinguistic and Sociolinguistic Perspectives*. London: Longman

Keenan E. und B. Comrie 1977 „Noun Phrase Accessibility and Universal Grammar", in *Linguistic Inquiry* 8, 63–99

Kellerman E. 1979 „Transfer and Non-transfer: Where are we now?", in *Studies in Second Language Acquisition* 2, 37–57

Kellerman E. 1983 „Now you see it, now you don't" in Gass und Selinker (eds.) 1983, 112–134

Kellerman E. 1986 „An Eye for an Eye: Crosslinguistic Constraints on the Development of the L2 Lexicon" in Kellerman und Sharwood Smith 1986, 35–48

Kellerman E. 1991 „Compensatory Strategies in Second Language Research: a Critique, a Revision, and some (Non-) Implications for the Classroom", in R. Phillipson, E. Kellerman, L. Selinker, M. Sharwood Smith und M. Swain (eds.) *Foreign/Second Language Pedagogy Research*, Clevedon: Multilingual Matters, 142–161

Kellerman E. 1995 „Crosslinguistic Influence: Transfer to Nowhere?", in *Annual Review of Applied Linguistics* 15, 125–150

Kim K.H. et al. 1997 „Distinct cortical areas associated with native and second languages", in *Nature* 388, 171–174

Kimura, D. 1994 „Weibliches und männliches Gehirn", in *Gehirn und Bewußtsein. Sonderheft der Zeitschrift Spektrum der Wissenschaft*, 1994, Heidelberg: Spektrum der Wissenschaft, 78–87

Kirk J. und M.L. Miller 1985 *Reliability and Validity in Qualitative Research*, London: Sage

Klein D. et al. 1995 „The neural substrates underlying word generation: A bilingual functional-imaging study" in *Proceedings of the National Academy of Science(USA)* 92, 2899–2903

Klein H. 2004 „Neue Wege zur Mehrsprachigkeit in Europa: EuroComprehension", in L. Zybatow (ed.) *Translation in der globalen Welt und neue Wege in der Sprach-und Übersetzerausbildung*, Frankfurt/Main: Lang, 209–24

Kleppin K. und K.F. Königs 1993 „Grundelemente der mündlichen Fehlerkorrektur – Lernerurteile im (interkulturellen) Vergleich", in *Fremdsprachen Lehren und Lernen* 22, 76–90

Knapp K. et al (eds.) 2004 *Angewandte Linguistik*, Tübingen: Francke

Knapp-Potthoff A. 1987 „Fehler aus spracherwerblicher und sprachdidaktischer Sicht", in *Englisch Amerikanische Studien* 1987:2, 205–220

Knapp-Potthoff A. 1994 „Co-Lernen im Sprachlehrdiskurs: Zwischen Input- und Output-Hypothese", in *Die Neueren Sprachen* 93:3, 256–272

Knapp-Potthoff A. und K. Knapp 1982 *Fremdsprachenlernen und -lehren*, Stuttgart: Kohlhammer

Königs F. 2003 „Teaching and learning Foreign Language in Germany: A personal overview of developments in research", in *Language Teaching* 36, 235–251

Koordinierungsgremium im DFG-Schwerpunkt Sprachlehrforschung (ed.) 1979 *Sprachlehr- und Sprachlernforschung. Eine Zwischenbilanz*, Kronberg: Scriptor

Koordinierungsgremium im DFG-Schwerpunkt Sprachlehrforschung (ed.) 1983 *Sprachlehr- und Sprachlernforschung. Begründung einer Disziplin*, Tübingen: Narr

Kramsch C. 2004 „Language, thought and culture", in A. Davies and C. Elder (eds.), 235–261

Kramsch C. 2005 „Post 9/11: Foreign Languages between Knowledge and Power", in *Applied Linguistics* 26.545–567

Krashen S.D. 1982 *Principles and Practice in Second Language Acquisition*, Oxford: Pergamon
Krashen S.D. 1989 *Language Acquisition and Language Education*, Englewood Cliffs, New Jersey: Prentice Hall
Krashen S.D. und T. Terrell 1983 *The Natural Approach: Language Acquisition in the Classroom*, Oxford: Pergamon
Krashen S.D., M. Long und R.C. Scarcella 1979 „Age, Rate and Eventual Attainment in Second Language Acquisition", in *TESOL Quarterly* 13, 573–582 (auch in Krashen, Scarcella und Long (eds.) 1982)
Krashen S.D., R.C. Scarcella und M. Long (eds.) 1982 *Child-Adult Differences in Second Language Acquisition*, Rowley, Mass.: Newbury House
Krumm H.-J. 1973 „Interaction Analysis and Microteaching for the Training of Modern Language Teachers", in *IRAL* 11, 163–170
Krumm H.-J. 1980 „Türkisch als 1. Fremdsprache? Verändert die Integration ausländischer Kinder das Fremdsprachenspektrum an unseren Schulen?", in *Neusprachliche Mitteilungen* 33, 233–235
Krumm H.-J. 1981 „Foreign Language Teaching as a Communicative Process", in Savard und Laforge (eds.) 1981, 261–279
Krumm H.-J. 1983 „Nur die Kuh gibt mehr Milch, wenn Musik erklingt", in *Zielsprache Deutsch* 4, 3–13
Labov W. 1970 „The Study of Language in its Social Context", in *Studium Generale* 19, 30–87
Lantolf J. 2006 „Sociocultural Theory and L2: State of the Art", in *Studies in Second Language Acquisition* 28, 67–110
Lantolf J. und S. Thorne 2005 *Sociocultural Theory and the Genesis of Second Language Development*, Oxford: Oxford University Press
Larsen-Freeman D. 1975 „The Acquisition of Grammatical Morphemes by Adult ESL Students", in *TESOL Quarterly* 9, 409–430
Larsen-Freeman D. (ed.) 1980 *Discourse Analysis in Second Language Research*, Rowley, Mass.: Newbury House
Larsen-Freeman D. 1986 *Techniques and Principles in Language Teaching*, Oxford: Oxford University Press
Larsen-Freeman D. und M. Long 1991 *An Introduction to Second Language Acquisition Research*, London/New York: Longman
Ledoux J. 1996 *The Emotional Brain*, New York: Simon und Schuster
Legutke M. 1998 „Handlungsraum Klassenzimmer and beyond", in J.-P. Timm (ed.) *Englisch lernen und lehren*, Berlin: Cornelsen, 93–109
Legutke M. und H. Thomas 1997 *Process and Experience in the Language Classroom*, Harlow, Essex: Longman
Lenneberg E.H. 1967 *Biological Foundations of Language*, New York: Wiley (deutsch 1972 *Biologische Grundlagen der Sprache*, Frankfurt: Suhrkamp)
Leont'ev A.A. 1979 *Psycholinguistik und Sprachunterricht*, Stuttgart: Kohlhammer

Levenston E.A. 1971 „Over-indulgence and under-representation – aspects of mother-tongue interference“, in G. Nickel (ed.) 1971 *Papers in Contrastive Linguistics*, Cambridge: Cambridge University Press, 115–121

Levin L. 1972 *Comparative Studies in Foreign Language Teaching: the GUME Project*, Stockholm: Almqvist und Wiksell

Lier L. van 1988 *The Classroom and the Language Learner*, London/New York: Longman

Lightbown P.M. 1985 „Great Expectations: Second Language Acquisition Research and Classroom Teaching“, in *Applied Linguistics* 6, 173–189

Linke A., M. Nussbaumer und P. Portmann 1996, *Studienbuch Linguistik*, Tübingen: Niemeyer, 3. Auflage

List G. 1982 „Neuropsychologie und das Lehren und Lernen fremder Sprachen“, in *Die Neueren Sprachen* 81, 149–172

List G. 1995 „Zwei Sprachen und ein Gehirn. Befunde aus der Neuropsychologie und Überlegungen zum Zweitsprachenerwerb“, in *Fremdsprache Deutsch*, 27–35

Littlewood W. 1981 *Communicative Language Teaching*, Cambridge: University Press

Littlewood W. 1984 *Foreign and Second Language Learning Research and Implications for the Classroom*, Cambridge: Cambridge University Press

Lochtman K. 2002 *Korrekturhandlungen im Fremdsprachenunterricht*, Bochum: AKS Verlag

Long M. 1983a „Does Second Language Instruction make a Difference? A review of research“, In *TESOL Quarterly* 17, 359–382

Long M. 1983b „Native Speaker/Non-Native Speaker Conversation and the Negotiation of Comprehensible Input“, in *Applied Linguistics* 4:2, 126–141

Long M. 1983c „Native-Speaker/Non-native Speaker Conversation in the Second Language Classroom“, in M. Clarke und J. Handscombe (eds.) *On TESOL '82*, Washington: TESOL, 207–225

Long M. 1985 „Input and Second Language Acquisition Theory“, in Gass und Madden (eds.) 1985, 377–393

Long M. 1991 „Focus on Form: A Design Feature in Language Teaching Methodology“, in de Bot, Ginsberg und Kramsch (eds.) 1991, 39–52

Long M. und C. Sato 1983 „Classroom Foreigner Talk Discourse: Forms and Functions of Teachers' Questions“, in H. Seliger und M. Long (eds.) *Classroom-Oriented Research in Second Language Acquisition*, Rowley, Mass.: Newbury House, 268–283

Long M., C. Brock, G. Crookes, C. Deicke, L. Potter und S. Zhang 1984 „The Effect of Teachers' Questioning Patterns and Wait-Time on Pupil Participation in Public High School in Hawaii for Students of limited English Proficiency“, in *Technical Report No. 1*, Honolulu: University of Hawaii at Manoa

Lörscher W. und R. Schulze (eds.) 1987 *Perspectives on Language in Performance* (Festschrift Werner Hüllen), Tübingen: Narr
Löwe H. 1973 *Einführung in die Lernpsychologie des Erwachsenalters,* Berlin (Ost)
Lukmani Y. 1972 „Motivation to Learn and Language Proficiency", in *Language Learning* 22, 261–273
Mantley-Bromley C. (1995) Positive attitudes and realistic beliefs: links to proficiency, in *The Modern Language Journal* 79:3, 372–86
Marinova-Todd S. et al. 2000 „Three misconceptions about age and L2 learning", in *TESOL Quarterly* 1, 9–34
Mayer J. et al. 2000 „Models of emotional intelligence", in R. Sternberg ed. *Handbook of Intelligence,* Cambridge: Cambridge University Press, 396–420
McDonough, S. 1999 „Learner Strategies", in *Language Teaching* 32, 1–18
McLaughlin B. 1987 *Theories of Second Language Learning,* London: Edward Arnold
McLaughlin B. 1990 „Restructuring", in *Applied Linguistics* 11, 113–128
McLaughlin B., T. Rossman und B. McLeod 1983 „Second Language Learning: an Information-Processing Perspective", in *Language Learning* 33:2, 135–157
Meerholz-Härle B. und E. Tschirner 2001 „Processibility Theory: eine empirische Untersuchung", in: K. Aguado und Riemer 2001a, 155–175
Meisel J. 1980 „Linguistic Simplification", in Felix S. (ed.) *Second Language Development,* Tübingen: Narr, 13–39
Meißner J. 2002 „EuroComDidact", in D. Rutke (ed.) *Europäische Mehrsprachigkeit Analysen-Konzepte-Dokumente.* Aachen: Shaker, 45–64
Mitchell R. und F. Myles 1998 *Second Language Learning Theories,* London: Arnold
Mitchell R. und F. Myles 2004 *Second Language Learning: Theoretical Foundations,* London: Longman
Mitchell R., B. Parkinson und R. Johnstone 1981 *The Foreign Language Classroom: an Observational Study,* Stirling Monographs no. 9: Stirling University
Morris C. 1964 *Signification and Significance,* Cambridge, Mass.: M.I.T. Press
Mowrer O.H. 1950 *Learning Theory and Personality Dynamics,* New York: Ronald Press
Naiman, N.M. Fröhlich, H.H. Stern und A. Todesco 1978 *The Good Language Learner,* Toronto: Ontario Institute for Studies in Education
Nemser W. 1971 „Approximative Sytems of Foreign Language Learners", in IRAL 9, 115–124
Neufeld G. 1978 „A Theoretical Perspective on the Nature of Linguistic Aptitude", in *IRAL* XVI, 15–26

Neufeld G. 1979 „Towards a theory of language learning ability“ in *Language Learning* 29, 227–241

Neufeld G. 2001 „Non-foreign-accented speech in adult second language learners. Does it exist and what does it signify?“, in *ITL Review of Applied Linguistics* 133/134, 185–206

Neuner G. 1995 „Methodik und Methoden: Überblick“, in Bausch, Christ und Krumm 1995, 180–188

Newmark L. und D. Reibel 1968 „Necessity and Sufficiency in Language Learning“, in *IRAL* 6:2, 143–164

Nicol J. (ed.) 2001 *One mind, two languages: bilingual language processing,* Oxford: Blackwell

Noels K. et al. 2000 „Why are you learning a second language? Motivational orientations and self-determination theory“, in *Language Learning* 50. 57–85

Obler L und K. Gjerlow 1999 *Language and the Brain,* Cambridge: Cambridge University Press

Oller J., A. Hudson und P. Liu 1977 „Attitudes and Attained Proficiency in ESL: A sociolinguistic study of native speakers of Chinese in the USA“, in *Language Learning* 27, 1–27

Oller J., L. Baca und F. Vigil 1977 „Attitudes and Attained Proficiency in ESL: A sociolinguistic study of Mexican Americans in the Southwest, in *TESOL Quarterly* 11, 175–183

O'Malley J.M. und A.U. Chamot 1990 *Learning Strategies in Second Language Acquisition,* Cambridge: Cambridge University Press

O'Malley J.M., A.U. Chamot, G. Stewner-Manzanares, L. Küpper und R. Russo 1986 „Learning Strategies used by Beginning and Intermediate ESL Students“, in *Language Learning* 35, 21–46

Ortner B. 1998 *Alternative Methoden im Fremdsprachenunterricht. Lerntheoretischer Hintergrund und praktische Umsetzung,* Ismaning: Hueber

Osgood C.E. 1949 „The similarity paradox in human learning: a resolution“, in *Psychological Review* 56, 132–149

Oxford R. und N.J. Anderson 1998 „A cross-cultural view of learning styles“, in *Language Teaching* 28, 201–215

Oxford, R. 1990 *Language learning strategies: what every teacher should know,* New York: Newbury House

Oxford, R. 1993 „Gender differences in styles and strategies for language learning: What do they mean? Should we pay attention?“, in J. Alatis (ed.) *Strategic interaction and language acquisition.* Washington, DC: Georgetown University Press, 541–557

Paradis M. 2001 *Manifestations of Aphasic Symptoms in Different Languages.* Amsterdam: Elsevier

Paradis M. 2004 *A Neurolinguistic Theory of Bilingualism.* Amsterdam: Benjamins

Paradis M. (ed.) 1998 „Pragmatics in Neurogenic Communication Disorders". Sonderheft des *Journal of Neurolinguistics* 11, Oxford: Elsevier

Paribakht T. 1985 „Strategic Competence and Language Proficiency", in *Applied Linguistics* 6, 132–146

Patkowski M. 1980 „The Sensitive Period for the Acquisition of Syntax in a Second Language", in *Language Learning* 30, 449–472 (auch in Krashen, Scarcella und Long (eds.) 1982, 52–63)

Patkowski M. 1990 „Age and accent in a second language. A reply to James Emir Flege", in *Applied Linguistics* 11, 73–89

Pavesi M. 1986 „Markedness, Discourse Modes and Relative Clause Formation in a Formal and an Informal Context", in *Studies in Second Language Acquisition* 8, 38–55

Penfield W. und L. Roberts 1959 *Speech und Brain Mechanisms*, Princeton, New Jersey: Princeton University Press

Pennington M. 1998 „The teachability of phonology in adulthood. A re-examination", in *International Review of Applied Linguistics in Language Teaching* 4, 323–41

Perani D. et al. 1998 „The bilingual brain. Proficiency and age of acquisition of the second language", in *Brain* 121, 1841–1852

Perdue C. und W. Klein 1992 „Why does the production of some learners not grammaticalize?", in *Studies in Second Language Acquisition* 14, 259–272

Peters A.M. 1983 *The Units of Language Acquisition*, Cambridge: Cambridge University Press

Pfeiffer W. 1992 „Eine Sprache für alle oder für jeden eine? Sprachenvielfalt und „Interkulturalität" als Basis einer europäischen Integration. Ein Essay aus der Sicht eines Polen", in *Die Neueren Sprachen* 91, 369–374

Phillipson R. 2003 *English-Only-Europe? Challenging Language Policy*, London: Routledge

Piaget J. 1975 *Der Aufbau der Wirklichkeit beim Kinde*, ges. Werke II, Stuttgart: Klett

Piatelli-Palmarini M. 1980 *Language and Learning. The Debate between Jean Piaget and Noam Chomsky*, London: Routledge und Kegan Paul

Pica T. 1985 „Instruction on Second Language Acquisition", in *Applied Linguistics* 6, 214–222

Pica T. 1987 „Second Language Acquisition, Social Interaction, and the Classroom", in *Applied Linguistics* 8:1, 3–21

Pica T. 1994 „Research on negotiation: what does it reveal about second language learning conditions, processes, and outcomes?", in *Language Learning* 44:3, 493–527

Pica T. und C. Doughty 1985 „Input and Interaction in the Communicative Language Classroom: a Comparison of Teacher-Fronted and Group Activities", in Gass und Madden (eds.) 1985, 115–132

Pienemann M. 1984 „Psychological Constraints on the Teachability of Languages", in *Studies in Second Language Acquisition* 6, 186–214
Pienemann M. 1989 „Is Language Teachable? Psycholinguistic Experiments and Hypotheses", in *Applied Linguistics* 10:1, 52–79
Pienemann M. 1998 *Language Processing and Second Language Development. Processability Theory*. Amsterdam/Philadelphia: John Benjamins
Pienemann M., M. Johnston und G. Brindley 1988 „Constructing an Acquisition-Based Procedure for Second Language Assessment", in *Studies in Second Language Acquisition* 10:2, 217–244
Piepho H.-E. 1979 *Kommunikative Didaktik des Englischunterrichts*, Limburg: Frankonius
Pietro R.J. di 1987 *Strategic Interaction: Learning Languages through Scenarios*, Cambridge: Cambridge University Press
Pimsleur P. 1966 *Pimsleur Language Aptitude Battery*, New York: Harcourt Brace
Popper K. 1934 *Logik der Forschung*, Wien: Springer
Porter J. 1977 „A Cross-Sectional Study of Morpheme Acquisition in First Language Learners", in *Language Learning* 27, 47–62
Prabhu N.S. 1987 *Second Language Pedagogy*, Oxford: Oxford University Press
Price C., D. Green und R. von Studnitz 1999 „A functional imaging study of translation and language switching", in *Brain* 122, 2221–2235
Pritzel M. und H.-J. Markowitsch 1997 „Sexueller Dimorphismus: Inwieweit bedingen Unterschiede im Aufbau des Gehirns zwischen Mann und Frau auch Unterschiede im Verhalten?", in *Psychologische Rundschau* 48, 16–31
Pulaski M.A. 1975 *Piaget – eine Einführung in seine Theorien und sein Werk*, Frankfurt: Fischer
Pulvermueller F. 1998 „Sprache im Gehirn. Neurobiologische Überlegungen, psychophysiologische Befunde und psycholinguistische Implikationen", in *Akademie der Wissenschaften und der Literatur. Colloquia Academica*. Stuttgart: Steiner, 7–44
Quetz J. 2003 „Der Gemeinsame europäische Referenzrahmen. Ein Schatzkästlein mit Perlen, aber auch mit Kreuzen und Ketten", in Bausch, Christ, Königs und Krumm, 145–156
Raabe H. 1974 „Interimsprache und Kontrastive Analyse", in H. Raabe (ed.) *Trends in kontrastiver Linguistik I*", Tübingen/Mannheim: Institut für deutsche Sprache, 1–43
Raabe H. 1982a „Ist ne ... pas denn keine doppelte Verneinung? Die Analyse von Fragereaktionen in ihrer Bedeutung für die Vermittlung von Fremdsprachen", in C. Gnutzmann und D. Stark (eds.) *Linguistik und Grammatikunterricht*, Tübingen: Narr, 61–99

Raabe H. 1982b „Für eine Aufwertung der Korrektur mündlicher Fehler im Fremdsprachenunterricht", in *Englisch Amerikanische Studien* 1982:4, 596–603

Raabe H. 1998 Bilingualer Unterricht: Stand und Perspektiven, in U. Jung (ed.) *Praktische Handreichung für Fremdsprachenlehrer*, Frankfurt am Main: Lang, 2. Auflage, 22–30

Rampillon U. 1997 „Be aware of awareness – oder Beware of awareness? Gedanken zur Metakognition im Fremdsprachenunterricht der Sekundarstufe I", in U. Rampillon und G. Zimmermann (eds.) *Strategien und Techniken beim Erwerb fremder Sprachen*, München: Hueber, 173–184

Rampillon U. und G. Zimmermann 1997 (eds.) *Strategien und Techniken beim Erwerb fremder Sprachen*, München: Hueber

Riemer, C. 1997 *Individuelle Unterschiede im Fremdsprachenerwerb*, Hohengehren: Schneider

Riemer C. 2004 „Zur Relevanz qualitativer Daten in der neueren L2-Motivationsforschung", in W. Börner und K. Vogel. (eds.) *Emotion und Kognition im Fremdsprachenunterricht*, Tübingen: Narr, 35–65

Ringbom H. 1987 *The Role of the First Language in Foreign Language Learners*, Clevedon: Multilingual Matters

Rivers W. 1964 *The Psychologist and the Foreign Language Teacher*, Chicago: Chicago University Press

Romaine S. 1988 *Pidgin and Creole Languages*, London: Longman

Romaine, S. 1995 *Bilingualism*, Oxford: Blackwell, 2. Auflage

Rosa E. and M. O'Neill 1999 „Explicitness, intake, and the issue of awareness: Another piece to the puzzle", in *Studies in Second Language Acquisition* 21, 511–556

Rose K. und R. Ono 1995 „Eliciting speech act data in Japanese: The effect of questionnaire type" in *Language Learning* 45:2, 191–223

Rose K. und G. Kasper (eds.) 2001 *Pragmatics in Language Teaching*. New York: Cambridge University Press

Rosenthal R. und L. Jacobson, 1968 *Pygmalion in the Classroom: Teacher Expectation and Pupils' Intellectual Development*, New York: Holt, Rinehart und Winston

Rösler D. 1998 „Autonomes Lernen? Neue Medien und ‚altes' Fremdsprachenlernen", in *Info Daf* 25, 3–20

Rubin J. 1975 „What the ‚Good Language Learner' Can Teach Us", in *TESOL Quarterly*, 41–51

Rubin J. 1981 „Study of Cognitive Processes in Second Language Learning", in *Applied Linguistics* 11, 117–131

Saussure F. de 1916 *Cours de Linguistique Générale*, Lausanne (5. Ausgabe 1955 Paris: Payot)

Savard J.G. und L. Laforge (eds.) 1981 *Proceedings of the Fifth AILA Congress*, Quebec: University of Laval Press

Savignon S. 1972 *Communicative Competence: Theory and Classroom Practice*, Reading, Mass.: Addison Wesley

Scarcella R.C. und S.D. Krashen (eds.) 1980 *Research in Second Language Acquisition*, Rowley.: Newbury House

Schachter J. 1988 „Second Language Acquisition and its Relationship to Universal Grammar", in *Applied Linguistics* 9:3, 219–235

Schauer G. und S. Adolphs 2006 „Expressions of gratitude in corpus and DCT data: vocabulary, formulaic sequences and pedagogy" in *System* 34:1, 119–134

Schegloff E., G. Jefferson und H. Sacks 1977 „The Preference for Self-Correction in the Organisation of Repair in Conversation", in *Language* 53:2, 361–382

Scherer G.A.C. und M. Wertheimer 1964 *A Psycholinguistic Experiment in Foreign Language Teaching*, New York: McGraw-Hill

Schmidt R. 1983 Interaction, Acculturation, and the Acquisition of Communicative Competence: A case study of an adult, in N. Wolfson & E. Judd (eds.) 1983 *Sociolinguistics and Language Acquisition*, Rowley, Mass.: Newbury House, 137–174

Schmidt R. 1990 „The Role of Consciousness in Second Language Learning", in *Applied Linguistics* 11, 17–46

Schmidt R. 1994 „Deconstructing Consciousness in Search of Useful Definitions for Applied Linguistics", in Hulstijn J. und R. Schmidt (eds.) *Consciousness in Second Language Learning. AILA Review* 11, 11–26

Schmidt R. 1998 „The Centrality of Attention in SLA", in *University of Hawaii Working Papers in ESL* 16:2, 1–34

Schmidt R.W. und S.N. Frota 1986 „Developing Basic Conversational Ability in a Second Language: a case study of an adult learner of Portuguese", in R.R. Day (ed.) *Talking to Learn. Conversation in Second Language Acquisition*, Rowley, Mass.: Newbury House, 237–335

Schüle K. 1998 „Über das Unvermögen, Widersprüche zu denken und auszuhalten. Der schwache Sinn der inter- und multikulturellen Konzepte – Zur Kritik der fremdsprachendidaktischen Theorie und Praxis", in *Fremdsprachen und Hochschule* 53, 7–29

Schulz von Thun F. 1985 „Humanistische Psychologie", in T. Hermann und E.D. Lantermann (eds.) 1985 *Persönlichkeitspsychologie*, München: Urban und Schwarzenberg, 124–130

Schulze R. 1985 *Höflichkeit im Englischen. Zur linguistischen Beschreibung und Analyse von Alltagsgesprächen*, Tübingen: Narr

Schumann J.H. 1975 „Affective Factors and the Problem of Age in Second Language Acquisition", in *Language Learning* 25, 209–235

Schumann J.H. 1978a „The Acculturation Model for Second Language Acquisition", in Gingras R. (ed.) *Second Language Acquisition and Foreign Language Teaching*, Arlington: Center for Applied Linguistics, 27–50

Schumann J.H. 1978b *The Pidginisation Process: a Model for Second Language Acquisition*, Rowley: Newbury House

Schumann J.H. 1979 „The Acquisition of English Negation by Speakers of Spanish: a Review of the Literature", in R. Anderson (ed.) 1979 *The Acquisition and Use of Spanish and English as First and Second Languages*, Washington, D.C.: TESOL

Schumann J.H. 1998 *The neurobiology of affect in language*. Sonderheft der Zeitschrift *Language Learning* 18

Schwartz J. 1980 „The Negotiation of Meaning: Repair in Conversations between Second Language Learners of English", in Larsen-Freeman (ed.) 1980, 138–153

Scollon R. 1976 *Conversations with a One Year Old*, Honolulu: University of Hawaii

Searle J.R. 1969 *Speech Acts*, Cambridge: Cambridge University Press (deutsch 1971 *Sprechakte – Ein sprachphilosophischer Essay*, Frankfurt: Suhrkamp)

Searle J.R. 1976 „A Classification of Illocutionary Acts", in *Language in Society* 5, 1–23

Seidlhofer B. 2001 „Closing a conceptual gap: the case for a description of English as a lingua franca", in *International Journal of Applied Linguistics* 11:2, 133–158

Seidlhofer B. (ed.) 2003 *Controversies in Applied Linguistics*. Oxford: Oxford University Press

Seliger H. 1977 „Does Practice make Perfect? A Study of Interaction Patterns and L2 Competence", in *Language Learning* 27, 263–275

Seliger H. und E. Shohamy 1989 *Second Language Research Methods*, Oxford: Oxford University Press

Selinker L. 1972 „Interlanguage", in *IRAL* 10:3, 31–54

Seuren P. 2004 *Chomsky's Minimalism*, Oxford: Oxford University Press

Sharwood Smith M. 1981 „Consciousness-Raising and the Second Language Learner", in *Applied Linguistics* 11, 159–168

Sharwood Smith M. 1986 „The Competence/Control Model, Crosslinguistic Influence and the Creation of New Grammars", in Kellerman und Sharwood Smith (eds.) 1986, 10–20

Shtyrov Y. et al. 2005 „Determinants of dominance. Is language laterality explained by physical or linguistic features of speech?", in *Neuroimage* 27:1, 37–47

Sinclair J. McH. und R.M. Coulthard 1975 *Towards an Analysis of Discourse*, London: Oxford University Press (deutsch 1977 von H.-J. Krumm *Analyse der Unterrichtssprache*, Heidelberg)

Singer W. 2001 „Was kann ein Mensch wann lernen?", in *UNIVERSITAS* 9, 880–892

Singleton D. 1989 *Language Acquisition. The Age Factor*, Clevedon: Multilingual Matters

Singleton D. 2001 „Age and Second Language Acquisition", in *Annual Review of Applied Linguistics* 21, 77–89

Skehan P. 1986 „Cluster Analysis and the Identification of Learner Types", in V. Cook (ed.) 1986 *Experimental Approaches to Second Language Acquisition*, Oxford: Oxford University Press

Skehan P. 1989 *Individual Differences in Second-Language Learning*, London: Edward Arnold

Skehan P. 1998 *A Cognitive Approach to Language Learning*, Oxford: Oxford University Press

Skehan P. 2002 „Theorising and updating aptitude", in P. Robinson (ed.) *Individual Differences and Instructed Language Learning*, Amsterdam: Benjamins, 69–93.

Skinner B.F. 1957 *Verbal Behavior*, New York: Appleton-Century-Crofts

Slimani A. 1987 *The Teaching-Learning Relationship: Learning Opportunities and Learning Outcomes*, unveröffentlichte Dissertation, University of Lancaster

Slimani A. 1989 „The Role of Topicalisation in Classroom Language Learning", in *System* 17:2, 223–234

Smith P.D. 1970 *A Comparison of the Cognitive and Audiolingual Approaches to Foreign Language Instruction. The Pennsylvania Foreign Language Project*, Philadelphia: Center for Curriculum Development

Snow C.E. 1977 „Mothers' Speech Research: from Input to Interaction", in C.E. Snow und C.A. Ferguson (eds.) *Talking to Children. Language Input and Acquisition*, Cambridge: Cambridge University Press, 31–49

Snow C.E. und M. Hoefnagel-Höhle 1978 *Age Differences in Second Language Acquisition*, in E. Hatch E. (ed.) *Second Language Acquisition. A Book of Readings*, Rowley, Mass.: Newbury House, 333–344

Spada N.M. 1986 „The Interaction between Types of Content and Type of Instruction: some Effects on the L2 Proficiency of Adult Learners", in *Studies in Second Language Acquisition* 8, 181–199

Sparks R. and L. Ganschow 1991 „Foreign language learning differences: Affective or native speaker aptitude differences?", in *Modern Language Journal* 75, 3–16

Spicer S. 1969 „The Early Teaching of Modern Languages: the British Experience", in *Canadian Modern Language Review* 36, 408–421

Spolsky B. 1989 *Conditions for Second Language Learning*, Oxford: Oxford University Press

Stasiak H. 1985 „Untersuchungen zur Korrelation zwischen glotto-didaktischen Begabungen und anderen Richtungsbegabungen", in *Zielsprache Deutsch* 16, 16–20

Stasiak H. 1988 „Sprachbarrieren beim Fremdsprachenerwerb – Einfluß der Richtungsbegabungen", in *Neusprachliche Mitteilungen* 41, 26–29

Stemmer B. 2000 „Kommunizert die rechte Hemisphäre?“, in B. Helbig, K. Kleppin und F. Königs (eds.) *Sprachlehrforschung im Wandel,* Tübingen: Stauffenburg

Stemmer, B. und H. Whitaker (eds.) 1998 *Handbook of Neurolinguistics,* San Diego: Academic Press

Stern E. und R. Schumacher 2004 „Intelligentes Wissen als Lernziel“, in UNIVERSITAS 59, 121–134

Stern H.H. 1975 „What can we learn from the Good Language Learner?“, in *Canadian Modern Language Review* 31, 304–318

Stern H.H. 1983 *Fundamental Concepts of Language Teaching,* Oxford: Oxford University Press

Stern H.H. 1992 *Issues and Options in Language Teaching* (ed. P. Allen, B. Harley) Oxford: Oxford University Press

Stevick E. 1976 *Memory, Meaning and Method,* Rowley: Newbury House

Stevick E. 1980 „The Levertov Machine“, in Scarcella und Krashen (eds.) 1980, 28–35

Stockwell R.P. und J.D. Bowen 1965 *The Sounds of English and Spanish,* Chicago: University of Chicago Press

Strevens P. 1976 „A Theoretical Model of the Language Learning/Teaching Process“, in *Working Papers on Bilingualism* 11, 129–152 (auch in Strevens P. 1977 *New Orientations in the Teaching of English,* Oxford: Oxford University Press, 12–36)

Strevens P. 1978 „The Nature of Language Teaching“, in J.C. Richards (ed.) 1978 *Understanding Second and Foreign Language Learning,* Rowley, Mass.: Newbury House, 179–203

Strong M.H. 1983 „Social Styles and Second Language Acquisition of Spanish-speaking Kindergardners“, in *TESOL Quarterly* 17:2, 241–258

Stubbs M. 2001 „Texts, corpora, and problems of interpretation: A response to Widdowson“, in *Applied Linguistics* 22, 149–172

Svanes B. 1988 „Attitudes and ‚Cultural Distance‘ in Second Language Acquisition“, in *Applied Linguistics* 9:4, 357–371

Swain M. 1985 „Communicative Competence: some Roles of Comprehensible Input and Comprehensible Output in its Development“, in Gass und Madden (eds.) 1985, 235–253

Swan M. 2005 „Legislation by Hypothesis: The Case of Task-based Instruction“, in *Applied Linguistics* 26, 376–401

Tahta S., M. Wood und K. Lowenthal 1981 „Age changes in the ability to replicate foreign pronunciation and intonation“, in *Language and Speech* 24, 363–372

Tarone E. 1978 „Conscious Communication Strategies in Interlanguage“, in H.D. Brown, C.A. Yorio und R.C. Crymes (eds.) *On TESOL '77,* Washington: TESOL, 194–203

Teepe H. 2005 „Welche Bedeutung haben die Neurowissenschaften für die Fremdsprachendidaktik? Eine pro- und retrospektive Studie in Bezug auf Theorie und Praxis". Zugang: <http://darwin.bth.rwth-aachen.de/opus/volltexte/2005/1141/>

Timm J.-P. und H.J. Vollmer 1993 „Fremdsprachenforschung: Zu Konzeption und Perspektiven eines Wissenschaftsbereichs", in *Zeitschrift für Fremdsprachenforschung* 4:1, 1–47

Traoré S. 2000 „Die kritische Periode beim Erlernen einer fremden Sprache. Alte Fragen und neue Antworten", in *DaF* 4, 539–550

Vielau A. 1991 „Sprachlos in vielen Sprachen", in *Praxis des neusprachlichen Unterrichts* 38, 20–28

Viëtor W. 1882 „Der Sprachunterricht muß umkehren!", Heilbronn (abgedruckt in Hüllen 1979, S. 9–31; 3. Auflage von 1905 in *Die Neueren Sprachen* 1982, S. 120–148)

Vogel K. 1990 *Lernersprache: linguistische und psycholinguistische Grundfragen zu ihrer Erforschung*, Tübingen: Narr

Vogel K. 1998 Autonomes Lernen und Fremdsprachenerwerb in der Hochschule, in U. Jung (eds.) *Praktische Handreichung für Fremdsprachenlehrer*, Frankfurt am Main: Lang, 2. Auflage, 1–12

Vygotsky L.S. 1978 *Mind in Society: The development of higher psychological processes*, Cambridge, Mass.: Harvard University Press

Walsh T. und K.C. Diller 1978 „Neurolinguistic Foundations to Methods of Teaching a Second Language", in *IRAL* 16, 1–14

Walsh T. und K.C. Diller 1981 „Neurolinguistic Considerations on the Optimal Age for Second Language Learning", in Diller (ed.) 1981, 3–29

Wartenburger I. et al 2003 „Early setting of grammatical processing in the bilingual brain", in *Neuron* 37, 159–160

Wason P.C. 1977 „Self-Contradictions", in P.C. Johnson-Laird und P. Wason (eds.) *Thinking. Readings in Cognitive Science*, Cambridge: Cambridge University Press, 114–128

Watson J.B. 1913 „Psychology as the Behaviorist views it", in Psychological Review 20, 158–177

Weber-Fox C. und H.J. Neville 1999 „Functional Neural Subsystems are differentially affected by delays in second language immersion: ERP and behavioral evidence in bilinguals" in D. Birdsong (ed.) 23–38

Weinert R. 1987 „Processes in Classroom Second Language Development. The Acquisition of Negation in German", in Ellis R. (ed.) *Second Language Acquisition in Context*, Eaglewood Cliffs, New Jersey: Prentice-Hall

Wells G. 1985 *Language Development in the Pre-School Years*, Cambridge: Cambridge University Press

Wenden A. und J. Rubin (eds.) 1987 *Learning Strategies in Language Learning*, Eaglewood Cliffs, New Jersey: Prentice-Hall

Wenden, A. 1991 *Learner strategies for learner autonomy*. New York: Prentice Hall
Wendt M. 2002 „Kontext und Konstruktion: Fremdsprachendidaktische Theoriebildung und ihre Implikationen für die Fremdsprachenforschung", in *Zeitschrift für Fremdsprachenforschung* 13, 1–62
Wesche M. 1977 „Learning Behaviors of Successful Adult Students on Intensive Language Training", in C. Henning (ed.) 1977 *Proceedings of the Los Angeles Second Language Research Forum*, University of California at Los Angeles: English Department, 355–370
Wesche M. 1981 „Language aptitude measures in streaming, matching students with methods, and diagnosis of learner problems", in Diller (ed.) 1981, 119–154
Westhoff G.J. 1987 *Didaktik des Leseverstehens*, München: Hueber
White L. 1985 „The Acquisition of Parameterised Grammars: subjacency in second language acquisition" in *Second Language Research* 1:1, 1–17
White L. 1989 *Universal Grammar and Second Language Acquisition*, Philadelphia: Benjamins
White L. 2003 „On the Nature of Interlanguage Representation", in Doughty und Long, 19–42
Whorf B.L. 1956 *Language, Thought and Reality*, New York: Wiley (deutsch 1963 *Sprache, Denken, Wirklichkeit*, Reinbek: Rowohlt)
Widdowson H. 1983 *Learning Purpose and Language Use*, Oxford: Oxford University Press
Widdowson H. 1987 „The Roles of Teacher and Learner", in *English Language Teaching Journal* 14:2, 83–88
Widdowson H. 2000 „On the limitations of linguistics applied", in *Applied Linguistics* 21, 3–25
Widdowson H. 2001 „Interpretations and Correlations: A reply to Stubbs", in *Applied Linguistics* 22, 531–538
Widdowson H. 2003 *Defining Issues in English language Teaching*, Oxford: Oxford University Press
Wildner-Bassett M. 1984 *Improving Pragmatic Aspects of Learners' Interlanguage*, Tübingen: Narr
Wilkins D.A. 1976 *Notional Syllabuses*, Oxford: Oxford University Press
Williams M. und R. Burden 1997 *Psychology for language teachers*, Cambridge: Cambridge University Press
Williams S. und B. Hammarberg 1998 „Language Switches in L3 production: Implications for a polyglot speaking model", in *Applied Linguistics* 19:3, 295–333
Witkin H.A., D.R. Goodenough und P.H. Oltman 1979 „Psychological Differentiation: current status", in *Journal of Personality and Social Psychology* 37, 1127–1145

Witkin H.A. 1950 „Individual Differences in Ease of Perception of Embedded Figures“, in *Journal of Personality* 19, 1–15
Wode H. 1980 *Learning a Second Language: an Integrated View of Language Acquisition*, Tübingen: Narr
Wode H. 1995 *Lernen in der Fremdsprache: Grundzüge von Immersion und bilingualem Unterricht*, München: Hueber
Wode H., P. Burmeister, A. Daniel, K.-U. Kickler und M. Knust 1996 „Die Erprobung von deutsch-englisch bilingualem Unterricht in Schleswig-Holstein: Ein erster Zwischenbericht“, in *Zeitschrift für Fremdsprachenforschung* 7:1, 15–42
Wolff D. 1994 „Der Konstruktivismus: Ein neues Paradigma in der Fremdsprachendidaktik?“, in *Die Neueren Sprachen* 93, 407–429
Wolff D. 1998 „Neue Lerntheorien – Neue Aufgaben für den Fremdsprachenunterricht. Anmerkungen zu einem Themenschwerpunkt“, in *Neusprachliche Mitteilungen* 51, 197–202
Wolff D. 1999 „Lernstrategien: Ein Weg zu mehr Lernerautonomie“, in *Zeitschrift für Interkulturellen Fremdsprachenunterricht* [Online]. Verfügbar: <http://www.ualberta.ca/~german/fdv/wolff1.htm>
Wolff D. 2002 „‚*The proof of the pudding is in the eating*‘ oder warum ich nicht als radikalkonstruktivistischer Mitstreiter von Michael Wendt verstanden werden möchte“, *Zeitschrift für Fremdsprachenforschung* 13, 181–186
Wong-Fillmore L. 1979 „Individual Differences in Second Language Acquisition“, in C.H. Fillmore, D.Kempler und W.S.Y. Wang (eds.) *Individual Differences in Language Ability and Language Behavior*, New York: Academic Press, 203–228
Wygotski L.S. 1974 *Denken und Sprechen*, Frankfurt: Fischer (erste russische Ausgabe 1934)
Zatorre R.J. 1989 „On the Representation of Multiple Language in the Brain: Old Problems and New Directions“, in *Brain and Language* 36:1, 127–147
Zimmermann G. 1995 „Das Sprachliche Curriculum“, in Bausch, Christ und Krumm (eds.) 1995, 135–142
Zobl H. 1983 „Markedness and the Projection Problem“, in *Language Learning* 33, 293–313
Zuengler J. 1993 „Explaining NNS Interactional Behavior: The Effect of Conversational Topic“, in G. Kasper und S. Blum-Kulka (eds.) *Interlanguage Pragmatics*, New York: Oxford University Press, 184–195
Zybatow L. und G. Zybatow 2002 „Die EuroCom-Strategie als Weg zur europäischen Mehrsprachigkeit: EuroCom*Slav*“, in D. Rutke (ed.) *Europäische Mehrsprachigkeit: Analysen-Konzepte-Dokumente*, Aachen: Shaker, 65–96

Sachregister

Bei den Angaben im Sachregister werden folgende Abkürzungen benutzt:
FS: Fremdsprache
FU: Fremdsprachenunterricht
SLF: Sprachlehrforschung

Autorenregister